AUGUSTE VITU

LES

MILLE ET UNE NUITS

DU THÉATRE

Neuvième série

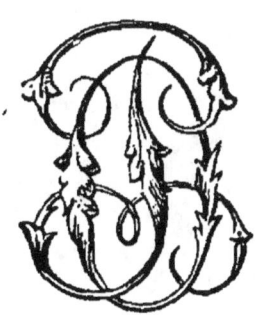

PARIS

PAUL OLLENDORFF, ÉDITEUR

28 *bis*, RUE DE RICHELIEU, 28 *bis*

1894

IL A ÉTÉ TIRÉ A PART

Dix exemplaires sur papier de Hollande numérotés à la presse (1 à 10)

LES

MILLE ET UNE NUITS

DU THÉATRE

DU MÊME AUTEUR

Imprimerie Générale de Chatillon-sur-Saine. — PICHAT ET PEPIN.

LES
MILLE ET UNE NUITS
DU THÉATRE

DCCXXXV

Reprise de LA VRAIE FARCE DE MAITRE PATHELIN.

Mise en trois actes et en vers modernes
par Edouard Fournier.

et LE FEU AU COUVENT

Comédie en un acte en prose, par Théodore Barrière.

La Comédie-Française, en rappelant sur son affiche les noms de Théodore Barrière et d'Edouard Fournier, a voulu certainement rendre un hommage mérité à deux mémoires chères aux lettres. Edouard Fournier était un érudit plus qu'un homme d'imagination, et dans l'œuvre immense qu'a laissée ce chercheur laborieux, le théâtre ne tient qu'une place secondaire. Il y a cependant bien du talent et de l'art dans son rajeunissement de la *Farce de Pathelin*. Faire passer le vieux chef-d'œuvre de la langue du quinzième siècle dans celle du dix-neuvième, c'était

1

à coup sûr la plus difficile des traductions. Il s'agissait de demeurer archaïque en restant toujours clair, et c'est à quoi Edouard Fournier a réussi au delà de toute espérance.

Le petit prologue entre la Comédie et la Farce, qu'il écrivit pour préparer le lecteur à la représentation d'une farce qui remonte aux dernières années du règne de Charles VII, est écrit avec une verve aimable et ingénieuse, dans le vrai ton de la langue française.

En voici le début :

LA COMÉDIE

Donc vous êtes la Farce, et vous osez le dire
Ici !

LA FARCE

Pourquoi donc pas, puisqu'ici j'ose rire,
Et comme on riait au bon temps,
Non comme vous du bout des dents,
Madame de la Comédie ?

LA COMÉDIE

Vous comparer à moi ! Vous êtes bien hardie !
Vous le prenez là......

LA FARCE

Comme il faut.
C'est vous qui le prenez trop haut.
Vous n'êtes que mon écolière.

LA COMÉDIE

Ah ! je vous trouve enfin beaucoup trop familière.

LA FARCE

Quand nous allions, souvenez-vous,

Tenant bras dessus, bras dessous,
Toutes les deux l'ami Molière,
Vous n'étiez pas si cavalière
Avec moi : caresse, douceur,
Sourire, accueillaient votre sœur.

LA COMÉDIE

Vous, ma sœur !

LA FARCE

Certes et l'aînée
De beaucoup. Je suis même née
— Mais ceci tout bas entre nous —
Un peu plus française que vous.

LA COMÉDIE

Par exemple ! Je suis alors...

LA FARCE

Une étrangère
Que fit admettre à la légère
La mode, qu'on prit pour le goût.
Vous venez un peu de partout :
Grecs, Latins de la Renaissance,
Furent de votre connaissance
Intime, et, sous prétexte d'art,
Vous barbouillèrent de leur fard ;
Il vous en reste sur la joue.
Moi, le latin me désavoue :
Je ne suis que Caquet Bon-Bec,
Hélas ! et n'entends pas le grec.
Vos grâces se sont arrangées
De leurs vieilles fleurs mélangées ;
Puis en vos premières saisons
Vous y joignites les façons
D'une intrigante d'Italie.

Mesdames Lloyd et Bianca ont fait valoir ces vers
charmants, qui contiennent beaucoup de vérité sous
la forme aiguisée du paradoxe.

Quant à la vieille farce, dont l'auteur demeure inconnu, elle a trouvé, dans MM. Got, Barré, Coquelin cadet et madame Jouassin, d'excellents interprètes. M. Got est absolument étonnant dans la scène du faux malade, qu'il joue avec la souplesse d'un clown, la verve d'un premier ténor d'opérette et la science du premier comédien de notre temps. Il a été rappelé deux fois par les acclamations de la salle entière.

Après la restitution intéressante due à la patiente industrie d'un archéologue et d'un lettré, *le Feu au Couvent* nous ramène en plein courant du théâtre moderne, dont Théodore Barrière demeure une des personnalités les plus saillantes et les plus originales. L'auteur des *Filles de marbre*, de *la Vie de Bohème*, des *Faux Bonshommes*, de *l'Héritage de Monsieur Plumet* et de tant d'autres comédies qui contiennent au moins des parties de chefs-d'œuvre, n'était pas seulement l'écrivain satirique, le polémiste théâtral dont les saillies amères pénétraient de plein fouet dans la chair fouaillée de ses contemporains ; c'était surtout une âme généreuse, un cœur sensible et délicat, qui savaient exprimer les émotions douces et saines aussi vivement qu'ils savaient les ressentir. Je n'en veux pour preuve que cette comédie délicieuse du *Feu au Couvent*, qui, pendant une heure, a tenu sous le charme le public choisi de la Comédie-Française.

Joué pour la première fois le 13 mars 1860, *le Feu au Couvent* était inconnu à la presque totalité des spectateurs. C'est l'histoire d'un homme jeune encore, riche, désœuvré, abandonné, par habitude plutôt que par goût, à une vie de galanterie et presque de désordre, qui voit arriver chez lui, à l'improviste, sa fille âgée de seize ans, chassée de son couvent par un incendie. Le changement opéré dans la maison et dans le cœur de M. d'Avenay, par la présence de cet ange d'innocence et d'amour pur qui s'appelle

Adrienne, tel est le sujet de cette étude délicate et touchante, dont le succès a été aussi grand que mérité. *Le Feu au Couvent* ne sortira plus du répertoire de la Comédie-Française.

Le personnage ravissant d'Adrienne fut, m'a-t-on dit, l'une des plus remarquables créations de mademoiselle Emma Fleury, aujourd'hui madame Franceschi, femme de l'éminent sculpteur, l'une des gloires de notre école française. Mademoiselle Reichenberg vient, à son tour, d'en faire un de ses meilleurs rôles.

Le jeu de mademoiselle Reichenberg, délicat, élégant et fin, avait eu rarement une pareille occasion de faire apprécier sa sensibilité exquise ; à la fin de la grande scène où Adrienne se jette dans les bras de son père qu'elle croyait tué ou tout au moins blessé en duel, tout le monde pleurait.

M. Laroche est fort convenable dans le rôle de M. d'Avenay, que Bressant avait créé avec une élégance supérieure. M. Baillet est en progrès, et M. Prudhon, qu'on citait quelquefois pour sa froideur, a montré beaucoup de verve et d'entrain dans le rôle amusant de Fortunien, l'un des compagnons de plaisir de M. d'Avenay.

DCCXXXVI

THÉATRE DU GYMNASE.　　22 juillet 1881.

LE DUEL DE PIERROT

Pièce en cinq actes par M. Gustave Haller.

M. Gustave Haller a cru sans doute, de très bonne foi, qu'en écrivant *le Duel de Pierrot*, il nous donnait une pièce nouvelle. Je m'étonne que personne ne l'ait averti de son erreur ou de son illusion. La scène du duel exceptée, la pièce de M. Gustave Haller n'est que la répétition sans variantes d'une comédie de M. Georges Richard, intitulée *les Enfants*, qui froidement accueillie par le public de la Comédie Française il y a sept ou huit ans, fut reprise l'année dernière au Gymnase sans aucune espèce de succès. Les quatre personnages principaux, l'amant suborneur, le mari dévoué, la mère repentante et le fils innocent sont identiques. Seulement M. Gustave Haller a poussé jusqu'au noir la rencontre de l'ancien amant avec le fils qu'il ne connaît pas, car son Rudolphe Dartès, déguisé en sauvage, plonge son épée dans le sein de Maurice Pérolles déguisé en pierrot. Le choix de ces costumes n'a pas d'autre but que d'amener la reproduction plastique du célèbre tableau de Gérôme. Le père et le fils se battraient en habit noir ou en vareuse sans qu'il y eût un mot à changer dans le dialogue.

Plusieurs de mes contemporains, et je ne parle ni des moins aimables, ni des moins distingués, se font une idée singulière du théâtre. Ils le considèrent comme une salle d'exposition pour la peinture de ce qui n'existe pas. Je veux parler surtout de ce genre d'amour paternel qui ne se développe qu'en faveur des enfants des autres. Je me souviens encore de ce prodigieux banquier des *Créanciers du bonheur,* de M. Edouard Cadol, qui adoptait et adorait le fils de l'amant de sa femme. De même le professeur dessiné par M. Georges Richard et le peintre crayonné par M. Gustave Haller, se sont fait un devoir de légitimer l'enfant de la faute qu'ils n'ont pas commise.

La pièce de M. Gustave Haller ne changera pas l'opinion toute faite du public sur ce sujet, désagréable et répugnant dans sa nouveauté, devenu vulgaire aujourd'hui, sans avoir rien perdu de son odeur malsaine.

Un épisode qui appartient en propre à la pièce jouée ce soir, c'est celui d'une lettre compromettante, écrite par une jeune fille menacée de viol. Le père survient, et, au premier mot d'explication, il interrompt sa fille pour proférer ces paroles étonnantes : « Entre ton honneur et ta réputation, tu as immolé » celle-ci pour sauver celui-là, tu as bien fait ! » Ici l'on a ri et sifflé, malgré les protestations d'une salle très dévouée. Singulier banquier que ce Ouilisse ! Il a besoin de réunir un million ; son ami le peintre Pérolles lui offre neuf cent mille francs, et le banquier s'écrie noblement : « Je ferai le reste ! »

Pourquoi parler de l'interprétation ? Quelques artistes de talent, égarés dans cette troupe recrutée au hasard, n'ont pu lui donner ni cohésion ni ensemble.

DCCXXXVII

CONCOURS DU CONSERVATOIRE

Tragédie et Comédie.   27 juillet 1881.

Nouvel incident aujourd'hui. L'annonce d'un second
prix de tragédie, à coup sûr inattendu pour tout le
monde, a été accueillie par une explosion de huées et
de sifflets. M. Ambroise Thomas a pris alors la parole, et dans une allocution fort énergique et fort digne, il a déclaré que ·de pareilles manifestations
étaient non seulement blessantes pour le jury, mais
non moins inconvenantes pour le public d'élite qui
fait au Conservatoire l'honneur d'assister à ses séances solennelles.

L'illustre directeur du Conservatoire possède la
principale qualité de l'orateur ; il sait ce qu'il veut
dire, et il exprime sa pensée avec autant de précision
que de finesse. C'est ainsi qu'il a, du premier coup,
séparé l'auditoire d'élite des concours du Conservatoire, de la tourbe des tapageurs. Quant à celle-ci,
plèbe tumultueuse et sotte, composée de quéman-
deurs de billets, de fournisseurs en tous genres, de
photographes en disponibilité, de concierges en rupture de ban, de professeurs sans élèves et d'élèves
sans professeurs, constituée en « claque » imperti-
nente et impérieuse, faisant des « entrées » ridicules ; à de pauvres jeunes gens qu'elle trouble ou qu'elle
trompe, ou les décourageant sans plus de raison ni
d'à-propos, exagérant à tort et à travers les succès et

les mécomptes, elle méritait la sévère mercuriale de M. Ambroise Thomas.

Le public que le Conservatoire admet aux séances annuelles du concours doit, avant tout, le plus profond respect aux décisions du jury. Ceci posé, le Conservatoire et le jury ont respectivement un devoir à remplir : le Conservatoire se doit à lui-même de surveiller l'emploi qu'il fait de ses faveurs, en élargissant la part de l'élite, en restreignant celle de la plèbe ignorante et bruyante. Quant au jury, il lui appartient de surveiller ses propres entraînements, et de ne pas donner raison par le fond à ceux qui se donnent des torts dans la forme.

Une quarantaine de concurrents se présentaient pour la tragédie et la comédie. Dix-sept sont récompensés ; c'est un peu plus que ne comportait leur mérite. Sauf une seule exception, ceux qui n'ont rien obtenu méritaient leur sort. Je ne parlerai donc que des heureux.

La tragédie révèle parmi les élèves hommes deux sujets remarquables : M. Garnier, qui vient d'avoir le premier prix, et M. Duflos le second.

M. Garnier n'a pas vingt ans ; c'est un jeune homme à figure sévère, tel que le peintre nous représente Talma dans ses jeunes années. La voix est dure et sèche comme la figure, mais l'un et l'autre s'animent d'un attendrissement au besoin. La qualité dominante de M. Garnier, c'est la justesse dans la simplicité.

M. Duflos possède un organe plus souple et plus riche, avec des qualités que faisait médiocrement valoir l'ennuyeux et obscur récit de Xipharès de *Mithridate*, qu'il avait choisi ou qu'on avait choisi pour lui.

Différenciés dans les récompenses tragiques, MM. Garnier et Duflos se sont trouvés remis au même plan par l'*ex-æquo* d'un second prix dans la comédie,

1.

où ils ont été jugés médiocres l'un et l'autre. Néanmoins, il y a de l'espoir à fonder sur ces deux jeunes gens.

Après eux, l'accessit de M. Falconnier ne s'explique que par ˜des considérations scolaires ; M. Falconnier, qui a déclamé d'un ton pleurard le rôle de Triboulet, serait convenable dans les raisonneurs et dans quelques financiers de la comédie classique.

Nulle élève femme ne méritait le prix tragique. C'est à propos du second prix décerné à mademoiselle Lannier que l'orage a éclaté. La lauréate avait absolument manqué le songe de *Lucrèce* ; son excuse serait à la rigueur que ledit songe n'avait pas été moins manqué par feu Ponsard que par elle-même ; cependant elle avait donné avec intelligence les répliques de la grande scène d'*Hamlet* avec M. Garnier, et le jury, en se montrant plus indulgent que le public, s'est en même temps montré plus équitable.

Il n'y a eu qu'une voix, au contraire, pour applaudir le premier accessit obtenu par mademoiselle Caristie-Martel, la fille de l'excellent professeur de la Comédie-Française. Mademoiselle Martel n'a que quinze ans et demi. Hier encore, elle jouait les enfants, à côté de son père et la voilà grande. Une voix douce et chaude, une expérience précoce de la scène, et en même temps une intelligence qui s'accuse par des effets déjà très personnels, telles sont les qualités que mademoiselle Martel nous a montrées dans le rôle de Bérangère de *Charles VII et ses grands vassaux*.

Je comprends moins le second accessit de mademoiselle Barthélemy, insuffisante dans l'Agrippine de *Britannicus*.

La comédie a obtenu un nombre de récompenses proportionné plutôt au nombre des concurrents qu'à leur mérite.

M. Galipaux a le premier prix. C'était écrit. Cela

était même écrit dès l'année dernière. En voyant arriver ce gamin de vingt ans, bas sur jambes, le
nez en l'air, l'œil au vent et montrant ses dents blanches, on devinait un victorieux. Le voilà populaire.
Chaque fois que le bon M. Marcel, le porte-parole du
Conservatoire, annonçait aujourd'hui : « la réplique
sera donnée par M. « Galipaux », on entendait dans
la salle comme un frémissement de roseaux pensants
et vibrants, qui se répétaient l'un à l'autre : « Galipaux va donner la réplique, » et de réplique en réplique, le Mascarille des *Précieuses* aidant, le jeune Galipaux a enlevé son premier prix. Et de rire, car il
a une qualité, ce jeune comique : il est gai, et quand
il ne rit pas par son rôle, il rit pour son propre
compte. Je lui souhaite de rire toujours, et de gran-
dir un peu.

Après lui, les seconds prix Garnier et Duflos, dont
j'ai déjà parlé, nous nous trouvons en présence du
premier accessit Vast, incompris, incompréhensible.
Le deuxième a conquis tous les suffrages ; c'est M.
Samary, le frère cadet de la charmante sociétaire de
la Comédie-Française. M. Samary n'a que seize ans :
il a cependant rendu avec un sentiment très juste
et très contenu, le rôle difficile de Fortunio, de *Chandelier*. Etonnamment grand et formé pour son âge,
quoique très junévile, M. Samary a toute l'étoffe
d'un « amoureux », cet oiseau rare qui trouvera la
place peu disputée dans la magnifique mais incomplète volière de la Comédie-Française. M. Samary
était très bien secondé dans sa scène du *Chandelier*
par une charmante jeune fille, mademoiselle Linville,
qui n'a pas obtenu la moindre récompense, quoiqu'un
premier accessit en 1880 la désignât clairement pour
le second prix qui n'a pas été décerné. Les mystères
du Conservatoire sont insondables.

Le premier prix, c'est mademoiselle Durand, et je n'y

contredis pas, quoique le second à la rigueur, eût suffisamment récompensé une interprétation agréable de la première scène d'Agnès, dans l'*Ecole des femmes*. Mademoiselle Durand n'est pas seulement jolie, elle est distinguée, qualité qui se fait rare au Conservatoire, où l'on entend trop souvent résonner l'accent de la place Maubert ou de la place Maubant, ce qui se ressemble.

Un premier accessit à mademoiselle Dandor, très goûtée dans une scène du *Duc Job*, et à mademoiselle Muller, parfaitement ridicule dans le *Jeu de l'amour et du hasard*. Qui donc, au Conservatoire, a pu conseiller à une fillette de quinze ans, haute comme mademoiselle Milly Meyer, de s'essayer dans le rôle de Silvia ?

Les seconds accessits ont été décernés à mademoiselle Rosa Bruck, très fine dans le *Barbier de Séville*, et à mademoiselle Petit, qui a dit, avec un accent nasal et en blésant, une scène du *Demi-Monde*.

A l'année prochaine.

DCCXXXVIII

COMÉDIE-FRANÇAISE.   9 août 1881.

Reprise de OEDIPE ROI.

Tragédie de Sophocle, en cinq actes, traduction littérale en vers français par M. Jules Lacroix.

La fatale histoire d'OEdipe, meurtrier de son père et mari de sa mère, est une légende compliquée de mythes que l'on entrevoit plus facilement qu'on ne les interprète. La légende comporte beaucoup de versions et les mythes des explications non moins variées. D'après M. Bréal, OEdipe serait une personnification solaire ; le soleil naît sur le Cithéron et il a les pieds humides de la rosée du matin ; le meurtre de Laïus et la défaite du Sphinx reproduisent la lutte d'Indra contre Vritra dans la mythologie indienne, celle de Zeus contre les Titans, d'Apollon contre le serpent Python, etc. En faisant la part de l'imagination dans ces interprétations hasardeuses, on ne saurait méconnaître le caractère rigoureusement symbolique du châtiment exercé par OEdipe sur lui-même. Condamné par la haine injuste d'Apollon, le Dieu-Soleil, OEdipe se punit ou plutôt se soumet en se privant de la clarté du jour. Une leçon plus haute et plus humaine se dégage de cet apologue cosmique. OEdipe, l'homme sagace, qui a conquis la couronne en devinant l'énigme du Sphinx, se perd en voulant pénétrer le secret de sa propre destinée.

On a besoin d'admettre ce symbolisme comme le point de départ et, pour ainsi dire, l'excuse de l'horrible fable empruntée par la tragédie aux mythes religieux. Mais Sophocle, obéissant à la loi essentielle de l'art dramatique, ne l'a pas entendu ainsi. Ses personnages n'ont rien de symbolique, ni d'abstrait ; OEdipe est vraiment le fils qui a tué son père ; Jocaste, la mère qui a épousé son fils ; ce sont des créatures de chair et de sang, qui vivent, souffrent et crient sous la main implacable du Destin.

L'œuvre de Sophocle, représentée pour la première fois l'an 431 avant notre ère, selon les uns, l'an 415 selon les autres, et par conséquent âgée pour le moins de deux mille deux cent quatre-vingt-seize ans, a dû passer par bien des aventures pour acquérir le droit de se présenter dans son originalité native devant un public français. Je parle, bien entendu, non pas des simples traductions, dont les plus connues sont celles de madame Dacier, de Boivin, du P. Brunoy, de MM. Artaud, Bellaguet, etc., mais uniquement des adaptations théâtra es, dont la première et la plus ancienne est l'*OEdipe*, de Senèque.

Nous avons eu en France l'*OEdipe* avec chœurs de Jean Prévost en 1605, l'*OEdipe* de Nicolas de Sainte-Marthe en 1614, de Pierre Corneille en 1659, de Voltaire en 1718, du Père Follard en 1723, de La Motte en 1726, sans compter les quatre *OEdipes* de M. de la Tournelle, et celui de Marie-Joseph Chénier.

La plupart des écrivains, célèbres ou inconnus, que je viens de citer, n'ont emprunté de Sophocle que la matière première, qu'ils ont disposée à leur guise, en l'assaisonnant des traits les plus frappants fournis par le texte grec. Corneille a totalement défiguré le sujet, en y introduisant, avec les amours de Thésée et de Dircé, une demi-douzaine de personnages nouveaux ; et comme ce Thésée est, autant qu'il m'en souvienne, un fils de Laïus, cherchant à connaître et à venger l'assassin de son père, il se trouve que Corneille, en s'éloignant de la donnée typique d'OEdipe, s'est matériellement rapproché de celle d'Hamlet, qu'il ne connaissait pas.

Voltaire eut le mérite, un demi-siècle plus tard, de comprendre l'immense valeur tragique de l'œuvre sophocléenne. S'il n'eût tenu qu'à lui, la scène française aurait connu, dès l'an 1718, l'*OEdipe roi* dans toute sa splendeur. Mais, dit-il, « les comédiennes » se moquèrent de moi lorsqu'elles virent qu'il n'y » avait point de rôle pour l'amoureuse. On trouva » la scène de la double confidence entre OEdipe et » Jocaste, tirée en partie de Sophocle, tout à fait

» insipide. En un mot, les acteurs qui étaient en ce
» temps-là petits maîtres et grands seigneurs, refu-
» sèrent de représenter l'ouvrage. J'étais extrême-
» ment jeune ; je crus qu'ils avaient raison ; je gâtai
» ma pièce pour leur plaire, en affadissant par des
» sentiments de tendresse, un sujet qui le comporte
» si peu... »

Il n'en reste pas moins à Voltaire l'honneur d'avoir
admiré Sophocle, combattu pour les beautés immortelles de l'art, et préparé leur triomphe devant les
petits-fils de Marivaux, fils du monde moderne.

C'est qu'en effet Sophocle ne s'est pas contenté
d'exposer aux yeux du public athénien la légende
de la Fatalité, avec la simplicité forte mais nue qui
caractérise les tragédies d'Euripide. Il chercha et,
découvrit une combinaison dramatique qui devance
et dépasse les inventions les mieux calculées des
plus habiles dramaturges modernes. La peste est
dans Thèbes ; on interroge l'oracle d'Apollon ; l'o-
racle répond qu'il faut purger le sol thébain du
monstre qui le souille ; ce monstre c'est l'assassin
de Laïus. OEdipe jure de le découvrir et de lui faire
expier son crime ; il commence une enquête, et le
premier témoin qu'il entend, le devin Tirésias, lui
fait entendre des paroles accusatrices. Le trouble
entre dans l'âme d'OEdipe. L'enquête continue, et
la lumière commence à se faire, petite d'abord et
pâle comme un rayon du jour aperçu à l'extrémité
lointaine d'un souterrain, puis grandissante, aveu-
glante et mortelle comme les flèches d'Apollon lui-
même. Le coupable c'est OEdipe, c'est lui qui a tué
Laïus. Mais, du moins, OEdipe, meurtrier involontaire d'un monarque qu'il ne connaissait pas, ne
remplit pas les autres désignations des anciens ora-
cles ; il n'est pas le fils de Laïus, puisqu'il est le
fils de Polybe, roi de Corinthe. Tout à coup, sinistre

péripétie, le même messager qui lui annonce la mort de Polybe, lui révèle que le roi de Corinthe n'était pas son père. On sait le reste : Jocaste se tue de désespoir, et le malheureux Œdipe s'arrache les yeux, non seulement pour expier son crime involontaire, mais surtout pour ne plus voir les enfants nés d'un exécrable hymen.

Le développement plein d'intérêt, des révélations successives par lesquelles le roi de Thèbes arrive à se reconnaître lui-même pour le criminel qu'il recherchait, placent au premier rang des créations du génie dramatique cette reine des tragédies. La donnée en est si émouvante que vingt-quatre siècles ne l'ont pas épuisée. Elle fournirait encore le roman judiciaire le plus curieux et le plus dramatique, sous la plume d'un Paul Féval, d'un Belot ou d'un Boisgobey.

On en a critiqué la vraisemblance, comme si les légendes étaient tenues d'être vraisemblables.

On a remarqué par exemple qu'Œdipe avait un sûr moyen de démentir l'oracle, c'était de ne tuer personne et de rester garçon. Mais ceci rentre dans le genre d'objections que fit un jour à Honoré de Balzac le garçon d'esprit qui lui demandait ce qui serait arrivé, si Raphaël avait souhaité que la peau de chagrin s'étendît.

M. Jules Lacroix s'était imposé la tâche de faire passer non seulement dans notre langue, mais sur notre scène, l'œuvre intégrale de Sophocle, sans en retrancher rien, et surtout sans y rien ajouter. Il s'est élevé à la hauteur de cette tâche. Sa traduction est d'une fidélité à toute épreuve, sans archaïsme obscur et inutile, et elle garde, dans son exactitude, l'éloquence soutenue qui convient à ce sujet grandiose. L'abbé Delille aimait qu'on le louât d'avoir « embelli » *les Géorgiques* ; je me garderai d'adresser

à M. Jules Lacroix un compliment pareil, qui place-
rait son talent littéraire au-dessus de sa loyauté de
traducteur ; il me paraît cependant, qu'il a trouvé
çà et là d'heureux équivalents. Par exemple, lorsque OEdipe, devenu aveugle, supplie Créon de faire
amener ses filles, il lui dit : « En les ayant touchées
» de mes mains, je croirai les posséder encore,
» comme au temps où je voyais clair. » M. Jules
Lacroix traduit :

Si de mes mains je pouvais les toucher,
Oh ! je croirais les voir encore !

Ce n'est pas tout à fait le texte ; mais c'est bien
beau, et surtout bien touchant.

La traduction de M. Jules Lacroix fut jouée pour
la première fois à la Comédie-Française, le 18 septembre 1858, sous la direction de M. Empis, et reprise quelques années plus tard sous l'administration
de M. Edouard Thierry. La Comédie-Française et
M. Emile Perrin, en donnant à l'*OEdipe roi* une troisième consécration, ont fait grandement et superbement les choses. Non seulement on ne se moque
plus de Sophocle comme au temps de Voltaire, mais
on a poussé l'intelligence jusqu'à rétablir cette fois,
des passages qu'on retranchait naguère à la représentation comme faisant longueur. Le succès le plus
éclatant vient de récompenser cette manifestation
littéraire. La tragédie de Sophocle a tenu le public
attentif, haletant, saisi d'admiration pendant trois
heures.

La mise en scène de l'*OEdipe* est très ingénieuse et
très savante. Les chœurs, représentés par deux
jeunes filles thébaines, prennent part à l'action par
une sorte de pantomime du plus dramatique effet,
soutenue par une musique instrumentale placée der-

rière le théâtre. Cette musique d'*intermezzo*, écrite par M. Edmond Membrée, pour le quatuor, avec flûtes, clarinettes, harpes et cors, est remarquable par un accent mélodique d'une simplicité savante et par la couleur mélancolique qui sied au sujet.

Il y a, dans la combinaison de cette musique invisible et de ces chœurs agissants, outre un effet intéressant et neuf, une transaction très heureuse entre les convenances matérielles de nos théâtres modernes et l'ancien mode d'intervention du chœur sans lequel on n'aurait pas l'idée juste de la tragédie grecque.

Tous ces éléments de succès pour le théâtre, et de plaisir pour le public, demeureraient stériles s'ils n'étaient que les accessoires pittoresques d'une interprétation médiocre. Toute la tragédie d'*Œdipe roi*, c'est OEdipe lui-même. M. Geffroy avait créé ce terrible rôle avec l'autorité d'un talent fait de science et de réflexion. Comment M. Mounet-Sully, que l'on connaît, au contraire, pour un artiste dont l'impétuosité juvénile ne se modère pas aisément, recueillerait-il ce redoutable héritage ? Telle était la question de vie ou de mort pour l'*Œdipe* de M. Jules Lacroix.

Je m'empresse d'y répondre. La création d'OEdipe vient de placer très haut M. Mounet-Sully. Je le dis parce que je le pense, et je n'éprouve que de la joie à le dire. J'ai souvent, très souvent et très vivement critiqué M. Mounet-Sully ; et je ne crois pas m'être trompé. J'estime même que la sévérité que M. Mounet-Sully a rencontrée de la part de juges consciencieux, et qui l'a beaucoup affligé, je le sais, n'est point aussi étrangère qu'il l'imagine peut-être lui-même, aux immenses progrès qu'atteste la soirée triomphale d'aujourd'hui.

M. Mounet-Sully ne s'est pas tout à fait débarrassé de quelques imperfections très connues : trop de

soulignements méticuleux sans être précis, et d'é-
clats de voix inopportuns ; mais n'insistons pas sur
ces taches devenues légères. A partir de la scène
où les propos mystérieux et effrayants de Tirésias,
commencent à troubler l'âme d'Œdipe, M. Mounet-
Sully a montré qu'il comprenait le personnage et
qu'il était en possession du rôle. Sombre, concentré,
agité de pressentiments funestes, il a marché, par
une savante gradation, jusqu'à la terrible scène de
la double confidence avec Jocaste. Mais c'est surtout
au cinquième acte que M. Mounet-Sully a rencontré
d'admirables mouvements. L'entrée du roi aveugle,
aux yeux sanglants, descendant à tâtons les degrés
du palais et s'affaissant sur la dernière marche, a
produit une sensation profonde. J'avais beaucoup admiré, à l'acte précédent l'attitude d'Œdipe, écoutant,
muet et désespéré, les consolations inutiles que lui
prodigue le chœur. Enfin, la scène merveilleuse par
laquelle Sophocle dénoue et détend cette sombre
tragédie, dans l'attendrissement et la pitié, a trouvé
chez M. Mounet-Sully un interprète digne d'elle. Il
a pleuré et fait pleurer en embrassant ses filles. Les
larmes, c'est à cette effusion suprême que je reconnais et que je salue l'artiste enfin hors de pair.

Le rôle de Jocaste est bien ingrat ; madame Lerou
s'en acquitte avec talent ; mais on peut dire de cette
jeune artiste que c'est une intelligence desservie par
ses organes ; la voix est courte et rauque, le geste
manque de dignité.

Les deux jeunes Thébaines sont charmantes ; cependant, mademoiselle Rosamond s'agite trop et
devrait se régler sur mademoiselle Martin, qui dit
très musicalement et en gardant une attitude sculp-
turale, sa strophe du premier chœur.

Les autres rôles, très importants, quoique courts
sont très bien tenus par MM. Maubant, Martel et

Dupont-Vernon, mais surtout par M. Silvain, qui déclame avec un art supérieur le grand récit du cinquième acte, et par MM. Laroche et Richard, qui jouent avec un vrai talent l'émouvante querelle du quatrième acte entre le messager de Corinthe, qui révèle à OEdipe le secret de sa naissance, et le vieux serviteur de Laïus qui ne veut pas avouer le crime dont il fut l'instrument.

DCCXXXIX

CHATEAU-D'EAU.　　　　　　　　　30 août 1881.

CATHERINE LA BATARDE

Drame en cinq actes et six tableaux, par M. Alfred Belle.

Catherine la bâtarde, Catherine la fille perdue, Catherine l'adultère, Catherine la fratricide, Catherine l'empoisonneuse, la Catherine du Château-d'Eau mérite, comme Gubetta qu'on attache à son nom cette abominable aigrette d'épithètes flamboyantes. C'est pour venger sa mère, séduite, puis abandonnée par un sieur Coutard (excusez du peu!) que Catherine empoisonne au premier acte, sa propre sœur Rose Coutard, fille légitime dudit sieur Coutard, décédé. Cela commence bien, cela continue de même. Il faut savoir que l'auteur du présent mélodrame, M. Alfred Belle, est préposé à la garde de la bibliothèque de la Société des auteurs dramatiques ; ce bibliothécaire, abusant du précieux dépôt qui lui est confié, y a colligé un nombre incroyable de crimes et d'infamies tous moins inédits les uns que les autres, mais qui prennent un certain ragoût d'étrangeté à se trouver cuisinés dans le même chaudron. D'ailleurs, lorsqu'on croit un crime épuisé, l'habileté de l'auteur le ravigote par un procédé très ingénieux : chacun des coupables possibles est tour à tour accusé d'avoir empoisonné Rose Coutard ; mais cela ne suffirait pas. Les innocents s'en mêlent : Jacques Delorme, le mari de Catherine, s'accuse d'avoir servi la mort aux rats à sa première femme pour sauver la seconde ; ensuite Bruno Delorme, père de Jacques, se dénonce pour sauver son fils. Le délégué du parquet ne s'étonne nullement de ce déluge d'attentats. A mesure qu'un nouveau coupable se dénonce, ce naïf magistrat l'arrête et fait mettre le prédécesseur en liberté.

Que vous dirai-je ! Il faut en finir ; minuit, c'est l'heure des crimes pour les bourgeois, mais pour les théâtres, c'est l'heure où les crimes se couchent à cause de l'amende du gaz. Catherine avoue tout et se fait mener fièrement à la guillotine.

Où est l'intérêt ? Je ne sais pas. La pièce est écrite avec un sans-gêne extraordinaire envers toutes les convenances sociales, y compris la langue française. On l'a écoutée cependant jusqu'au bout, grâce à des interprètes très intelligents et très convaincus.

Mademoiselle Marie-Laure, qui supporte le rôle écrasant de l'odieuse Catherine, y montre un talent de composition vraiment supérieur ; je ne comprends pas que mademoiselle Marie-Laure, qui l'année dernière joua la *Claudie* de George Sand d'une façon si complète au Théâtre-Cluny, ne soit pas fixée depuis longtemps sur une de nos premières scènes.

M. Péricaud, M. Dalmy, M. Bessac. madame Wil-
son et une jeune fille qui vient du Gymnase, mademoiselle Réal, ont dignement secondé mademoiselle
Marie-Laure.

DCCXL

CLUNY. 31 août 1881.

Reprise de LES BRACONNIERS

Opéra-bouffe en trois actes, de MM. Chivot et Duru,
musique de Jacques Offenbach.

C'est notre ami Charles Monselet qui s'est chargé
de signifier en jolis vers, le congé que l'opérette
vient de donner au drame, en l'expulsant d'une scène
qu'il avait occupée, non sans éclat et sans honneur,
pendant une quinzaine d'années. Il me semble que
Monselet en prend bien à son aise avec ce pauvre
drame, dont les ficelles, plus ou moins usées, valent
bien les rengaines de l'opérette. C'est un axiome de
géométrie qu'il ne faut comparer entre elles que des
quantités de même espèce. Or, si le drame avait
trouvé, sous les dernières administrations du théâtre
Cluny, une pièce intéressante jouée par des interprètes qui, dans leur genre, présentassent la valeur
relative des nouveaux pensionnaires de Cluny, peut-
être poursuivrait-il une carrière triomphante. Ce
qui revient à dire qu'un mélodrame absurde, joué

par des acteurs ridicules, ne vaut pas une bonne bouffonnerie musicale, exécutée par des chanteurs adroits et amusants ; mais non pas, comme semble l'insinuer Monselet, que l'opérette soit un progrès sur le drame.

Ce qu'il y a de certain, c'est que le nouveau directeur de Cluny, M. Taillefer, qui avait tâté le terrain pendant la saison chaude, avec *les Cloches de Corneville*, vient de faire une ouverture très brillante, en donnant au public une reprise des *Braconniers*, c'est-à-dire presque une nouveauté.

Les Braconniers, représentés pour la première fois aux Variétés, le 29 janvier 1873, furent très bien accueillis du public, mais un succès, si bien lancé qu'il soit, ne compte aux yeux du monde théâtral qu'à la condition de devenir centenaire. Malheureusement pour eux, *les Braconniers* furent arrêtés, au mois d'avril, par le succès foudroyant de *la Fille de madame Angot*, et ne firent plus que languir.

La pièce est cependant fort amusante ; c'est de la grosse gaîté, mais irrésistible. Chose singulière et que je constatais ce soir avec un triste plaisir, Jacques Offenbach n'a pas suivi ses collaborateurs, les auteurs de *l Ile de Tulipatam*, sur le terrain qu'ils lui avaient préparé. Que la plaisanterie s'épanouisse en farce, que la farce s'égare jusqu'à la pîtrerie, le musicien ne renonce pas à maintenir dans le charme et la grâce, le contour de son élégante mélodie.

La partition des *Braconniers* n'est pas une des plus saillantes de l'œuvre d'Offenbach ; et, cependant, que d'esprit, que de verve, dans cette sobriété qui n'appartient qu'au compositeur devenu le maître de son caprice et de son art !

A travers cette partition fort chargée, il faut citer, en dehors de deux finales des plus entraînants, au premier acte la délicieuse sérénade chantée par Bi-

bletto-Bibletta, et qui, par une imitation peu déguisée de *la Sirène* de Scribe, sert à égarer les
gardes qui poursuivent les braconniers ; puis un
duetto finement comique, dont on retrouve comme
un écho dans la situation analogue du second acte
de *la Mascotte*. Les deux meilleurs morceaux se rencontrent au second acte : ce sont le quatuor bouffe
de Marcasson et des trois frères Pierrougue, bouffonnerie exquise, rencontrée dans un moment de
veine, et, dans la note absolument opposée, les couplets dialogués : « Je ne m'en souviens pas », dont
l'accompagnement discret, aux sonorités changeantes
et voilées, rappelle les plus délicates inspirations de
la première manière d'Hérold.

M. Taillefer a très convenablement et même brillamment monté *les Braconniers*. La troupe qu'il a su
réunir, sous le bâton de commandement de l'excellent chef d'orchestre M. Luigini, supporte très aisément la comparaison avec les compagnies pari-
siennes déjà formées. Mesdames Mary-Albert et
Pauline Luigini ne sont pas, d'ailleurs, des incon-
nues. La première est une chanteuse légère, brillante, à la voix facile et bien posée, qui n'a, comme
actrice, qu'un défaut à corriger : l'excès en tout, trop
de soulignage, trop de clins d'yeux, trop de sourires,
trop de gestes ; mais comme elle a dit avec une
grande simplicité la jolie réplique « je m'en souviens pas », son succès a été très grand.

Quant à madame Pauline Luigini qui fut à Bruxelles, c'est-à-dire avant Paris, la créatrice de Clairette
dans la *Fille Angot* » elle possède une voix puissante, vibrante à l'excès, surmenée peut-être, qui a
besoin de revenir à l'émission douce et à l'articula-
tion claire par un travail de détente, que lui facilitera
le goût bien connu du public parisien pour la modé-
ration et la finesse dans le style. Madame Pauline

Luigini a été très vivement applaudie, surtout après sa sérénade, véritable casse-cou musical écrit pour les moyens exceptionnels de madame Zulma Bouffar.

Les hommes sont fort amusants ; un ancien acteur des Bouffes, M. Mesmaker est une ganache très originale, et un jeune ténorino, M. Guy, qui rappelle feu Priston, s'est taillé un vrai succès dans le rôle d'Eléonore de Campistrous, où feu Grenier était lugubre. Le jeune premier ténor bouffe qui tient le rôle créé par Dupuis, est un Belge nommé Dekernel ; il est grand, fort, bien taillé, plein d'aplomb, et lorsqu'on ferme les yeux, on croit entendre M. Léonce. Je parie que si on lui confiait un rôle de M. Léonce, il imiterait M. Dupuis. Néanmoins, il est fort drôle.

DCCXLI

GYMNASE. 1ᵉʳ septembre 1881.

Reprise de LA JOIE DE LA MAISON

Comédie en trois actes par MM. Anicet Bourgeois et Adrien Decourcelle.

La Joie de la Maison fut jouée d'origine au Vaudeville le 6 mars 1855 ; peu de pièces ont eu l'honneur de se voir plus fréquemment imitées en tout ou en partie. L'enfant, ange gardien du foyer, rapprochant les époux désunis, telle est la donnée intéressante et touchante qu'on a, depuis vingt-cinq ans, reproduite

et retournée sous ses divers aspects, d'après MM.
Anicet Bourgeois et Decourcelle.

M. Montigny, dont le jugement, d'ordinaire solide
et sain, subissait parfois de singulières flexions, refusa *la Joie de la Maison*, qui fit florès au Vaudeville.
Ce dernier théâtre possédait alors une toute charmante et toute ravissante ingénue, mademoiselle
Amédine Luther, pour qui le rôle de Cécile de Silly
semblait avoir été moulé. On a abusé, n'abuse-t-on
pas encore de ces fillettes de comédie qui dominent
tout autour d'elle, font marcher leurs parents, mori-
gènent jusqu'à leur grand'mère, et qui du bout de
leur petit doigt rose, enseignent à leurs aînés le
chemin du bonheur ? Mais on lui pardonne son invraisemblance en faveur d'une aimable et gracieuse
fiction.

L'immense succès de mademoiselle Luther à Paris, mademoiselle Bellecour, aujourd'hui madame Lagrange, sut le retrouver et le renouveler à Saint-Pétersbourg. C'est dans le rôle de Cécile qu'elle débuta,
il y a vingt ans, devant le public russe, et c'est dans
ce même rôle qu'elle lui a fait ses adieux à la fin de
la saison dernière. On comprend donc que, sûre d'un
succès consacré par sa durée, madame Lagrange-Bellecour ait voulu nous en faire part, et qu'elle ait cru
de bonne foi se présenter devant nous avec tous ses
avantages. Elle ne s'est trompée que dans une certaine mesure. Dès sa première scène, personne, n'y
put douter que madame Lagrange-Bellecour ne fût une
comédienne intelligente et fine, adroite et distinguée.
Mais, si je ne me trompe, elle a d'elle-même senti
que l'illusion, naturelle au public russe qui n'avait
pas perdu de vue, pendant vingt ans, sa comédienne
préférée, ne l'avait pas suivie jusqu'à Paris ; certaines petites mines de pensionnaire, certains jeux puérils, timidement esquissés au lever du rideau, n'ont

pas reparu dans la suite du rôle que madame Lagrange-Bellecour a continué plutôt en jeune femme
qu'en jeune fille. La voix est fraîche, douce et pénétrante, mais, il faut avoir le courage de le dire, le visage de madame Lagrange-Bellecour accuse franchement son âge ; de telle sorte qu'entre la grand'-
mère, la mère et la fille, la distance n'était plus suffisamment marquée. Pour la rétablir en sens inverse,
il aurait fallu distribuer les rôles de la mère et
de l'aïeule à de toutes jeunes personnes. L'expérience
de ce soir, qui n'est d'ailleurs nullement défavorable
à l'artiste, prouve que madame Lagrange pourra
rendre de grands services au Gymnase, à la condition de renoncer à l'emploi des ingénues de seize ans.

M. Lagrange, que l'on connut autrefois alerte et
fluet dans *les Faux-Bonshommes*, a pris quelque lourdeur avec un peu de ventre, mais je ne serais pas
étonné que l'air de Paris ne le dégourdît prompte-
ment ; deux ou trois passages, joués de verve vers
la fin de la pièce, autorisent cette espérance.

Un acteur qui ne mérite que des éloges, c'est M.
Landrol, excellent dans le rôle de M. de Silly, le
père de famille trop longtemps exilé de chez lui par
une insupportable belle-mère.

Du reste, la pièce est charmante, et on l'a revue
avec un vif plaisir.

DCCXLII

DÉJAZET.   6 septembre 1881.

NOS FILS

Pièce en quatre actes par M. Edouard Cadol.

Je ne crus pas devoir répondre à la longue lettre
que M. Edouard Cadol m'adressait il y a deux mois,
par la voie d'un journal, non que la polémique me fît
peur, mais parce qu'elle me semblait inutile. L'auteur
dramatique fait jouer ses pièces; je le juge; il me
contredit; je lui laisse volontiers le dernier mot, jusqu'à ce que le cours des choses nous ramène face à
face. De quoi s'agissait il? Je reprochais à M. Edouard
Cadol, à propos de deux pièces inégalement avouées
par lui, mais dont le destin fut pareil, de se faire une
singulière idée de l'amour paternel et de l'amour filial,
et d'avoir pour ainsi dire adopté cette formule : « Nos
fils, ce sont les enfants des autres. » Je la trouvais
fausse; M. Edouard Cadol soutenait, au contraire,
qu'elle était excellente, par la raison qu'il en était
l'auteur. Pourquoi lui aurais-je répliqué? Il était plus
simple d'attendre, et voilà que M. Edouard Cadol me
donne tout à coup raison, en écrivant une pièce qui
repose sur une idée absolument opposée à celle qu'il
paraissait vouloir élever jusqu'à la hauteur d'une
doctrine.

Le comte de Valzey, au lendemain de la mort de sa
femme, a découvert au fond d'un tiroir une correspondance qui lui paraît accablante pour la mémoire

de la défunte comtesse. Madame de Valzey, que tout
le monde honorait comme la plus vertueuse des femmes, avait eu un amant, et Robert, vicomte de Valzey,
n'est pas le fils du comte. A cette terrible révélation,
le comte de Valzey, pris de fureur et de honte, ne
songe, dès le premier moment qu'à se brûler la cervelle après avoir écrasé l'enfant de l'adultère. A la
bonne heure ! voilà le sentiment vrai, juste, naturel,
vécu, que je reprochais à M. Edouard Cadol de méconnaître dans ses précédents ouvrages.

Robert de Valzey est loin de soupçonner ce mystère ; il sait seulement que depuis la mort de sa mère,
son père l'a progressivement éloigné de lui, et qu'il
dénature ses biens immobiliers, comme en vue d'une
exhérédation. Une explication surgit enfin ; et lorsque le comte dit à Robert : « Vous n'êtes pas mon
fils ! » Robert lui réplique : « Vous en avez menti !
ma mère était une honnête femme !» Le mouvement a
du bon ; mais Robert aurait pu défendre sa mère en
termes moins offensants pour son père. Ce sont les
vieux enfants de M. Edouard Cadol qui remontrent
ici le bout de l'oreille.

Vous avez compris, dès les premiers mots, lecteur
sagace, que la comtesse ne manqua jamais à ses devoirs d'épouse. Mais d'où vient la cruelle vision du
comte ? L'explication en est si singulière, si bizarre,
tranchons le mot si saugrenue, que je me fais un plaisir de vous la faire attendre quelques instants.

Robert de Valzey possède un grand oncle, le marquis d'Armiac qui est en même temps l'oncle d'une
jeune dame appelée Valentine, fille de quelqu'un que
je ne connais pas et veuve d'un quidam qui a passé de
vie à trépas quelques années avant le lever du rideau.
Le marquis d'Armiac voudrait réparer envers Valentine les torts d'une famille qui ne nous a pas été présentée, et il se propose de lui léguer son immense

2.

fortune ; mais, tout à coup, il s'aperçoit qu'il devrait également réparer envers son neveu Robert le préjudice que lui cause l'humeur sauvage de son père ; ne pouvant couvrir Pierre, je veux dire Robert, sans découvrir Paul, c'est-à-dire Valentine, la possibilité d'un mariage entre les deux jeunes gens apparaît comme l'inévitable dénouement de la pièce.

Souffrez, cependant, que je vous parle d'un autre fils ; il faut au moins deux fils pour justifier le titre. Celui-là est le fils très roturier d'un professeur de médecine, nommé le docteur Barbellier ; et, sans l'intervention de ce membre de l'Institut, nous ne ferions pas connaissance avec M. André Nicolle, le célèbre explorateur de l'Afrique centrale. Est-ce que vous croyez que je veux me moquer de vous ? Je m'en sens incapable ; mon analyse a précisément la même logique, la même cohésion et la même clarté que la pièce de M. Edouard Cadol. Le célèbre explorateur donc, qui ne peut pas jouer au whist parce qu'il est dans une crise de tremblement nerveux, dont l'origine remonte à des causes absolument dénuées d'intérêt et sur laquelle le professeur Barbellier lui donne obligeamment une consultation qu'on ne lui demandait pas, le célèbre explorateur, dis-je, réapparaît à la dernière scène pour raconter qu'il était le frère naturel de la défunte comtesse de Valzey ; cette honnête dame, ayant découvert ce vestige de l'immoralité de monsieur son père, l'avait élevé, éduqué, chéri à l'insu du comte, d'où la méprise.

Ne m'en demandez pas davantage. Le marquis, enchanté d'en être quitte pour la peur, retrouve un vrai fils dans le vicomte Robert, qui épouse Valentine, laquelle est sa cousine en vertu d'alliances si embrouillées que d'Hozier, Chérin et Clairambault y perdraient leur savoir héraldique.

Quant à l'autre fils, le jeune Barbellier, il épouse

une demoiselle Buchoy, qui parle argot sous le prétexte qu'elle a appris cette langue dans les casinos les
plus distingués et que, d'ailleurs, c'est « le genre américain ».

A travers ses obscurités, ses incohérences, ses digressions infinies et alambiquées, qui posent à l'oreille
du spectateur une série d'énigmes sans mot, la pièce
de M. Edouard Cadol s'est soutenue jusqu'à la fin ;
on cherchait, on attendait, et parfois on rencontrait à
âtons d'heureuses pensées, des sentiments délicats,
noyés et comme naufragés dans les vagues humides
d'un impénétrable brouillard.

M. Edouard Cadol doit une grande part de reconnaissance à ses interprètes, particulièrement à
M. Henri Luguet, l'ancien premier rôle de l'Ambigu
et de la Porte-Saint-Martin, qui a de l'intelligence et
de l'autorité; à son fils M. Maurice Luguet, un jeune
premier à la voix sympathique et à la tenue distinguée ;
à un jeune comique, M. Noblet, qui ressemble un peu
à M. Coquelin aîné et beaucoup à M. Lassouche ; et
enfin à mademoiselle Aline Guyon, qui joue fort agréablement le rôle de la très jeune veuve Valentine.

Les autres acteurs méritent qu'on les tienne dans
une ombre discrète, surtout le remarquable «bafouil-
ard à propos duquel on a tant ri lorsque son fils lui
a dit ces simples mots : « Dépêchez-vous donc. »

DCCXLIII

PORTE-SAINT-MARTIN.   10 septembre 1881.

Reprise de LA BICHE AU BOIS

Féerie en trente tableaux par MM. Cogniard frères.

Ce fut une belle. soirée que la première représentation de *la Biche au bois*, le 20 mars 1845. MM. Cogniard frères avaient fait, comme auteurs de cette œuvre à jamais célèbre, de folles dépenses d'esprit, et comme directeurs du théâtre de la Porte-Saint-Martin, d'intelligentes économies. Le succès de la nouvelle féerie n'en fut pas moins très grand, et, souvenir curieux à noter, le rôle de la princesse Désirée, c'est-à-dire de la Biche au bois, fut créé par mademoiselle Grave, une belle et mélancolique personne, qui tenait l'emploi de forte jeune première dans la troupe de drame, à laquelle appartenaient également les autres interprètes, MM. Moessard, Nestor, Marius, Tournan, Perrin, etc. Chacun y mettait du sien en ce temps là, le public surtout, qui s'amusait à peu de frais, à la bonne franquette.

Plusieurs parties de l'ouvrage primitif méritaient cependant de réussir, par exemple le royaume des Poissons par son originalité naïve et amusante, le défilé du cortège dans la forêt, pour lequel MM. Cogniard avaient réservé le principal luxe de la pièce, et enfin le pas de la Sirène, autrement dit le pas de l'Ombre, dont l'idée ingénieuse a été transportée plus tard dans *le Pardon de Ploërmel*. Une danseuse appe-

lée mademoiselle Camille s'y fit une heure de célé-
brité. Pilati qui dirigeait alors l'orchestre de la Porte-
Saint-Martin, était un compositeur aux idées abon-
dantes et gracieuses; il avait écrit ou arrangé pour
la Biche au bois beaucoup de musique et des valses
qui devinrent populaires.

La Biche au bois fut une fortune pour le théâtre de
la Porte-Saint-Martin; vingt ans plus tard, l'idée
vint à M. Marc Fournier, successeur des frères Cogniard de la reprendre, pour combler les vides ame-
nés dans sa caisse par ses prodigalités littéraires et
autres. On eut alors l'édition de 1865, intitulée : *La
Nouvelle Biche au bois*, qui, successivement embellie
et enrichie par les splendeurs d'un luxe sans précédents, se prolongea jusqu'au delà de l'Exposition de
1867. MM. Cogniard frères présidèrent eux-mêmes à
des remaniements nécessaires; et les airs de Grisar,
de Flotow, d'Auber, de Balfe, de Hérold, de Boïeldieu, de Monpou, de Donizetti, de Loïsa Puget, etc.,
encadrés par Pilati dans sa partition, furent en
grande partie remplacés par la musique nouvelle de
MM. Hervé, Debillemont et Amédée Artus.

On voit que *la Biche au bois* possède une histoire
comme les poèmes du cycle homérique et du cycle
carlovingien.

M. Paul Clèves a voulu, en remontant à son tour
la Biche au bois, effacer les souvenirs de Marc Fournier, et il y a réussi.

De jeunes auteurs, MM. Ernest Blum et Raoul
Toché, sans se soucier des accusations de sacrilège,
ont porté une main hardie sur la prose de MM. Cogniard frères, ajoutant quelques trucs nouveaux, sup-
primant quelques calembours trop usés, au risque de
faire disparaître quelques beautés classiques consa-
crées dans la féerie et que, malheureusement, on ne
saura plus où retrouver : par exemple, l'exclamation

du prince qui, voyant la fée disparaître en l'air sur un char de feu, s'écrie : « Excusez-moi si je ne vous reconduis pas ! » L'acte des légumes, qui, paraît il, fut mal accueilli aux dernières reprises par un public grincheux, a été soigneusement trié, émondé, épluché ; il avait pourtant bien de l'esprit ce roi Cantaloup, repoussant les conseils pusillanimes des Lentilles, qui grossissent toujours le danger, et comptant sur le secours de huit cent mille Pois chiches qu'il avait tirés d'Ecosse.

MM. Blum et Toché se sont montrés plus coulants avec le royaume des Poissons, dont ils ont respecté l'idiome local. « Homard, je t'adresserais » des reproches cuisants, si je ne craignais de te » faire rougir... — J'ai besoin d'être coiffé » s'écrie » le roi Salomon ; « qu'on fasse venir mon merlan. » — « Ici, » dit encore cet excellent prince, « c'est le » Thon qui donne la mode. » J'en passe et des meilleurs.

Ces naïves saillies, qui semblent faites pour divertir les commis et les grisettes, chantés par Paul de Kock, se trouvent un peu dépaysées au milieu des pompes solennelles d'une mise en scène d'opéra.

L'heure avancée à laquelle se poursuit la représentation ne me permet de signer que très sommairement le cortège du premier acte, avec ses éléphants et ses dromadaires ; les étincelants ballets composés par M. Justament, remplis d'effets nouveaux, et supérieurement dansés par mesdames Maria Vallain, Brambilla et Gaugain. Je n'ai pas encore vu les lions à l'heure où je trace ces lignes rapides.

Les principaux rôles de cette féerie, qui, renouvelée et rajeunie avec toutes les ressources de la machinerie et de l'éclairage modernes, va faire courir tout Paris, sont tenus par des artistes d'un vrai talent, madame Vanghell, qui est une virtuose, mademoiselle Gélabert, qui représente avec beaucoup d'esprit et d'élégance la malheureuse Biche au bois, madame Donvé qui est charmante dans le rôle de la fée des Amoureux, refait tout exprès pour elle ; mademoiselle Alice Reine, qui s'est fait applaudir comme chanteuse et comme femme ; enfin MM. Alexandre, Gobin, Dumoulin et Courcelles, un quatuor comique du plus exhilarant effet.

DCCXLIV

Odéon (Second Théatre-Français). 12 septembre 1881.

UN VOYAGE DE NOCES

Drame en quatre actes en vers, par M. Louis Tiercelin.

LE RIVAL POUR RIRE

Comédie en un acte en prose, par M. Grenet-Dancourt.

Un Voyage de noces, représenté ce soir pour l'ouverture de l'Odéon, est une sorte de roman versifié, dont voici la succincte analyse.

Un peintre français, nommé Jean Desnoyers, qui touche à l'âge mûr, est devenu, de par la volonté de sa mère mourante, le mari d'une jeune fille nommée Hélène ; la pénitence est douce, car Hélène, riche, jolie et bonne, devient la plus charmante et la plus aimée des femmes. M. et madame Desnoyers, faisant leur

voyage de noces en Italie, se laissent séduire par un
joli site aux environs de la Spezzia et s'empressent
d'y louer la seule villa disponible. Il est bien extraordinaire et bien fatal, le hasard qui vient fixer M. et
madame Desnoyers aux environs du principal arsenal
maritime de l'Italie ; car, à deux pas de là, demeure,
dans une humble cabane, une créature dolente et désespérée, Stefana, mère d'une petite fille de sept ans,
nommée Domenica. Or cette Stefana, dans son enfance
était une de ces petites italiennes, aux jupes plates,
au tablier bariolé, à la coiffure blanche attachée par
des épingles d'or, qui arpentent sans cesse les pentes
de la rue Pigalle et les contre-allées des quartiers
neufs, escortées de quelque petit mandoliniste en
haillons, et transportant, d'atelier en atelier, leurs
grâces louées à l'heure. C'est à ce métier de fille mal
surveillée que Stefana a grandi, et quand elle a été
grande, elle est devenue la maîtresse attitrée d'un
peintre : Domenica est la fille de Jean Desnoyers. Les
amants se reconnaissent ; les reproches d'un côté,
les excuses de l'autre, ne peuvent rien pour dénouer
une situation pareille, Jean ne voulant pas reprendre
son ancienne maîtresse, et Hélène ne voulant pas demeurer avec son mari qui s'expose à se faire appeler
papa derrière le premier buisson venu.

Stefana y pourvoit en se précipitant dans la mer et
en se fendant le crâne sur un rocher. Jean prend
alors la main de sa fille, et lui dit :

Viens ! tous deux désormais nous restons seuls sur terre!

Mais Hélène s'écrie :

Non ! je suis votre femme et je serai sa mère !

Le défaut capital d'une pareille donnée est le manque total de vérité dans le fond des choses comme

dans les moyens d'expression. L'idée de prendre un
petit modèle italien pour héroïne d'un drame d'amour
et de maternité, n'est pas facile à accepter pour des
Parisiens qui savent ou croient savoir ce qu'en vaut
l'aune, même galonnée d'or. A Dieu ne plaise que je
manque d'égards envers l'aimable tribu qui accorde
sa collaboration plastique aux jeunes maîtres de notre école française ; mais si l'un d'eux égarait ses
vœux vers une naïve beauté, venue pieds nus de la
contrée où résonne le *si*, il ne se croirait pas tenu de
l'imposer à sa famille, et la jeune Italienne, elle-même,
ne croirait pas « que c'est arrivé » ; elle accepterait
à l'heure dite, la séparation prévue, et, satisfaite d'a-
voir une dot pour sa fille, elle retournerait dans son
pays pour y faire souche d'honnêtes gens, ou bien elle
resterait à Paris et y monterait quelque petit commerce qui la laisserait en rapports d'affaires et de camaraderie avec le monde des ateliers. L'inconvénient de substituer, en pareille matière, le pittoresque convenu à la prosaïque allure des choses, devient
incommensurable lorsqu'on fait parler à ses personnages « le langage des dieux ». Ce n'est plus Stefana, ce n'est plus même Graziella, c'est Norma menaçant Pollione tout en pardonnant à Adalgisa ; mais
réduire Norma au rôle de modèle d'atelier, à quoi
bon ? La poésie s'efface en même temps que la vraisemblance, et la disconvenance des choses empêche
l'intérêt de naître.

Le drame de M. Tiercelin renferme çà et là de jolis détails et des scènes heureuses, par exemple celle de
l'album ; mais l'ensemble ne se tient pas et languit.
M. Louis Tiercelin écrit avec élégance et correction ;
son vers a de la fermeté sans beaucoup d'éclat. Il
connaît les secrets courants de la facture moderne et
il en abuse. Quel charme trouve-t-il à des *hiatus* comme
ceux-ci : « Il y a de bons hôtels » ou bien « Oh ! *alors*,

à demain ? » Les forgerons lyriques de la nouvelle
Renaissance, conduite par le maître Victor Hugo,
nous ont façonnés à toutes les désarticulations du vers
alexandrin. Mais où trouver un vers dans ces neuf
mots :

Vous, une femme de vingt ans, une enfant presque ?

Que dire de ce paquet de syllabes ? par où le prendre ? Ce n'est pas une désarticulation ; c'est une an-
kylose.

Sous ces réserves, le drame de M. Louis Tiercelin a été écouté avec une vive sympathie et très honorablement accueilli.

Madame Tessandier donne au rôle de l'ancien modèle une âpreté farouche, une couleur intense et sombre du plus puissant effet. C'est une composition qui
lui fait beaucoup d'honneur ; il est à regretter seule-
lement que sa diction ne soit pas à la hauteur de son
intelligence et de sa volonté ; elle assourdit les vers
de M. Louis Tiercelin, qui ne sont pas eux-mêmes
construits dans une gamme très sonore, et, au delà
de l'orchestre, le public applaudit à la justesse de la
pantomime plutôt qu'aux paroles qui ne parviennent
pas jusqu'à lui.

M. Chelles peut prendre sa part de cette observation, quoique les défauts de son débit tiennent à d'autres causes ; madame Tessandier ne paraît pas posséder de registre vocal au-dessus du médium ; tandis
que M. Chelles, dont la voix est souple, étendue et
vibrante, compromet l'intelligibilité des vers par une
volubilité qui fait monter les syllabes les unes sur les
autres. En revanche, il a eu un beau mouvement, lorsqu'il se décide à reconnaître Domenica pour sa fille
devant sa femme.

Le rôle d'Hélène, le seul intéressant malgré sa pas-

sivité, servait de début sur la scène de l'Odéon à mademoiselle Suzanne Pic, que nous avions déjà vue à
l'Ambigu il y a deux ou trois ans. Mademoiselle Suzanne Pic possède une voix d'un timbre charmant et
expressif ; elle dit avec intelligence et sobriété, et,
sans jamais forcer la note, arrive à l'effet par une
pénétrante justesse. Elle a été fort applaudie et se
fera certainement une belle situation à l'Odéon. M.
François s'est fait remarquer, comme un bon comédien qu'il est, dans le bout de rôle d'un paysan ma-
dré.

Le drame de M. Louis Tiercelin était précédé par
une petite comédie de M. Grenet-Dancourt, intitulée
le Rival pour rire, dont le fond n'est pas bien neuf,
mais que ce jeune auteur a traitée d'une manière
amusante et piquante. J'aperçois dans ce premier essai plus d'instinct du théâtre que dans le gros drame
noir de M. Tiercelin. La pièce de M. Grenet-Dancourt est délicieusement jouée par mademoiselle Raphaël Sisos, par M. Brémond et surtout par M.
Amaury, dont la gaieté juvénile a gagné toute la
salle.

DCCXLV

Reprise de ON DEMANDE UN GOUVERNEUR

Comédie en deux actes par MM. Adrien Decourcelle
et Jaime fils;

et de BRUTUS, LACHE CÉSAR

Comédie en un acte de M. Rosier.

On demande un gouverneur, représenté pour la première fois sur le théâtre du Vaudeville le 12 avril 1853,
obtint avec M. Fechter dans le principal rôle, un
succès qui mérite de survivre à ce remarquable acteur. Le point de départ de la pièce est assez original pour l'avoir préservée des copies et des imitations de tout genre, qui ont usé avant le temps de
très jolies pièces, telles que *la Joie de la maison* :
Un fils de famille un peu dévoyé, un peu sceptique,
un peu compromis, mais toujours gai, lit, un jour
dans les *Petites affiches* qu'on demande un gouverneur pour un jeune homme de dix-huit ans. L'idée
vient à ce garnement de se présenter comme gouverneur pour se donner l'émotion et le plaisir de se
faire jeter à la porte. Mais il trouve dans M. Duresnel un interlocuteur froid, mesuré, pénétrant, qui
feint de ne pas deviner la plaisanterie ; Frédéric de
Marsan a beau enchérir sur toutes les mauvaises
qualités dont il se targue effrontément, M. Duresnel
paraît de plus en plus enchanté ; en sorte que le

moqueur se trouve pris à son propre piège. Mais les
choses ne tardent pas à tourner au sérieux. M. Duresnel reconnaît dans son étrange visiteur le fils d'un
de ses vieux amis, et, dans l'espoir de le ramener
au bien, il lui confie non seulement son fils, mais
toute sa maison, sa femme et sa fille pendant un
long voyage. Frédéric ne reste pas au-dessous de sa
tâche ; il dégage M. Duresnel d'une créance véreuse
au moyen de laquelle on l'exploitait, et il sauve madame Duresnel de l'entraînement qui la portait vers
un fat nommé Timoléon d'Auberval. Mais Frédéric
n'a pu racheter la créance de l'usurier Benjamin,
qu'en lui souscrivant un bon de cent mille francs à
payer le lendemain de son mariage avec mademoiselle Valentine Duresnel. Le marché conclu, Frédéric ne songe plus qu'à rendre le mariage impossible, et comme Valentine l'aime, il essaye de l'éloigner de lui en feignant de se griser au milieu d'un
bal. Je n'aime pas beaucoup ce moyen, qui, d'ailleurs, a servi dans trop de vieilles pièces, *la Marquise*,
de M. de Saint-Georges et de Leuven ; *Garrick*, de
Jules de Prémaray, etc. Cependant M. Duresnel a
tout compris, et Valentine épousera Frédéric, le gouverneur de son frère et le sauveur de toute la famille.
Sous la réserve que je viens d'indiquer, la pièce est
charmante d'un bout à l'autre ; c'est du théâtre bien
fait, corsé, honnête et intéressant au plus haut degré.

On demande un gouverneur est extrêmement bien
joué, d'abord par M. Frédéric Achard, plein de verve
et d'autorité dans le rôle de Frédéric, par M. Landrol, qui représente à merveille la figure loyale et
cordiale de l'excellent et sagace M. Duresnel, par
M. Blaisot, très plaisant dans le rôle de l'homme
d'affaires Benjamin, par M. Corbin, très juvénile et
très naïf dans le rôle du fils Duresnel; une seule ombre

dans cet heureux ensemble, c'est le comparse fâcheux auquel on a confié le rôle du séducteur Timoléon.

Mademoiselle Mary Jullien prête le concours de son talent au personnage effacé de madame Duresnel ; mademoiselle Camille Linville débutait dans le joli rôle de Camille ; c'est une toute jeune fille, fort gracieuse, malgré sa naturelle inexpérience, mais dont la diction juste, servie par une voix sympathique qui porte sans effort dans toutes les parties de la salle, a été fort goûtée. Mademoiselle Linville a reçu ce soir, des mains d'un public impartial, le second prix de comédie que lui refusait, il y a deux mois, le jury du Conservatoire. Mademoiselle Linville est élève de M. Delaunay.

Avant la pièce de MM. Adrien Decourcelle et Jaime fils, le Gymnase reprenait *Brutus, lâche César !* une très spirituelle comédie, qui fut jouée, pour la première fois, sur ce même théâtre le 2 juin 1849, et dans laquelle M. Lafontaine débuta devant le public parisien. Elle a pour auteur Joseph-Bernard Rosier, mort depuis peu d'années, et qui fut l'une des figures originales du monde dramatique de 1830 à 1850. Doué d'une haute ambition, plus vaste que ses facultés, Rosier se croyait appelé à continuer Beaumarchais dont il cultivait la langue sarcastique et mordante. Il rendit doublement hommage à la mémoire de son maître, d'abord en faisant représenter en 1833 *la Mort de Figaro*, qui tomba bruyamment à la Comédie-Française, puis en refaisant *la Mère coupable* sous le titre du *Manoir de Montlouvier*, drame considérable et noir, que mademoiselle Georges et Mélingue firent réussir en 1839, à la Porte-Saint-Martin. Du répertoire volumineux de Rosier, deux pièces survivent, *la Mansarde du Crime*, illustrée par Arnal, et *le Songe d'une Nuit d'été*, en collaboration avec M. de Leuven, sur lequel M. Ambroise

Thomas a écrit une de ses plus brillantes partitions.

Sous ce titre bizarre, *Brutus, lâche César !* Rosier a écrit une comédie fort agréable où l'on retrouve la première pensée du *Divorçons* de MM. Sardou et de Najac. Mais cette remarque, purement littéraire ne renferme aucune insinuation désobligeante. Rosier s'en est tenu à l'idée primordiale et simple du mari qui ramène sa femme à soi en ayant l'air de la donner à un autre ; sa pièce est d'ailleurs traitée en haute comédie, dans un cadre historique qui lui permet d'y introduire le divorce à titre sérieux. M. Landrol est fort bien dans le rôle du citoyen Mornand, créé par Bressant, qui le jouait à ravir. Je voudrais entendre encore madame Lagrange-Bellecour avant de la juger définitivement ; il m'a semblé, ce soir, qu'avec beaucoup d'acquis et de métier, elle manquait de nuances et de finesse. Quant à l'écolier qui ose prendre la succession de Lafontaine, je ne puis à ce sujet, que varier un des titres de l'affiche du Gymnase ; *On demande un jeune premier.*

DCCXLVI

THÉATRE DES NATIONS.   17 septembre 1881.

LE DUC DE KANDOS

Drame en cinq actes et huit tableaux, par M. Arthur Arnould.

« N'essayez pas de comprendre, vous n'y parviendriez pas », dit madame la duchesse de Kandos.

née Mariquita Antequera, à madame Lapierre née Clermont. Cette phrase du drame nouveau pourrait y servir d'épigraphe. Lorsque je dis nouveau, c'est une manière de parler ; rien de plus connu, de plus ressassé, de plus usé que le « mélo » de M. Arthur Arnould.

Un forçat en rupture de ban, nommé Louis Clermont, réfugié à Buenos-Ayres, remarquant la ressemblance d'un bandit argentin appelé Cuchillo, avec un homme qu'il a jadis connu en France et qui, lui aussi, s'est expatrié, le marquis Paul de Kandos, détermine ledit Cuchillo à assassiner le marquis dont il prend le nom et les papiers. Complication : Cuchillo est l'amant d'une danseuse de corde nommée Mariquita Antequera et Mariquita Antequera est la propre femme du marquis Paul de Kandos. D'où il suit, qu'en poursuivant Paul de Kandos, qu'elle déteste, comme l'assassin de Cuchillo qu'elle aime, Mariquita se trompe absolument, puisqu'à la fin elle reconnaîtra dans Cuchillo, qu'elle adore, l'assassin de son mari Paul de Kandos, qu'elle avait en horreur.

Arrivé en France, Cuchillo se fait reconnaître par le duc de Kandos, qui est aveugle, comme son fils légitime ; et celui-ci profite de ce nom usurpé et de cette immense fortune... pour épouser l'institutrice de mademoiselle Annette de Kandos, fille du marquis qu'il a poignardé.

Ce n'était pas la peine de revenir de Buenos-Ayres.

Autre surprise : le duc de Kandos, avant de mourir, révèle à Cuchillo, qu'il croit son fils, qu'il a, lui aussi, habité Buenos-Ayres (c'est un tic) et qu'il a laissé un enfant naturel qu'il recommande à la générosité de son frère aîné.

Ainsi, Cuchillo est bien le fils du duc — ce qui explique sa ressemblance avec le marquis Paul ; donc,

le marquis Paul qu'il a assassiné, était son frère.
Brrr !...

Ceci n'occupe que quatre tableaux ; les quatre
autres sont dévolus aux affaires particulières du forçat
Louis Clermont qui, sous le pseudonyme de Bernard,
remplit les fonctions d'intendant de Cuchillo, devenu
duc de Kandos ; Clermont a une femme et un fils, qu'il
a abandonnés, et qui vivent obscurément sous le
nom de M. et madame Lapierre. Gaston Lapierre est
amoureux d'Annette de Kandos, fille du défunt marquis. Mais Louis Clermont, qui ne rêve que plaies
et bosses, imagine d'assassiner (*bis repetita placent*)
de cinq coups de revolver, un coquin subalterne
nommé Coco, la Tête de Mort, qui avait surpris ses
secrets ; cinq coups de revolver, tirés dans une maison
habitée, appellent naturellement l'attention des voisins, qui vont requérir la police ; la scène s'emplit de
sergents de ville, pendant que Louis Clermont s'enfuit
par les toits. Il parvient jusqu'à la maison voisine où
il pénètre, par une fenêtre en tabatière, dans une
mansarde habitée par un jeune homme, sur lequel il
lève son poignard. Le jeune homme est son fils Gaston Lapierre. Tableau.

Final : Mariquita Antequera, que les deux bandits
Cuchillo et Louis Clermont croyaient avoir brûlée
vive, dans sa maison de Buenos-Ayres, reparaît en
faisant valoir son titre de duchesse de Kandos. Ber-
nique ! il n'y a plus de duc de Kandos ; elle cherchait
un mari, elle retrouve un amant en la personne de
Cuchillo, qui devient fou. Quant à Louis Clermont,
au moment d'être arrêté et conduit à l'échafaud, il
s'empoisonne avec du venin de serpent à sonnettes,
rapporté de Buenos-Ayres par Mariquita. Tout le
monde est malheureux et la toile tombe sur ce tableau enchanteur.

J'ai analysé, avec quelque détail, ce long, lugubre

3.

et désolant imbroglio, pour avoir le droit de constater à quel point les jeunes auteurs de ce temps-ci se soucient peu de ce qui préoccupait, avant tout, leurs prédécesseurs qu'ils affectent de mépriser : l'invention.

Cuchillo prenant la place du véritable marquis de Kandos qu'il a tué, c'est l'histoire du forçat Cogniard et du comte Pontis de Sainte-Hélène, c'est la résurrection de Rocambole, c'est surtout l'affaire Tichborne avec son double rôle joué par M. Paul Deshayes à l'Ambigu, il y a peu d'années, sans compter deux cents mélodrames taillés sur ce même patron. Que Cuchillo, le faux marquis de Kandos, soit reconnu le frère du véritable dont il est le sosie, ce serait une trouvaille, si elle n'avait été faite précédemment et dans les mêmes termes, par MM. Théodore Barrière et Henri de Kock, qui ont bâti là-dessus leur beau drame de la *Maison du pont de Notre-Dame* repris, il y a peu d'années, à ce même théâtre des Nations. Enfin M. Arthur Arnould n'a qu'à se consulter lui-même, et il reconnaîtra que le *Duc de Kandos*, répète servilement, en plusieurs parties, son roman de *Zoé chien-chien* ; Mariquita et Zoé ne sont-elles pas un seul et même personnage ?

Ces observations seraient inutiles, si je ne remarquais dans la structure générale du *Duc de Kandos*, un certain instinct du théâtre, une certaine habileté de main, qui me font pressentir, chez M. Arthur Arnould, plus de négligence et de paresse littéraire que de stérilité native.

On s'est longuement ennuyé à la première moitié du *Duc de Kandos* ; l'attention s'est éveillée pendant le tableau de la chasse à l'homme sur les toits, à travers un décor remarquablement planté et machiné, qui ne comporte pas moins de sept compartiments praticables comme les décors des anciens mystères ;

enfin, vers les deux heures du matin, le nom de
l'auteur a été accueilli par les rares applaudissements
et les rares sifflets du petit nombre de spectateurs
qui avaient survécu à cette interminable veillée.

En somme, beaucoup d'épisodes et peu d'action ;
de la violence sans passion, de l'horreur sans terreur,
du mouvement sans intérêt, voilà ce qui se dégage de
cette longue et traînante épopée, écrite à l'usage des
classes dangereuses de la société.

Les acteurs ont vaillamment combattu pour ce
drapeau qui ne valait guère la peine d'être défendu ;
mademoiselle Antonine, surtout, très belle, très élégante et très énergique, dans le rôle de Mariquita.
Après mademoiselle Antonine, que je voudrais voir
rentrer dans un cadre plus assortissant à sa nature
fine et spirituelle, je citerai M. Maurice Simon, dont
le rôle de Louis Clermont met à une rude épreuve,
non seulement les poumons, mais aussi les biceps,
car il lui faut grimper à une échelle de sauvetage et
franchir à plat ventre plusieurs plans inclinés. M.
Renot, privé de toute expression vocale par un enrouement intense, a convenablement représenté l'extérieur du bandit Cuchillo. Un jeune premier, nommé
M. Pouctal, joue avec feu et avec intelligence le rôle
de Gaston Lapierre ; madame Daudoir donne un
accent dramatique au rôle de madame Lapierre,
mère dudit Gaston ; enfin, nous retrouvons dans un
rôle de soubrette mademoiselle Descorval, dont la
verve comique est très franche et très originale.

DCCXLVII

Ambigu.   20 septembre 1881.

Reprise de L'ASSOMMOIR.

Drame en neuf tableaux de MM. William Busnach
et Octave Gastineau.

L'Assommoir, joué pour la première fois à l'Ambigu
il y a un peu plus de deux ans et demi, a été repris
ce soir avec une interprétation nouvelle. On sait que
le rôle de Gervaise coûta la vie à l'actrice qui l'avait
créé, la charmante et regrettée Hélène Petit. Atteinte
d'un refroidissement dans la scène du lavoir, puis
obligée de se surmener pendant une série de près de
deux cents représentations tant à Paris qu'en province, elle languit longtemps et succomba, dans le
commencement de la présente année, aux suites
d'une incurable maladie de poitrine. Elle donnait à
la figure de Gervaise une physionomie douce et souffrante qui faisait illusion sur la valeur intrinsèque du
rôle, et qui contribua largement au succès du plus
banal et du plus vide des mélodrames.

Mademoiselle Massin, qui lui succède, trop intelligente pour imiter sa devancière, a su demeurer elle-
même. Elle nous donne une Gervaise moins mélancolique dans le bonheur, mais plus énergique dans les luttes
et la souffrance. La scène du lavoir a été jouée par
mademoiselle Gabrielle Gauthier, devenue la grande
Virginie, avec une furie extraordinaire ; mademoiselle Massin a eu un mouvement singulièrement dra-

matique dans la scène de la noce, lorsqu'elle aperçoit l'ignoble croque-mort Bazouge ; mais il faut surtout admirer le courage et le talent de l'actrice dans l'avant-dernier tableau, où elle nous montre Gervaise vieillie de quinze ans, chaussée de savates éculées, vêtues d'une robe noire diaprée de pièces et de taches, aux yeux flétris par les larmes, aux joues creusées par la famine, aux cheveux blanchis par le désespoir ; et lorsque Coupeau revient de l'hôpital Sainte-Anne, la joie de le revoir, une joie folle, fait passer, à travers les ruines précoces de celle qui fut Gervaise, un dernier rayon de jeunesse ; ceci est vraiment la création personnelle de mademoiselle Massin et lui a valu le succès le plus éclatant et le plus mérité.

Mademoiselle Gabrielle Gauthier a donné un grand caractère de vérité au personnage à peine dessiné de la grande Virginie, et elle est morte sous le poignard vengeur de son mari en artiste de drame.

Le début de M. Montigny dans le rôle de Coupeau promet, au théâtre de l'Ambigu, un comédien d'avenir ; c'est un grand garçon bien découplé, à la physionomie un peu heurtée mais expressive, et qui s'est acquitté de son personnage avec beaucoup d'intelligence. La voix laisse à désirer ; elle est sourde et s'embrouille dans les passages de force. Le travail aura raison de cette imperfection.

M. Dailly est la joie de cette longue histoire d'ivrognerie — *to drink or not to drink* — qui, sans lui, deviendrait littéralement intolérable ; MM. Courtès et Mousseau le secondent fort gaiement.

Il est impossible d'imaginer un Lantier plus réaliste que nous le montre M. Delessart ; c'est le comble de l'ignoble, mais c'est la nature prise sur le fait au coin du faubourg Montmartre, ou à la sortie de quelque bastringue.

M. Cosset, qui débutait dans le rôle de l'honnête forgeron Gouget, arrive du théâtre des Nations en passant par le Gymnase, où il jouait en dernier lieu le rôle de M. Duval père dans *là Dame aux Camélias* : c'est un acteur consciencieux, qu'on a bien accueilli.

DCCXLVIII

ODÉON (SECOND THÉATRE-FRANÇAIS). 23 septembre 1881.

Reprise de LA BELLE AFFAIRE

Comédie en trois actes en prose par M. Edouard Cadol,

et de LA SUITE D'UN BAL MASQUÉ

Comédie en un acte en prose par Mme de Bawr.

La Belle Affaire, destinée par M. Cadol à l'Odéon, rencontra des obstacles qui obligèrent l'auteur à laisser jouer sa comédie sur le théâtre du Château-d'Eau le 11 décembre 1869. La voilà revenue au bercail, où elle a été amicalement accueillie. M. Cadol nous apprend, dans la préface de sa pièce (nouvelle édition) qu'il n'a eu d'autre prétention que de recommencer *Un Beau Mariage* de MM. Emile Augier et Edouard Foussier, en tournant au comique la situation que ses prédécesseurs avaient traitée au sérieux. Il y a réussi, dans le cadre même que sa modestie s'était tracé.

Il s'agit d'un jeune homme intelligent et pauvre,

qui fait un riche mariage. Sa belle-mère ne le compte
pour rien et sa jeune femme, elle-même, essaie de le
faire marcher à la baguette. Mais Georges de Bliac
est un homme, et sa ferme volonté réduit tout le
monde au devoir.

Le ton modéré de cette comédie tranquille et honnête, qui rappelle les œuvres de Picard et d'Alexandre Duval, plaît facilement au public, qui a beaucoup
applaudi à la victoire de M. de Bliac, à la soumission
de la jeune Marthe et à la déconvenue de la belle-
mère madame Langlois.

C'est M. Porel qui prête sa verve ordinaire au rôle
de Georges ; mademoiselle Sisos, que l'on jette, selon moi, hors de sa voie, en la condamnant à
l'emploi des jeunes premières, donne cependant du
charme et de la vérité au personnage de Marthe ; enfin madame Raucourt, que je tenais pour un médiocre premier rôle de drame, a montré beaucoup de
verve et de mordant sous les traits de la femme de
province, de l'atroce belle-mère qui cause la désu-
nion des jeunes époux. C'est elle qui a le plus joli
mot de la pièce. Marthe se révolte contre les projets
de séparation qu'on lui propose, et s'écrie : « J'aime
« mon mari et au-dessus de tout ; je l'adore. » —
« C'est nerveux ! » dit à part soi la belle-mère.

Le spectacle commençait par *la Suite d'un Bal mas-
qué*, petite comédie inoffensive et puérile, de madame
de Bawr, qui date de 1813, et dont mademoiselle
Mars fit la réputation au Théâtre-Français. Singulière destinée que celle de madame de Bawr ! Née
Alexandrine-Sophie Courcy de Champgrand, elle
épousa, dans une des prisons de la Terreur, un prince
de Rohan qui finit sur l'échafaud sans avoir pu régulariser son mariage ; elle devint ensuite la femme
du comte Henry de Rouvroy Saint-Simon, fondateur
de la secte à laquelle ont appartenu le Père Enfantin,

M. Michel Chevalier et les frères Pereire, lequel, en 1801, divorça pour se livrer tout entier à la philosophie ; deux expériences si malheureuses ne guérirent pas mademoiselle de Champgrand, qui convola en troisièmes noces avec un gentilhomme russe, M. de Bawr, lequel fut écrasé sur le Pont-Neuf par la chute d'une charrette de pierres. *Tertia solvet*. Madame de Bawr en resta là et ne conversa plus qu'avec Apollon. Cette femme distinguée est morte en 1860, âgée de 87 ans.

Madame Dyone, qui jouait, ce soir madame de Belmont, n'est pas mademoiselle Mars, mais elle possède des qualités de comédienne qui me paraissent dignes d'encouragement.

DCCXLIX

RENAISSANCE.   24 septembre 1881.

Reprise de L'ŒIL CREVÉ

Folie musicale en trois actes, paroles de MM. Hector Crémieux et Hervé, musique de M. Hervé.

Le 12 octobre 1867, jour de la première représentation de *l'Œil crevé* aux anciennes Folies-Dramatiques, marque une date dans l'histoire de l'opérette. Ce jour-là, en pleine Exposition universelle, un public international vint applaudir, à tour de bras, le plus incompréhensible des imbroglios, et réhabiliter le genre de littérature que les critiques du dix-huitième siècle, nomenclateurs et classificateurs, désignaient sous le nom d'amphigouri ou fatras.

Ecoutez un fragment du récit placé dans la bouche du gendarme Géromé : « A la bataille de Mont-en-
» Suif, je m'étais engagé dans le régiment des pati-
» neurs irlandais ; je force la porte d'une maison
» déserte ; un laboureur me demande le chemin de
» Versailles ; je lui fends la tête du revers de ma latte,
» et, du même coup, j'abats trois arbres qui se trou-
» vaient derrière lui. Le lendemain, j'étais nommé ins-
» pecteur du gaz chez une riche famille péruvienne. »

Cette enfilade de coq-à l'âne ne dépasse-t-elle pas, de cent coudées, le récit classique qui débute par ce vers si connu :

Un jour qu'il faisait nuit, je rêvais éveillé ?

Toute la pièce est dans ce goût. La demoiselle de bonne famille, qui se livre aux travaux de la charpenterie et de la menuiserie parce qu'elle aime un ébéniste, est une création qui demande, pour être acceptée, que le public se trouve dans une disposition particulière, faite d'une extrême indulgence et d'un excès de belle humeur. Le rire ne se commande pas, mais il est contagieux. Nous l'avons bien vu ce soir.

Les premières scènes avaient été écoutées avec une certaine réserve. Le personnage de l'ébéniste Ernest, transformé en Petit-Léon, avait jeté un froid, malgré la gentillesse de mademoiselle Milly-Meyer, en mêlant à l'inénarrable épopée de Fleur de Noblesse et d'Alexandrivore, je ne sais quelle bizarre évocation de la Révolution française et de la prise de la Bastille.

. Mais l'entrée de mademoiselle Desclauzas, si parfaitement et si spirituellement comique sous les traits de la marquise d'Espruck, a déridé les plus moroses;

elle a mis littéralement le feu aux poudres, et, dès lors la soirée n'a plus été qu'un long éclat de rire.

La musique de *l'Œil crevé*, heureusement pour M. Hervé et pour ses auditeurs, ne participe en rien à l'insondable incompréhensibilité du livret. Au milieu de ses extravagances et de ses bruyantes sonorités qui rappellent souvent l'orchestre de la Boule-Noire ou la fanfare du Bœuf gras, elle reste claire, pimpante, et souligne parfois d'un trait finement spirituel les plus grosses insanités.

Il faut citer, en ce genre, les étranges couplets du bailli :

> Ronflez, tambour ; en avant la pastourelle !
> Latorilla ! Latorilla ; good morning, sir.

Et surtout les inénarrables couplets ajoutés pour la marquise :

> Le héros de cette histoire
> Etait un beau cuirassier.

A vrai dire je ne sais pas ce qu'ils deviendraient, chantés par une autre artiste que mademoiselle Desclauzas ; mais je constate qu'ils ont été le succès de la soirée, car le public en a voulu entendre cinq, quoiqu'il n'y en ait que deux.

Dans un sentiment plus relevé, plus gracieux, et véritablement musical, on a entendu avec plaisir l'aimable mélodie, sur un mouvement de valse : *Menuiserie, charpenterie*, dite par mademoiselle Jane Hading avec beaucoup de charme, à défaut de la verve endiablée qui animait autrefois mademoiselle Julia Baron, la créatrice du rôle ; et enfin l'air d'Alexandrivore : « *Ah! fuyez, fuyez de mon cœur, folles chimères!* » qui se compose d'un *andante* mélancolique suivi d'une tyrolienne originale, que M. Alexandre, un des meilleurs barytons-ténorisants que j'aie entendus dans l'opérette, a chantés avec un véritable talent.

M. Vauthier, que nous avons vu irrésistiblement bouffon dans quelques rôles, entre autres, dans *la Reine Indigo*, et, récemment dans *le Canard à trois becs*, n'était probablement pas en train ce soir, et ne vaut certainement pas M. Milher, sous la buffleterie du légendaire gendarme Géromé.

En revanche, M. Jolly est le plus amusant des baillis ; il y a l'étoffe d'un fin comédien dans ce fantoche d'opérette.

La Renaissance s'est mise en frais pour monter et pour habiller cette nouvelle version de *l'Œil crevé* ; de charmants costumes, des décors très soignés, malgré l'exiguïté de la scène, réjouissent les yeux. Et comme tout le monde fredonnait en sortant le mot du célèbre finale sur lequel Géromé traîne Alexandrivore en prison, tout en dansant un quadrille effréné, il se pourrait que *l'Œil crevé* obtînt, des caprices du public, un succès qu'il n'a pas toujours accordé à des œuvres plus délicates.

<hr />

DCCL

CHATEAU-D'EAU.   28 septembre 1881.

MALHEUR AUX PAUVRES

Drame en cinq actes et sept tableaux, par M. Alexis Bouvier.

Une femme violée, que son mari croit coupable alors qu'elle n'est que victime, un enfant né du crime et que le même mari veut supprimer, tel était le sujet de *Madame de Leyrins*, drame de M. d'Ennery, représenté, il y a cinq ou six ans, au Théâtre historique actuellement des Nations, que dirigeait alors M. Castellano : tel est aussi le sujet du drame de M. Alexis Bouvier, représenté ce soir au théâtre du Château-d'Eau.

Malgré l'identité de la donnée, les deux pièces diffèrent énormément dans leur origine, dans leur point de départ et dans leur dénoûment.

M. d'Ennery avait reculé l'action de son drame au temps de la Régence, et ses personnages se mouvaient dans l'atmosphère un peu artificielle de cette époque déjà lointaine.

M. Alexis Bouvier, au contraire, ne dépeint que les mœurs et les passions des classes inférieures, et leur fait parler, avec une énergie et une franchise qui ne reculent devant aucune grossièreté, la langue des faubourgs.

Ses héros sont un ouvrier appelé Denis Mérit et sa femme Yvette, blanchisseuse de son état. Le comte de l'Hautil, qui est un gentilhomme et par conséquent un coquin, s'est épris d'Yvette Mérit, et il lui arrache par la force ce que lui refusait la vertu de l'honnête blanchisseuse. Pendant que Denis Mérit est à l'hôpital, où on le soigne pour une pleurésie, Yvette fait ses couches, Denis se croit abandonné, il s'évade de l'hôpital, et n'apprend son malheur qu'à travers les calomnies d'une certaine Basilide (quels drôles de noms!) qui, après avoir livré Yvette au comte de l'Hautil, devient la maîtresse de Denis.

Celui-ci, corrompu par Basilide, perd tout sentiment d'honneur et de dignité ; il en arrive à vivre aux dépens de sa maîtresse. Il n'en est pas moins résolu à se venger en tuant d'abord l'enfant, ensuite l'amant et en dernier lieu sa femme. Que dis-je, tuer l'enfant!

Denis veut « l'étriper », et il le fait comme il le dit ;
une fois l'enfant « étripé », le comte de l'Hautil subit
le même sort avec le même couteau. Mais avant de
mourir, il proclame, tout « étripé » qu'il est, son propre crime et l'innocence d'Yvette. Denis Mérit lui-
même finit par se rendre à l'évidence, il sollicite et
obtient le pardon de la femme qu'il a méconnue, puis
il marche fièrement à l'échafaud : « Malheur aux pauvres ! » s'écrie-t-il.

M. Alexis Bouvier est un écrivain brutal, mais sincère ; s'il rend la société responsable des faiblesses et
des crimes d'un ouvrier ivrogne, ruffian et assassin,
c'est qu'il voit les choses comme cela. Il croit peindre
des choses réelles, et c'est de la meilleure foi du monde
qu'il fournit aux malvivants le prétexte et la justifica-
tion des plus horribles excès.

Le drame de M. Alexis Bouvier, malgré les nombreuses réminiscences dont il est bourré, en dépit de
ses contradictions de ses invraisemblances et de ses
monstruosités de fond comme de forme, s'est fait
écouter avec intérêt. M. Alexis Bouvier se distingue,
de ses confrères en naturalisme, par une conviction
profonde ; il donne du relief à ses personnages ; il fait
vivant, et, tout en parlant la langue des bas-fonds
comme sa langue naturelle, il arrive parfois à l'éloquence, c'est-à-dire à la plénitude de sens et à la force
d'expression que ne rencontrent jamais d'autres naturalistes plus renommés que lui. Par exemple, lorsque Denis Mérit, irrité par les reproches de son beau-
père, un vieil ouvrier, nommé Flamet, le menace du
geste : « Je ne te crains pas, » lui répond Flamet
« lorsqu'on n'a plus de sang pour travailler, on n'en
» a plus pour se défendre. »

Je n'ai pas à dissimuler, malgré la répulsion que
m'inspirent les tableaux inconsciemment sauvages et
antisociaux de *Malheur aux pauvres,* que le drame de

M. Alexis Bouvier a bruyamment réussi ; mais il n'est que juste d'attribuer la plus large part de ce succès à une interprétation vraiment excellente, et que plus d'un théâtre de drame enviera aux modestes sociétaires du Château-d'Eau.

Madame Marie Laure déploie, dans le rôle d'Yvette Mérit, un talent supérieur, qui ne craint aucune comparaison, et qui découvre, d'acte en acte, des faces nouvelles et des contrastes dans un rôle désolé, dont une artiste ordinaire laisserait apercevoir la monotonie.

M. Péricaud dessine la figure du vieil ouvrier Flamet, d'une touche pittoresque et humoristique que nous n'avions pas retrouvée depuis l'excellent Boutin, qui fut une des gloires de l'Ambigu.

M. Gravier soutient d'une façon très remarquable le rôle atroce de Denis Mérit, et mademoiselle Tassilly, qui renonce à l'opérette, joue avec intelligence l'infâme et séduisante Basilide.

MM. Ulysse Bessac et Dalmy ne doivent pas être oubliés.

* * *

DCCLI

DÉJAZET.   1er octobre 1881.

LA BAMBOCHE

Vaudeville en quatre actes, par MM. Vast, Ricouard et C. de Trogoff.

Elle n'est pas neuve, l'histoire de l'honnête commerçant qui essaye, sur le tard, de faire des fredaines, et qui s'estime heureux, après s'être exposé à toutes sortes de mésaventures, de rentrer au bercail; elle n'est pas neuve non plus, la situation du beau-père et du gendre qui se cachent l'un de l'autre, et qu'une même infortune amènent à s'absoudre réciproquement des torts qu'ils auraient à se reprocher; pas neuve non plus, la transformation du galantin poursuivi, qui se déguise en garçon de restaurant et qui laisse tomber une soupière en reconnaissant sa femme ou sa belle-mère dans la dame mystérieuse qui dîne en cabinet particulier. Nous avons vu cela cent fois au Palais-Royal, aux Variétés, aux Nouveautés, aux Menus-Plaisirs, à Taitbout, aux Délassements-Comiques, aux Funambules, et même aux Bouffes-du-Nord.

Et cependant on s'est beaucoup amusé à la pièce de MM. Wast, Ricouard, et Christian de Trogoff. Ils ont trouvé le moyen de renchérir sur leurs devanciers, en multipliant les situations connues les unes par les autres, par exemple en déguisant deux hommes au lieu d'un en garçon de restaurant, deux femmes au lieu d'une en femme de chambre ou en nourrice; et cet imbroglio, qui avait mal commencé par des scènes de mauvais lieu, a fini au milieu d'nn éclat de rire général.

Inutile de raconter la pièce par le menu. Le public qui me fait l'honneur de me lire ne tient pas absolument à savoir que le beau-père et le gendre, qui vont à l'insu l'un de l'autre, dîner à Robinson avec mesdemoiselles Amanda et Bernardine, sont des marchands de soieries à l'enseigne de l'*Epoux fidèle*, s'appellent Manicamp, comme l'ami du comte de Guiche, et Balandard, comme l'avoué d'*Une Chaine*; qu'ils sont surpris de découvrir madame Manicamp et madame Balandard, autant que ces dames sont effrayées de se laisser voir dans la compagnie

de leurs soupirants, le naïf Adolphe et le matérialiste
Saragosse ; qu'enfin, le beau-père et le gendre, affolés
par la terreur, volent des pardessus dans le vestiaire
du bal de Sceaux, momentanément tenu et mal tenu
par madame Manicamp.

Ces folies ne se racontent pas ; elles trouvent leur
absolution dans la joie exubérante d'un public en
délire.

La pièce est très bien interprétée par M. Noblet
du Palais-Royal, qui joue Balandard avec finesse et
originalité ; par M. Maxnère qui représente avec un
sang-froid très amusant, l'amoureux toujours désappointé de madame Balandard, et surtout par une
duègne comique, madame Daynes-Grassot, qui a remporté un énorme succès dans le rôle de madame Manicamp. Il faut la voir, au dernier acte, obligée par
ses demoiselles de magasin de danser avec elles un
quadrille échevelé, qu'elle interrompt de temps à
autre pour s'écrier : « Voilà les suites de l'adultère ! »
La scène est impayable.

DCCLII

Reprise de LES PREMIÈRES ARMES DE RICHELIEU

Comédie en deux actes, mêlée de chants, par Bayard et Dumanoir.

Amusante soirée, disons-le tout de suite ; une pièce
charmante et très bien faite, en dépit des libertés ex-

cessives qu'elle prend avec la cour de Louis XIV, le
rétablissement de l'orchestre au Gymnase, toutes
sortes de ponts-neufs évoquant de vieux souvenirs,
le coup d'archet des crincrins donnant le *la* aux chanteurs, un agréable et surprenant mélange de vaudevilles, de romances et d'airs de grand opéra ; *Bouton
de rose* entre l'anathème de *la Juive* et un motif d'Auber ; une valse de Strauss succédant à une romance
de Loïsa Puget et précédant un chœur de Donizetti;
enfin, suprême attrait, mademoiselle Jeanne Granier
délaissant momentanément l'opérette pour s'essayer
à la comédie, et posant sa candidature à la succession
toujours vacante de Déjazet, voilà ce qui devait réussir et ce qui, en effet, a franchement réussi, devant
un public qui goûtait comme une nouveauté, la saveur archaïque des couplets de vaudeville.

On a joué la pièce telle qu'elle fut représentée au
Palais-Royal le 3 décembre 1839, sans autre suppression qu'un couplet dit par Richelieu : « A moi toutes
les femmes ! » sur le motif : « La trompette guer-
rière », de *Robert le Diable*, et que l'intercalation, au
second acte, dans la scène entre Richelieu, et sa
jeune femme, d'une vieille romance de Garat :

> N'essayez pas de me guérir !
> J'aime mon mal, j'en veux mourir.

Cette romance, d'un accent mélancolique comme
une inspiration de Pergolèse, triomphe de Garat
dans les dernières années du XVIIIe siècle, (la chan
tait-il mieux que M. Pagans, un des plus délicats
virtuoses de notre temps ?) mademoiselle Granier l'a
délicieusement phrasée. Elle a dit également avec
une verve communicative le fameux couplet, qu'on lui
a fait bisser :

> On m'a prédit que je vivrais cent ans.

4

que madame Céline Chaumont chantait il y a deux ans au Vaudeville, dans *Lolotte,* en imitant la voix de Déjazet avec l'exactitude d'un phonographe.

Faut-il maintenant comparer Déjazet et mademoiselle Granier ? Parallèle inutile entre deux natures et deux talents si dissemblables, entre le filet de voix suraigu de la première, et la chaude voix de mezzo soprano de la seconde. Déjazet était fine, altière, remuante, sèche et mordante. Mademoiselle Granier, moins légère que son aïeule théâtrale, a des allures « bon garçon » qui ne font pas présager, dans ce prototype du Petit Duc de Parthenay, la froide cruauté du futur bourreau de madame Michelin ; mais elle lui donne la grâce, le charme et surtout la jeunesse.

Du reste, Virginie Déjazet était dans sa quarante-troisième année, lorsqu'elle fit du jeune duc de Richelieu la plus célèbre de ses créations dans ce genre de vaudeville qui tient de la comédie et de l'opérette, se rapprochant plus de celle-ci que de celle-là ; elle mettait donc au service du jeu, le plus brillamment spirituel, une expérience consommée, que mademoiselle Granier s'estime sans doute heureuse de n'avoir pas encore acquise ; elle ne lui viendra que trop tôt.

A côté d'elle, mademoiselle Marie Magnier joue avec sa verve éclatante et vraiment comique, le personnage invraisemblable de la veuve Patin, devenue baronne de Bellechasse ; la réplique lui est donnée d'une manière bouffonne par M. Saint-Germain, revêtu du costume exact de M. de Pourceaugnac. M. Achard, mesdemoiselles Linville, Reynard et madame Dharville complètent un ensemble très satisfaisant.

DCCLIII

GAITÉ. 18 octobre 1881.

MONTE-CRISTO

Drame en cinq actes et douze tableaux, par Alexandre Dumas et Auguste Maquet.

Ce nom de *Monte-Cristo*, inscrit en tête du plus célèbre des romans nés de la collaboration féconde d'Alexandre Dumas et d'Auguste Maquet, évoque, pour les hommes de mon âge, un monde de souvenirs. « La Bourgogne alors était heureuse ! » comme dit le capitaine Buridan, et l'horizon resplendissait de lumière, car le soleil de la jeunesse éclairait, à mes yeux éblouis, l'une des plus belles époques de notre littérature et l'admirable maturité de la Renaissance moderne. Au théâtre : Victor Hugo, Alexandre Dumas, Casimir Delavigne, Frédéric Soulié, Eugène Suë ; en poésie, Victor Hugo, Lamartine, Musset, Vigny, dans l'histoire, les deux Thierry, Guizot, Mignet, Michelet ; dans le roman, Balzac, Alexandre Dumas, Soulié, Eugène Suë, Gozlan, Bernard, Méry, Delphine de Girardin ; à la tribune, Berryer, Montalembert, Guizot, Thiers, Molé, Odillon Barrot, etc. Les splendeurs de l'art, les merveilles de l'éloquence enveloppaient la jeunesse, la pénétraient par tous les pores et lui créaient comme une atmosphère enchantée qui dorait d'un prisme éclatant les réalités de la vie. *Monte-Cristo* fut la grande féerie de ce premier demi-siècle ; elle satisfaisait à tous les caprices de l'imagination, à tous les désirs de l'impossible qui tourmentent les cœurs inexpérimeñtés et généreux.

Le succès de ces douze volumes publiés de 1841 à 1845 fut immense. On peut dire, sans exagération, que la France entière fut pendant ces quatre années suspendue aux lèvres d'or de ces merveilleux conteurs, dont les noms sont désormais inséparables : Alexandre Dumas et Auguste Maquet.

La physionomie si fortement dessinée et si originalement contrastée d'Edmond Dantès et du comte de Monte-Cristo appartenait de droit au théâtre. Mais cette longué épopée est si bourrée d'événements, si pleine de tableaux devenus sur-le-champ populaires, que les auteurs reconnurent, à première réflexion, l'impossibilité de condenser la substance de leur roman dans l'étroit espace de cinq actes.

Un seul drame était impossible; ils en écrivirent quatre, à savoir vingt actes et trente-sept tableaux :

1° *Monte-Cristo*, première soirée, cinq actes et onze tableaux, joué pour la première fois au Théâtre Historique, boulevard du Temple, le 3 février 1848 :

2° *Monte-Cristo*, deuxième soirée, cinq actes et six tableaux, joué le lendemain 4 février :

3° *Le Comte de Morcerf*, troisième soirée, cinq actes et dix tableaux, représenté pour la première fois sur le théâtre de l'Ambigu le 1er avril 1851 :

4° *Villefort*, quatrième soirée, cinq actes et dix tableaux, au même théâtre le 8 mai 1851.

Les deux premières-parties eurent pour elles la plus brillante réunion d'artistes que pût rêver un théâtre de drame : Mélingue, Chéri, Saint-Léon, Barré, Boutin, Lacressonnière, Dupuis madame Lacressonnière 1re, Person (la sœur de Dumaine), Hortense Jouve et Pauline Maillet ; et, contre elles, la révolution du 24 février 1848.

Les deux autres parties eurent pour elles quelques

scènes d'un prodigieux intérêt dramatique, et contre elles une interprétation médiocre, d'où je ne trouve à sauver que les noms de mesdames Naptal Arnault et Lucie Mabire.

Vers 1866, je n'ai pas vérifié la date exacte, les auteurs tentèrent une combinaison nouvelle ; ils firent jouer les deux premières parties réunies en une seule ; et cette cinquième version, revue et retouchée par M. Auguste Maquet seul, forme la sixième incarnation de *Monte-Cristo* qui vient d'être représentée ce soir à la Gaîté. Elle ne correspond qu'à la première partie du roman. La toile tombe sur le retour du navire *le Pharaon* et sur le salut de la famille Morel. Edmond Dantès, après avoir payé sa dette de gratitude, se réserve de tenir son serment de vengeance. Mais on ne le voit pas à l'œuvre ; le personnage lui-même n'est qu'Edmond Dantès déguisé, tantôt sous la soutane de l'abbé Busoni, tantôt sous les favoris blonds du commis de la maison Thompson et French ; mais l'homme fatal au visage pâle, le gentilhomme millionnaire qui tient les femmes sous le magnétisme de son regard et les hommes au bout de son pistolet infaillible, le comte de Monte-Cristo, en un mot, n'apparaît pas encore. Espérons que ce sera pour plus tard et que M. Larochelle complètera sa tentative.

Tel qu'il est, le Dantès ou le Monte-Cristo de ce soir a produit une impression profonde, qui, commencée avec le cachot du Château-d'If, a persisté, grandissant toujours, jusqu'aux adieux de M. Morel avec son fils le lieutenant. Du reste, cette ancienne première ou deuxième journée renferme une des plus belles situations et l'un des plus beaux actes de drame qu'on puisse trouver dans le théâtre moderne. Cela s'appelle l'auberge du Pont-du-Gard, et cela fait à la fois frémir et pleurer ; pleurer surtout, car on ne résiste pas à la scène admirable où Dantès en-

4.

tend raconter les derniers jours de son père mort de
faim. C'est Caderousse, le cabaretier marseillais, qui
parle, pendant que Dantès étouffe ses sanglots dans
son mouchoir, et ce silence, aussi pathétique que
les plus touchantes inspirations de la muse tragique,
se rompt enfin par cette apostrophe célèbre : « De
« faim ! de faim ! Mais les plus vils animaux ne meu-
» rent pas de faim ! Les chiens qui errent dans les
» rues trouvent une main compatissante qui leur jette
» un morceau de pain ; et un homme, un chrétien,
» est mort au milieu d'autres hommes qui se di-
» saient chrétiens comme lui ! »

Je suis heureux de le constater, avec l'unanimité du
public, *Monte-Cristo*, quoique passé à l'état de légende, puisque les gardiens du château d'If montrent aux curieux les cachots de Dantès, et de l'abbé
Faria, *Monte-Cristo*, dis-je, n'a pas vieilli. Cette durable jeunesse tient à bien des causes, la force des
situations, la sincérité des sentiments, par dessus
tout, les qualités d'un style simple, souple et fort, qui
se plie à la peinture de tous les caractères, à l'expression pénétrante et colorée de toutes les passions.

On attendait M. Dumaine avec quelque inquiétude
à ce rôle de Monte-Cristo, qu'il avait déjà joué à la
Gaîté, en 1866, sans y effacer l'effigie encore vivante
de Mélingue. L'amplitude corporelle de M. Dumaine
n'est pas sans exercer quelque influence sur son talent d'artiste ; il joue quelquefois en rond ce que Mélingue jouait en long. Mais ce soir, M. Dumaine a
répondu à toutes les objections à force de talent, et
par talent, j'entends surtout, non pas la science acquise du comédien expérimenté, mais la sensibilité
qui se communique au public tout entier et arrache
des pleurs aux yeux les plus rebelles. J'en appelle au
frémissement qui a parcouru la salle lorsque Dantès,
feignant l'indifférence, dit à Caderousse : « Je ne me

» rappelle plus le nom de la fiancée d'Edmond...
» Donnez-moi un verre d'eau, mon ami... » Le comédien était transfiguré, car il nous montrait le visage d'un homme qui souffre et qui pleure. C'était
vraiment très beau, et du grand art, de celui qui se
manifeste en se cachant sous le masque de la nature.

Les autres rôles sont tenus d'une manière très satisfaisante. Un comédien peu connu, M. Léon Noël a
joué d'une manière originale et saisissante le personnage de Caderousse. Madame Honorine l'a très
bien secondé dans le rôle de la terrible Carconte.

M. Clément Just à qui la voix semble revenir est
excellent dans le rôle de M. Morel, comme M. Talien dans celui de l'abbé Faria.

Citons encore MM. Romain, Tissier, Lacroix,
Rhodé, Donval, dans des rôles secondaires : mademoiselle Largillière, très remarquée dans le personnage de Mercédès, et mademoiselle Marcelle Jullien,
qui donne de la valeur au petit rôle de mademoiselle
Morel.

Les décors sont bien, surtout celui de la pleine
mer ; mais le *Pharaon* est bien petit pour un navire
qui portait quinze hommes d'équipage et qui devait
rétablir la fortune de son propriétaire. On ne l'esti-
merait certainement pas douze mille francs au bureau *Veritas*.

DCCLIV

FOLIES-DRAMATIQUES.　　　　　　　　20 octobre 1892.

LES DEUX ROSES

Opéra-comique en trois actes, paroles de MM. Clairville
et Eugène Grangé, musique de M. Hervé.

Qui l'aurait cru ! la guerre entre la maison de Lan-
castre et d'York, entre la rose rouge et la rose
blanche, qui ensanglanta l'Angleterre pendant trente
années du quinzième siècle, vient de faire, au bout de
quatre cents ans, de nouvelles victimes.

Elle a sévi d'abord sur feu Clairville, ensuite sur
son collaborateur Grangé, en dernier lieu sur le célèbre auteur du *Petit Faust*, lesquels, frappés d'une
attaque d'ennui foudroyant, l'ont communiquée par
contagion aux quinze cents spectateurs des Folies-
Dramatiques.

La fable naïve et ridicule qu'ont inspirée à MM.
Clairville et Grangé les sombres horreurs de la
guerre des *Deux Roses* consiste à travestir en reines
deux jeunes vachères anglaises. Jane, stylée par un
seigneur idiot, nommé lord Bilbrock, se présente au
gouverneur de Norton-sur-Oise (ceci est une plaisanterie de l'acteur Maugé) sous le nom de la reine
Marguerite d'Anjou, tandis que Betzy, guidée par un
autre idiot, nommé lord Sandwich, se donne pour la
reine Elisabeth. Dans quel but ce Bilbrock, pourquoi ce Sandwich qu'on ne peut pas digérer (cette
plaisanterie est de M. Grangé lui-même), ont-ils inventé cette mascarade ? C'est ce que je ne saurais

vous dire. On en a peut être donné l'explication,
mais je ne l'ai pas entendue : je dormais. Mes voisins n'ont pu me fournir aucun supplément d'infor-
mations ; ils ronflaient. Vers onze heures du soir,
la salle des Folies-Dramatiques offrait le tableau paisible d'un dortoir de famille.

Faut-il vous dire que les deux fameuses reines se
disputent le cœur d'un stupide paysan nommé Greniche, non, je veux dire Bob, qu'elles se prennent
au chignon comme dans *la Fille Angot*, et que Bob
Greniche finit par épouser Jane qu'il n'aime pas, tandis que Betzy devient la femme du chevalier Georges
Wild ?

Je bâille en vous contant la chose seulement.

comme dit un poète qui avait prévu *les Deux Roses*.

Quant à M. Hervé, je crois discerner qu'il est
arrivé à cette époque de la vie où tout compositeur
qui se respecte est tenu de changer de manière ;
ainsi que Rossini, en sa maturité, nous a donné
Guillaume Tell, et que Verdi vieillissant s'est payé
Aïda, M. Hervé vient d'entrer dans la phase majestueuse ; il coupe ses flonflons par des récitatifs pom-
peux, et il écrit des gigues palpitantes et mourantes.

Peut-être M. Luco, première basse et régisseur,
s'est-il trompé en annonçant les auteurs ; s'il avait
dit : « Mesdames et messieurs, l'opéra-comique que
» nous avons eu l'honneur de représenter devant vous,
» est de M. Hervé pour les paroles et de MM. Clair-
» ville et Eugène Grangé pour la musique », les choses auraient été remises en leur place.

A parler sérieusement, la partition de M. Hervé
ne manque ni d'élégance ni de savoir faire, mais elle
est d'une incomparable monotonie, ne met aucune
idée en saillie, et ne laisse rien à retenir.

Mesdames Simon-Girard, Noëmie Vernon, MM. Luco, Maugé, Max-Simon et Lepers ont chanté leurs parties avec une conviction et un zèle dignes d'un meilleur emploi.

DCCLV

Comédie-Parisienne.   21 octobre 1881.
(Théâtre des Menus-Plaisirs).

LE TESTAMENT DE MAC-FARLANE

Vaudeville-pantomime en trois actes et cinq tableaux, par M. William Busnach.

Le Testament de Mac-Farlane est une fantaisie bouffonne composée tout exprès pour encadrer les exercices funambulesques de M. Agoust et de sa troupe de clowns. Ce Mac-Farlane était un gentilhomme écossais qui, de son vivant, devint le bienfaiteur d'une des plus jolies stations des côtes normandes, la Villette-sur-Mer. Par son testament, Mac-Farlane avait institué pour héritière mademoiselle Caroline Picquoiseau, à condition qu'elle se mariât avant une date déterminée. Qui épousera Caroline Picquoiseau? Son cousin Gaëtan est recommandé par M. Picquoiseau; madame Picquoiseau appuie la candidature de M. le vicomte de Bel-Air; Caroline préfère un certain Archibald Mac-Farlane, neveu du défunt gentilhomme écossais.

Mais on apprend que celui-ci a laissé un second testament, et tout le monde se met en recherche. On explore les caves, les armoires, les cheminées et les toits; M. Picquoiseau, Gaëtan, de Bel-Air, Ar-

chibald et tous les marmitons de l'hôtel de la Plage,
à plat ventre sur les toits glissants, épouvantés par
les miaulements des chats de gouttière, finissent cependant par découvrir un papier. Est-ce le testament
de Mac-Farlane ? Oui et non. Ce compatriote de sir
Walter Scott était décidément un farceur; car il
avertit ceux qui trouveront le susdit papier, qu'il ré-
voque toutes les dispositions précédentes, mais que
le véritable testament est caché dans le grand salon
d'un pensionnat de demoiselles, où Caroline a été
élevée par une ancienne farceuse, fort connue de M.
Picquoiseau.

La recherche du testament recommence ; la troupe
des clowns, conduite par Archibald, exécute dans
le salon de l'institution Romanèche, le fameux concert *do mi sol do* qui eut tant de succès aux Folies-
Bergère et ensuite aux Variétés, dans *le Voyage en
Suisse* ; c'est un déluge de coups de pied, un orage
insensé de meubles brisés, de violons éventrés, de
perruques arrachées, de sauts vertigineux ; enfin
Archibald, en dégringolant avec une armoire sur laquelle il a sauté comme un singe, découvre le testament définitif qui l'institue l'héritier de son oncle
Mac-Farlane. Il épouse Caroline Picquoiseau.

La troupe de sauteurs à laquelle commande M.
Agoust est vraiment bien adroite et bien amusante,
l'un de ces mimes, appelé M. Desmond, rappelle
par sa finesse le jeu du grand Deburau. M. Montbars, madame Bade, Cuinet, Georgina Dupont, R.
Cassothy, Gournay, etc., leur donnent très gaîment
la réplique.

Spectacle très curieux et qui fait passer une agréable soirée.

Lorsqu'on a nommé l'auteur de cette pochade,
quelques sifflets ont protesté, pour le principe, au
nom de l'art sérieux auquel nous devons *les deux Roses*.

DCCLVI

CLUNY. 26 octobre 1881.

FAUBLAS

Opéra-comique en trois actes, paroles de MM. ***,
musique de M. Luigini.

Le livret anonyme sur lequel M. Luigini a écrit sa
partition suit assez fidèlement le canevas tracé, il y a
près d'un siècle, par Louvet de Couvray ; il met en
scène les amours du chevalier de Faublas avec sa
cousine Sophie de Pontis, traversés par le caprice de
ses aventures avec la sémillante baronne de Lignolles
et la sérieuse marquise de Bressac, sans compter les
soubrettes que ce héros du vice croque comme des
sandwiches entre ses repos amoureux. La pièce finit
au mariage de Faublas et de Sophie, c'est-à-dire au
moment précis où le roman de Louvet devient dramatique, moral et ennuyeux.

Rien de plus difficile que de traduire à la scène
cette épopée, je dirais cette priapée, du libertinage
élégant. Il y faudrait une mesure, une finesse de tact,
une expérience scénique dignes d'un meilleur emploi.
Je ne sais comment s'y prirent les auteurs du *Faublas* qui réussit au Vaudeville en 1833, et qui fit la réputation du jeune Emile Taigny. Mais, à coup sûr,
les anonymes de ce soir s'y sont pris d'une autre façon, qui se trouve ne pas être la bonne. Leur pièce
est obscure et par conséquent dénuée d'intérêt. Ils
comptaient sans doute sur la popularité du roman ;
mais on ne lit plus les romans centenaires. D'ailleurs,

Louvet écrivit le sien d'un trop bon style et avec des nuances trop fines pour le goût d'aujourd'hui. Prêter le langage de l'opérette au sensible amant de Lodoïska, c'est le défigurer de la manière la plus cruelle. Cette trame délicate s'est déchirée sous l'effort. Le galant Faublas, lui-même, se trouve à la fin transformé en chevalier de la Triste-Figure et ne prête pas moins à rire que les maris qu'il a trompés.

La partition de M. Luigini décèle un musicien exercé, mais aussi une mémoire beaucoup trop fidèle. Les réminiscences y abondent au point d'étouffer la plus légère apparence d'originalité; je citerai, par exemple, la valse chantée du troisième acte, morceau charmant à double titre, puisqu'il débute par la phrase principale d'une valse de Gounod (premier acte de *Roméo et Juliette*) et finit par la strette d'un air de Verdi (premier acte de *la Traviata*).

Je citerai cependant dans *Faublas*, au second acte, le quintette de la charade, habilement écrit dans le style italien.

L'interprétation de *Faublas* est fort inégale. Madame Pauline Luigini chante avec un incontestable talent ; mais sa voix n'est pas encore guérie d'un chevrotement qui indique la fatigue ; mademoiselle Clary possède, au contraire, une voix fraîche qui demande à être travaillée. On lui a fait trisser, non sans quelque excès de bienveillance ou d'ironie, les couplets : *Ce sera ma vengeance.* Un chanteur fort connu à Bruxelles, M. Alexandre Noé, ne s'est pas mal tiré d'une sorte d'air de bravoure au premier acte; et mademoiselle Ghinassi a fait applaudir les couplets de la soubrette Justine : *Turlututu chapeau pointu*, le seul morceau gai de la pièce.

Décidément l'opérette est en déveine : *Faublas* après *les deux Roses*. A qui le tour ?

DCCLVII

Odéon (Second-Théatre-Français).   26 octobre 1881.

MARIE TOUCHET

Drame en un acte, en vers, de M. Gustave Rivet.

LE DINER DE PIERROT

Comédie en un acte, en vers, par M. Bertrand Millanvoye.

Nous vivons dans le siècle de la vapeur et de la té-légraphie ; la vapeur a supprimé les diligences ; la té-légraphie supprimera-t-elle la littérature ? Il n'avait pas fallu moins de cinq actes à Marie-Joseph Ché-nier et à Eugène Scribe pour présenter et développer, le premier son *Charles IX*, le second ses *Hugue-nots*. M. Gustave Rivet est expéditif ; un acte à trois personnages lui suffit pour raconter la fatale nuit du 24 août 1572. C'est une Saint-Barthélemy de poche, à l'usage de personnes qui n'ont pas de temps à perdre.

Le rideau se lève. On entend des coups d'arquebu-ses et des cris de meurtre et de désespoir. Une femme exprime son inquiétude ; c'est Marie Touchet, qui attend un nommé Charles, son amant. Au lieu de ce Charles Trois Etoiles, un huguenot se présente poursuivi par les soldats. Il se nomme Saint-Bris et reconnaît dans Marie une jeune fille qu'il avait aimée. Marie, qui est une demoiselle bien élevée, lui pré-sente son fils, un enfant au berceau. Cette courtoisie de fille-mère afflige le sensible Saint-Bris. Cependant le mystérieux Charles survient, et Saint-Bris recon-

naît le roi, qu'il a juré de tuer. Mais il ne le tue pas.
C'est la scène du second acte d'*Hernani* :

> .... Si je serrais cette main trop loyale
> J'écraserais dans l'œuf ton aigle impériale

dit l'amant de doña Sol au roi Charles-Quint.

> Pour te frapper ainsi ma main est trop loyale,

dit à son tour le huguenot Saint-Bris au roi Charles IX. Celui-ci, moins généreux que Charles-Quint,
fait passer Saint-Bris par les armes, et il s'éloigne
ensuite, maudit par Marie Touchet, qui s'écrie en se
penchant vers le berceau :

> Mon pauvre enfant, je n'ai plus que toi seul et Dieu !

Le drame finit là.

Je ne m'explique pas bien ce que M. Gustave Rivet
a voulu faire. Vouer la Saint-Barthélemy à l'exécration publique est une entreprise bien surannée et dénuée d'utilité pratique ; la Saint-Barthélemy n'étant pas
d'ailleurs la page la plus atroce de ce recueil de mas-
sacres où la Commune de Paris a imprimé, par trois
fois, sa main sanglante, sous Charles V d'abord, puis
en 1793 et en 1871. Personne ne songe cependant à
doter Paris d'une rue Charles IX, tandis que nous
voyons s'élever à l'angle d'une de nos voies publi-
ques le nom du traître Etienne Marcel, l'allié des Anglais, l'infâme massacreur de 1358. Que la poésie flé-
trisse le crime, c'est son droit et son devoir, mais
son courage c'est de flétrir le crime triomphant.

M. Gustave Rivet voulait-il peindre l'intéressante figure de Marie Touchet ? Il aurait fallu commencer par en saisir et en respecter la ressemblance.
On sait que Marie Touchet fut, pendant huit ans,

de 1566 à 1574, la maîtresse déclarée et toute-puissante du roi de France. C'est donc fausser la vérité comme la vraisemblance que de la représenter comme une naïve jeune fille éprise d'un inconnu. Loin de repousser Charles IX avec horreur, Marie Touchet fut l'unique consolatrice de ce malheureux prince, qui mourut dévoré de remords et de désespoir, victime expiatoire de l'horrible coup d'Etat auquel il avait consenti plus qu'il ne l'avait ordonné. Le récent travail de M. Loiseleur, en détruisant à jamais la fable du coup d'arquebuse tiré par Charles IX du haut des fenêtres du Louvre, a rétabli en même temps les responsabilités devant l'histoire, et Charles IX, s'il ne fut pas entièrement innocent, ne fut certes pas le plus coupable.

Quant à Marie Touchet, elle prit la vie en patience; car, devenue la comtesse de Balzac d'Entragues, elle mourut à l'âge respectable de quatre-vingt-neuf ans, l'année même de la naissance de Louis XIV, laissant de Charles IX un fils, qui fut le duc d'Angoulême et qui lui-même atteignit sa soixante-dix-septième année.

M. Rivet défend, dans une préface que nous avons sous les yeux, ses inacceptables erreurs, qu'il élève à la hauteur d'un système. « Qu'une pièce soit bonne » ou mauvaise », conclut-il, « c'est la seule chose qui » importe ». Voilà qui est bientôt dit; et j'aurais pu me borner à dire que la pièce de M. Gustave Rivet n'est pas bonne; mais je tiens à constater qu'elle est mauvaise, surtout parce qu'elle attache des noms historiques à des combinaisons de pure fantaisie. L'épisode burlesque du soldat catholique qui insulte le roi montre jusqu'où l'on va dans le domaine de l'absurde lorsqu'on pratique les théories que je relève dans la préface de M. Gustave Rivet.

Mademoiselle Marie Defresnes, avec son accent

vraiment tragique et M. Albert Lambert, avec sa chaleur communicative, ont fait écouter jusqu'au bout cette suite de lignes rimées sans éloquence.

L'impression indéfinissable — je ne veux pas dire saugrenue — produite par *Marie Touchet*, a très heureusement servi, par le contraste, la pièce de M. Bertrand Millanvoye, intitulée *le Dîner de Pierrot*. Elle a paru plus gaie, plus spirituelle et plus amusante qu'on ne l'aurait peut-être jugée si l'affiche l'eût encadrée entre deux véritables comédies.

Pierrot est furieux parce qu'on lui fait attendre son dîner ; il repousse les caresses de sa femme Colombine ; Pierrot n'aime pas quand il a faim ; il devient sombre, atrabilaire, et songe à la députation ; mais après dîner, la scène change ; Pierrot redevient si galant que Colombine en est réduite à une défensive qu'elle n'entend pas d'ailleurs prolonger après la chute du rideau.

C'est une bagatelle ingénieuse, agréablement tournée, et qu'ont fait valoir M. Porel et mademoiselle Chartier.

L'auteur et ses excellents interprètes ont été chaleureusement applaudis.

DCCLVIII

NOUVEAUTÉS.   5 novembre 1881.

LE JOUR ET LA NUIT

Opéra-bouffe en trois actes, paroles de MM. Albert Vanloo et Eugène Leterrier, musique de M. Charles Lecocq.

Que de fois n'ai-je pas entendu dire depuis dix

ans : l'opérette se meurt, l'opérette est morte ! A quoi bon ces généralisations sans portée et ces prophéties sans lendemain ? *Les deux Roses* tombent à plat, mais *l'Œil crevé* poursuit sa marche triomphale ; *Faublas* ne séduira plus personne au quartier latin ; mais on vient d'acclamer le nom de Charles Lecocq après *le Jour et la Nuit*, et l'aurore d'un succès analogue à celui de *la Mascotte* se lève en face des Bouffes-Parisiens.

Que faut-il pour assurer les destinées de ces œuvres légères ? Une pièce gaie sans trop de vulgarité, épicée sans excès, ingénieuse s'il se peut ; avec cela une partition agréable, alerte, facile à comprendre, réservant cependant quelques fleurs délicates pour les dilettante, et enfin une actrice, une étoile, secondée par des interprètes en possession de la faveur du public. Cela n'est pas plus difficile que cela.

M. Brasseur a trouvé la pièce, commandé la partition, découvert et engagé l'étoile, et il a réussi. Tout le monde peut en faire autant, ou du moins l'essayer.

La pièce de MM. Albert Vanloo et Eugène Leterrier se passe sur les frontières du Portugal et de l'Espagne, entre Portugais et Espagnols de fantaisie. Il y a cependant du vrai dans les opinions extraordinaires que l'opérette prête, l'une contre l'autre, à ces deux nations si voisines, qui n'ont jamais pu se fondre dans l'unité que semblait leur commander la géographie. Un Espagnol de mes amis, député aux Cortès et littérateur éminent, me disait, au lendemain d'une réprésentation d'*Hernani*, avec une indignation et un accent également intraduisibles : « *Ce moussiou Maobant, il joue coume... coume... oun Pourtougais !* » L'opérette ne saurait rien inventer de plus caractéristique.

Donc le Portugais don Braseiro baron de Tras-os-Montès, déjà veuf de quatre femmes, en attend une cinquième qu'un serviteur dévoué lui doit amener de Lisbonne ; en même temps le premier ministre, prince Picratès de Calabrazas, a enlevé une jeune paysanne nommée Manola, qui lui échappe et se réfugie dans le palais de Braseiro, où elle retrouve son fiancé Miguel. Le prince la poursuit. Comment sauver Manola ? En la faisant passer pour la nouvelle épouse de Braseiro. Le prince se confond en excuses doublées de regrets. Mais la nuit arrive ; comment prévenir les suites de la supercherie ? En substituant à Manola, dans l'obscurité, la véritable baronne de Tras-os-Montès. Braseiro se trouve ainsi sans le savoir, le mari de deux femmes, la blonde Manola qu'il adore le jour, et la brune Paquita qu'il chérit dans les ténèbres. Après diverses complications, médiocrement neuves, on explique le mystère à don Braseiro, qui se résigne galamment à être l'heureux époux de dona Paquita ; le farouche Picratès est destitué au moment où il allait se venger des mystifications qu'il a subies, et Miguel épouse Manola.

Il y a bien deux ans que M. Charles Lecocq se tenait éloigné de la scène ; il y reparaît aujourd'hui avec une partition qui ne renferme pas beaucoup d'idées nouvelles, mais qui se recommande aux oreilles charmées par la fraîcheur, la grâce et un coloris délicat.

L'introduction, traitée en pot-pourri, avait favorablement disposé le public ; le succès s'est dessiné dès les premiers couplets de Miguel, *Passez ma belle* ! que le jeune baryton Montaubry a dits avec suavité ; viennent ensuite les désopilants couplets de Berthelier (don Braseiro), *On était prêt, on n'est plus prêt* ; le duetto *Tuons-nous*, que les amants commencent avec l'énergie du désespoir, et qu'ils finissent spirituellement avec l'incertitude de deux enfants qui tiennent à la vie ; puis la délicieuse prière à trois

voix : *O grand saint Michelv* ! qui a été bissée ; et le finale : *la Nuit enchanteresse,* qui commence par une jolie
phrase rappelant la première manière d'Hérold, et
qui encadre l'originale ballade de la *Lune.* Après ce
premier acte, la bataille était gagnée.

Au second acte, il faut signaler deux morceaux qui,
à la suite l'un de l'autre, ont mis le feu aux poudres :
d'abord la chanson de Manola : « *Y avait un' fois un
militaire !* » où l'on a applaudi avec fureur cette drô-
lerie qui commentait avec tant d'à-propos les inter-
pellations parlementaires :

> Pour èt' ministre de la guerre
> N'y a pas besoin de fourniment !

Ici le musicien s'effaçait un peu devant les paroliers
et surtout devant la jeune débutante, mademoiselle
Marguerite Ugalde ; mais il a repris son rang avec le
duetto du rossignol et de la fauvette, inspiration charmante qui mêle au comique un grain de poésie. Bien
amusant le morceau d'ensemble *Qu'on m'apporte mon
parasol.*

Je pourrais encore glaner dans le troisième acte,
mais je me borne à citer le quatuor : *C'est le jour et la
nuit !* dans lequel l'explication de son double mariage
est ingénieusement donnée à don Braseiro sur une
ravissante phrase ternaire qui passe de l'une à l'autre
femme, pour être reprise dans un ensemble du plus
harmonieux effet. Il y a bien un peu de : *C'est Giroflé,
c'est Girofla* dans la situation comme dans la musique ; mais les auteurs et les musiciens se sont renouvelés eux-mêmes avec autant d'habileté que de charme.

Les interprètes comptent pour beaucoup dans le
résultat de cette heureuse soirée. M. Brasseur fait
du premier ministre don Picratès la plus étonnante
ganache qu'on puisse rêver, et sa scène du parasol deviendra légendaire. M. Berthelier a fait bisser pres-

que tous ses morceaux. La voix de M. Montaubry
fils est une sorte de baryton ténorisant dont le medium un peu dur n'a pas le charme de ses notes
hautes, mais il chante avec goût, il est jeune, élégant
et a beaucoup plu. M. Scipion, avec ses longues jambes de héron, a retrouvé, dans le personnage accessoire de don Degomez, qui dort toujours, autant de
succès qu'en eut autrefois M. Edouard-Georges, dans
un personnage analogue des *Bavards* d'Offenbach.
Mademoiselle Juliette Darcourt a obtenu un double
succès de femme et de chanteuse dans le personnage
de Béatrix ; elle a partagé, dans le *duetto* du rossignol
et de la fauvette, l'ovation faite à mademoiselle Marguerite Ugalde.

La débutante, fille d'une des plus grandes artistes
de notre temps, n'est pas une inconnue. Elle créa,
l'année dernière, à l'Opéra-Comique, un rôle important dans *les Contes d'Hoffmann* d'Offenbach, et le
principal rôle dans *le Bois* de M. Albert Cahen.
Toute jeune, toute rieuse, pleine d'entrain et de verve,
mademoiselle Marguerite Ugalde possède quelques-
unes des qualités de sa mère qui fut son professeur;
elle chante avec une facilité, une sûreté, une flamme,
qui ne lui permettront jamais, quels que soient
son triomphe de ce soir et ceux qui lui succéderont,
de s'enfermer dans la musique d'opérette. La crâne-
rie charmante avec laquelle elle a dit sa chanson militaire ne lui doit faire aucune illusion là-dessus ; mademoiselle Marguerite Ugalde est et restera une artiste lyrique. L'Opéra-Comique a eu le tort de la laisser partir ; mais elle lui reviendra. Elle a du reste été
applaudie à tout rompre, et voilà sa fortune faite.

L'opérette des Nouveautés est montée avec un
grand luxe de costumes ; mais c'est une dépense bien
placée, car *le Jour et la Nuit* se sont annoncés, dès ce
soir, comme un grand succès d'argent.

5.

DCCLIX

UNE SOIRÉE PARISIENNE

Pièce en trois actes et cinq tableaux, par MM. Edmond
Gondinet et Ernest Blum.

Le vicomte de Saint-Ecran, marié à une jeune et
charmante femme qu'il adore et qui l'adore, revient
à Paris après une lune de miel de trois années passées
en province dans les ennuyeux honneurs d'une préfecture. Saint-Ecran, dégommé, n'a plus voulu rester
en province. Après avoir passé quelques soirées au
foyer conjugal, dans un isolement qu'il se plaît à
qualifier de délicieux, l'ancien viveur sent l'air de
Paris lui monter à la tête ; sa femme s'étant endormie
à la lecture d'un roman-feuilleton, Saint-Ecran passe
à la hâte un habit noir et court à la recherche des
plaisirs qui le charmaient autrefois. C'est d'abord
une visite chez la cocotte Mœlina, puis une soirée
d'académiciens, chez le fabuliste Castambide ; enfin,
la première représentation d'une opérette aux Bouffes-Parisiens.

Non seulement Saint-Ecran ne retrouve plus aucun
charme dans ces excursions hors du domicile conjugal
mais il y rencontre les aventures les plus fâcheuses
et les plus compliquées. Une certaine madame Vauvert, qui a aimé le vicomte, se propose, pour punir
l'abandon de son ancien amant, d'envoyer sa correspondance amoureuse à la vicomtesse ; puis c'est une
petite bretonne, appelée Louison, que le vicomte a

refusée comme femme de chambre de sa femme, qui
se laisse conduire dans tous les mondes par un certain Raoul de Robinard. Une suite de quiproquos
fait passer Louison pour la vicomtesse, et c'est à la
petite bonne que la vindicative madame Vauvert
remet les lettres du vicomte. Pour comble d'ennuis,
un prince de fantaisie cherche querelle à Saint-
Ecran, qui lui administre une paire de gifles et le
voilà avec un duel en perspective.

Saint-Ecran rentre donc chez lui à minuit passé,
abasourdi, furieux et désespéré de sa fugue. Mais la
vicomtesse dort toujours. Son mari, saisi d'une inspiration subite, ne la réveille pas d'abord ; il quitte
son habit et sa cravate blanche, reprend son costume
d'intérieur, et lorsque la vicomtesse ouvre enfin les
yeux, elle peut croire que son mari ne l'a pas quittée
d'une minute. Tout s'arrange sans esclandre ; Saint-
Ecran recouvre des mains de Louison ses lettres à
madame Vauvert, et il n'aura rien à craindre du
prince étranger, qui a déclaré ne connaître d'autre
arme que le dédain. Le vicomte, convaincu que le
bonheur et le repos se goûtent uniquement au foyer
domestique, ne quittera plus sa femme et l'emmène
en province.

Le cadre de cette pièce était ingénieux, quoiqu'il
rappelât, d'assez près, la donnée de *Victorine ou la
nuit porte conseil* ; un premier acte charmant, rempli
de détails agréables et de mots spirtuels, avait
favorablement disposé le public. Malheureusement,
les trois tableaux de la « soirée parisienne » sont dé-
pourvus d'originalité comme de gaîté. Le salon de
Mœlina comme celui du fabuliste Castambide représentent au naturel, comme le dit un des personnages
de la pièce, « le monde où l'on s'ennuie », c'est-à-
dire où le public s'ennuie. Rien de plus usé que ce
prince exotique qui a traîné partout, ni que cet idiot

de candidat académique, qui rédige des fables insensées. Que de fois n'a-t-on pas mis un théâtre sur le théâtre même, sans y jamais réussir ? La « première » des Bouffes est précisément le moment le plus vide de la soirée : après une froide conversation d'avant-scènes, occupées par les acteurs de la pièce; on voit apparaître des acrobates sans talent, au milieu desquels miss Ænea perd singulièrement de son prestige.

La pièce reprend un peu du ton de la comédie avec la scène du réveil, de la vicomtesse, mais ce n'est pas assez et c'est trop tard.

MM. Dupuis, Baron, Lassouche, ont tiré, de leur rôle respectif, tout ce qu'il pouvait donner. Le rôle de Louison, confié à la gentillesse de madame Théo, est absolument manqué ; il renferme entre autres pauvretés, une interminable scène d'épingles qui a littéralement agacé le public. Le meilleur personnage est à coup sûr celui de la vicomtesse, joué avec charme et distinction par madame de Cléry.

Le nom des auteurs, qui comptent l'un et l'autre tant de succès, a été accueilli par des protestations qui pourront leur paraître sévères, mais non pas injustes.

DCCLX

Ambigu.   10 novembre 1881.

LE PETIT JACQUES

Drame en cinq actes et neuf tableaux,
par M. William Busnach.

Pour comprendre le grand succès, très justifié, que vient d'obtenir le nouveau drame de M. William Bus-

nach, il faut prendre son parti des invraisemblances
criantes, des impossibilités manifestes, des énormi-
tés de toute sorte devant lesquelles l'auteur n'a pas
reculé, et s'en tenir au fait dominant sur lequel repose l'action.

Je tiens comme un axiome que le sujet de tout
drame bien fait peut s'expliquer en quelques lignes. Le
drame de M. W. Busnach répond à cette condition.
Son *Petit Jacques* est l'histoire d'un ouvrier honnête
et pauvre, qui s'avoue coupable d'un crime capital qu'il
n'a pas commis, pour assurer la guérison, le bien-être
et l'avenir de son enfant malade. Le dévouement,
l'abnégation peuvent-ils aller jusque là ? Oui ; la nature humaine, l'amour paternel surtout, sont capables
des plus grands sacrifices, ceux de la vie et de l'honneur. L'invraisemblance n'est pas là.

Les reproches qu'on peut adresser à M. Busnach,
c'est d'avoir inutilement compliqué l'émouvante simplicité de son idée première, d'un adultère commis
par la femme de Pierre Girard. Pour peu que l'on
admette le sublime dévouement de cet ouvrier mécanicien, il faut que son immense amour pour le petit
Jacques, son fils, ne soit pas, même par l'hypothèse
d'un instant, altéré dans sa source. La faute de Jeanne
Marie semble d'autant plus inutile, qu'elle est annu-
lée au milieu du drame par une réconciliation.

Comment Pierre Girard peut-il être accusé d'assassinat ? C'est que, se trouvant sans ouvrage, il a accepté d'une femme inconnue, la mission, largement
rétribuée, de porter un message, et ce message consistait à avertir verbalement M. Georges Laverdac
de se tenir en garde contre un guet-apens. Georges
Laverdac est un créole de la Guadeloupe, dont le père
a été fusillé comme complice d'une émeute. Mais cette
exécution fut un véritable assassinat, ordonné par le
secrétaire général du gouvernement, lequel avait

perdu au jeu, contre M. Laverdac père, une somme considérable qu'il ne pouvait pas payer. Georges a retrouvé, parmi les papiers de son père, une lettre dans laquelle l'assassin implorait un délai. Cette lettre, Georges la porte toujours sur lui, et c'est pour faire disparaître cette preuve accablante que l'assassin du père égorge le fils dans son petit hôtel de la rue Matignon. Pierre Girard, qui n'a pu arriver à temps jusqu'à Georges Laverdac, se trouve malheureusement à côté de son cadavre. Il a voulu arrêter l'assassin qui l'a renversé contre un banc de pierre. La police, en saisissant auprès du corps inanimé de Georges, un homme en blouse, la tête ensanglantée, les poches garnies de l'or qu'il tenait de la femme inconnue, ne doute pas qu'il ne soit le coupable.

Peut-être Pierre Girard se tirerait-il d'affaire, grâce à l'absence directe de preuves et surtout à ses bons antécédents, s'il était interrogé par un magistrat intègre. Mais le juge d'instruction auquel l'affaire est confiée, M. de la Roseraie, n'est autre que l'ancien secrétaire général de la Guadeloupe, assassin du père et du fils.

Si le spectateur consent à cette monstrueuse fiction du crime instruisant le procès de l'innocence, il se trouve, convenons-en, en présence d'une situation affreusement puissante : ce juge couvert de sang fera-t-il tomber la tête d'un malheureux ? Mais Jean Girard reconnaît, dans son accusateur, l'assassin de Georges Laverdac ; il va le dénoncer à son tour. C'est alors que La Roseraie ose lui offrir un épouvantable marché. Le petit Jacques est atteint d'une névrose qui menace les sources de sa vie. Si c'était l'enfant d'un riche, il guérirait ; pauvre, le petit Jacques est condamné à mourir jeune. Moyennant deux cent mille francs, qui seront remis à la mère, Pierre Girard se reconnaît coupable du crime de la rue Matignon.

Condamné à mort et transféré à la Roquette, Pierre
Girard va périr sur l'échafaud. Pour le sauver, M.
W. Busnach a trouvé une combinaison neuve et dramatique, qui a couronné, d'une manière heureuse et
inattendue, un immense succès de larmes.

La nuit même de l'exécution, l'enfant malade dort
sous l'influence d'une potion narcotisée. Auprès de
lui veille, par suite d'incidents trop longs à raconter
à l'heure où j'écris, un garçon nommé Hippolyte Louchon, espèce de ramasseur de bouts de cigares, tour
à tour tondeur de chiens et ténor sifflé de café chantant, qui a vu commettre le meurtre, mais qui s'est
fait acheter son silence par M. de la Roseraie. Tout
à coup l'enfant se lève de son lit, et dans un accès
d'hallucination ou de vision somnambulique, il appelle son père ; il le voit au milieu d'hommes qui le
conduisent à la mort, et cette évocation d'un spectacle horrible produit une telle impression sur le misérable Hippolyte que, saisi de remords et de pitié,
il se décide à faire des révélations à la justice. C'est
le petit Jacques qui a sauvé la vie de son père.

La Roseraie est arrêté dans la cour même de la
Roquette, au moment où Pierre Girard marchait courageusement à l'échafaud ; et les nouvelles couches
auront cette satisfaction aussi rare qu'exquise de voir
guillotiner un juge d'instruction.

Toutes réserves faites sur les conséquences mora-
les de pareilles fables et de pareils tableaux, je reconnais que M. William Busnach les a traités avec une
sorte de réserve et de tact qui les atténue dans une
large mesure. Une succession de scènes touchantes
ont fait couler des torrents d'irrésistibles larmes. J'espère ne pas blesser M. Busnach, en disant que son
drame nouveau affirme un talent bien supérieur à ce
que faisaient pressentir ses précédentes productions,
même les plus applaudies. Voilà de quoi faire par-

donner bien des *Assommoirs*, bien des *Nanas*, et même une demi-douzaine de *Mac-Farlanes*.

Le rôle de Pierre Girard comptera parmi les plus belles créations de M. Lacressonnière ; tout en dessinant avec vérité la physionomie de l'ouvrier parisien, M. Lacressonnière lui donne cette largeur de touche qui n'appartient qu'aux grands artistes. Fréderick Lemaître n'aurait pas joué autrement ni mieux, le rôle terrible et pathétique de Pierre Girard.

Madame Lacressonnière est bien touchante aussi dans l'expression sympathique de sa douleur maternelle. Citons encore M. Cosset qui représente, avec une tenue parfaite, le rôle impossible du juge d'instruction. MM. Montigny, Eugène Garraud, Vollet, mesdames L. Gérard et Derouet constituent un ensemble excellent.

J'ai réservé une place à part pour M. Courtès, un comique très naturel et très fin, qui a placé au premier rang le rôle de Polyte Louchon, et pour la petite Daubray, naguère très remarquée dans la Cosette des *Misérables*, et qui a rendu le personnage du Petit Jacques avec un talent bien au-dessus de son âge. La scène d'hallucination a été jouée par cette enfant de dix ans et par M. Courtès d'une manière extraordinairement saisissante. Cette scène est à vrai dire le clou du drame, et elle attirera tout Paris.

« C'est donc ça », disait à la sortie un jeune ouvreur de portières, « c'est donc ça qu'il y a tant d'assassi-
» nats qu'on ne sait pas par qui que le coup a été
» fait ! c'est par les juges d'instruction. Moi, je suis
» pour la réforme de la magistrature ! »

DCCLXI

LA SAN-FELICE

Drame en cinq actes et sept tableaux, tiré du roman
d'Alexandre Dumas, par M. Maurice Drack.

Alexandre Dumas s'inspira, je crois, d'un de ses
derniers séjours à Naples, pour écrire en neuf volumes la tragique aventure de Luisa San-Felice, décapitée à Naples en l'an 1800.

Le roman n'est pas assez présent à ma mémoire
pour que je puisse apprécier la fidélité de l'adaptation
tentée par M. Maurice Drack. Tout ce que je sais,
c'est que la donnée du drame s'écarte notablement
de la vérité historique ; il y avait longtemps que le
général Championnet avait été destitué et arrêté par
ordre du Directoire, lorsque Luisa San-Felice fut arrêtée, condamnée à mort et exécutée. Mais ne chicanons pas sur ces vétilles.

Le drame de M. Maurice Drack pèche par le défaut
commun à la plupart des pièces tirées d'un roman,
c'est-à-dire par l'obscurité. Ce défaut s'accentua lorsque le roman supposé connu de tous les spectateurs,
n'est pas aussi populaire que le dramaturge l'avait supposé. Le public du Château-d'Eau a compris peu de choses aux révolutions de la cour de Naples, aux amours
de l'amiral Nelson avec Emma Lyonna, comtesse Hamilton, et surtout au caractère du roi Ferdinand, surnommé *Nasone*, type essentiellement local, sorte de
lazzarone couronné, qui s'ajuste mal aux perspecti-

ves de la scène. A travers cette lanterne qui n'a rien de magique, d'ailleurs insuffisamment éclairée, l'amour de Luisa San-Félice et du général Salvato n'inspire que peu d'intérêt. Le sensible cœur de M. Maurice Drack lui défendait de laisser périr son héroïne sur l'échafaud ; il lui sauve la vie par l'intervention de l'armée française qui arrive tout exprès au chant de la *Marseillaise* et au cri de : vive la République ! Pauvre *Marseillaise*, et pauvre République ! On leur a manqué de respect.

L'interprétation de *la San-Felice* est médiocre, et j'attends les excellents sociétaires du Château-d'Eau à une meilleure occasion.

DCCLXII

COMÉDIE-PARISIENNE.   12 novembre 1881.
(Théâtre des Menus-Plaisirs).

Reprise de MADAME GRÉGOIRE

Vaudeville en trois actes, par MM. Burani et Ordonneau.

Madame Grégoire fut représentée, pour la première fois, le 20 mai 1880, sur le ci-devant théâtre des Menus-Plaisirs, qui s'appelait alors le théâtre des Arts, et qui, reconstruit à neuf, se nomme aujourd'hui la Comédie-Parisienne. Dans cet intervalle de dix-huit mois, le vaudeville de MM. Buranni et Ordonneau a perdu un acte, qui est tombé tout seul, comme une branche morte. Il y gagne en légèreté, en rapidité, en gaîté.

Le rôle de madame Grégoire reste l'un des meilleurs de madame Thérésa. Aujourd'hui, comme l'année dernière, on l'a particulièrement applaudie dans la romance sentimentale *J'ai passé par-là*, dans les couplets bouffes *Je suis un drôle de commissaire* et surtout dans la vieille chanson *J'ai tué mon capitaine!* qu'elle dit ou plutôt qu'elle déclame avec une profondeur de sentiment vraiment tragique.

On a retrouvé, dans M. Delorme, un acteur agréable et plein de naturel. La gentille mademoiselle Thève, dont j'avais signalé les débuts sur la scène lointaine des Fantaisies-Parisiennes, *vulgo* Beaumarchais, a été très goûtée. Citons encore M. Fugère, mesdames Bade et G. Dupont, qui tiennent avec entrain des rôles secondaires.

DCCLXIII

RENAISSANCE.   13 novembre 1881.

Reprise de LA CAMARGO

Opéra-comique en trois actes, paroles de MM. Albert Vanloo et Eugène Leterrier, musique M. Charles Lecocq.

Il y aura dimanche prochain trois ans que *la Camargo* fut représentée, pour la première fois, sur le théâtre de la Renaissance, avec un vif succès, très légitimé par une pièce amusante, une partition supérieure. Deux de ces éléments d'attraction subsistent, légèrement modifiés par le troisième.

La musique de M. Charles Lecocq a été entendue
d'un bout à l'autre avec un vif plaisir ; quoique très
chargée, puisqu'elle comporte une trentaine de numéros, la partition de *la Camargo* n'engendre pas un
moment de fatigue ni d'ennui. Le tour en est aisé,
gracieux et mélodique. On y a salué, ce soir, au passage, une dizaine de morceaux qui s'étaient fixés dans
la mémoire ; par exemple, au premier acte, les couplets de la Camargo, au second, la ronde de la bande
à Mandrin « Ils sont trente ou quarante » ; l'air de
Mandrin « Ah ! soyez distingués » ; au troisième, les
amusants couplets « il s'est pâmé, Louis le bien-aimé » ;
le duo de Javotte et Margotte, et enfin la chanson de
« la Marmotte en vie » qui est une trouvaille en son
genre.

Des artistes qui créèrent *la Camargo* le 20 novembre
1878, trois seulement ont conservé leur rôle ; M. Vauthier, mesdames Desclauzas et Mily-Meyer. Le rôle
de Mandrin, déguisé en chevalier de Val-Joly, me
paraît un des meilleurs de M. Vauthier ; on ne saurait dire avec plus de goût le madrigal du premier
acte et les couplets « Ah ! soyez distingués », où M.
Vauthier, assouplissant son magnifique organe, montre les meilleures qualités d'un chanteur d'opéra-comique. Mademoiselle Mily-Meyer est fort gentille
sous le bavolet de la petite Colombe ; quant à mademoiselle Desclauzas, c'est la gaité, ou plutôt la joie
en personne, se manifestant par les explosions les plus
étonnantes d'une fantaisie qui n'est qu'à elle. On a
redemandé, à cause d'elle, le duo de Javotte et de
Margotte, pour entendre une seconde fois son
étonnante tenue syllabique « Macarons ! macarons ! »
qui est la chose la plus drôle du monde. M. Joly succède à M. Berthelier dans le rôle du marquis de Pont-
calé, cet invraisemblable lieutenant de police qui se
laisse garrotter et ramener de brigade en brigade par

ses propres gendarmes dont Mandrin a pris le commandement. M. Joly ne possède pas la verve tout en dehors de M. Berthelier, mais il y substitue des effets de finesse et de naïveté qui ont amusé beaucoup le public.

Le début de mademoiselle Hélène Chevrier dans le rôle de la Camargo, si brillamment créé par madame Zulma Bouffar, excitait naturellement la curiosité ; mademoiselle Chevrier avait montré à l'Opéra-Comique une physionomie languissante sinon triste qui ne semblait pas la désigner pour l'emploi de *prima donna* d'opérette ; elle n'a triomphé qu'à demi de ce premier obstacle ; mais sa jolie voix, très exercée quoiqu'un peu lourde a été fort applaudie ; il s'en faut cependant que mademoiselle Chevrier ait effacé le souvenir de madame Zulma Bouffar, particulièrement dans la scène du menuet et dans la chanson de la Marmotte où, par excès de zèle, elle appuie sur des effets que sa devancière esquissait d'un trait net sans ralentir ni amollir le roythme.

Somme toute, *la Camargo* a fait plaisir et a fourni une nouvelle carrière à la Renaissance en attendant le *Sais*, dont les répétitions vont commencer.

Je soumets à M. Victor Koning une prière qui ne lui semblera pas déraisonnable : c'est de compléter une mise en scène d'ailleurs très soignée et très brillante, en faisant mettre des cordes et des touches à la vielle de mademoiselle Chevrier.

DCCLXIV

VAUDEVILLE.   17 novembre 1881.

ODETTE

Comédie en quatre actes, par M. Victorien Sardou.

Le public savait d'avance, par suite d'indiscrétions que je considère comme un peu plus que regrettables, quelle était la donnée du nouvel ouvrage de M. Victorien Sardou. Mais un écrivain dramatique de cette force réserve toujours des surprises au spectateur, et des éléments de controverse à la critique impartiale.

Voici, racontée dans sa substance, et suivie dans sa marche, la comédie ou plutôt le drame de M. Sardou.

Le comte de Clermont-Latour a épousé, par amour, une femme plus jeune que lui, mademoiselle Odette de***, dont la mère s'était fait une réputation de galanterie excessive. Malgré les objections et les conseils de son frère aîné le général, le comte a sauté le pas, et il s'est mis sur les bras une jeune femme, coquette, dépensière, sans principes et sans préjugés. Aussi, qu'arrive-t-il? Le comte, revenant à l'improviste de son château de Bretigny, surprend, à minuit, le jeune M. Cardaillan s'introduisant, à l'aide d'une clef, dans l'appartement de la comtesse. Le fait est clair. Le comte prend son parti sur-le-champ. Il commence par appeler la gouvernante de sa fille Bérangère, âgée de trois ans : « Emportez l'enfant, » lui dit-il, « et menez-la chez mon frère le général. » Lorsque l'enfant est partie avec sa gouvernante, le

comte fait venir sa femme Odette : « Vous êtes une
misérable, » lui dit-il, « je vous chasse. » Et il la jette
dans une voiture, avec quelques objets de toilette
strictement indispensables. Odette, qui ne se défend
pas comme femme, se révolte comme mère, elle demande en grâce qu'on ne la sépare pas de sa fille.
Le comte demeure inflexible, et Odette se décide à
partir en jetant ce mot comme un dernier adieu à
son mari : « Lâche ! »

Ceci est le premier acte, ou plutôt le prologue,
net, sec et brutal, et, par cela même, d'un grand effet
de saisissement sur les nerfs du public.

Quatorze années se sont écoulées. Le comte a
élevé sa fille avec une sollicitude exquise; il a remplacé auprès d'elle sa mère, qu'on lui a dite morte dans
une promenade sur mer à Trouville. Bérangère est à la
veille d'épouser un jeune homme qu'elle aime, M. de
Méryan. Mais ce mariage rencontre un obstacle que
Bérangère ne soupçonne point. Si sa mère est morte
pour elle, elle ne l'est pas pour la société parisienne.
Madame de Méryan, la grand'mère du jeune homme,
hésite à donner son consentement ; ou plutôt elle y
met une condition absolue, c'est que la comtesse
Odette, retirée depuis longtemps à Naples, s'engagera
à ne jamais revenir en France et à quitter le nom de
comtesse de Clermont.

Ces exigences, si dures en apparence, paraissaient
encore modérées lorsqu'on sait ce qu'est devenue
Odette. Après une séparation judiciaire qui lui refusait la garde de sa fille, la comtesse avait vécu quelque temps avec son séducteur Cardaillan, puis elle
était devenue la maîtresse affichée du prince de
Reuss-Graetz, qui lui donnait à Vienne une existence
fastueuse. De Vienne et du petit prince de Reuss-
Graetz, Odette est passée à Naples avec le vieux
prince Ruspoli ; et, après la mort de celui-ci, elle est

tombée dans les bras d'un chevalier d'industrie qui
se fait appeler le vicomte de Frontenac. Il est bien
permis à madame de Méryan d'y regarder à deux
fois avant de gratifier son petit-fils d'une belle-mère
telle que la comtesse Odette.

La pièce tout entière roule donc sur la solution
de cette question, qui ne suffit peut-être pas à l'intérêt de trois actes, et qui côtoie indéfiniment des situations analogues souvent traitées au théâtre :
Odette consentira-t-elle à ne plus s'appeler la comtesse de Clermont, afin d'assurer le bonheur de
sa fille Bérangère qu'elle a totalement perdue de vue
depuis quatorze ans ?

Le comte, sa fille et Méryan sont à Nice pour les
fêtes du carnaval. Un hasard — que le comte ne
pouvait pas ne pas prévoir — amène dans la même
ville la comtesse Odette et son amant. Ceux-ci sont
devenus les hôtes d'un charlatan qui se fait appeler
le docteur Oliva, et dont la véritable profession est
de tenir tripot. La comtesse Odette fait les honneurs
d'une société tarée, où quelques bourgeois innocents
et trop naïfs viennent se faire tondre par des gentilshommes de contrebande.

Frontenac se laisse prendre en flagrant délit de vol
au baccara ; Odette d'abord atterrée puis furieuse,
jette les cartes bizeautées à la figure de ce coquin de
Frontenac, et le chasse en l'appelant « Voleur ! » Puis
restée seule, elle fond en larmes, et s'écrie : « Oh !
» se débattre et se noyer dans cette boue ! Mais qui
» donc m'en sortira ? » — « Moi, si vous voulez ! »
répond une voix. C'est le comte qui vient d'entrer
chez sa femme. L'entretien est pénible. M. de Clermont offre à Odette de payer ses dettes et de doubler
sa pension, aux conditions indiquées par madame de
Méryan. Odette refuse de quitter le nom sous lequel
elle a été mariée ; ce nom, c'est tout ce qui lui reste ;

il lui appartient ; elle le garde. Et lorsque le comte
essaye de faire vibrer la tendresse maternelle, Odette
répond : « Ma fille, je ne la connais pas, puisque vous
» me l'avez volée, mais je l'aime toujours, je veux
» la voir, lui parler, et me faire connaître. » — « Je
» vous en défie ! » répond le comte.

Cette scène, supérieurement traitée par M. Sardou,
est vivante, frémissante et vraie ; je la considère
comme la plus remarquable de l'ouvrage. On la lira
tout entière à la suite du présent compte-rendu.

L'entrevue a lieu. Le comte, s'y résignant pour
éviter un scandale, présente Odette à Bérangère
comme une dame qui fut l'amie de la comtesse de
Clermont.

L'émotion, très grande des deux côtés, devait in-
failliblement se communiquer au public. Bérangère
montre à la dame inconnue les petites reliques
qu'elle a conservées, une boucle de cheveux, un carnet de bal, un médaillon ; elle s'attendrit au souvenir
de sa mère, dont le comte ne parle jamais que comme
de la plus vertueuse et de la plus aimable des femmes.
Cette preuve touchante de la délicatesse paternelle
du comte de Clermont commence à troubler le cœur
de la coupable Odette. Venue pour réclamer ses
droits sur sa fille, elle tremble au moment de se faire
connaître. Elle essaye d'un moyen détourné : « Il y
» a une séparation plus cruelle que la mort », dit-elle,
» je sais dans cette ville une femme qui, depuis des
» années, vit loin de son mari et de son enfant. On
» les a séparés... la justice... — Une mauvaise femme
» alors ! » s'écrie Bérangère. » — Bien malheureuse !
» — Elle n'a jamais essayé de revenir à son mari ?
» — Il ne voulait plus la voir. — Et son enfant ? —
» On le lui a pris pour le donner au père. — On
» pensait donc qu'elle ne serait pas une bonne mère ?
» — On se trompait. — Et elle s'est résignée ? —

6

» Forcément. — Sans rien faire pour qu'on lui rendît
» son mari et son enfant ? — Et que faire ? — Mais
» devenir si bonne, si différente d'autrefois, qu'on fût
» obligé de lui pardonner. Mais laissons cette vilaine
» femme, voulez-vous, et parlons encore de maman !
» — Oh ! non ! » s'écrie Odette suffoquée, « ne parlons
» plus d'elle, c'est fini... mais Dieu ! juste Dieu ! de
» sa bouche, quel châtiment ! »

Après cet entretien, si déchirant pour elle, Odette,
désespérée, se jette à l'eau et meurt, réalisant ainsi
la fable inventée par le comte. Il n'y a plus d'obstacle
au mariage de Bérangère.

Ce dernier acte a dissipé le malaise auquel le public semblait en proie pendant la belle scène du troisième acte, dont l'âpre vérité l'avait froissé ou tout
au moins étonné. On a tant pleuré qu'on a pardonné
à tout le monde, à la comtesse Odette comme au
comte de Clermont, comme aussi à cet amoureux
transi de Méryan et à son implacable aïeule qui
pousse la férocité jusqu'à écrire : « Si madame de
» Clermont n'était plus de ce monde, je serais trop
» heureuse de consentir, etc. »

Tout en m'associant à la profonde émotion du public, je fais cependant mes réserves sur ce dénouement qui associe au bonheur de la fille la mort désespérée de la mère. Est-ce que le comte de Clermont
et M. de Méryan n'entendront pas le *Dies iræ* à travers les chants joyeux de la messe de mariage ?

Il y avait quelque chose de touchant et de pathétique dans le virginal conseil de repentir donné par la
fille innocente à la mère coupable. C'était là, ce me
semble, l'idée qu'il fallait suivre pour déterminer la
comtesse de Clermont à se retirer du monde, en
emportant, dans une éternelle et impénétrable retraite
la paix d'une conscience réconciliée. Ecoutez ce que
dit, dans une situation toute semblable, la Fiammina de

Mario Uchard : « Oh ! ne craignez rien, je ne jetterai
» pas un voile de deuil sur votre joie. Où serait le
» sacrifice si je mourais ? Où serait l'expiation ? Je
» suis dans le monde un obstacle à son bonheur; je
» rentre dans la solitude, je serai morte pour tous. »
Voilà qui est grand, vrai, noble, et, pour tout dire
d'un mot, voilà qui est chrétien.

Il y a dans *Odette* ce qu'on appelle « une thèse » et
cette thèse, que mon analyse a volontairement négligée comme une espèce de hors-d'œuvre, la voici
exposée par le comte de Clermont : « Il y a quinze
» ans qu'une lacune absurde de la loi m'enchaîne
» à toutes les hontes de cette femme en nous im-
» posant à tous deux l'accouplement du même
» nom, ou plutôt ne l'imposant qu'à moi. Car enfin,
» que je l'avilisse ce nom, libre à elle d'en prendre
» un autre. Mais quand c'est elle qui le déshonore,
» puis-je en changer, moi ? C'est le mien... ?

Mais, sans entrer dans la discussion législative et
sociale que soulèvent les récriminations du comte de
Clermont-Latour, c'est au comte lui-même que je
m'adresse par un argument *ad hominem*, et je lui ré-
ponds : « Puisque vous tenez tant à ce nom de
» Clermont-Latour que vos ancêtres vous ont trans-
» mis sans tache, pourquoi n'en avez-vous pas pris
» plus de soin ? Pourquoi l'avez-vous si légèrement
» donné à une créature prédestinée à le compromet-
» tre ? Votre frère, le général, vous avait cependant
» averti qu'Odette était une coquette qui n'avait rien
» de sérieux ni dans l'esprit ni dans le cœur, et qui,
» mal élevée par une mère perdue de réputation, ne
» pouvait que suivre ses exemples. Mais vous étiez
» amoureux, et vous avez passé outre, sans vous
» soucier, ce jour-là, de votre illustre nom de Cler-
» mont-Latour, pas plus que du nom diffamé de
» votre défunte belle-mère.

» D'ailleurs, si votre femme a mal tourné, à qui la
» faute? Vous la connaissez frivole, mondaine, dissi-
» pée, et vous la plantez là pour aller travailler dans
» les bois à la reconstruction d'un manoir féodal
» qu'elle n'habitera jamais. Le bon sens, et à défaut
» de bon sens, l'amôur et la jalousie vous comman-
» daient de ne pas l'abandonner à elle-même, de
» veiller sur elle, de la guider, de la conseiller, de la
» défendre contre ses propres entraînements. Vous
» ne l'avez pas fait; vous êtes puni, elle vous trompe.
» Comment agissez-vous? Vous la jetez dehors, la
» nuit, comme un paquet, comme une bête immonde,
» en l'insultant; vous ne pensez, en ce moment-là, ni
» à votre nom, ni à votre fille; le procédé peut être
» « crâne », comme dit votre ami Philippe La Hoche,
» mais vous me permettrez de ne le juger ni noble,
» ni miséricordieux, ni prévoyant; et lorsque, plus
» tard, vous vous étonnez de ramasser votre femme
» dans le ruisseau, vous oubliez que c'est vous qui
» l'y avez mise. »

Ces observations, qui paraissaient peut être relever
de l'esthétique pure, expliquent cependant, au point de
vue pratique du théâtre, pourquoi l'ensemble de l'ouvrage n'a pas produit, à l'exception de deux ou trois scènes capitales, l'effet décisif que M. Victorien Sardou a
tant de fois emporté de haute lutte. Mais loin de moi
la pensée de méconnaître les hautes qualités d'une
pièce qui serait tenue comme de premier ordre si elle
était signée d'un nom moins souvent acclamé. Si je
l'estimais moins, je ne la discuterais pas tant.

Odette est supérieurement interprétée dans ses
principaux rôles. M. Dupuis tient le personnage du
comte avec une autorité magistrale; son jeu, si savant dans son apparente négligence, arrive à produire
les effets les plus poignants par la simplicité et la
sincérité. Mademoiselle Pierson apporte dans la

composition du rôle affreusement ingrat d'Odette un
talent vraiment supérieur, et elle montre une sensibilité profonde dans l'entrevue suprême d'Odette
avec sa fille. Grand et légitime succès pour cette
artiste, que ses efforts rapprochent chaque jour du
premier rang. Après les deux personnages principaux,
il n'y a plus qu'un rôle important dans *Odette*, c'est
celui de Bérangère confié à mademoiselle Legault,
qui, sans y échouer complètement, l'a gâté en quelques parties par une afféterie que je lui ai souvent
mais inutilement reprochée.

Les autres rôles, même développés, ne sont qu'accessoires ; nous y retrouvons M. Dieudonné, avec
sa verve accoutumée ; M. Pierre-Berton, très agréable dans le petit rôle de Philippe La Hoche ; M.
Vois, qui joue habilement le rôle de l'escroc Frontenac ; M. Parade, réduit au personnage quasi muet
du général de Clermont, comme mademoiselle Réjane, à la banale figure d'une baronne de mauvais
lieu ; mademoiselle Alice Lody, charmante sous les
traits d'une jeune mariée et qui l'eût été bien davantage dans le rôle de Bérangère ; enfin M. Colombey
qui a joué très spirituellement l'amusant personnage
de Narcisse, le compère du tripot tenu par le docteur
Oliva.

DCCLXV

GYMNASE.   22 novembre 1881.

LA CHAMBRE NUPTIALE

Comédie en un acte par MM. Jaime fils et W. Busnach.

Reprise de INDIANA et CHARLEMAGNE

Vaudeville en un acte de Bayard et Dumanoir.

Le théâtre du Gymnase vient d'introduire deux éléments nouveaux d'attraction dans son affiche, et il en a fait profiter d'abord un de ses acteurs les plus intelligents et les plus habiles, un de ses pensionnaires les plus consciencieux, l'estimable et modeste Landrol.

C'est devant une salle très remplie qu'on a joué *la Chambre nuptiale*, de MM. Jaime fils et W. Busnach. On disait la pièce très risquée. Mais qui ne risque rien n'a rien. *Qui non risica non resica,* disent les Italiens.

C'est l'histoire d'un jeune marié qui, en louant un appartement, a acheté le mobilier qui le garnissait. Ce mobilier appartenait à une femme légère qui n'a pas jugé à propos de faire connaître sa disparition à ses amis ; un de ceux-ci, qui a gardé un passe-partout, pénètre sans la moindre difficulté dans la chambre nuptiale, et s'y comporte comme chez lui. On n'analyse pas de pareils quiproquos, le rire convulsif ne se raconte pas.

La reprise d'*Indiana et Charlemagne,* un vieux

vaudeville de Bayard et Dumanoir, créé jadis par Achard père et par Virginie Déjazet, pose devant moi un problème que je ne puis résoudre. Comment m'étais-je imaginé que la pièce était, au moins en partie, de Paul Siraudin ? Si ce n'était pas une erreur, pourquoi le nom de Siraudin ne figurait-il pas sur l'affiche ? Aurai-je rêvé ? Cependant ma mémoire me fournit à cet égard un autre souvenir très précis et qui corrobore le premier. C'était une tradition très acceptée, chez la jeunesse littéraire en 1842, que les fameux couplets sur le motif du pas styrien de *Gustave III*, chantés par Charlemagne-Achard « *Mon Aldegonde, ma blonde !* » si curieusement rythmés en rimes riches étaient dus à la sous-collaboration de Théophile Gautier, l'ami intime de Siraudin. Des couplets de Théophile Gautier sur de la musique d'Auber, c'était à coup sûr une curiosité de haute valeur ; ils ont cependant disparu, M. Frédéric Achard ayant eu le bon goût de ne pas accepter cette partie de la succession paternelle.

Mais il reste les chansons de Déjazet, recueillies intégralement par mademoiselle Jeanne Granier, et le quadrille dansé par deux partenaires séparés par un mur. Ce petit tableau de mœurs demi-séculaires ressemble à un dessin de Gavarni dont Paul de Kock aurait écrit la légende. Mademoiselle Granier et M. Frédéric Achard lui ont rendu le mouvement et la vie.

Entre *la Chambre nuptiale* et *Indiana*, destinés à encadrer à partir d'aujourd'hui *les Premières armes de Richelieu*, la Comédie-Française a représenté, avec un énorme succès, *Gringoire*, l'originale et poétique comédie de M. Théodore de Banville. M. Coquelin et mademoiselle Barretta, très bien secondés par MM. Mauban, Silvain et mademoiselle Fayolle, ont été rappelés d'une acclamation unanime.

DCCLXVI

LA FILLE DU DÉPORTÉ

Drame en cinq actes par M. Eugène Morel.

Le bagage littéraire de M. Eugène Morel ne se composait, jusqu'ici, que d'un mélodrame représenté au Théâtre Cluny sous le nom de *Bancal et Compagnie*, ouvrage assez sommairement charpenté, mais qui décelait chez son auteur un certain instinct de théâtre, consistant à remanier avec quelque aisance des situations intéressantes, mais connues.

Le second drame de M. Eugène Morel se présente à peu près dans les mêmes conditions que son aîné, sans nulle trace de progrès : les situations y sont moins neuves encore et moins intéressantes : voilà toute la différence.

C'est l'histoire d'un honnête ouvrier qui, professant à la fois le culte de la famille et celui de la barricade, se voit transporter en Algérie à la suite des événements de décembre 1851. Je ne discuterai pas ici les théories républicaines de M. Eugène Morel ; le coup d'Etat du 2 Décembre est un de ces événements qui échappent à la compétence du mélodrame. J'aime, d'ailleurs, à me renfermer dans le domaine de la critique pure, et voilà pourquoi je laisse de côté les déclamations révolutionnaires de Pierre Lorrains ; en effet, le fond de ce drame ne tient pas essentiellement à une date plutôt qu'à une autre ; on pourrait le jouer en tout temps, en substituant au transporté du 2 dé-

cembre un transporté du 18 fructidor, ou du 26 juin
1848 ; ce serait l'affaire de quelques changements de
mots. On n'aurait même pas à supprimer la tirade sur
les commissions mixtes, puisque les insurgés de décembre 1851 passèrent à Paris devant la commission
mixte créée en juin 1848 par l'Assemblée Consti-
tuante.

Laissons cela. Le fond de l'aventure est lamentable.
Pendant l'absence de Pierre Lorrains, sa mère devient folle, sa fille aînée se livre au vice et sa fille cadette se jette à l'eau. Pierre s'évade et revient à Paris,
juste pour assister à l'assassinat de l'infâme entremetteuse qui a vendu sa fille aînée ; il arrête l'assassin,
et ce misérable n'est autre que son propre neveu, Isidore Lorrains. Isidore se venge en dénonçant son oncle, et on les expédie l'un et l'autre à Cayenne.

Jeanne est allée rejoindre à la Guyane une grande
dame qui la protège, nommée madame de Cabriès (?).
Le gouverneur, pour plaire à la dame, offre la liberté
du déporté politique, à la condition que Pierre Lorrains demandera sa grâce ; Pierre refuse en criant :
Vive la République ! Il est gracié tout de même, dernière preuve de la méchanceté de l'Empire. Mais, entre temps, une dernière tentative d'évasion a échoué,
et Jeanne est tuée d'un coup de feu tiré par une sen-
tinelle. Que fera Pierre Lorrains maintenant qu'il est
seul au monde ? La seule idée qui ne se présente pas
une seule minute à ce brave ouvrier, d'ailleurs honnête et sympathique, c'est qu'il aurait mieux rempli
son devoir de famille en travaillant pour soutenir les
siens que d'aller courir les barricades.

Ce drame, assez mal bâti, rempli de naïvetés, qui
ont souvent remplacé l'émotion par le rire, renferme
cependant quelques situations intéressantes, notamment la colère du père qui veut tuer sa fille en apprenant qu'elle a dévié du sentier de l'honneur. Cette si-

tuation a déjà fait la fortune de deux mélodrames célèbres, *la Grâce de Dieu* et *la Closerie des Genêts*. Je doute qu'elle suffise à sauver le drame de M. Eugène Morel, qui, dans son ensemble, exhale un ennui profond. Je n'aime pas beaucoup le drame politique, mais ce n'est pas là ce qui me fait mal augurer de *la Fille du déporté*. Je m'en tiens seulement au vers de Boileau, tel que Boileau l'aurait écrit s'il avait assez vécu pour devenir boulevardier :

Tous les genres sont bons hors le genre crevant.

Les acteurs du Théâtre des Nations doivent porter leur responsabilité dans les moments pénibles que nous avons eu à passer ce soir. Ils déclament la prose, peu littéraire, de M. Eugène Morel, avec une mélopée tout au plus supportable dans la tragédie classique ; néanmoins, madame Jeanne Andrée a joué avec un vrai talent la grande scène de la fille et du père, et elle est très bien secondée par M. Maurice Simon, qui a composé, d'une manière remarquable, le rôle de l'ouvrier déporté.

Le rôle absolument ignoble de l'entremetteuse madame Arthur n'a pu être sauvé par madame Daudoird ; il a été vertement sifflé à plusieurs reprises. Une voix d'en haut a crié cette parole vengeresse et vraiment démocratique : « A l'abattoir ! » M. Petit, chargé du rôle de l'assassin Isidore, ne manque pas de verve, mais le bas comique a sa limite au point où il cesse de faire rire ; cette limite, M. Petit ne la connaît point.

Citons encore madame Fanny Génat, qui représente avec talent la vieille mère Lorrains ; et mademoiselle Lucie Bernage, la petite phtisique qui se jette à l'eau.

Un personnage sans importance a fait la joie de la

pièce : c'est un médecin qui, appelé en consultation devant une jeune fille sans connaissance et pâle comme la mort, lui tâte le pouls, réfléchit, et dit sentencieusement :« Cette jeune fille est malade. » Il est vrai que cet Esculape est un médecin de l'Empire. Ajoutez, pour comble, que l'acteur chargé de ce joli rôle répond à l'agréable nom d'Urseau, qui n'était pas précisément déplacé dans le nouveau drame du Théâtre des Nations.

DCCLXVII

VARIÉTÉS.   7 décembre 1881.

LA GRANDE REVUE

En trois tableaux, par MM. Raoul Toché et Ernest Blum.

De récentes et nombreuses expériences semblent prouver qu'une revue en trois actes et quinze tableaux avec décors, trucs, métamorphoses et lumière électrique, ne suffit pas pour occuper pendant toute une soirée un public quelque peu blasé sur ce genre de spectacle. Le théâtre des Variétés a pensé qu'en un seul acte, on pourrait condenser les curiosités de la saison dernière, de leur côté, MM. Raoul Toché et Ernest Blum se sont dit qu'il n'était pas besoin de piocher pendant des mois entiers pour confectionner un de ces articles-Paris qui s'appellent une revue ; ils se sont abandonnés aux hasards de l'improvisation, hasards souvent heureux pour les gens d'esprit, et en très peu de jours, ils ont confectionné *la grande Revue*, faisant ainsi revivre le procédé des vieux vaudevillistes, qui brochaient leurs pièces légères en une demi-douzaine de déjeuners. Ce procédé leur réussissait souvent, et il n'a pas mal servi non plus MM. Raoul Toché et Ernest Blum.

La grande Revue ne ment pas, d'ailleurs, à son titre, car elle dure une heure et demie, ce qui serait beaucoup pour un seul acte, si la verve et la gaîté venaient à manquer aux auteurs.

Je ne vous raconterai pas la pièce ; il n'y en a pas. Le défilé des choses à la mode d'hier soir ou de ce matin se passe, comme dans la célèbre revue du Cercle de la Presse, au coin du boulevard et du faubourg Montmartre devant la porte de Brébant, et il s'achève sans autre raison que de ne pas arriver jusqu'au point où commencerait la lassitude.

Parmi les épisodes qui ont le plus réussi, qui ont même beaucoup réussi, il faut citer le couplet d'un commissionnaire auvergnat sur l'illustre et malheureux Amagat, représentant invalidé de Saint-Flour, chanté par M. Blondelet avec son accent naturel, plein de couleur locale ; la transformation des Folies-Bergère, où l'on voit de graves musiciens, apôtres de la musique lugubre, se changer tout à coup en clowns pour réveiller leur public endormi ; et surtout la très amusante kyrielle de calembredaines sur la scie. *Tant pis pour elle* débitée par M. Baron de la manière la plus bouffonne.

Beaucoup d'imitations, trop d'imitations peut-être : M. Fusier, qui vaut à la fois un Lassouche, un Lhéritier, un Hyacinthe et un Geoffroy ; mademoiselle Estelle Lavigne qui reproduit avec une fidélité surprenante le jeu, le geste et la voix de madame Céline Chaumont, et qui ne se tire pas mal d'une imitation bien autrement dangereuse, celle de mademoiselle

Isaac dans les couplets de la poupée des *Contes d'Hoff-mann*, et enfin une parodie d'*Odette*, où mademoiselle Bernier saisit avec justesse et sans charge, les principaux effets créés par madame Blanche Pierson.

C'est mademoiselle Angèle qui tient le rôle de la commère, avec sa voix vibrante et sa belle humeur communicative ; M. Lassouche et M. Léonce ont donné leur note habituelle dans des rôles plus effacés.

DCCLXVIII

Chateau-d'Eau.   13 décembre 1881.

CASSE-MUSEAU

Drame en cinq actes et sept tableaux, par MM. Gaston Marot, Edouard Philippe et Léon Marx.

Le crime du passage Saulnier, dont la triste victime fut une femme, nommée Maria Fellerath, n'a pas eu de dénouement, la justice n'ayant ni découvert ni puni l'assassin. MM. Gaston Marot, Edouard Philippe et Léon Marx se sont emparés de cette mystérieuse affaire comme d'un excellent point de départ pour un drame très mouvementé, très curieux et très intéressant.

Je dis point de départ, et pas davantage ; les jeunes auteurs ayant transformé les incidents, les détails et les perspectives, à tel point que leur drame peut être considéré comme une œuvre d'imagination pure. Cette imagination est d'ailleurs fort compliquée. Qu'on en juge par ce seul exemple que, dans

7

la pièce, le procureur de la République chargé d'instruire le crime de la cité Trévise est le beau-frère de la victime et le propre frère de l'assassin.

Comment ce procureur appelé le comte de Vernières, a-t-il épousé la sœur d'une fille de mauvaise vie, ou plutôt comment la sœur de la comtesse de Vernières est-elle tombée au dernier degré du désordre et du vice? Je n'en sais rien. Qu'on sache seulement que la comtesse Paula a voulu revoir sa sœur, qu'elle s'est rencontrée cité Trévise avec un jeune homme nommé Lucien Renaud, auquel elle a voué une tendre et vive affection, et que ce double fait de la visite et de la rencontre est attesté par une lettre que laisse la comtesse à sa sœur absente.

Marie Sellnar, c'est le nom de guerre de cette sœur, est volée, puis assassinée par un scélérat, connu sous le sobriquet de Casse-Museau. La lettre de la comtesse, trouvée sur le lieu du crime, est remise aux mains du procureur de la République, c'est-à-dire du mari, lequel se croyant trompé, jure de perdre Lucien Renaud, que la voix publique désigne comme l'assassin.

Longtemps, trop longtemps le public a pu croire que le dessein de MM. Marot, Philippe et Léon Marx était de donner un pendant au juge d'instruction du *Petit Jacques*, et de nous montrer un second magistrat digne du bagne. Heureusement, leur visée était moins malsaine et plus haute. Le comte de Vernières, après avoir lutté contre la passion jalouse qui l'égarait, finit par la dompter et redevenir ce que nous aimons à vénérer dans la magistrature française : l'organe inflexible et probe de la loi.

Le surnom de Casse-Museau est porté par son frère cadet le vicomte de Vernières, qu'une vie de débauche a jeté dans les bas-fonds du crime. Lorsque après mille péripéties, Casse-Museau est enfin livré à justice, c'est le comte de Vernières lui-même qui révèle au juge d'instruction le vrai nom du coupable. « Cet homme », s'écrie le procureur de la République, « est mon frère ; faites votre devoir ! » Et il retire de sa boutonnière la rosette d'officier de la Légion d'honneur. Le mouvement est noble, il .est beau, et il rachète, en partie du moins, l'impression de beaucoup de scènes horribles et basses dont le drame du Château-d'Eau nous avait saturés jusque là.

La vue de la Morgue et de la civière sur laquelle repose le cadavre livide de Marie Sellnar est un tableau repoussant, dont la sinistre réalité donne des nausées.

En revanche, le quatrième acte, qui se passe à Belleville, devant un bal public de la Courtille, comporte un défilé de voleurs, d'assassins, de mendiants, de ruffians faubouriens et d'ivrognes, absolument pris sur la nature, mais tellement amusant qu'il en a fallu prendre son parti.

L'ensemble de ce drame est composé avec une vigueur et une science scénique que je dois constater, en souhaitant que les trois auteurs donnent un emploi meilleur à leur incontestable talent, en le retrempant dans une autre œuvre d'atmosphère plus pure et plus salubre.

Le succès très grand de *Casse-Museau* a été accentué par une interprétation excellente. Madame Marie-Laure, dans le double rôle des deux sœurs Marie Sellnar et la comtesse de Vernières, a produit une impression profonde, qui s'est traduite par une véritable ovation. Le jour où madame Marie-Laure rencontrera sur un de nos grands théâtres une place digne d'elle, je signalerai peut-être quelques imperfections faciles à vaincre, mais on peut tenir pour certain qu'elle possède les parties essentielles d'une artiste de première valeur ; son évanouissement au premier acte ; et plus tard les sensations qu'éprouve successivement la comtesse de Vernières en apprenant qu'elle porte au cou la rivière de diamants qui avait appartenu à sa malheureuse sœur, sont des trouvailles d'exécution qui n'appartiennent qu'à une comédienne d'ordre supérieur.

M. Pericaud se montre original sous les traits de Casse-Museau : un débutant, nommé Munié, a révélé des qualités de comique très franc dans le rôle sympathique du baron Gaëtan de la Martinière, un gommeux qui se fait un agent de police pour découvrir l'assassin de Marie Sellnar. Citons encore MM. Livry, Guyon fils, Reykers, Bessac, Mangin, mesdames Aline Guyon, Magnier-Gravier et Sureau, très bien placés dans les rôles nombreux qui gravitent autour du comte et de la comtesse de Vernières.

DCCLXIX

Chatelet.   14 décembre 1881.

LES MILLE ET UNE NUITS

Féerie en trois actes et trente-un tableaux,
par MM. Adolphe d'Ennery et Paul Ferrier.

Livre admirable que ces *Mille et une Nuits*, à la fois traduites et inventées par Antoine Galland avec un art si parfait, que, devant cette abdication complète de la personnalité européenne et française, le lecteur ne peut deviner où finit la légende arabe, où commence la science du professeur au Collège de France. Les douze volumes des *Mille et une Nuits*, je parle de l'édition originale publiée de 1704 à 1707, renferment et décrivent le monde oriental tout entier, monde plein de contrastes, où se coudoient la féroce imbécillité d'un sultan Scharyar et la magnanimité suprême d'un calife Aaroun-al-Raschild, et où les éblouissantes féeries du soleil, des génies, des péris, des fées et des ondines éclairent de leurs magiques rayons les évolutions prodigieuses de cette roue de fortune qui élève le simple pêcheur et l'humble esclave au plus haut degré de la puissance, en même temps qu'elle rejette les vizirs et les ministres dans la foule obscure des déshérités.

Sollicité par M. Emile Rochard, directeur du Châtelet, de lui conter un de ces beaux contes qu'il raconte si bien, M. Adolphe d'Ennery est remonté à la source des récits merveilleux. N'ayant que l'embarras du choix parmi les centaines d'épisodes que renferme le livre d'Antoine Galland, il a préféré nous donner *les Mille et une Nuits* tout entières, au moyen d'une modification de cadre aussi simple qu'ingénieuse.

Le sultan Scharyar, au lieu d'écouter nuit par nuit, les récits de la spirituelle sultane Scheherazade, devient lui-même l'un des personnages des contes mis en action. Le Dormeur éveillé, Simbad le Marin, Ali Baba et les Quarante Voleurs, Aladin et sa lampe merveilleuse, forment une succession de tableaux reliés entre eux par le fil d'une intrigue légère, qui repose sur l'amour réciproque de la sultane Scheherazade et du jeune Abou-Hassan, le dormeur éveillé.

Abou-Hassan, triomphant de tous les obstacles, réclame de Scharyar le trône que cet imbécile sultan lui a promis au cas où il s'emparerait de la lampe

d'Aladin ; mais, tout à coup, il se souvient des serments qu'il a faits à sa bien-aimée ; il renonce au
rang suprême, en même temps que Scharyar renonce
à Scheherazade, et les deux amants sont unis. Par
exemple, je ne comprendrai jamais pourquoi le jeune
Abou-Hassan, possesseur de la lampe d'Aladin, ne
profite pas de la puissance illimitée que ce talisman
lui confère pour garder à la fois Scheherazade et le
trône de Perse. C'est un secret que MM. d'Ennery
et Paul Ferrier ne m'ont pas révélé. Cela n'empêche
pas la pièce, avec ses folles allures d'opérette, ses
airs d'opéra, ses chœurs de sortie, ses vaudevilles et
ses flonflons, d'être amusante, même lorsqu'elle
rappelle d'un peu trop près *les Pilules du Diable*,
comme dans le tableau du barbier.

M. Christian joue le sultan Scharyar comme il
jouerait le sultan Schahabaham de *l'Ours et le Pacha*,
ou le Jupiter d'*Orphée aux Enfers* ou le Bilboquet
des *Saltimbanques*. Il ne sait qu'un rôle, celui de
Christian, et c'est son meilleur. Dès aujourd'hui, il a
transformé la prose de MM. d'Ennery et Paul Ferrier en une enfilade de calembours, coq-à-l'âne, calembredaines et coquecigruités à défrayer toutes les
parades de la foire. Que sera-ce donc dans huit
jours ?

C'est madame Zulma Bouffar, qui, sous les tra-
vestis d'Abou-Hassan, de Simbad le marin, du prince
Pharnace et d'Aladin, soutient, conduit et anime la
pièce. Le rôle comporte beaucoup de chant ; plusieurs musiciens de talent lui ont écrit des airs nouveaux, mais le succès de ce pot-pourri musical reste
à Jacques Offenbach, avec les couplets des *Bavards*
et le trio du *Roi Carotte*, dits par madame Zulma
Bouffar avec cette virtuosité distinguée et cette
verve mordante qui sont la marque de son talent
original et fin.

M. Germain, des Variétés, est amusant dans le personnage d'Ali-Baba, et M. Allart, un comique bien connu des habitués de l'Athénée, a fait rire sous les traits du prince Noureddin, le cousin de Scharyar.

Le rôle très effacé de Scheherazade est joué par une débutante également effacée, mademoiselle Farna. Les auteurs ont, au contraire, largement développé le rôle de Dinarzade, confié à mademoiselle Bennati. Je ne reconnais guère la modeste et timide sœur de Scheherazade dans cette commère à l'œil hardi, qui fait retentir les voûtes du Châtelet sous une voix qui possède l'éclat, la vibration et aussi le charme et la nuance des trompettes qui renversèrent les murs de Jéricho.

Ce sont là des détails. Une féerie qui s'appelle *les Mille et une Nuits* avait beaucoup à faire pour répondre à ce titre flamboyant de merveilles. Le théâtre du Châtelet l'a compris et il est allé au delà de ce qu'on pouvait exiger.

Je ne saurais énumérer ici les splendeurs accumulées par M. Rochard dans cette longue soirée ; du reste, les lecteurs du *Figaro* s'en sont déjà fait une idée par la description très complète qu'a publiée ici dimanche dernier, mon collaborateur Jules Prével. J'y ajouterai seulement quelques impressions personnelles.

En dehors des nombreuses apothéoses avec suspensions, lumière électrique, ondines nageant à quarante pieds au-dessus du fond de la mer, et autres spectacles flamboyants, même aveuglants, je veux citer trois décors qui possèdent intrinsèquement une valeur artistique. L'un, qui représente l'intérieur d'un bazar, a été peint par M. Nézel, avec une intensité de coloris qui rappelle, sur une échelle colossale, quelques belles pages de Decamps.

Le second, c'est l'intérieur d'un palais égyptien habité par la reine Cléopâtre, avec son escalier immense et ses propylées de colonnes peintes, à chapiteaux de sphinx. Cette savante restitution, due au pinceau de MM. Rubé et Chaperon, est belle sans ornement, par la seule puissance de l'architecture et de la beauté colossale des lignes. Comment la reine Cléopâtre apparaît-elle ici ? Par un emprunt fait, non pas aux *Mille et une Nuits*, mais au *Second Faust* de Goëthe. Nous avons déjà vu ce motif de ballet dans le *Faust* de Gounod à l'Opéra ; il faut convenir que la comparaison, en ce qui touche le décor et les costumes, laisse l'Académie nationale de musique au second rang. Cléopâtre, c'est madame Deshayes, aussi petite mais vraisemblablement plus belle que la reine égyptienne dont les attraits basanés troublèrent si profondément l'Europe, l'Afrique et l'Asie. Quant à M. Christian, il nous montre dans ce tableau prestigieux, un Marc-Antoine *sui generis* qu'au faubourg Montmartre on appellerait tout de suite un Marc-Alphonse.

Enfin, le troisième *clou* de la féerie, c'est la chasse du vingtième tableau ; une superbe forêt, également due à MM. Rubé et Chaperon, est traversée par des cavaliers au galop, entraînant une nombreuse meute de chiens en liberté, qui chassent le tigre et le léopard avec une conviction et une sincérité dignes d'éloges. Ce tableau rappelle la fameuse chasse de *la Jeunesse du roi Henri* et la curée de *la Jeunesse de Louis XIV ;* mais ces deux souvenirs de jeunesses réunis dans un cadre immense, et célébrés par les sonorités cuivrées d'une éclatante fanfare, produisent un effet superbe ; cela seul fera courir tout Paris.

DCCLXX

RENAISSANCE. 18 décembre 1881.

LE SAÏS

Conte arabe en quatre actes, paroles et musique de
madame Marguerite Olagnier.

Le Saïs arrive à point, au lendemain de la féerie
du Châtelet, comme une page détachée des *Mille et
une Nuits*. Ce conte arabe, dont l'ardente monotonie
reflète le sable enflammé du désert, n'est pas plus
compliqué que le livret de *Lalla-Roukh*, avec lequel
il offre plus d'un point de ressemblance. Naghib
est un saïs, c'est-à-dire en arabe un coureur ; je le
veux croire. Ce coureur qui court de belle en belle,
la pièce ne lui offre pas d'autre occasion de courir,
dédaigne la charmante Fatime, et devient amoureux,
à première vue, de la sultane Tefida. Rencontrant
cette sultane, qui se promène le soir, Naghib n'en
fait ni une ni deux ; il l'appréhende au corps et l'embrasse, comme le jeune Vandenesse, du *Lys dans la
Vallée*, embrassa madame de Mortsauf. Ceci se passant, non pas au bal de la préfecture, mais sur la
rive gauche du Nil devant la pyramide de Cheops,
une telle incartade pourrait coûter cher au saïs, si
la sultane Tefida, peu farouche, ne se bornait à reprocher doucement au saïs son insolence, sur quoi
le saïs, encouragé, recommence à l'instant. La princesse pense toutefois que c'en est assez pour une
première entrevue, d'autant qu'elle doit épouser le
lendemain un noble personnage, qui répond à l'illustre nom de Reschid-Pacha, et elle se retire avec

7.

sa suite, beaucoup plus scandalisée qu'elle-même. Le saïs, pour se consoler, avale une forte dose de hatschisch, qui lui procure la vue du paradis de Mahomet, au milieu duquel Tefida tient l'emploi de première houri *assoluta*, en chef et sans partage.

Le lendemain, il fait jour, et Naghib s'introduit dans le harem en chantant une sérénade qui réveille la princesse ; mais ses affaires n'en sont pas beaucoup plus avancées ; car Tefida, tout en partageant la passion du saïs et en lui accordant la preuve la plus décisive de sa tendresse, n'en demeure pas moins résignée à épouser Reschid-Pacha, l'homme à la belle barbe noire. Telle est la volonté du khalife, oncle de la princesse. Naghib n'est pas homme à s'arrêter pour si peu ; il poignarde l'infortuné Reschid, qui meurt sans déranger un poil de sa belle barbe. Peine perdue ; *uno avulso non deficit alter* ; autrement dit, faute d'un moine l'abbaye ne chôme pas. « Reschid est mort », dit tranquillement le khalife, « faites avancer Sélim. » — « Sélim », lui dit-il, « la place est vacante, je te donne ma nièce. » Il ne reste qu'une ressource au saïs, qui ne peut vraiment pas massacrer tous les fiancés de la princesse l'un après l'autre, c'est de tuer la princesse elle-même ; on l'arrête à temps, et le khalife, après avoir réfléchi pendant l'entr'acte, paraît se résigner au mariage de sa nièce avec l'irrésistible coureur. Mais ce n'était qu'une feinte ; sous prétexte de cérémonie solennelle, il embarque Naghib et Tefida sur une gondole d'apparat ; les rameurs sont gorgés d'opium, et la gondole, sabordée, coulera silencieusement, ensevelissant au fond du Nil le secret de la vengeance du khalife.

Heureusement pour les fiancés, Fatime, la charmante Arabesque abandonnée par Naghib, a généreusement résolu de les sauver. Avertis à temps,

Naghib et la princesse quittent la barque fatale, et ils s'enfuient au désert où ils fonderont une nouvelle dynastie.

Sur ce canevas romanesque, traité en forme de *scenario* sommaire, madame Marguerite Olagnier a écrit une partition, ou, pour parler plus exactement, une suite de morceaux qui attestent chez elle d'incontestables facultés musicales. Madame Olagnier écrit bien pour les voix, moins habilement pour l'orchestre.

Sa tentative, couronnée d'ailleurs d'un plein succès, est à tous égards intéressante, quoiqu'elle promît, en impressions orientales, un peu plus qu'elle ne tient. Les remaniements obligés de la « mise au point » ont fait disparaître, l'un après l'autre, les souvenirs directs de l'Orient, même le chœur absolument original de derviches tourneurs, qui avait tenu bon jusqu'à la répétition générale incluse.

A l'exception du chœur d'introduction, chanté par les Arabes qui font leur *kief* autour des tentes, on ne trouve plus dans *le Saïs* de couleur locale proprement dite, et il semble que madame Olagnier, malgré son séjour au Caire, ne perçoive plus l'Orient qu'à travers la *Lalla-Roukh* de Félicien David, *la Statue* de M. Reyer ou *la Reine de Saba* de M. Gounod.

Je ne chicanerai pas madame Marguerite Olagnier sur ses récitatifs procédant par demi-tons ascendants, formule fatigante et stérile, lorsqu'elle n'aboutit pas à la phrase de chant qu'elle faisait prévoir. J'aime mieux citer les gracieux couplets de Naghib, au premier acte « Elle est partie » et, au second acte, la sérénade « Pourquoi rester close », accompagnée par le saïs avec les cordes d'une kouitra, que soutiennent les notes piquées du basson et de la clarinette. C'est à mon avis, malgré sa brièveté, le meilleur morceau de tout l'ouvrage. Il y a de l'ampleur et de la passion dans le duo final du second acte « La voix amoureuse », qui a été bissé d'acclamation, vrai duo de grand-opéra, qui dépasse peut-être le cadre de cette idylle d'amour.

Au troisième acte, on remarque encore la berceuse du ténor « Almaz quand vient le soir » et le chœur à temps de mazurke « à la mosquée ! » qui, se rejoignant à la marche arabe du khalife, compose un finale mouvementé, sonore, couronnant une invocation à Allah, belle page fermement écrite.

M. Capoul chante le rôle du saïs, rôle prédominant et absorbant, qui tient toute la pièce. M. Capoul y donne tout son zèle, toute sa voix et toute son âme ; je dirais presque qu'il donne trop de tout cela, si l'on pouvait faire un crime à un artiste de se passionner pour son personnage au point de ne faire qu'un avec lui. C'est un reproche si rarement encouru sur nos scènes lyriques ! On craint parfois la fatigue pour M. Capoul, mais cette crainte ne se réalise jamais ; et la voix de M. Capoul arrive au bout de la soirée plus vaillante et plus fraîche que jamais. C'est, d'ailleurs, un diseur plein de charme, qui manie la voix mixte avec un art merveilleux ; il en tire des effets exquis, surtout dans la sérénade que j'ai déjà citée et qu'il accompagne lui-même sur la guitare arabe.

Mademoiselle Landau, dans le rôle de la princesse Tefida, a fait apprécier une voix jeune, pure et brillante ; elle a légitimement partagé les ovations décernées à M. Capoul.

M. Jolly, toujours fin, madame Desclauzas, toujours spirituelle et gracieuse, donnent de la valeur à la partie comique de l'ouvrage, qui n'en est pas la plus saillante ; et M. Vauthier, qui n'a qu'une scène, est un superbe khalife, dont la voix richement timbrée soutient à elle seule le grand finale du troisième acte.

Mademoiselle Camille Linville, du Gymnase, et M. Alexandre, le ci-devant Alexandrivore de *l'Œil crevé*, représentent agréablement le groupe sacrifié de Fatime et de son amoureux Aboubakre.

Le Saïs a été monté par M. Victor Koning avec beaucoup d'art et de luxe ; les costumes sont d'une richesse extraordinaire et d'une exactitude surprenante. Je ne serais pas étonné que *le Saïs*, ne fût-ce que par la loi des contrastes, ne tînt longtemps l'affiche entre *la Camargo* qui vient de finir, et *Madame le Diable*, qui prépare ses incantations.

DCCLXXI

Odéon (Second Théatre-Français).   22 décembre 1881.

L'INSTITUTION SAINTE-CATHERINE

Comédie en quatre actes en prose, par M. Abraham Dreyfus.

M. Abraham Dreyfus a entrepris de décrire, sous la dénomination allégorique d'*Institution Sainte-Catherine*, la classe trop nombreuse des demoiselles bien nées, bien élevées, mais pauvres, qui sont menacées de coiffer la vénérable sainte, en un mot qui ne trouvent pas de maris.

L'institution Sainte-Catherine, dans la pièce de l'Odéon, c'est la famille Petitbourg, composée de mesdemoiselles Laure et Cécile Petitbourg, filles de M. Petitbourg, illustre savant et conservateur d'un

musée préhistorique, aux appointements de huit
mille francs. Madame Petitbourg et sa sœur Dorothée, laquelle est célibataire comme ses nièces,
pensent que deux jeunes filles jolies, aimables, ins-
truites, gagnent à être produites le plus souvent
possible, dans le monde, aux bals, aux fêtes, aux
bains de mer, et à s'y montrer parées des plus brillantes couleurs. Mais, à la maison, madame Petitbourg et Dorothée font le ménage, tandis que mesdemoiselles Laure et Cécile taillent et cousent leurs
robes elles-mêmes. La cuisine y est maigre et le
pauvre traitement de M. Petitbourg, dix mille francs
à peine, en y comprenant son fauteuil à l'Institut,
passe presque tout entier en toilettes, en fiacre et
en frais de voyages.

Enfin, après une attente qui commençait à devenir
désespérée, un amoureux se présente ; c'est le jeune
Thimonier, fils d'un riche négociant de Grenoble,
devenu très épris de Cécile, qu'il a fait danser dans
un salon. Mais le père Thimonier est un maniaque,
qui, avant de se prononcer, veut faire une enquête
sur l'intérieur des Petitbourg, afin de s'assurer que
ces dames et demoiselles sont laborieuses, rangées,
et qu'elles ont l'habitude de fermer les portes, car
M. Thimonier craint les courants d'air.

Une jeune veuve, adroite, spirituelle, mais intrigante, que les Petitbourg ont le tort d'accueillir dans
leur intimité, imagine de s'entremettre à la réussite
du mariage, avec l'arrière-pensée de faire tourner à
son profit la connaissance de la famille Thimonier :
mais vainement essaye-t-elle de se faire épouser par
le jeune Lucien, qui cache beaucoup de sagacité
sous son étourderie ; en vain imagine-t-elle un tra-
quenard pour compromettre la réputation de Laure,
la sœur cadette, afin de rendre l'alliance des Thimonier inacceptable ; ses trames sont déjouées ; d'a-

bord par la franchise et l'honnêteté de M. Petitbourg, qui lui conquièrent l'estime et la sympathie
de M. Thimonier père ; ensuite par l'intervention
d'un jeune homme, du monde, M. Henri Briel, qui
punit d'un coup d'épée le fat par lequel Laure Petitbourg avait failli être compromise, et qui l'épouse.
Cette brillante union dissipe les dernières incertitudes de M. Thimonier père. Le double mariage
s'accomplit ; sainte Catherine a fait un miracle.

La comédie de M. Abraham Dreyfus est peut-être
un peu développée ; le sujet ne se déduit pas clairement, et ne se laisse pas suivre avec toute la
netteté désirable à travers mille détails charmants,
mais un peu touffus, où la donnée générale se perd
souvent de vue.

De larges coupures paraissent indiquées et allège-
ront la marche de la pièce. Une scène, qui en a
assuré le succès, c'est celle où l'honnête M. Petitbourg, révolté des lenteurs et des lantiponnages de
M. Thimonier père, sent la patience lui échapper,
et lui dit tout crûment : « Ah ! ça, faites-vous la de-
« mande ou ne la faites-vous pas ? » Puis le brave
savant épanche son cœur de père, qui souffre pour
ses filles, mais dont la légitime fierté ne saurait supporter plus longtemps des hésitations qu'il considère
comme une insulte. M. Pradeau l'a jouée avec
beaucoup de sensibilité et s'y est fait longuement
applaudir.

Et cependant, je dois la vérité à M. Abraham
Dreyfus, dont le caractère et le talent m'inspirent
une vive sympathie. Je ne suis pas content de lui.
Le fond de sa pièce comme les développements
qu'il lui a donnés, manquent de nouveauté. On
dirait un centon découpé dans les comédies modernes les plus connues ; par là s'explique le peu
d'effet de quelques situations fort amusantes en

elles-mêmes. Le second acte, où les dames et les demoiselles Petitbourg se laissent surprendre en pleins travaux de ménage rappelle de trop près *la Poudre aux yeux* de Labiche ; la scène émouvante entre les deux pères se trouve un peu plus qu'en germe dans *l'Héritage de Monsieur Plumet* de Théodore Barrière ; c'est au même maître qu'est emprunté Thimonier père, l'homme en bois, connu sous le nom de Verteillac dans *les Faux Bonshommes*, de même que madame Ardouin, la veuve astucieuse qui vole les maris des autres, appartient à la seule pièce de Capendu seul, qui ait eu du succès, *les Coups d'épingles*. Ces divers ouvrages sont dans toutes les mémoires ; il n'est pas surprenant que M. Abraham Dreyfus leur ait donné place dans la sienne ; mais un travail attentif de révision et de comparaison aurait dû l'avertir de tant de ressemblances.

Ceci ne veut pas dire que la pièce de M. Abraham Drefyus ne soit pas bien à lui ; mais tant de points de contact avec des ouvrages connus des spectateurs, lui enlèvent presque toute saveur d'originalité. Or, c'est précisément par cette qualité maîtresse que M. Abraham Dreyfus avait réussi jusqu'à présent, par exemple dans *la Victime* qui est un petit chef-d'œuvre ; et je lui en veux, sans contester son succès d'aujourd'hui, de m'avoir ajourné l'occasion de le louer comme je le voudrais.

MM. Amaury, Rebel, Brémont, Albert Lambert, Cornaglia, Verlé, Fréville ; un débutant à physionomie comique, nommé Peutat, tiennent agréablement les nombreux rôles de la comédie nouvelle, avec l'excellente madame Crosnier, madame Raucourt très amusante dans le type de la vieille et bonne fille Dorothée, madame Grivot, qui sauve par un excellent ton de comédie un rôle difficile, mesdames R. Sisos, Malvau et Demorcy. C'est là un excellent ensemble, qui fait honneur à la jeune troupe de l'Odéon.

La pièce est montée avec goût; je citerai, parmi les accessoires, deux véritables objets d'art : ce sont les portraits de la famille Petitbourg, que mademoiselle Louise Abbéma n'a pas dédaigné de peindre pour l'Odéon. La physionomie rougeaude et souriante de M. Petitbourg, le visage à la fois majestueux et comique de madame Crosnier, ont été saisis par l'artiste avec une verve étonnante et une sûreté de pinceau dignes d'un maître.

DCCLXXII

COMÉDIE-PARISIENNE.   23 décembre 1881.
(Théâtre des Menus-Plaisirs).

TANT MIEUX POUR ELLE

Revue en trois actes et six tableaux, par MM. Paul Burani, Henry Buguet et Elie Brault.

> Messieurs, la pièce nouvelle
> — Tant mieux pour elle —
> Est de monsieur Burani
> — Tant mieux pour lui.

Je cite de mémoire ces quatre vers composés par M. Burani lui-même. Si la rime l'eût permis il aurait fallu chanter : « Tant mieux pour eux ! » Car MM. Henry Buguet et Elie Brault ont été nommés avec M. Paul Burani.

Le compte-rendu d'une Revue tient tout entier

dans la réponse à ces deux questions : est-elle amusante ? a-t-elle réussi ? Oui, et oui. Telle a été l'impression générale.

A l'exception d'une scène unique, dans laquelle un diseur de riens exposait trop longuement une suite de billevesées politiques, les trois actes de *Tant mieux pour elle* sont remplis d'épisodes bien trouvés et de mots drôles, reliés entre eux par des couplets rimés avec l'agréable facilité qui caractérise les membres du Caveau. Comme chansonnier, M. Burani est le successeur désigné de feu Clairville.

Le plus amusant des tableaux est le défilé des statues destinées à la façade de l'Hôtel de Ville : Etienne Marcel, François Miron, Jean Goujon, Augereau, Talma et Molière, entraînés par la musique, se livrent à une gigue échevelée, puis retombent tout à coup dans leur immobilité de statue.

M. Dailly est le roi des compères ; sa gaîté franche et naïve est absolument irrésistible ; il faut l'entendre réciter la partie du ténor dans le *Miserere* de Verdi. Est-ce qu'on n'en meurt point ?

Madame Thérésa, avec deux chansons magistralement dites, mademoiselle Bade, parodiant très spirituellement M. Capoul dans *le Saïs*, mesdames Georgina Dupont, Ellen Andrée, Lynnès et Gournay tiennent les principaux rôles de femme. Un chanteur de café-concert, M. Paulus, a débuté avec beaucoup de succès dans le rôle de Gavroche. Il a dit épisodiquement une scène de son répertoire, qui a excité les trépignements du public. Je n'y ai rien compris et j'ai ri plus fort que les autres.

Beaucoup d'imitations d'acteurs, dont quelques-unes très heureuses, entre autres celle de M. Delaunay par un débutant, M. Tervil.

DCCLXXIII

QUATRE-VINGT-TREIZE

Drame en douze tableaux, tiré du roman de M. Victor Hugo
par M. Paul Meurice.

Quatre-vingt-treize est le titre collectif d'une série
de récits, dont un seul a été publié par M. Victor
Hugo en 1874 et qui s'appelle *La Guerre civile*. Je
ne saurais donner une idée du drame écrit par
M. Paul Meurice sans analyser d'abord le livre lui-
même, œuvre bizarre et magnifique, où l'on retrouve
chez Victor Hugo septuagénaire, avec ses étrangetés
colossales, ses qualités charmantes, ses digressions
philosophiques et ses peintures d'un relief prodigieux, le jeune auteur de *Notre-Dame de Paris*.

La scène se passe en Vendée ; les bleus sont aux
prises avec les blancs ; ceux-ci obéissent au marquis
de Lantenac, que les paysans vénèrent comme leur
seigneur et comme le descendant des anciens princes
bretons. Si je ne me défendais avec une volonté
persévérante contre l'intrusion de la politique dans
la critique théâtrale, je dirais que la manière dont
M. Victor Hugo pose la question entre la Bretagne
et la République soulève bien des objections. La
Bretagne était demeurée sous Louis XVI ce qu'elle
se montra sous Louis XV, le pays des aspirations
libérales ; sa noblesse et ses Parlements résistaient
depuis des siècles à la monarchie absolue, au point
que, sous le ministère du duc d'Aiguillon, une députation de gentilshommes bretons offrit une armée

insurrectionnelle et la couronne au duc d'Orléans,
petit-fils du Régent, qui refusa, moins peut-être par
loyalisme dynastique que par une affection personnelle
et toute chevaleresque pour la personne de Louis XV.
Si la Bretagne prit les armes contre la Révolution,
ce ne fut donc ni par superstition monarchique, ni
par attachement aux institutions féodales, mais parce
qu'elle sentit son indépendance aussi profondément
atteinte par les excès du jacobinisme sous la République, que par le despotisme ministériel sous la
royauté. Elle se souleva le jour où l'on viola ses
croyances, où l'on persécuta ses prêtres ; et si le
mouvement devint royaliste, c'est que les royalistes
seuls se présentèrent pour défendre, avec les privilèges du pays breton, ses presbytères et ses églises.
Ce point de vue purement historique a été négligé
par M. Victor Hugo à ce point que, dans ce récit
tumultueux, pittoresque, plein de grandeur et de
contrastes, de l'insurrection bretonne, on n'aperçoit,
pas même de profil, un seul recteur ou curé de paroisse.

Le marquis de Lantenac, débarqué en Bretagne,
et commandant à quelques milliers d'insurgés, se
heurte contre un redoutable adversaire, le chef de
bataillon Gauvain, commandant la colonne expédi-
tionnaire des côtes de Bretagne.

Pour expliquer que le commandement des troupes
républicaines soit confié à un officier de grade subalterne, M. Victor Hugo produit une allégation surprenante : Bonaparte, dit-il, n'était que simple chef
d'escadron d'artillerie lorsqu'il devint général en chef
de l'armée d'Italie. L'œuvre de M. Victor Hugo est
trop haute pour que je puisse songer, sans me faire
tort à moi-même, à la discuter par les petits côtés.
Mais ici l'erreur est tellement forte que je m'étonne
qu'elle ait pu se glisser dans un livre si curieuse-

ment, si savamment étudié. Rappelons donc que le
chef d'escadron Bonaparte, nommé général de brigade et inspecteur de la défense des côtes de Provence en octobre 1793, après la prise de Toulon,
était général de division et général en chef de l'armée
de l'intérieur depuis le mois d'octobre 1795, lorsqu'il
prit, en mars 1796, le commandement en chef de l'armée d'Italie.

Le commandant Gauvain, ex-noble, est le propre
neveu du marquis de Lantenac. Ce républicain, fraî-
chement converti, est le prototype de toutes les
vertus civiles et militaires, Hoche et Marceau fondus
ensemble dans une pâte tendre à la Grandisson. La
généreuse nature de Gauvain, égarée dans la Révolution, seconderait mal la République de Robespierre, de Danton, de Marat et de Carrier ; aussi, la
Convention lui a-t-elle envoyé comme adjoint, comme
surveillant et au besoin comme bourreau un nommé
Cimourdain, jadis prêtre, et qui fut précepteur du
vicomte Gauvain en son manoir féodal de la Tour-
Gauvain, populairement connu sous le nom de la
Tourgue.

Le marquis de Lantenac, battu par son brave neveu, s'est réfugié dans la Tourgue avec dix-huit
paysans bretons sa dernière escorte. Gauvain l'y
tient bloqué ; et c'est ici seulement que commence
le véritable drame.

Dans une halte au milieu d'un bois, le bataillon républicain des Bonnets Rouges, ci-devant de la Croix-
Rouge, a rencontré une paysanne, Michelle Fléchard,
qui fuyait, avec ses trois petits enfants, son village in-
cendié. Par qui ? pourquoi ? elle n'en sait rien. Michelle
Fléchard, par la volonté souveraine du poète, personnifie les masses innocentes et inconscientes qui
subissent les révolutions sans les comprendre, sans
s'y mêler et sans en profiter jamais. Elle n'a ni in-

telligence, ni instruction ; elle aime ses enfants, mais c'est par une sorte d'instinct ; bref, comme le dit M. Victor Hugo, c'est une femelle, et ses enfants sont ses petits.

Les petits, tombés au pouvoir du marquis de Lantenac, sont jetés dans un corps de logis attenant à la Tourgue ; ce corps de logis, bâti sur un torrent, est défendu, du côté de la campagne, par un pont-levis inaccessible ; du côté de la Tourgue et de la forêt de Fougères par une porte invulnérable, dont la clé ne quitte pas la poche du marquis.

Les dix-neuf hommes enfermés dans la Tourgue, offrent de capituler à la condition de se retirer librement. Si non, ils se défendront jusqu'à la mort, et les trois enfants de Michelle Fléchard, enfants adoptifs du bataillon des Bonnets Rouges, périront avec leurs farouches ravisseurs.

A ce moment, la France de 1793 se trouve personnifiée, dans ce coin perdu de la Bretagne, par trois hommes, trois renégats : le vicomte Gauvain de la Tour-Gauvain, l'allié et le chef des bleus, traître à la famille ; le marquis de Lantenac, l'allié des Anglais, traître à la patrie ; l'abbé Cimourdain, l'allié de la guillotine, traître à Dieu.

Cimourdain refuse la capitulation qui rendrait la liberté au marquis de Lantenac ; par son ordre, la guillotine est venue de Fougères sur une charrette ; il y fera monter le chef des insurgés royalistes.

Les républicains donnent l'assaut à la Tourgue ; on se massacre corps à corps dans ce sombre repaire ; au dernier moment, Lantenac disparaît par une porte secrète ; mais les assiégés ont tenu parole ; ils ont laissé l'incendie derrière eux ; les enfants de Michelle Fléchard, isolés de tout secours, par le pont-levis du côté de la campagne, par la porte de fer du côté de la Tourgue, vont périr d'une mort

horrible ; le marquis de Lantenac, qui est parvenu
à gagner le ravin, aperçoit les flammes, entend les
cris des enfants ; il se souvient alors qu'il a gardé
sur lui la clé de la porte de fer. Sans hésiter une
minute, il revient sur ses pas, ouvre la porte aux
enfants, les délivre et se livre. Par ce mouvement
chevaleresque et chrétien, le marquis de Lantenac
devient le héros de cette épopée. Cimourdain pose
sa main d'apostat sur l'épaule de ce héros et lui dit :
« Je t'arrête ! »

Devant un pareil spectacle, l'âme de Gauvain se
réveille. Lantenac, le prince breton, a donné sa vie
pour sauver les enfants inconnus d'une femme du
peuple ; à son tour, lui, le gentilhomme égaré, il sacrifie sa tête pour sauver son oncle le marquis. Noblesse oblige.

Gauvain fait évader Lantenac, et Cimourdain traduit Gauvain devant une cour martiale, dont il
s'attribue la présidence. Cimourdain-Brutus condamne à mort son fils Gauvain ; le précepteur im-
mole son élève ; le fanatisme égorge le dévouement ;
l'ex-prêtre guillotine l'ex-noble et se fait ensuite
sauter la cervelle. L'assassinat expié par le suicide,
voilà, selon *Quatre-vingt-treize*, le dernier mot de la
Terreur, de la Révolution et de la République. Je ne
dis pas le contraire.

M. Paul Meurice, pour construire son drame, a
très habilement découpé le roman en tableaux bien
choisis pour en faire ressortir les principales scènes.
Il y a d'ailleurs traité l'œuvre du maître avec un respect qui lui défendait d'y introduire des éléments
nouveaux, dussent-ils en accroître l'intérêt.

La mise en scène de *Quatre-vingt-treize* est très
belle et très curieuse. Les sites forestiers des deux
premiers tableaux, peints par M. Chéret, et, au septième tableau, la vue de la vieille ville de Dol par

M. Robecchi, sont des toiles de premier mérite.

Quatre-vingt-treize a rencontré des interprètes supérieurs que M. Larochelle a su réunir autour du grand nom de M. Victor Hugo. M. Dumaine joue simplement et avec conviction le rôle du fanatique Cimourdain ; madame Marie Laurent attire sur le personnage inconscient de la Flécharde, la sympathie, due à une mère éplorée qui brame après ses petits ; MM. Laray, Villeray et Lacroix sont remarquables dans la scène épisodique qui réunit au cabaret de la rue du Paon, Marat, Danton et Robespierre, trois aspects distincts de la scélératesse humaine ; M. Taillade est suffisamment féroce sous les traits du farouche breton l'Imanus. C'est M. Romain qui représente, non sans talent, le chef de bataillon Gauvain, et M. Clément-Just a de la dignité dans le rôle du marquis de Lantenac.

Le rôle du sergent Radoub, du bataillon des Bonnets Rouges, comptera parmi les bonnes créations du grand comédien qui s'appelle Paulin Ménier. Madame Gabrielle Gauthier prête le concours de sa beauté et de son talent à ce magnifique ensemble dramatique, dans le rôle à peine esquissé de la Houzarde, la cantinière du bataillon des Bonnets Rouges.

Mais il n'y a pas à dire : un tel drame est bien fait pour inspirer le dégoût et l'horreur de la hideuse époque qui porte le millésime sanglant de 1793. Tant pis pour elle.

DCCLXXI

Opéra-Comique. 28 décembre 1881.

LES PANTINS

Opéra-comique en deux actes,
paroles de M. Edouard Montagne, musique de M. Hue.

Reprise de L'AUMONIER DU RÉGIMENT
et du TORÉADOR

Le concours Crescent vient encore de faire des
siennes, et l'on se demande à quel titre *les Pantins*
ont pu mériter le suffrage de juges dont nul ne sus-
pecte les lumières ni l'impartialité. L'impayable, c'est
que le poème et la musique ont été couronnés chacun à part. Voici celle du poème : un vieux fabricant
de joujoux de Nuremberg, nommé Heilman, prétend
marier sa fille Marie à maître Coster, le brasseur,
qui est vieux et laid, et il la refuse au jeune étudiant
Ulric, qu'elle aime et dont elle est aimée ; Marie, désespérée, invoque Trilby, le lutin du foyer. Trilby,
sensible à ses plaintes, envoie le même songe aux
quatre personnages susnommés. Les pantins du
bonhomme Heilman s'animent et deviennent des
masques de la Comédie-Italienne. Marie, c'est Isabelle, qui, mariée à l'ivrogne Polichinelle-Coster, le
trompe avec Ulric-Léandre, tandis que Heilman-
Cassandre, témoin de ces désordres et de ces scan-
dales, se repent amèrement de ce qu'il a fait. Naturellement, au lever du soleil, les personnages
reconnaissent qu'ils ont rêvé ; mais *la nuit leur a*

8

porté conseil ; Coster ne veut plus de Marie, et Heilman donne sa fille à l'étudiant.

Cette donnée rebattue, traitée avec une inexpérience naïve par M. Edouard Montagne, n'a pas
échauffé la verve de M. Hue. L'ouverture, qui a pour
thème principal l'air populaire connu sous le nom
de la Polichinelle, employé par M. Gounod dans sa
Marche funèbre de la Marionnette, est l'ouvrage d'un
musicien qui manie l'orchestre avec aisance et sûreté. Mais, dès le lever du rideau, le compositeur
s'égare dans les sentiers du faux grand opéra ; c'est
d'abord une romance lamentable, chantée par Marie
Heilman, puis un air où le ténor dépense une infi-
nité de notes de poitrine fort inutiles de la part
d'un jeune homme à bottes molles qui n'a pas l'intention de prendre Altorff d'assaut ; le prélude instrumental de la prière à Trilby montre une certaine
grâce rêveuse qui ne tarde pas à s'évanouir dans un
insaisissable brouillard.

On pouvait croire que cette exposition sentimentale aurait pour contraste tranché les scènes de comédie italienne qui suivent. Hélas ! c'est là précisément l'endroit le plus terne et le plus faible de la
partition. Ces fantoches lugubres ont précisément
l'entrain et la gaîté des masques qui sortent d'un bal
public à sept heures du matin en hiver, par une pluie
battante. On en arrive à saluer avec plaisir le retour
de la Polichinelle et d'un autre thème populaire que
je ne saurais désigner autrement que par ce timbre
aux paroles peu distinguées : « Ah ! que nous nous
amusâmes, hier chez les Cochignats... »

Le dernier tableau, celui du réveil, ne contient
guère qu'un *quartetto,* qui ne serait pas mal agencé
pour les voix, si la répétition d'une phrase « l'aventure est singulière », passant et repassant jusqu'à
satiété d'une voix à l'autre, n'arrivait pas à exaspérer

l'auditeur. Cette pièce enfantine, s'achève, comme il était facile de le prévoir, par une fanfare à tout casser.

En somme, M. Hue est un bon musicien, très porté vers la rêverie, mais vers une rêverie tapageuse et agitée, qui ne ménage et ne tempère aucune des forces de l'orchestre ; sa partition nouvelle n'atteste chez lui, quant à présent, qu'une disette absolue d'idées musicales. J'estime inutile de faire retomber sur les chanteurs seuls la responsabilité d'une exécution peu brillante.

Le spectacle commençait par *l'Aumônier du régiment*, que l'Opéra-Comique vient de recueillir dans les épaves du Théâtre-Lyrique. Une jolie pièce, celle-là, qui, avec la musique de Pilati, fut un des grands succès du Palais-Royal, il y a quarante ans. M. Hector Salmon l'a recouverte d'une bonne et solide musique, bien traitée, un peu lourde peut-être, mais qui mérite d'être écoutée deux fois plutôt qu'une. M. Barré se montre chanteur délicat et comédien habile dans le rôle du brave aumônier qui se fait blesser comme un soldat pour faire tomber les préjugés anticléricaux du maréchal-des-logis Robert. M. Maris, le maréchal-des-logis, possède une bonne voix, mais quel singulier comédien ! et il leur dit : « J'ai mal aux nerfes. » On ne leur apprend donc pas à prononcer le français, au Conservatoire ?

Le régal de la soirée, c'était la reprise du *Toréador*. La partition n'est pas parmi les meilleures d'Adolphe Adam ; mais cet ensemble de mélodies un peu banales, de pastiches italiens et de réminiscences classiques contient des parties vraiment charmantes. D'ailleurs les trois rôles du *Toréador* sont écrits pour des virtuoses, tout au moins pour des chanteurs très exercés. Or il se trouve précisément que l'Opéra-Comique possède en ce moment ces trois oiseaux rares.

M. Taskin est certainement l'un des meilleurs Don
Belflor que l'Opéra-Comique ait mis en ligne depuis
Battaille, le créateur du rôle. Sa belle voix si richement timbrée, s'assouplit et devient moelleuse ; c'est
un artiste de grand avenir. M. Berlin est justement
l'interprète qu'il faut pour le rôle de Tracolin ; il y
met la pointe de comique et la demi-teinte nécessaire,
se tenant à égale distance des gros effets de ténor et
des insuffisances du ténorino.

Enfin, mademoiselle Merguillier, que j'avais remarquée au Conservatoire il y a deux ans, vient de
faire, dans le rôle de Coraline un début éclatant, ou,
pour mieux dire, d'en prendre possession avec assez
d'autorité pour n'y pas craindre de rivale. Comme
comédienne, la nouvelle étoile a du naturel et de
l'aisance ; elle dit spirituellement le dialogue. Comme
chanteuse, elle me paraît destinée à conquérir le suffrage des juges difficiles ; la voix, très en dehors,
offre, parfois, dans le médium, une certaine sécheresse, mais elle est douce, ronde et vibrante dans le
surplus des registres ; mademoiselle Merguillier vocalise avec une égalité, une facilité, une douceur et
une légèreté qui constituent, ce me semble, les
quatre qualités maîtresses de cet art délicat et charmant. Elle a été acclamée.

Aussitôt que *les Pantins* auront disparu de l'affiche, (ce ne sera peut-être pas avant l'année prochaine), l'Opéra-Comique pourra mettre *le Toréador*
en vedette sur l'affiche et je prédis que cette vieille
opérette, ainsi rajeunie par une exécution délicieuse, lui fournira de beaux lendemains au *Pardon
de Ploërmel.*

DCCLXXV

UN LYCÉE DE JEUNES FILLES

Vaudeville-opérette en quatre actes, par M. Alexandre Bisson,
musique de M. Louis Gregh.

L'opérette représentée ce soir au Théâtre Cluny
pourrait s'appeler folie en quatre actes ; nous sommes ici dans le domaine de la fantaisie pure ; ces
pièces ne se racontent pas. L'idée principale, autour
de laquelle se groupe une intrigue dépourvue de
nouveauté, consiste à nous montrer un directeur de
lycée de filles, inculquant à ses élèves les leçons les
plus extravagantes. Ce directeur Cavenecadas, est
un ancien cabotin ; il promène ses élèves dans maint
endroit historique, et spécialement à la Grenouillère ;
le soir, il les réunit dans la salle d'études, et leur
apprend la grammaire et les langues vivantes, en
musique. Au second acte, il y a plusieurs scènes
vraiment drôles. Les jeunes filles sous la direction
d'un jeune pion qui joue du violon comme Paganini,
chantent et dansent une varsovienne et une polka
impayables ; c'est la danse des participes ; le facétieux directeur fait ensuite réciter à deux de ses
élèves *le Renard et le Corbeau*, en anglais et en allemand, c'est-à-dire qu'à l'une il a appris l'accent anglais, à l'autre l'accent allemand, et pour donner
plus de couleur locale à la fable, dans la première le
corbeau mange du Chester, et, dans la seconde, du
fromage de Westphalie ; cette bouffonnerie a fait

8.

beaucoùp rire. Au quatrième acte, sauf quelques mots amusants, on retombe dans *le Chapeau de paille d'Italie* et autres pièces du même moule.

L'interprétation générale est médiocre. M. Mesmaker, dans le rôle du directeur du lycée, et M. Guy dans le personnage d'un pion amoureux, déploient cependant de la verve ; citons aussi mademoiselle Luther, qui a fait bisser un motif de valse au quatrième acte, et mademoiselle Ghinassi fort agréable dans le petit rôle de Suzette. De la musique ne disons rien.

DCCLXXVI

PALAIS-ROYAL. 31 décembre 1881.

LE MARI A BABETTE

Comédie en trois actes, par MM. Henry Meilhac
et Philippe Gille.

Babette est une jeune, toute jeune et charmante personne, que le hasard et les mauvais conseils ont jetée dans les bras du vicomte Gaston de Petit-Preux, jeune désœuvré qui pouvait rencontrer plus mal. Tout en acceptant dans une large mesure les bienfaits du vicomte, Babette s'efforce de retarder la marche de son maître et seigneur sur le chemin de la ruine, et de faire l'ordre avec du désordre dans cette liaison qu'elle voudrait rendre définitive, car Babette aspire à se faire épouser. Ses projets sont dérangés par l'arrivée de M. de Petit-Preux, un

oncle à succession. M. de Petit-Preux a deux héritiers, Gaston, fils de son frère aîné, Andrée, fille de
son frère cadet. Si Gaston consentait à épouser
Andrée, la fortune reviendrait tout entière au jeune
ménage. Pour arriver à ces fins, Petit-Preux propose
à Gaston de venir passer six mois dans son château,
près d'Angoulême ; si au bout de six mois Gaston
n'est pas épris de sa cousine, le bonhomme d'oncle
lui rendra sa liberté ; si Gaston refuse cet essai loyal,
Petit-Preux le déshéritera.

Gaston accède au désir de cet oncle accommo-
dant ; mais passer six mois sans voir Babette, c'est
une idée qu'ils ne peuvent accepter ni l'un ni l'autre ;
Babette ira donc rejoindre Gaston, sous un déguisement. Le hasard veut qu'un commis-voyageur, un
Gaudissart de première force nommé Gévaudan, se
soit introduit chez Gaston pour le faire souscrire à
un journal agricole, lui offrir des statues funéraires
à bas prix et au besoin lui vendre du vin de Bordeaux. Gaston devine en Gévaudan un homme à tout
faire, et il se met d'accord avec lui sur une combinaison très ingénieuse. Gévaudan, transformé en baron de Pontet-Canet ou quelque chose d'approchant,
ira s'installer dans un château voisin de Petit-Preux,
et la baronne, ce sera Babette. Gaston, tout en habitant Petit-Preux pendant six mois, pourra donc, à
titre de voisin de campagne, nouer des relations
avec le prétendu baron et voir Babette tout à son
aise.

Mais Gévaudan, une fois baronnifié, perd de vue
les intérêts de Gaston. Le vicomte comptait sur la
solitude propice aux amours, et voilà que Gévaudan imagine de donner des fêtes, d'y inviter les fonc-
tionnaires et les notables du pays, auxquels il offre
des actions de toutes sortes d'entreprises fantasti-
ques et d'innombrables barriques d'un petit bordeaux

de famille. Les provinciaux trouvent bien ce baron un peu singulier, mais ils viennent chez lui parce que Babette est bien jolie, même l'oncle Petit-Preux, qui n'a pas renoncé aux joies de ce monde, même le chef de gare de Petit-Preux, un vieux beau qui s'est ruiné au service des « petites dames » et qui fait attendre les trains pour obéir au moindre caprice de Babette.

Cette société bizarre, renforcée par la sous-préfète de l'arrondissement, un type assez franchement dessiné de jolie femme républicaine qui aime le plaisir et s'en fait un moyen de propagande, se complique par la présence d'une certaine Joséphine que le prétendu baron a donnée pour femme de chambre à la baronne Babette, et qui aspire à devenir madame Gévaudan, comme Babette à devenir la vicomtesse Gaston. Elles y parviennent toutes deux, après une suite de quiproquos que l'on devine.

L'oncle Petit-Preux reconnaît que la destinée de son neveu est de rendre l'honneur à Babette, et Gévaudan, bien payé, gorgé de commandes, abdique sa baronnie en faisant la fortune de sa Joséphine.

Cette jolie pièce, dont le premier acte appartient tout entier à la comédie, et dont les autres sont remplis de détails amusants et fins, a complètement réussi. Le second acte, un peu vide, gagnerait à être resserré, et, sans aller jusqu'aux grandes coupures, peut-être suffirait-il que les acteurs le jouassent plus vite.

M. Geoffroy a trouvé, dans le type du placier Gévaudan, une de ses meilleures créations ; il a le sang-froid imperturbable de cette race très curieuse des gens qui ne se laissent jamais prendre sans verve et qui, mis à la porte par des gens impatients, s'écrient avec noblesse : « Un homme comme moi n'est » jamais chassé ; il se retire, voilà tout. »

Il y a bien du talent aussi chez le vieux Lhéritier, excellent sous les traits du chef de gare La Percherie ; la voix s'en va, mais le geste et la physionomie restent, et sont du meilleur comique. M. Montbars joue avec sa rondeur habituelle l'oncle Petit-Preux ; et M. Raymond représente avec aisance le vicomte Gaston. M. Galipaux, qui a eu le premier prix de comédie au dernier concours du Conservatoire, tient avec zèle un bout de rôle très au-dessous de ce qu'il sait faire.

Parmi les femmes, le succès a été tout entier pour mademoiselle Alice Lavigne, qui interprète avec la plus réjouissante fantaisie le rôle de la sensible Joséphine, la promise de Gévaudan. Le rôle difficile de Babette, empreint d'une grâce tendre qui se rapprocherait plutôt d'Alfred de Musset que du répertoire ordinaire du Palais-Royal, ne trouve pas en mademoiselle Bergé l'expression voulue ; elle y est à la fois trop pensionnaire et trop peu ingénue.

M. Numès et mademoiselle Raymonde jouent agréablement le sous-préfet et la sous-préfète, dont le seul tort est de rappeler d'un peu trop près le couple identique du *Monde où l'on s'ennuie.*

DCCLXXVII

GYMNASE. 5 janvier 1882.

SERGE PANINE

Drame en cinq actes, par M. Georges Ohnet.

Les jeunes se font rares : il faut faire attention à M. Georges Ohnet. Auteur dramatique, critique et ro-

mancier, M. Georges Ohnet se distingue de quelques-
uns de nos contemporains par sa culture intellectuelle
et par son respect pour les hautes idées de devoir et
de sacrifice qui n'ont pas cessé de former l'idéal littéraire des honnêtes gens. Ses premiers essais de théâtre, entre autres le drame de *Regina Sarpi*, représenté au Théâtre-Historique de la place du Châtelet,
sans passer inaperçus, ne fixèrent pas l'attention du
public. Mais ces obscurités du début, qui découra-
gent les natures incertaines ou faibles, sont le stimu-
lant de la lutte pour les travailleurs. Un roman intitulé *Serge Panine*, publié l'année dernière par la librairie Ollendorff, a du premier coup mis en lumière
le nom de M. Georges Ohnet.

De ce récit, simple et puissant, pris sur le vif, animé
par les couleurs ardentes de la vie, je ne puis donner
ici que le sommaire.

Madame Desvarennes est une femme du peuple, enrichie par la puissance de son intelligence et de son
travail ; veuve d'un simple garçon boulanger, elle a
fondé une maison de commerce pour les farines, devenue la première après ou à côté des Darblay. Une
grande fermeté d'âme, une ténacité indomptable ca-
ractérisent cette maîtresse-femme et expliquent ses
succès ; une seule passion la domine elle-même, c'est
l'amour maternel. Elle avait rêvé pour sa fille Micheline une existence qui aurait continué les traditions
de la maison Desvarennes par un mariage avec un
jeune homme, fils de ses œuvres, appelé Pierre Delarue. Enfants, Micheline et Pierre se sont engagé
leur foi. Mais leur rêve s'envole. Micheline, devenue
jeune fille, s'éprend d'un prince polonais, Serge Panine, profondément ruiné, brave comme son épée et
beau comme le jour. Madame Desvarennes s'oppose
vainement à ce mariage qui lui inspire une sorte de
terreur ; mais Micheline supplie, et la tendresse de

madame Desvarennes pour sa fille est la paille qui brise le fer de sa volonté.

Le bonheur de Micheline, devenue la princesse Panine, est de courte durée. Dépensier, fastueux et prodigue, le prince joue un jeu d'enfer, et compromet la fortune de sa femme ; il la trahit indignement avec une amie d'enfance, presque une sœur. Madame Desvarennes, avant d'éprouver les jouissances inespérées d'une maternité tardive, avait adopté une orpheline, Jeanne de Cernay, fille d'un gentilhomme dont le château seigneurial est devenu la propriété de madame Desvarennes.

Jeanne et le prince Serge s'étaient aimés avant que celui-ci ne pût concevoir l'idée d'épouser la riche Micheline. Jeanne, de son côté, a épousé par raison le banquier Cayrol, un rude mais brave enrichi, l'ami et naguère l'associé de madame Desvarennes. Les deux ménages ont vécu quelque temps éloignés l'un de l'autre ; mais la fatalité les rapproche, et Jeanne tombe éperdue dans les bras du prince Serge ; Micheline surprend le secret de leur infamie, et dès lors commence pour elle le supplice de la femme lâchement abandonnée.

La guerre est déclarée entre madame Desvarennes et le prince : celle-là ne voulant plus payer les dettes de son gendre ; celui-ci ne voulant plus supporter le despotisme de sa belle-mère, de « la patronne » comme on l'appelle dans ses bureaux et dans sa famille.

Serge, à bout d'argent, se jette dans des entreprises véreuses, que lui facilite un spéculateur sans scrupule, nommé Herzog. Cela finit par une catastrophe dans laquelle le nom du prince est compromis. La flétrissure qui frapperait le nom des Panine atteindrait aussi la renommée commerciale des Desvarennes. Voyant son honneur en jeu et sa fille mourante, madame Desvarennes commet une horrible action, à peine atténuée par le délire des tendresses maternelles. Elle dénonce Jeanne et Serge à la vengeance de Cayrol. Le mari outragé surprend les coupables, mais il aime sa femme, le malheureux, et le courage lui manque pour se faire justice.

Ce que Cayrol n'a pas su faire, madame Desvarennes l'exécutera de ses propres mains. L'heure suprême est arrivée ; les victimes d'Herzog ont porté plainte : on annonce, à l'hôtel Desvarennes, le commissaire de police qui vient arrêter le prince Serge Panine.

Madame Desvarennes se place devant son gendre : « Nous autres, dans le commerce », lui dit-elle, « quand nous avons failli, et qu'il nous est im-« possible de nous relever, nous jetons du sang sur « la souillure et elle disparaît. Vous autres, dans la « noblesse, quand vous êtes déshonorés, comment « faites-vous? » Et elle lui montre un revolver posé sur une table.

Le prince est brave, mais il est jeune ; il aime la vie et il entend la continuer jusqu'au dernier écu de sa belle-mère qu'il déteste. Cependant, le commissaire de police monte l'escalier, et Serge repousse madame Desvarennes, qui essayait d'empêcher sa fuite. Alors madame Desvarennes saisit le revolver et tire. Serge Panine tombe raide mort.

Le commissaire de police apparaît :

« Hélas, monsieur », lui dit Maréchal, le secrétaire de madame Desvarennes, voilà une triste constatation à faire; le prince, en apprenant votre venue, s'est tué. »

M. Georges Ohnet ne s'en est fié qu'à lui-même pour transporter à la scène cette émouvante histoire, au dénoûment terrible. L'événement a justifié son audace ou plutôt sa confiance. Il a su éviter l'écueil le plus redoutable de ce genre de travail, qui est de découper un roman en scènes incohérentes pour le

spectateur qui n'a pas été d'abord un lecteur. Au contraire, M. Georges Ohnet a vigoureusement resserré
la trame de son roman, et a su donner à son drame
la marche logique, rapide et vigoureuse, qui est celle
des maîtres du théâtre.

Les deux premiers actes, qui exposent les résistances de madame Desvarennes, le sacrifice de Pierre
Delarue et le double mariage de Micheline avec le
prince et de Jeanne avec Cayrol, sont traités avec une
aisance remarquable, et renferment une scène bien
hardie, mais neuve au théâtre et amèrement vraie, celle
où Jeanne de Cernay, saisie d'horreur au moment de
suivre dans sa nouvelle demeure, l'homme qu'elle
vient d'épouser sans amour, ne peut surmonter sa
répugnance et se laisse arracher son secret. « Mais
« quelle sera donc ma destinée ! » s'écrie-t-elle. —
« Celle d'une honnête femme ! » répond madame
Desvarennes.

A partir du troisième acte, le public s'est laissé emporter, frémissant, par cette action passionnée, décrite avec une diction forte et précise, que je ne peux
mieux comparer qu'à celle d'Emile Augier dans *les
Lionnes pauvres* ou d'Alexandre Dumas fils dans *le
Supplice d'une femme*.

La déclaration enivrée du prince Serge à Jeanne,
entendue derrière un rideau de tapisserie par Micheline, qui pousse un cri de désespoir, a mis le feu aux
poudres. C'est la scène *d'On ne badine pas avec l'a-
mour*, a dit quelqu'un derrière moi ; sans doute, mais
avec la différence de la fantaisie à la réalité. Ce n'est
pas l'innocente et crédule Rosette qui se trouve frappée, c'est la femme légitime du séducteur sans scrupule et sans frein, c'est la ruine et le déshonneur de
deux familles.

Il faudrait citer encore la scène déchirante du mari
furieux, qui soudain fléchit sur lui-même et tombe

anéanti, sans force pour frapper la perfide créature qu'il adore.

Le succès de M. Georges Ohnet est trop grand, trop mérité pour que je m'expose à paraître le diminuer par des chicanes de détail. La controverse, selon moi, porterait sur les prolégomènes du drame. Comment s'expliquer, par exemple, que madame Desvarennes, la femme habituée à tout faire céder devant sa despotique autorité, l'abdique précisément au moment d'en faire le plus important et le plus précieux usage? Comment admettre que Pierre Delaruc se laisse arracher celle qu'il aime, alors qu'elle lui offre de tenir son serment et de devenir sa femme? L'homme sérieux devrait répondre : « Vous m'offrez votre main? « Je l'accepte, et je me charge du reste. » Quant à l'amoureux il devrait marcher droit au prince, et se débarrasser les armes à la main de ce rival dangereux et suspect. Mais une fois ces prémisses acceptées, il n'y a plus qu'à louer et qu'à applaudir.

Chose curieuse, et que je note à titre d'étude littéraire. En écrivant sa pièce sur un sujet souvent traité au théâtre, M. Georges Ohnet l'a entièrement renouvelé par la création toute personnelle de madame Desvarennes. Cette grande marchande de grains et de farines, qui nolise des transports à vapeur pour tous les ports du monde, c'est M. Poirier agrandi et devenu tragique. Ce n'est plus une mère larmoyante et désarmée comme la mère de la princesse Georges, cette douairière enveloppée par les idées particulières et les préjugés de la caste à laquelle elle appartient, et toute prête à excuser les fautes de son gendre parce que le prince Georges est de son monde. Non, madame Desvarennes, au milieu de la puissance que lui donnent ses richesses, demeure la rude plébéienne qui portait le pain chez la pratique dans ses jeunes années ; elle hait le prince Serge non seulement parce qu'il est son gendre, non seulement parce qu'il est vil, mais parce qu'il est prince. Elle l'insulte, elle l'accable, elle le tue. Voilà l'originalité de la conception à laquelle nous devons *Serge Panine*, et qui assure dès aujourd'hui une situation hors ligne à M. Georges Ohnet.

Le rôle difficile du prince, avec sa double face odieuse et charmante, a été rendu par M. Marais avec un talent supérieur. Hautain, mesuré, dédaigneux et caressant au début, il a modulé d'une manière vraiment délicieuse, la déclaration du troisième acte qui a transporté la salle. Quel premier rôle de drame ; Quelle puissance et quelle douceur ! Si jamais on cherche un Roméo pour quelque résurrection de Shakespeare, le voilà.

Madame Pasca trouve dans le personnage redoutable de madame Desvarennes, l'emploi de son talent, avec toutes ses qualités et même ses défauts. Elle a eu des accents de tendresse charmants dans l'expression de son amour maternel, et d'emportement sauvage lorsqu'elle désigne les coupables à la vengeance de Cayrol. C'est à coup sûr une de ses plus belles créations.

Immédiatement après M. Marais et madame Pasca, je place sans hésiter M. Landrol, qui rend avec une réalité saisissante les angoisses de ce pauvre et rude Cayrol, dont la vengeance est désarmée par son amour irrésistible. M. Landrol est un comédien de haute valeur : il est à désirer qu'on lui trouve plus souvent des rôles dignes de lui.

Le personnage de Jeanne de Cernay était bien difficile, je ne dirai pas seulement à rendre, mais à faire supporter ; madame Léonide Leblanc, qui n'est plus assez jeune fille pour la scène du mariage, s'est cependant acquittée de sa lourde tâche avec un talent de composition qui décèle un art exercé. Elle a par-

tagé le triomphe de M. Marais après la grande scène
du troisième acte.

Mademoiselle Jeanne Brindeau s'est montrée fort
dramatique dans quelques parties du rôle de Micheline ; il y a chez cette jeune artiste l'étoffe d'une jeune
première de drame et même de tragédie.

M. Luguet fils, que j'avais remarqué au théâtre
Déjazet, joue sobrement et finement le rôle de Pierre
Delarue ; c'est une bonne acquisition pour le Gymnase, ainsi que M. Cooper, très amusant dans le rôle
du gommeux Savinien, le neveu quelque peu détra-
qué de madame Desvarennes.

DCCLXXVIII

Comédie-Française.   7 janvier 1882.

LE SUPPLICE D'UNE FEMME

Débuts de Mlle Rosamond et de M. Garnier.

Mademoiselle Rosamond ayant gagné son premier
prix de comédie au Conservatoire dans une des principales scènes du *Supplice d'une femme*, et M. Garnier son second prix dans le rôle du mari de *Gabrielle*,
qui est évidemment le même personnage que Dumont,
l'idée devait venir naturellement à M. Perrin de
les réunir tous deux dans la pièce de MM. de Girardin et Alexandre Dumas.

Il y a quelque temps qu'on n'avait pas représenté
ce drame, sur lequel madame Favart, MM. Regnier,

Got et Lafontaine ont tour à tour laissé leur empreinte.

Les débutants ont reçu du public un accueil favorable, où l'indulgence a sa part.

M. Garnier, dans le rôle de Dumont, a montré de l'autorité malgré sa jeunesse, un jeu sobre et une diction juste ; mais la voix sèche de l'artiste ne s'attendrit guère et traduit malaisément les angoisses de l'époux trahi, succédant à la joie du père confiant et heureux. Ce jeune artiste, dont le masque sévère convient surtout aux personnages tragiques, porte l'habit moderne avec quelque gaucherie.

Mademoiselle Rosamond interprète le personnage odieux de Mathilde avec beaucoup d'intelligence ; elle a été fort applaudie dans la scène capitale du deuxième acte ; son jeu muet, son attitude pendant la lecture de la lettre qu'elle vient de remettre à son mari, révèlent chez cette jeune comédienne un véritable sentiment dramatique. La faiblesse de sa voix, sa prononciation défectueuse nuisent, il est vrai, à ses grandes qualités. Ce sont là des défauts qui ne me semblent pas sans remède.

M. Laroche joue le séducteur de Mathilde avec son talent un peu nerveux et très distingué ; mais j'ose l'en supplier, qu'il change de redingote ; l'irrésistible Alvarez ne doit pas s'habiller comme un notaire de petite ville.

Mademoiselle Fayolle ne manque ni de verve ni de gaieté dans le rôle de madame de Larcey, rendu vacant par la retraite de madame Provost-Ponsin.

DCCLXXIX

CLAUDE FER (LES GRANDES LUTTES)

Drame en cinq actes en vers, par M. Amanieu.

Claude Fer finit où commençait *la Fille du déporté*, c'est-à-dire par le coup d'Etat du Deux Décembre. Cette *Fille* avait sur ce *Claude* un double avantage : elle n'était pas en vers, et elle présentait intrinsèquement un certain intérêt théâtral, indépendant des événements politiques.

Le nouveau drame, malheureusement pour lui, est rivé aux idées républicaines et socialistes ; c'est la politique qui le noue et le dénoue.

Voici ce que j'en ai compris, à travers les interruptions fréquentes, les éclats de rire, les huées et les cris d'animaux qui l'ont joyeusement accompagné jusqu'à son dernier soupir.

Le marquis de Sambreuse est un gentilhomme emporté, violent, profondément réactionnaire, et pochard, par dessus le marché. A la chasse, étant un peu gris, il se prend de bec avec son garde nommé Jean Lacharle, et lui envoie une balle dans la tête. Ces grands seigneurs se croyaient tout permis, surtout au lendemain de la Révolution de 1848.

Jean Lacharle laisse un neveu nommé Claude Fer. Celui-ci, en sa qualité de prolétaire, possède tous les talents et toutes les vertus. Comme sculpteur, c'est Michel-Ange ; comme homme d'Etat, c'est Bar-

bès ; comme socialiste, c'est Jean Journet lui-même.
Claude Fer jure de venger son oncle ; il enverrait
bien le marquis à l'échafaud, car, en dépit de ses déclamations, Claude Fer reconnaît que la justice en
France est égale pour tous. Mais il aime mademoiselle France de Sambreuse, la fille du marquis, et il
épargne la tête de son futur beau-père. Seulement, ce
sculpteur palingénésique a plus d'un tour dans sa gi-
becière. Il en tire une donation faite à son propre
père par le feu duc de Sambreuse, alors émigré, et
il réclame au marquis une terre valant un million ;
moyennant quoi il lui promet un silence éternel.
« — C'est du chantage ! » s'écrie noblement le marquis. Mademoiselle de Sambreuse survient, et couvre
de son dédain le grand citoyen qu'elle admirait comme
sculpteur et qu'elle méprise comme homme d'affaires.

« — Mais vous ne savez donc pas, » lui répond
Claude Fer, « ce que je ferai du domaine de Roque-
« verte ? j'y ferai venir une cinquantaine d'ouvriers,
« de mes amis, qui traînent la guenille à Paris, et j'y
« établirai une colonie socialiste qui réalisera le para-
« dis sur terre. » La demoiselle retombe en admiration devant Claude Fer, et se décide à devenir sa
femme. Elle veut lui faire don :

De son corps douloureux qui ne veut pas mourir.

Car ces sornettes sont rédigées en vers qui ont
presque tous douze pieds.

Claude Fer voudrait bien, car il adore mademoiselle
France ; il a même :

Embrassé ses genoux qui s'arrosaient de larmes.

Mais il ne veut pas épouser la fille d'un assassin ;
la demoiselle persiste, car elle a du tempérament,

si j'ose m'exprimer ainsi ; pourquoi me gênerai-je, puisqu'elle se vante :

De sortir chaude encor de l'idéal brisé.

Claude Fer se montre aussi dur que le métal dont il porte le nom ; peu importe :

Je le posséderai, malgré lui, tout entier,

s'écrie la noble fille.

« — Je voudrais voir ça ! » s'écrie naïvement un spectateur placé devant moi.

Le marquis finit par mourir dans un entr'acte : puisqu'il a rendu au bon Dieu sa vilaine âme de grand seigneur, rien ne s'opposerait plus au mariage, si le coup d'Etat n'arrivait, tramé par les légitimistes, qui ont le privilège, au détriment des bonapartistes, d'exciter la verve furibonde de M. Amanieu. Un mandat d'arrestation est lancé contre Claude Fer, qui se fait tuer d'un coup de fusil entre mademoiselle France et un certain gentilhomme nommé Volpian de Charcreuse (sic), qui se convertissent au républicanisme.

Le rideau baisse sur cette imitation burlesque du cinquième acte des *Huguenots*, et le nom de l'auteur est accueilli par une aubade de sifflets. Il ne l'a pas volée.

La muse de M. Amanieu, assez mal embouchée et riche en rimes indigentes (épaule et espagnole, par exemple) est d'une loquacité intarissable et désespérante. Elle procède par tirades effroyablement longues, semées de lapsus et de coq-à-l'âne, encadrées dans des images grandioses décalquées sur le procédé de M. Victor Hugo par un écolier maladroit.

J'ai cité quelques-uns des vers qui ont le plus vivement excité l'hilarité du public. Ma mémoire m'en fournit encore un qui complète la collection. Deux

gentilshommes vont déjeuner ; c'est l'heure, dit l'un
d'eux, car :

L'estomac a donné son grand coup de sonnette.

Plaignons les pensionnaires du théâtre des Nations,
spécialement MM. Renot et Maurice Simon, mesdames Jeanne Andrée et Daudoird. Ils n'ont pas un
instant bronché devant les manifestations irrévéren-
cieuses qui scandaient chacune de leurs paroles.
Honneur au courage malheureux.

DCCLXXX

VARIÉTÉS. 10 janvier 1882.

LILI

Comédie-vaudeville en trois actes, par MM. Alfred Hennequin
et Albert Millaud, musique de M. Hervé.

Si les aimables auteurs de *Lili* se sont réellement
proposé de revenir à l'ancien genre de la comédie-
vaudeville, ils ont montré qu'avec toute la bonne volonté possible d'écrire un pastiche et toute l'habileté
qui permet de faire ce qu'on veut de sa plume, on
reste toujours de son temps. Mes souvenirs interro-
gés me renvoyaient bien comme un écho d'autrefois les noms connus des *Vieux péchés*, de *la Chanoi-
nesse*, et de *la Fiole de Cagliostro*, avec Ferville,
Bouffé et Déjazet ; je me répondais : oui, c'est cela,
mais c'est encore autre chose, un accent nouveau

9.

une note absolument moderne, donnés par deux jeunes talents trop personnels pour qu'ils réussissent à se vieillir.

Lili, dans sa coupe ternaire, est ce qu'on appelait autrefois une pièce à époques. *Marie*, de madame Ancelot, est le type du genre. Comme *Marie*, nous voyons la *Lili*, de MM. Albert Millaud et Alfred Hennequin, jeune fille, femme et grand'mère.

Au premier acte, Lili, élevée d'une façon burlesquement étroite par ses parents, de braves provinciaux appelés monsieur et madame Bouzaincourt, apprend une histoire de France de haute fantaisie, dans laquelle les deux plus célèbres maîtresses de Louis XIV figurent sous le nom du général La Vallière et du colonel Montespan ; mais, en même temps, elle cultive un autre idéal non moins extravagant dans la personne d'Antonin Plinchard, le plus beau des clairons de toute la garnison ; Antonin Plinchard, qui faisait une cour toute platonique à la cuisinière Victorine, a laissé tomber sa trompette dans le jardin des Bouzaincourt. Lili, se trompant sur ce manège, l'a pris pour elle et s'est emparée de la trompette. Elle a appris à jouer des fanfares. Que ne peut l'amour sur le cœur féminin ! Mais vainement elle déclare sa flamme ; le naïf Plinchard ne prend pas au sérieux une bonne fortune si élevée au-dessus de son ambition, et il part tranquillement pour l'Afrique en emportant sa trompette. Lili, stupéfaite de l'aventure, se laisse marier, selon le gré de ses parents, au baron de la Grange-Batelière.

Dix ans se sont passés ; la baronne Lili, résignée à son sort, et très ouvertement négligée par son mari qui flirte avec des écuyères, cherche des distractions innocentes dans les plaisirs du monde, parmi lesquels la comédie de société tient une large place. On annonce au château, qu'elle habite l'été, un officier attaché aux grandes manœuvres et que l'autorité supérieure envoie loger chez le baron. Cet officier n'est autre qu'Antonin Plinchard, qui, après avoir conquis tous ses grades de sous-officier, a passé sous-lieutenant à la suite d'un exploit fabuleux. Egaré dans le désert, il avait été recueilli par un goum, dont la population se composait de quatorze ménages. Lorsque le bel adjudant reprit sa route, les quatorze femmes le suivirent, poursuivies par leurs quatorze maris, derrière lesquels couraient une nuée d'enfants, entraînant avec eux tout le bétail de la tribu. En voyant cette rentrée triomphale d'Antonin, avec ces quatorze ménages, ces enfants, ces moutons, ces chevaux et ces chameaux, le général lui dit : « Adjudant, vous « avez fait une superbe razzia : vous méritez l'épau- « lette ! »

L'émotion de Lili et d'Antonin se devine lorsque le hasard les réunit après dix ans de séparation. La répétition d'une pièce à l'étude, dans laquelle on offre un rôle à l'officier, fournit au lieutenant l'occasion naturelle de peindre sa flamme à Lili, et... l'on devine le reste. C'est le baron lui-même qui, sans le savoir, mais pour s'assurer la liberté de courir après son écuyère, enferme sa femme dans la chambre où le lieutenant s'est caché.

Au troisième et dernier acte, la baronne, sexagénaire, a racheté par trente-cinq ans de vertus et d'austérité la défaillance d'un jour, marquée sur le carnet de ses souvenirs par une page blanche. De cette page blanche est née une fille, devenue femme à son tour, et Lili est grand'mère. Il s'agit de marier mademoiselle Antonine, et le baron propose de la donner à un jeune avocat nommé René. Ce projet déplaît à la baronne ; mais un défenseur se présente dans la lice en faveur de René : c'est son oncle, le général Plinchard, sénateur. Ici se place la scène capitale de la pièce, et l'une des plus charmantes qu'on ait vues depuis longtemps sur un théâtre de genre. Le général, l'ancien clairon et l'ancien lieutenant, a reconnu au premier coup d'œil Lili dans les traits de la jeune Antonine. Il essaie d'abord d'évoquer dans le cœur de la baronne le souvenir de leurs lointaines amours. La baronne fait la sourde oreille ; ce qu'on oublie n'a jamais existé ; d'ailleurs, trente-cinq ans de sagesse, sinon de repentir, ne lui donnent-ils pas ce droit à l'oubli qu'elle réclame du général ? mais lorsque Antonin place sous ses yeux le carnet et sa page blanche, la sévérité de la matrone se fond sous le chaud soleil des souvenirs de la jeunesse, et elle consent au mariage de sa petite-fille. Ce n'est rien, n'est-ce pas, et cependant il est délicieux, ce marivaudage du cœur, où le sourire n'est pas loin d'une larme, sans que les auteurs rompent le charme par la plus légère apparence de sensiblerie.

Ici nous sommes aussi loin de la comédie solennelle que des crudités à la mode, dans un milieu délicat, où Désaugiers, Florian et M. Scribe se tempèrent l'un par l'autre, estompés de je ne sais quelle grâce parisienne et moderne d'une saveur pénétrante.

Si je ne traduis pas clairement mon impression, je m'en console en vous renvoyant à madame Judic et à M. Dupuis qui vous feront comprendre le reste.

L'art de madame Judic ne s'est jamais affirmé dans son entière perfection avec plus d'éclat que dans cette quadruple création de la triple Lili et de sa petite-fille Antonine. Je n'ai pas connu madame Favart et madame Dangeville, ce dont je me félicite, mais, d'après ce que nous ont laissé d'elles les mémoires et les portraits, je n'imagine pas qu'elles aient dépassé madame Judic en esprit, en grâce, en finesse, et dans cette science de tout dire où je ne lui vois pas

de rivale. Si cet éloge paraissait excessif à quelques
philistins classiques, fermement attachés à la séparation et à la hiérarchie des genres, je leur avouerais
très ingénûment que c'est à mon avis faire tort à son
temps et à soi-même, que de faire trop attendre aux
grands artistes contemporains la consécration de leur
talent plein de vie et d'éclat.

M. Dupuis seconde merveilleusement madame Judic. L'amusant Dumanet du premier acte est absolument étonnant de costume, de geste, d'allure et de
voix en général retraité ; faites attention à l'accent
qu'il donne à ces mots si simples du troisième acte :
« Je n'oublie pas, moi ! » et vous y discernerez la note
discrètement émue du vrai comédien.

A l'envieillissement successif de tous les personnages du premier au troisième acte, MM. Alfred Hennequin et Albert Millaud ont opposé une création absolument originale, celle de l'oncle de la baronne, le
vicomte de la Grange-Batelière. Au premier acte,
c'est un homme de cinquante-cinq ans, à moitié ra-
molli et qui en paraît bien soixante-dix. Mais, d'acte
en acte, par suite d'un traitement ingénieux, il recouvre peu à peu ses facultés, si bien qu'au dénoûment il est devenu le mauvais sujet de la maison et
se fait morigéner comme un enfant par la baronne sa
nièce. Ce rajeunissement fantastique est indiqué et
suivi par M. Baron avec une finesse d'observation et
une sûreté d'exécution vraiment surprenantes.

M. Hervé a écrit pour *Lili* des couplets et des
duetti sans prétention qui se font écouter avec plaisir. On a bruyamment applaudi la ronde de la *Belle
Provençale* que madame Judic chante avec infiniment
de verve et qui sera populaire demain ; mais combien
je préfère le *duetto* de la reconnaissance des deux
vieillards, terminé par une réminiscence « trouvée »
des sonneries du clairon, sur le fameux air de la Cas-

quette ! On ne l'a bissé que trois fois, parce que madame Judic n'a pas voulu le recommencer davantage.

Interprétée par de pareils artistes, avec le concours de MM. Léonce, Lassouche et Didier, la comédie des Variétés, l'une des plus séduisantes qui soient nées de la collaboration de MM. Hennequin et Albert Millaud paraît destinée à un succès sans précédents même pour les auteurs de *Niniche* et de *la Femme à papa*.

DCCLXXXI

Ambigu. 10 janvier 1882.

Reprise de L'INCENDIAIRE

Drame en six tableaux, par Benjamin Antier
et Alexis de Comberousse.

Le mélodrame, âgé de plus d'un demi-siècle, que l'Ambigu a repris ce soir, appartient à l'histoire d'une des époques les plus agitées de notre pays. En 1827, au fort de la lutte engagée entre la Couronne et ses adversaires, entre le parti libéral et ce qu'il appelait le pouvoir occulte de la Congrégation, l'influence des Jésuites, les missions religieuses dans les campagnes, etc., les départements de l'Ouest, la Normandie surtout, furent ravagés par une longue suite d'incendies, dont l'origine est demeurée mystérieuse. On crut remarquer que le fléau s'attaquait, comme par une sorte de préférence, aux propriétés rurales des acquéreurs de biens nationaux. Cette croyance fon-

dée ou non, servit de base aux suppositions les plus·
extravagantes. On accuse les Jésuites, le clergé régulier, le clergé séculier, la Congrégation, pour re-
monter de celle-ci jusqu'au trône.

Sur cette légende, déplorablement propagée sur la
crédulité populaire, deux auteurs dramatiques, connus par de nombreux succès, Benjamin Antier et
Alexis de Comberousse, conçurent un mélodrame,
qu'une révolution seule pouvait faire sortir de la cervelle ou du portefeuille de ses auteurs.

Cette révolution ne se laissa pas longtemps attendre, et, continuant la lutte de 1827 contre la légitimité
abattue et exilée, fit au clergé et à la religion une
guerre révolutionnaire. Il faut lire, dans un des derniers numéros du *Correspondant* (10 novembre 1881),
le récit où M. Thureau-Dangin retrace d'une plume
attristée, mais sincère, les derniers jours du ministère Laffitte, marqués par l'émeute et le choléra,
alors qu'on vit les croix abattues, l'église de Saint-
Germain-l'Auxerrois et le palais de l'archevêque de
Paris saccagés, mutilés, détruits par une foule furieuse,
moralement et physiquement pestiférée, en· présence
d'une autorité impuissante, indifférente ou complice.

Le scandale était trop révoltant : il secoua les honnêtes gens endormis dans leur torpeur habituelle.
Vainement M. Laffitte essaya-t-il d'échapper aux responsabilités, en sacrifiant le ministre de l'intérieur et
ses deux principaux auxiliaires, le préfet de police et
le préfet de la Seine ; la mesure était comble. La question de liberté des cultes et de sécurité sociale portée
à la tribune par un protestant illustre, M. Benjamin
Delessert, fut résolue par la chute de M. Laffitte, que
remplaça Casimir Périer, le 13 mars 1831, date célèbre dans les fastes de la monarchie de Juillet.

Mon lecteur se demande peut-être où j'en veux venir avec ce petit cours d'histoire. Je m'explique.

Le sac de Saint-Germain-l'Auxerrois et de l'archevêché, suivi de l'incendie du château de Conflans, appartenant à l'archevêque de Paris, Mgr Hyacinthe de Quélen, et de scènes analogues à Lille, à Dijon, à Arles, à Nîmes, à Perpignan, à Angoulême, avaient renversé M. Laffitte. Casimir Périer arrivait aux affaires, porté par l'opinion publique, avec la mission nettement dessinée de combattre et de réprimer la démagogie.

Eh bien, ce fut le 24 mars 1831, un mois après les émeutes de février, devant les décombres encore fumants des édifices religieux, et treize jours après l'avénement de Casimir Périer, que le théâtre de la Porte-Saint-Martin représenta *l'Incendiaire ou la Cure et l'Archevêché*, c'est-à-dire une pièce dans laquelle on voit un archevêque fanatiser une malheureuse jeune fille et lui mettre la torche à la main pour incendier la maison d'un libéral très influent dans les élections. Comment Casimir Périer, un autoritaire par nature et par situation, ne songea-t-il pas à frapper d'interdiction une pièce, qui empruntait aux circonstances où elle se produisait, le caractère d'une provocation à troubler la paix publique et à ranimer les désordres que le premier ministre se proposait d'étouffer?

La censure était abolie, je le sais, mais Casimir Périer disposait du droit de sûreté publique dont son successeur M. Thiers n'hésita pas à se servir, fort malencontreusement, dix-huit mois plus tard contre *le Roi s'amuse*. Il y a plus : le maire de Metz ayant interdit la pièce après une représentation orageuse, elle fut rétablie sur des ordres venus de Paris, et la municipalité messine donna sa démission. Ces faits singuliers donnent prise à bien des suppositions que je ne veux pas préciser. Quoi qu'il en soit, l'inertie de Casimir Périer en cette circonstance demeure extraordinaire autant qu'inexplicable.

Tout ce qu'on peut admettre, c'est que, dans l'état de surexcitation où se trouvait l'esprit public, dans les chambres comme dans la rue et au théâtre, l'archevêque incendiaire ne parut ni plus choquant, ni plus monstrueux que d'autres imaginations contemporaines. Le seul, Jules Janin, il lui faut rendre cette justice, ressentit une généreuse indignation qui s'exhala dans les lignes suivantes : « *L'Incendiaire* de « la Porte Saint-Martin, » écrivait-il, dans le feuilleton du *Journal des Débats* du 4 avril, « est à coup « sûr un drame d'invention, non pas que les auteurs « n'aient eu bonne envie de faire de l'histoire, mais « malgré eux l'histoire leur échappe ; le principal rôle « de ce mélodrame est, il est vrai, donné à un arche- « vêque ; mais à quel archevêque, je vous le demande ? « L'action se passe de nos jours, non loin de Paris ; « il y a là un archevêque traître, faussaire, conspira- « teur, débauché, immensément riche, suborneur de « jeunes filles, incendiaire par dessus tout, incendiant « pour favoriser une élection ! Dans la fable que les « auteurs ont inventée, ils ne disent pas quel est cet « archevêque, où il est, comment il s'appelle. Donc, « pour faire un drame, vous mentez, vous calom- « niez de gaîté de cœur tout le haut clergé ; vous l'ac- « cusez de plus de crimes aujourd'hui que jamais le « clergé n'en a pu commettre ; vous livrez en masse « les archevêques de France à l'exécration publique. « Allons, du courage ! renforcez vos couleurs, taillez « dans le vif, frappez à mort les vaincus, malheur « aux vaincus ! »

La question vigoureusement posée par Jules Janin était d'une justesse frappante. Quel archevêque ? Prétendait-on mettre en scène le cardinal-prince de Croy, archevêque de Rouen à l'époque des incendies de Normandie en 1827 ? Rien, assurément, ne ressemble moins que ce vénérable prince de l'Eglise au fantastique archevêque de la Porte-Saint-Martin. Qui donc alors ?

Certains traits, certaines allusions qui s'attaquent au rôle politique du clergé, m'avaient donné un instant à penser que les auteurs visaient Mgr de Quélen, que ses hautes vertus et son ardent patriotisme ne préservaient plus des insultes de la démagogie, depuis, le jour où, recevant, dans sa cathédrale de Paris, le roi Charles X, il l'avait complimenté sur la prise d'Alger en termes où l'on crut discerner un encouragement aux coups de force. Eh bien, ce n'est pas non plus cela ; je me suis informé à bonne source, et ce que j'ai appris ne sera pas le trait le moins curieux de ma chronique anecdotique à propos de *l'Incendiaire*.

Alexis-Barbe-Benoît de Comberousse, né en 1793, mort en 1862, était le fils puîné de Benoît-Michel de Comberousse, homme de loi, né en Dauphiné vers 1751, et qui fut élu en 1792 membre suppléant de la Convention nationale pour le département de l'Isère.

Le député suppléant eut la bonne fortune de ne se voir jamais convié à siéger, ce qui lui permit de rester dans son pays, loin des catastrophes qui décimèrent les Girondins ses amis. Devenu, vers le milieu de 1794, président du directoire du département de l'Isère, il eut pitié d'un jeune gentilhomme, le marquis du Bouchet, qui attendait dans les prisons, sa prochaine comparution au tribunal révolutionnaire ; usant des facilités qu'il tenait de ses fonctions administratives, il le fit évader ; il aurait même payé de sa tête cette action généreuse, si la journée du 9 thermidor n'était venue le délivrer à son tour.

Plus tard, nommé membre du Conseil des Anciens, puis directeur du contentieux au ministère de la justice, puis conseiller à la Cour de Cassation, M. de

Comberousse vint avec sa famille se fixer à Paris, où par parenthèse, il occupa ses rares loisirs à traduire le Code civil en vers français. L'ordre ayant été rétabli, le marquis du Bouchet était rentré en France, et, pendant quarante ans, c'est-à-dire jusqu'à la mort de l'ancien conventionnel *in partibus*, survenue en 1841, le gentilhomme ne manqua pas une seule fois de se présenter, le 1ᵉʳ janvier de chaque année, chez M. de Comberousse, pour offrir à son sauveur l'hommage de sa reconnaissance. Or, le marquis du Bouchet était le propre neveu de Mgr de Quélen, et les fils de M. de Comberousse, élevés dans un sentiment de profond respect pour cette noble famille, étaient incapables d'y manquer.

Il résulte de tout ceci qu'Alexis de Comberousse et son collaborateur Benjamin Antier (mort inspecteur principal du Mont-de-Piété sous l'Empire), lesquels n'étaient ni l'un ni l'autre de farouches révolutionnaires, firent, sans beaucoup de réflexion ni de scrupule, œuvre d'actualité, sans autre but déterminé que d'exploiter une situation dramatique qu'ils estimaient saisissante et qu'ils souhaitaient fructueuse. Les journaux du temps en jugèrent ainsi, et, à l'exception de Jules Janin, ne s'échauffèrent guère ni pour ni contre. Charles Maurice, le critique le plus sagace peut-être de son temps, se borne à plaindre les auteurs d'avoir fait « une pièce commune avec une idée qui « ne l'était pas. »

Reste à savoir pourquoi notre ancien collaborateur Henri Chabrillat s'est avisé d'exhumer cet ancien pamphlet libéral, qu'on pourrait croire inspiré par M. Jules Ferry ou M. Paul Bert. Mais Chabrillat n'a pas de ces machiavélismes. Il paraît que la chose s'est faite, sans mauvaise intention, je ne demande pas mieux que de le croire, par l'effet de relations entamées avec la veuve de l'un des auteurs qui était aussi

l'un des auteurs de *Robert Macaire*. Les représentants
de M. de Comberousse ne s'en souciaient guère,
mais ils ont dû céder au vœu d'une femme de quatre-
vingt-quatre ans qui n'est pas riche et qu'on dit fort
pieuse. N'est-ce pas le trait le plus piquant de cette
anecdote dramatique ?

L'Incendiaire répondit mal, en 1831, aux espérances
des auteurs et du théâtre ; elle n'eut que vingt-huit
représentations consécutives, malgré les noms des
principaux interprètes, Provost, Bocage et madame
Dorval. Elle fut remplacée le 21 avril 1831 par la célèbre *Victorine ou la nuit porte conseil* de Dumersan et
Dupeuty, qui elle-même céda la place, le 3 mai, à
l'*Antony* d'Alexandre Dumas. Le théâtre de la Porte-
Saint-Martin rentrait, avec Harel, dans la voie purement littéraire. Mais quelle prodigieuse époque de fièvre et d'ardente production, que cette sombre année
1831, où un seul théâtre représentait, outre une dizaine d'actes de vaudevilles, *le Maréchal Brune* de
Fontan, *Beaumarchais* de M. Léon Halévy, *Antony*
d'Alexandre Dumas, *Farruck le Maure* de Victor Es-
cousse, *Marion Delorme* de Victor Hugo, *Mirabeau*
de MM. Lemoine et Montigny, et, pour finir, *Richard
Darlington* !

La version originale de *l'Incendiaire* a été remaniée
pour l'Ambigu par le fils d'Alexis de Comberousse,
assisté de l'infatigable M. William Busnach. De neuf
tableaux, on l'a réduite à six, dont un nouveau, le
premier. Ces changements, qui enlèvent au drame
une partie de sa couleur primitive et pour ainsi dire
historique, en affaiblissent dans une certaine mesure,
les côtés répulsifs. Le nouveau prologue présente au
public le bon curé de Mauclerc, un excellent prêtre,
tolérant selon l'Evangile, et quelque peu cousin de ce
curé patriote et libéral qui était, sous la Restauration,
l'idéal propagé dans le peuple par les chansons de Bé-

ranger. ⸱L'archevêque ne se montre que plus tard, toujours criminel, mais ramené, concentré dans le cadre d'une ambition farouche.

Ces précautions n'ont pas été inutiles, puisque la reprise de l'*Incendiaire* n'a donné lieu qu'à des protestations isolées après la grande scène de l'archevêque et de Louise au second tableau. Une fois cet obstacle franchi, et cette situation acceptée, il reste un drame assez émouvant, et qui se termine par une scène magistrale entre le curé, défenseur de l'innocence, et le prélat repentant.

La pièce est jouée avec beaucoup de mesure et de talent par ses trois principaux interprètes : M. Lacressonnière se montre plein d'onction et de dignité simple sous les traits de l'abbé Pierre Renaud, le prêtre charitable que les auteurs opposent, non sans effet, à la figure sinistre du prélat criminel. M. Cosset, chargé de cette personnification difficile, a de la tenue et du sérieux ; la hauteur mystique et sacerdotale lui manque ; il y supplée par l'emportement et la violence qui conviendraient également au traître de n'importe quel mélodrame. Ne nous en plaignons point ; moins bien imité, le prétendu prélat devient moins odieux. Je n'en reste pas moins convaincu, avec l'empereur Charlemagne, en son capitulaire *de Scenicis*, qu'il conviendrait d'exclure du théâtre les emblèmes religieux et les signes extérieurs du culte. Boileau blâmait nos ancêtres d'avoir joué la religion par piété ; la jouer par impiété me paraît bien autrement condamnable.

Le personnage de Louise, l'incendiaire, le plus intéressant de la pièce, est tenu par mademoiselle Hadamard, la seconde Esmeralda du théâtre des Nations et le jeune Louis XIII de la Porte-Saint-Martin. Mademoiselle Hadamard n'a pas essayé de faire revivre, dans ce rôle écrasant, les traditions de madame Dorval, qui le jouait, au dire des contemporains, avec toute l'exubérance de son talent fougueux, de sa voix inégale et tourmentée, mais déchirante. Mademoiselle Hadamard a composé son personnage avec une simplicité pleine de distinction et de force ; c'est absolument la jeune fille entraînée par cette exaltation religieuse qui confine à la folie. La diction de mademoiselle Hadamard est d'une justesse pénétrante, d'ordinaire, trouve qui, mieux sa place à la Comédie-Française qu'au boulevard ; elle s'est montrée très dramatique dans la grande scène où elle se laisse fasciner par l'archevêque, et dans la scène de l'incendie, où elle avoue son crime à son fiancé Georges. Son succès a été grand et unanime.

M. Montigny est convenable dans le rôle peu accentué du jeune imprimeur libéral, le fiancé de Louise.

M. Courtès a trouvé le moyen d'être amusant dans un bout de rôle, celui du garde-champêtre qui a vu l'incendie de Moscou.

DCCLXXXII

FOLIES-DRAMATIQUES.   16 janvier 1882.

LE PETIT PARISIEN

Opéra-comique en trois actes, paroles de MM. Paul Burani
et Maxime Boucheron, musique de M. Léon Vasseur.

Le jeune prince de Bagneux ne veut pas épouser la petite princesse de Parme qu'on lui destine, et la petite princesse de Parme ne veut pas entendre parler du prince de Bagneux ; mais ils se rencontrent sans se connaître. se plaisent et s'épousent. Tel est le quiproquo primitif et prototypique sur lequel on a bâti depuis cent ans un nombre infini d'opéras-comiques ou se disant tels.

MM. Paul Burani et Maxime Boucheron ont pensé qu'un de plus ou de moins ne tirerait pas à conséquence ; c'est tout à fait mon avis, et j'appelle la bénédiction du public sur l'union de ces deux illustres maisons princières, Naples-sur-Golfe et Bagneux-sur-Seine.

Je suis toutefois forcé d'entrer dans quelques détails, que mon lecteur est libre de considérer comme palpitants d'intérêt, pour expliquer le titre de l'opérette nouvelle. Le duc de Bagneux s'est proposé de maintenir le prince, son fils, dans la plus parfaite innocence jusqu'au jour de son mariage et l'a confié aux soins du précepteur Cottinet, parfaitement innocent lui-même, au point de rendre des goîtres à un crétin du Valais. Cet imbécile de Cottinet ne s'est pas aperçu que son élève décampait toutes les nuits. Que fait le prince pendant ses escapades nocturnes ? Il court la ville en compagnie d'une bande de vauriens dont il s'est fait le chef ; à la foire Saint-Germain, centre habituel de leurs exploits, on ne le connaît que sous le nom du Petit Parisien, et c'est ainsi qu'il s'appelle même pour la belle Flora, l'étoile de théâtre des Variétés-Amusantes.

Au moment où la petite princesse de Parme, conduite par son ambassadeur, le duc de San Bricoli, fait son entrée dans la capitale des Etats du roi de France, la bande du petit Parisien, aidée par les marchands de la foire, attaque le carrosse et s'en empare. L'ambassadeur, criblé de projectiles et surtout de nèfles, s'enfuit au hasard, tandis que la princesse est recueillie par Flora. C'est dans les coulisses des Variétés que le prince de Bagneux l'aperçoit et devient amoureux d'elle. Mais le petit Parisien est poursuivi par les chevaliers du guet ; et nous voici en pleine *Camargo*. Le petit Parisien se déguise en agent de police, puis en mère d'actrice et il enlève son inconnue. Au troisième acte, le duc de Bagneux croit reconnaître le petit Parisien dans le précepteur de son fils et la princesse de Naples dans l'actrice Flora. Le temps de débrouiller sans se presser cet écheveau naïf, et la pièce est finie. Je ne suis ni processif, ni chicanier ; je me suis fait avec l'opérette un front qui ne s'étonne jamais. Il était cependant réservé au *Petit Parisien* de me faire sentir l'aiguillon de la surprise. Comment s'expliquer que le précepteur Cottinet soit condamné à la potence par le duc de Bagneux, en sa qualité de surintendant des menus-plaisirs, autrement dit de ministre des Beaux-Arts ? Voilà de quoi rendre rêveur M. Antonin Proust.

La partition écrite par M. Léon Vasseur sur le thème fantasque que lui fournissaient MM. Paul Burani et Maxime Boucheron, amuse l'oreille sans l'occuper beaucoup ; les idées, rares et peu neuves, sont traitées avec soin et relevées par un badinage orchestral qui n'est pas à dédaigner.

On a beaucoup applaudi la chanson du petit Parisien et les couplets syllabiques « Ça ne peut pas marcher eomme ça », chantés par madame Simon Girard. Pour mon goût, le meilleur morceau de la partition est le duetto du troisième acte, « Une surprise », délicatement écrit dans la demi-teinte, le seul d'ailleurs que mesdames Simon-Girard et Burton se soient accordées à chanter juste.

Il faut bien le dire, parce qu'un avis sincère donné en temps opportun peut prévenir de cruels mécomptes, madame Simon-Girard fera bien de surveiller sa voix, où j'ai remarqué ce soir plus d'un symptôme d'altération. N'était-ce qu'un accident, et la spirituelle Serpolette souffrait-elle de quelque fatigue? C'est bien possible, et je le désire pour elle.

Madame Rose Meryss, qui possède une belle voix dont elle sait se servir, a été très mal partagée par M. Léon Vasseur, comme aussi M. Max-Simon, qui n'a rien à chanter que des couplets comiques rappelant de très près ceux que chantait dans *la Cantinière* M. Berthelier: «Je le coupe en quatre, en six.»

M. Lucco se montre très drôle dans un rôle qui ne l'est guère.

Les costumes sont très frais, très riches et très nombreux; je souhaite qu'on les use.

DCCLXXXIII

COMÉDIE-FRANÇAISE.   21 janvier 1882.

Reprise de LE DEMI-MONDE

Comédie en cinq actes en prose, par M. Alexandre Dumas fils.

La belle comédie de M. Alexandre Dumas fils, qui n'avait pas été jouée depuis deux ou trois ans, a reparu ce soir avec une interprétation à moitié nouvelle, quatre rôles sur huit ayant changé de titulaires. C'est beaucoup à la fois, et je préférerais des essais successifs à ces transmutations simultanées, dont la nécessité n'apparaît pas clairement.

C'est à mademoiselle Tholer qu'est échu le rôle de
la baronne d'Ange, vacant par la regrettable maladie
de mademoiselle Croizette. Mademoiselle Tholer possède des qualités d'intelligence et de diction, mal
servies par une voix maigre et une prononciation
défectueuse, les deux premiers actes du *Demi-Monde*
lui sont peu favorables ; elle les joue, surtout celui
de la soirée chez madame de Vernières, comme elle
jouerait un rôle quelconque de grande coquette dans
l'ancien répertoire. Mais elle se relève aux actes suivants, où elle dessine enfin, avec une science remarquable des contrastes, la vraie physionomie de la
baronne d'Ange ; elle s'est même montrée dramatique
et sincèrement émue dans la scène où la courtisane
tombe aux pieds de celui qu'elle aime, en lui avouant
la honte du passé. C'est là que mademoiselle Tholer,
a mérité et obtenu le succès dû à ses consciencieux
efforts.

Mais, ceci soit dit sans affliger personne, la preuve
du péril que les débuts et les changements simultanés
font courir à l'interprétation des pièces les plus solides même à la Comédie-Française, c'est que les deux
endroits les plus faibles pour la nouvelle baronne
d'Ange, sont l'entrevue du second acte avec le marquis
de Thonnerins, que M. Garraud abordait pour la
première fois, et la scène du cinquième acte avec
Marcelle de Sansenot, qui était jouée par une débutante, mademoiselle Durand ; et, par une conséquence
toute naturelle, ces deux scènes ont été faibles pour
tout le monde. Le ton de M. Garraud manque de
la finesse aristocratique et de la netteté coupante que
M. Thiron donnait au marquis de Thonnerins.

Quant à mademoiselle Durand, qui, aux derniers
concours du Conservatoire, avait dit fort gentiment
« le petit chat est mort », on lui a rendu, je crois, un
mauvais service en la faisant débuter dans un rôle

si peu fait pour elle. Marcelle de Sansenot, l'une des créations les plus vivantes et les plus hardies d'Alexandre Dumas fils, est le type de ces jeunes filles d'une beauté excitante, d'une audace précoce et d'un éclat troublant, qui, demeurées innocentes sans le paraître, attirent autour d'elles la galanterie et en chassent le mariage. Mademoiselle Durand possède une assez jolie voix dont elle se sert avec une certaine gaucherie qui n'est pas sans charme, mais l'aspect général comme le costume du rôle lui échappent à ce point que la Comédie-Française aurait dû s'en apercevoir et l'avertir.

Plus heureuse a été mademoiselle Kalb, qui arrive elle aussi du Conservatoire, mais en passant par le Vaudeville et dont la verve très en dehors, fort bien placée dans le rôle de l'inconsciente madame de Santis, a été très applaudie. Dès aujourd'hui, mademoiselle Kalb est de la maison.

Quant aux quatre rôles demeurés en possession de leurs anciens titulaires, j'espère qu'on les leur laissera le plus longtemps possible : à madame Edile Riquer, celui de la vicomtesse de Vernières, où elle se montre comique sans cesser d'être élégante ; à M. Laroche, très sérieux et très vraisemblable sous les traits d'Hippolyte Richond ; à M. Delaunay toujours jeune, toujours fin, toujours charmeur, à qui je ne serais tenté d'adresser qu'un reproche unique, celui de ne jamais rompre la perfection de sa diction trop exquise par quelqu'une de ces négligences qui siéraient au personnage boulevardier d'Olivier de Jalin ; enfin, à M. Febvre, le rôle de Raymond de Nanjac, qu'il joue avec un accent de vérité, avec une ardeur concentrée, qui ont produit une profonde impression sur le public et lui ont valu un rappel chaleureux.

Les actes trois et quatre du *Demi-Monde*, traduits

comme ils l'ont été ce soir par mademoiselle Tholer, MM. Delaunay et Febvre, ont révélé à ceux des spectateurs qui avaient le malheur de l'ignorer encore, la haute valeur dramatique d'un ouvrage, que je considère comme le plus original et le plus complet du répertoire de M. Alexandre Dumas fils.

DCCLXXXIV

ODÉON (SECOND THÉATRE-FRANÇAIS).   2 février 1882.

Reprise de L'HONNEUR ET L'ARGENT

Comédie en cinq actes en vers, par François Ponsard.

Née à l'Odéon le 15 mars 1853, la comédie de François Ponsard, reprise puis abandonnée par le Théâtre-Français, revient à son point de départ comme ces honnêtes provinciaux qui retournent au pays après fortune faite dans la capitale. Et de fait, ce fut toujours une provinciale, cette muse de Ponsard, à qui la bonne volonté, l'application et le labeur ne purent jamais enseigner cet art de faire des vers que Charles IX plaçait au-dessus de l'art de régner.

L'Honneur et l'Argent, que l'on considère avec raison comme le meilleur ouvrage de Ponsard, renferme dans ses cinq actes, le plus étonnant assemblage de vers prosaïques, rocailleux ou saugrenus, qu'on eût connu depuis Pradon et Campistron jusqu'à Creuzé de Lesser, Alexandre Duval, Casimir Bonjour et

M. Viennet. Tout le monde connaît cette phrase légendaire :

Quand la borne est franchie, il n'est plus de limite.

Ponsard corrigea plus tard cet axiome emprunté aux mémoires inédits de M. de la Palisse, en substituant le mot règle au mot de borne. Mais « franchir une règle » est un exercice si bizarre que le premier texte me paraît encore le meilleur.

Et que dites-vous de cette réflexion formulée par une jeune fille naïve :

Voulais-tu qu'il soutint le sentiment inverse
Pour l'unique plaisir d'entrer en controverse ?

Encore un exemple de cacographie majeure :

Et que l'on puisse, en cas de mésintelligence,
S'aider d'un souvenir qui pousse à l'indulgence.

Préférez-vous cet autre distique ?

Si c'est par la froideur déjà que l'on débute,
Jusqu'à l'antipathie on va de chute en chute.

Mais le plus beau vers, le vers unique, celui que Lemierre, s'il en eût été l'auteur, aurait appelé « le vers du ciel », c'est incontestablement :

Notre ami, possesseur d'une papeterie.

N'insistons pas. Ponsard, évidemment, avait reçu du ciel, en naissant, le don de ne pas écrire en vers.

D'ailleurs, sa comédie est beaucoup meilleure dans le fond que dans la forme. Elle repose sur une donnée saisissante. Un jeune homme riche se dépouille de la fortune maternelle pour acquitter les dettes de son père. Devenu pauvre, il ne rencontre, pour salaire de sa probité, que la raillerie, le dédain et l'outrage ; la révolution opérée dans cette âme honnête par l'injustice d'une société corrompue, forme le nœud de la comédie, et donne au quatrième acte une puissance d'intérêt et d'émotion qui, en faisant pardonner le reste, assure le succès de l'œuvre tout entière.

Le rôle de Georges, créé par Laferrière à l'Odéon et repris par M. Delaunay à la Comédie-Française, était ce soir tenu par M. Chelles. Il n'a pas été écrasé par le souvenir de ses deux prédécesseurs. Ce jeune artiste a des défauts ; sa diction est parfois entachée d'une afféterie qui se traduit alors par une mollesse poussée jusqu'au zézayement ; mais lorsqu'il se réveille, ce qui lui est arrivé au quatrième acte, il montre de la flamme et de la passion ; il a dit sa grande tirade d'invectives du quatrième acte avec une profondeur concentrée et une précision énergique, qui m'ont rappelé Laferrière. On lui a fait un succès très grand et très mérité.

M. Porel joue avec esprit, à son ordinaire, mais un peu sourdement et superficiellement, le rôle du sage Rodolphe, auquel Tisserant, le créateur du rôle, donnait une autorité tranquille et désabusée qui contraste heureusement avec les emportements de son ami Georges.

Le rôle de l'aimable Lucile, créé à l'Odéon par mademoiselle Valérie, est tenu d'une façon charmante par mademoiselle Sisos, qui le joue avec beaucoup de gaîté délicate autant qu'émue.

DCCLXXXV

AMBIGU. 10 février 1882.

LA MARCHANDE DES QUATRE-SAISONS

Pièce populaire en cinq actes et huit tableaux,
par William Busnach.

Le charbonnier, la charbonnière, la charcutière, le
gargotier, les voleurs, les faussaires, les assassins et
les gendarmes, tels sont les éléments de la salade que
M. William Busnach nous a servie ce soir et retournée d'une main peu assurée, et dans laquelle la
marchande des quatre-saisons ne tient qu'une place
bien secondaire, quelque chose comme de la fourni-
ture.

Le fond de la pièce, c'est un faux testament, fabri-
qué par un forçat calligraphe, au profit de M. Horace
de Vaudreuil et au détriment de la véritable héritière,
Marguerite Brunet, cousine de M. de Vaudreuil. Celui-ci devient amoureux de sa jeune parente qu'il
ne connaît pas et dont il veut faire sa maîtresse. Si
M. de Vaudreuil reconnaissait dans la femme qu'il
aime la cousine qu'il a spoliée, le drame pourrait être
là, mais M. William Busnach a abandonné cette
donnée en nous la faisant entrevoir sans l'avoir vue
lui-même.

Sa pièce se passe tout entière entre diverses espèces de fripouilles, qui se disputent l'argent volé,
s'entretuent et finissent par tomber entre les mains
des gendarmes. Une rivalité pour rire entre Thérèse
Durand, la marchande des quatre-saisons, et Fleur-

de-Marie, je veux dire la jeune ouvrière Marguerite Brunet, la conversion et le repentir du faussaire Marcel Verdier, déterminés par une lettre de sa mère mourante que montre à ce Robert le Diable du ruisseau une Alice de la Halle, composent un assaisonnement que le public a trouvé fade.

Sérieusement, je crois qu'il est temps de balayer de nos scènes de drame ces odieux tableaux de vermine sociale ; l'odeur du bagne et de la Morgue nous écœure. Il semble qu'on nous fasse respirer l'odeur de ces bocaux infectieux dans lesquels l'illustre M. Pasteur cultive diligemment tous les germes de la pourriture. Le résultat de la soirée ne sera pas mauvais, s'il détermine des auteurs d'un vrai talent à chercher ailleurs le succès. J'en appelle de M. William Busnach, collaborateur de l'*Assommoir* et de *Nana* à M. William Busnach homme du monde.

L'un des plus grands torts de M. William Busnach, c'est d'avoir mal usé du talent et de l'élégance de mademoiselle Léontine Massin, en la fourvoyant dans un rôle qui ne contient ni un sentiment vrai, ni une situation intéressante.

L'auteur avait peut-être compté sur la scène où la marchande des quatre-saisons, ulcérée par une déception amoureuse, est ramenée au calme et à la résignation par une vieille servante à qui l'Académie française (ma parole !) vient de décerner un prix de vertu. Malheureusement le public s'est mis à rire, en entendant cette octogénaire raconter qu'elle aussi aurait voulu s'armer d'un couteau pour punir son infidèle amant. Ce n'était la faute ni de mademoiselle Massin ni de madame Derouet, qui ont fait le possible et l'impossible pour sauver la partie, mais à partir de ce moment elle était perdue.

Madame Honorine, dans un rôle de gouvernante provençale, a recommencé son succès de la Carconte dans *Monte-Cristo* ; et mademoiselle Leriche a dessiné avec une verve très mordante et très particulière la charbonnière Catherine Caussade. Citons encore MM. Vannoy, Courtès, Montigny, Cosset, Gatinais, le débutant Herbert et mademoiselle Bernage. Tout le monde a fait son devoir, excepté M. William Busnach, qui était évidemment absent de lui-même lorsqu'il improvisa sa *Marchande des quatre-saisons*. Chacun a de ces défaillances. *Quando bonus dormitat Busnachus.*

DCCLXXXVI

CHATEAU-D'EAU. 14 février 1882.

LE CAPITAINE XAINTRAILLES

Drame en cinq actes et sept tableaux,
par M. Francis Mervil.

Le moyen-âge et sa ferraille n'ont jamais porté bonheur aux sociétaires du Château-d'Eau. Les en voilà guéris, je pense, après la fâcheuse aventure du *Capitaine Xaintrailles*. On a rarement vu quelque chose d'aussi démesurément plat, d'aussi extraordinairement indigent, d'aussi colossalement inepte, d'aussi mélancoliquement burlesque que ces souvenirs incohérents d'un homme qui a lu *Gaule et France*, *Perrinet Leclerc*, *Marie Tudor*, *les Trois Mousquetaires*, et qui les a brouillés dans sa mémoire.

Je voudrais raconter la pièce ; je ne puis ; il est vrai que les rires et les huées couvraient trop souvent la

voix des acteurs ; mais j'ai pu suivre l'action d'assez
près pour la reconnaître inintelligible. Je n'insiste
pas ; j'y renonce. Les lecteurs du *Figaro* ne perdront
rien à mon silence.

Les acteurs du Château-d'Eau, évidemment consternés par l'accueil inaccoutumé qu'ils recevaient d'un
public qui leur a prouvé tant de fois sa sympathie,
ont fait tête à l'orage avec intrépidité. J'incline même
à croire, que M. Gravier, l'infortuné Xaintrailles, a
quelque peu dépassé la mesure de ses devoirs envers
l'auteur en jetant son nom à des spectateurs qui ne
voulaient pas qu'on le leur dît. Les protestations, les
sifflets, les cris *au rideau!* témoignaient suffisamment
de la volonté du public.

Les choses ne s'en sont pas tenues là ; et peu s'en
est fallu que les scènes qui avaient marqué la première représentation de *Garibaldi* au théâtre des Nations n'aient marqué du même scandale l'apparition
de *Xaintrailles* au théâtre du Château-d'Eau. Une
bande de chenapans, embusqués dans les galeries
supérieures a, dès l'abord, essayé d'imposer silence
aux manifestations, excessives peut-être, mais légitimes du public. Des voix avinées ont crié : « A bas la
presse ! Silence à la presse ! » Mes confrères n'ont pas
besoin que je les défende ; je constate, uniquement
pour l'exactitude des faits, que les journalistes gar-
daient, au milieu des risées universelles, l'attitude
réservée, et plutôt bienveillante, qui est dans leur
goût comme dans leurs traditions. Les siffleurs,
c'était la masse du public payant parmi lesquels je
pourrais citer beaucoup de gens du monde, qui
avaient pris et qui ne conserveront pas, après de pareilles avanies, l'habitude d'assister aux premières
représentations du Château-d'Eau. Après les injures,
les projectiles ; des pommes d'abord, puis des clous,
enfin des coussins de cuir et des petits bancs. Mon

confrère et ami M. Francisque Sarcey a été brutalement frappé au milieu de l'orchestre par des coussins lancés de dix ou douze mètres de hauteur.

De pareils actes de violence appellent non seulement l'attention de la police, mais aussi la vigilance des directeurs de théâtres, à qui incombe en pareil cas'une sérieuse responsabilité. Ennuyer les gens, c'est un droit qu'ils exercent à leurs risques et périls. Pour les assommer, c'est autre chose ; les petits bancs sont de trop : *Xaintrailles* y suffisait.

DCCLXXXVII

Porte-Saint-Martin. 15 février 1882.

Reprise de LE PETIT FAUST

Opéra-bouffe fantastique en trois actes et onze tableaux,
par MM. Hector Crémieux et A. Jaime, musique de Hervé.

La féerie aura servi de transition au théâtre de la Porte-Saint-Martin pour passer du drame à l'opérette.

Ce n'est pas sans un certain regret que je constate ce changement, qui, je l'espère, n'aura que la durée d'un caprice. Si le théâtre de la Porte-Saint-Martin devait renoncer définitivement à un passé littéraire consacré par des noms glorieux, je voudrais du moins qu'il ouvrît ses larges portes à l'art musical tout entier, et qu'il devînt l'Opéra populaire, ne pouvant redevenir l'Académie royale de musique, comme il l'était avant l'année 1792.

En attendant, je constate sans difficulté que la reprise du *Petit Faust*, agrandi et augmenté de quelques morceaux qui n'ajoutent rien à l'agrément de la pièce ni à la renommée du compositeur, a été bien accueillie.

La pièce a moins souffert qu'on ne le pouvait conjecturer de l'élargissement de son cadre. Elle a presque toujours amusé et les moments de langueur ont paru rares. En y réfléchissant, dans la mesure que comporte la chose, je me l'explique assez aisément. *Le Petit Faust* est une parodie, mais, par cela seul qu'elle suit assez fidèlement les contours du modèle, elle en garde un peu l'intérêt. La popularité du grand *Faust* profite à l'opérette. Ce que le public ne comprendrait pas dans la pièce de MM. Crémieux et Jaime, il se l'explique en se souvenant du poème de Michel Carré et de Jules Barbier:

L'interprétation nouvelle, bien qu'assez faible, contribue pour sa part à faire accepter la nouvelle version du *Petit Faust*. M. Hervé et mademoiselle Blanche d'Antigny, créateurs des rôles de Faust et de Marguerite, avaient transformé l'immortelle création de Goëthe en un couple plus vraisemblable à la place Bréda et au bal Valentino que dans les régions olympiennes vers lesquelles Goëthe fait graviter son Faust régénéré et sa Marguerite pardonnée. Leurs successeurs, M. Puguet et mademoiselle Rafaële n'y cherchent pas malice; il joue Faust et elle joue Marguerite comme si c'était *la Petite Mariée*, c'est-à-dire avec une sorte de naïveté qui se rapproche des types primitifs.

Ainsi compris et rendu, *le Petit Faust* redevient une sorte de féerie, aussi acceptable et aussi patriarcale que *la Biche au Bois*.

La mise en scène en est fort brillante, et deux ballets surtout me paraissent absolument réussis.

La musique du *Petit Faust* est écrite de verve et reste une des meilleures partitions de M. Hervé. Elle fourmille d'idées mélodiques devenues populaires et dont quelques-unes ne demanderaient qu'un accompagnement plus délicat pour paraître ce qu'elles sont réellement, tout à fait charmantes. Mais le moyen de ne pas s'impatienter à ce monotone procédé du mouvement de valse, frappé au temps fort par un coup de trombone et de cymbales, tandis que les deux temps faibles sont marqués par le tambour! Ce qui n'empêche pas la valse des Marguerites de valoir les jolies trouvailles de Strauss et de Lanner.

M. Puget, l'ancien ténorino de la Renaissance, a retrouvé assez de voix pour se faire entendre aisément dans la vaste salle de la Porte-Saint-Martin. Mademoiselle Rafaële manie, avec une certaine gaucherie, qui n'est pas sans charmes, une voix malheureusement bien faible. Mademoiselle Alice Reine, sans avoir le mordant et la verve de madame Van Gheel, qui fit sa réputation dans le rôle de Méphisto, a fait justement applaudir la ronde du premier acte et l'hymne à Satan, qui termine la pièce.

M. Gobin n'efface pas le légendaire Milher dans le rôle de Valentin, mais il s'y montre fort naïvement comique, et M. Alexandre est extraordinairement bouffon sous les traits du cocher de fiacre, qui demande qu'on le prenne à l'heure pour faire le tour du monde.

Le personnage de Siebel ne figurait pas dans la première version; on l'y a introduit pour mademoiselle Gélabert, qui en a tiré assez bon parti, étant donnée la médiocrité des morceaux composés pour elle par M. Hervé.

J'allais oublier le triple chœur qui ouvre le deuxième acte et qu'on a fait bisser. C'est peut-être, à mon avis, la meilleure page de la partition, et son succès prouve que le public ne demande pas mieux que d'applaudir autre chose que de simples bouffonneries.

* * *

DCCLXXXVIII

THÉÂTRE DES NATIONS. 18 février 1882.

LA GRANDE IZA

Drame en cinq actes et sept tableaux,
par MM. William Busnach et Alexis Bouvier.

La Grande Iza est le titre d'un énorme roman que M. Alexis Bouvier publia, il y a une dizaine d'années, dans le feuilleton d'un journal à un sou. Reproduit en librairie, le roman est devenu populaire et compte aujourd'hui près de cent éditions ; mais, si cette sinistre peinture des bas-fonds parisiens est devenue familière aux masses, elle n'a guère pénétré parmi les gens du monde ni même parmi les écrivains. Je connais vingt de mes confrères qui n'avaient pas lu *la Grande Iza*, et qui, par conséquent, n'ont pas compris grand'chose au drame découpé dans ce roman de mille pages.

M. Alexis Bouvier, je l'ai déjà dit à propos de son drame *Malheur aux pauvres !* joué l'année dernière au théâtre du Château-d'Eau, est un romancier puissant, qui pousse la brutalité jusqu'au cynisme, mais qui, dans sa force parfois aveugle, rencontre cependant l'éloquence et même le mot juste et vrai, plus rare peut-

être que l'éloquence. Son [roman de *la Grande Iza*
renferme la matière d'une demi-douzaine de drames
entre lesquels il aurait fallu choisir. M. William Busnach les a tous pris et s'est condamné par là à ne
nous en servir que des fragments.

L'épisode principal du drame, ce sont les amours
d'un ouvrier monteur en bronze, nommé Maurice
Ferrand, avec la fille de son patron, mademoiselle
Cécile Tussaud. M. Tussaud, le père, ne veut pas de
ce mariage ; il accorde la main de Cécile au plus suspect des aventuriers, le nommé Houdard, dit la Rosse,
(Explication à l'usage des gens bien élevés : la Rosse,
dans le langage des faubourgs, est une sorte d'éloge
mêlé d'envie qu'on décerne aux héros du vice et de
la débauche.) Cécile, résolue d'abord à résister aux
volontés de son père, y cède tout à coup par dévouement ; elle a surpris un douloureux secret : André
Houdard possède des lettres compromettantes pour
madame Tussaud ; Cécile se résigne afin de sauver
sa mère, menacée d'une divulgation déshonorante.
Les terribles lettres sont détruites ; alors, Cécile, résolue à mourir, va trouver Maurice Ferrand, et
les deux amants s'empoisonnent ensemble. Cécile,
croyant Maurice mort et craignant de lui survivre,
se jette dans la Seine, d'où elle est repêchée par un
canotier.

A l'heure même où s'accomplissait ce drame intime
dans la rue Lacuée, une voie déserte qui s'ouvre
entre le pont d'Austerlitz et la gare de Lyon, un assassinat a eu lieu de l'autre côté de la rue. Une femme,
nommée Léa, est trouvée empoisonnée dans sa maison. Qui a commis le crime ? André Houdard, à l'ins-
tigation d'une courtisane interlope, qui se fait appeler
la comtesse Iza de Seglin, plus connue sous le nom
de la grande Iza.

Il s'agissait d'arracher à la nommée Léa une cor-

respondance volée, et qui contenait les secrets politiques du prince de Bismarck ou du roi Orélie-An-
toine Ier, d'Araucanie, on ne sait pas au juste.

La justice, égarée par Iza, qui domine le juge
chargé d'instruire l'affaire, fait nécessairement fausse
route. Elle confond l'empoisonnement de Maurice
Ferrand avec l'empoisonnement de Léa ; mais enfin,
tout se débrouille, grâce à un honnête agent de police
nommé Huret. André Houdard, arrêté, trouve encore
le temps de poignarder la grande Iza, et Cécile Tussaud sera veuve.

De l'obscurité, des enfantillages, d'énormes invraisemblances, telles que la scène où le juge d'instruction interroge l'accusé et les témoins en présence de
sa maîtresse, ont compromis les destinées de *la
Grande Iza*, comme aussi le rôle odieux et ridicule
d'un certain Dutilleul, qui, dans la pensée des auteurs, était une caricature cléricale. On l'a sifflée avec
justice.

Cependant, l'intérêt finit par se faire jour avec
deux ou trois situations très fortes, et le rôle épisodique du canotier Chadi répand çà et là sur la trame
sombre du drame quelques lueurs de franche gaîté.
La pièce est ainsi arrivée jusqu'à la chute du rideau,
à travers des intermittences, qui lui laissent chance
de vie, si l'on y pratique des éclaircies et si l'on y
ajoute quelques éclaircissements.

Si le drame de MM. William Busnach et Alexis
Bouvier ne s'est pas fait écouter jusqu'au bout sans
résistance, l'interprétation a été plus heureuse. Les
grandes scènes que je signalais tout à l'heure ont été
jouées avec beaucoup de talent et d'énergie dramatique par M. Delessart, très remarquable sous les
traits d'André Houdard, le ruffian assassin, et par
mademoiselle Hadamard dont la tâche n'était pas légère. C'est en effet une demoiselle assez osée, cette

Cécile Tussaud, qui, le soir de ses noces avec André Houdard, lui déclare nettement et crûment qu'elle n'est plus fille et qu'elle va être mère. Mademoiselle Hadamard a jeté sur toutes ces grossièretés le charme d'une passion sincère, entraînante, d'un accent pénétrant et juste, et son émotion profonde a gagné toute la salle. On a rappelé à plusieurs reprises M. Delessart et mademoiselle Hadamard.

C'est mademoiselle Patry qui représente la grande Iza, avec une autorité et une sûreté d'autant plus méritoires qu'elle n'avait eu que quatre ou cinq jours pour apprendre le rôle, après la retraite de mademoiselle Melcy, tombée malade au cours des répétitions.

M. Renot est très bien placé dans le rôle de l'agent Huret, et madame Daudoird dans celui de la coupable madame Tussaud.

On a beaucoup applaudi M. Petit, très amusant dans le rôle de Chadi.

Question indiscrète. On demande pourquoi les auteurs habillent la grande Iza en bohémienne, sous prétexte qu'elle est Moldave.

DCCLXXXIX

Comédie-Parisienne.   23 février 1882.
(Théâtre des Menus-Plaisirs.)

UNE PERLE

Comédie en trois actes, par MM. Crisafulli
et Henri Bocage.

La Comédie-Parisienne, ayant l'heureuse fortune

de posséder madame Céline Chaumont, ne devait
avoir qu'une pensée : recommencer au boulevard de
Strasbourg l'immense succès obtenu par *Divorçons*
au Palais-Royal. MM. Crisafulli et Henri Bocage ne
demandaient pas mieux; ils y ont travaillé en conscience, et je ne crois pas qu'ils aient tout à fait perdu
leurs peines.

Madame Céline Chaumont, sous le nom d'Eveline
Martinet, vient d'épouser M. Saint-Germain sous le
nom d'Aristide Bonardel. Elevée par un père veuf,
ancien négociant dont la sollicitude était plus tendre
qu'éclairée, Eveline Martinet s'est rempli la tête de
visions romanesques que M. Martinet ne soupçonnait
pas lorsqu'il donnait sa fille à Aristide, en lui répétant : « Ah! monsieur, c'est une perle ! »

Eveline n'est pas plutôt arrivée au domicile conjugal, elle n'a pas encore détaché son bouquet de
fleurs d'oranger, qu'elle explique ses théories à Aristide stupéfait. « Chacun sa chambre, et je serai votre
« femme lorsque vous m'aurez méritée, en vous fai-
« sant aimer de moi. » Aristide a beau s'étonner,
s'affliger, s'indigner, en appeler au sacrement et au
code civil, Eveline est une charmante entêtée que rien
ne peut persuader. La colère l'emporte alors chez
Aristide, qui s'écrie : « C'est comme ça? bonsoir!
je m'en vais. » — « Et quand Monsieur rentrera-t-il? »
lui demande son domestique. — « Je ne sais pas! »
Le père Martinet survient ; il apprend les exigences
de sa fille et la fuite d'Aristide. « Malheureuse ! »
s'écrie-t-il ; « je sais où il va ; il avait une maîtresse,
« il y retourne. — Ah ! papa ! » s'écrie Eveline désolée
parce qu'elle comprend subitement l'absurdité de sa
conduite « Courons après lui ! — Quand Madame
« rentrera-t-elle ? » demande la femme de chambre.
« — Je ne sais pas ! » Ainsi se passe la première
journée de noces de M. et madame Bonardel.

Au second acte, M. Martinet a fait disparaître, pour une journée, moyennant un billet de mille francs, la modiste Gertrude, l'ancienne maîtresse d'Aristide ; Eveline prend sa place, et attend d'abord son mari de pied ferme ; mais lorsqu'elle le voit arriver, elle emprunte les vêtements d'un petit trottin nommé Zoé, dont elle imite les allures et le langage. Aristide s'y laisse prendre, et, dans son désir de vengeance, il invite la prétendue Zoé à dîner dans son ancien appartement de garçon. Ce second acte, amusant par quelques détails, n'a cependant d'autre mérite que d'amener le troisième, qui est de beaucoup le meilleur des trois.

Aristide est sérieusement épris de sa femme, et la visite de la modiste Zoé, toute réflexion faite, lui est plus importune qu'agréable. Il commence par la laisser dîner toute seule, mais peu à peu le dépit et la colère le ramènent au besoin de la consolation par l'infidélité. Heureusement pour les deux époux, la fausse Zoé se trahit un instant ; Aristide reconnaît Eveline et il conduit dès lors cette intrigue, redevenue permise, en homme sûr de la conduire à bien. Moitié fâchée, moitié contente, moitié rebelle, moitié soumise, Zoé redevient Eveline, et Eveline consent à devenir la femme de son mari.

On devine le parti que peut tirer madame Céline Chaumont de ces situations risquées, mais rendues acceptables par l'amour sincère du mari et par la bonne intention de la femme. Elle a dessiné d'une manière très fine la silhouette de la petite modiste Zoé, qui semble échappée au fin crayon de Grévin, et son succès a été complet dans la scène du souper, où elle se débat si gaiement et si chastement contre les entreprises de son mari.

M. Saint-Germain se montre dans le rôle d'Aristide, le comédien consommé qui suffirait à lui seul au succès d'une pièce.

C'est M. Dailly qui joue M. Martinet. Je n'aime pas beaucoup l'intervention du père dans ces scènes de ménage dont les gaudrioles prétendues légitimes ont quelque chose d'inquiétant ; surtout lorsqu'on prête à cet étrange beau-père la prétention de succéder à son gendre dans les bonnes grâces de la modiste Gertrude. Mais M. Dailly était là. Avec sa grosse figure, sa large bouche et son gros rire. M. Dailly est un comédien plein de tact et de finesse. C'est lui qui sauve le difficile personnage de M. Martinet, dont il ne laisse saillir que la bonhomie.

Au début de la pièce, M. Dailly ne parlait pas ; je le croyais enroué ; je me trompais c'était une attention délicate pour son camarade Saint-Germain. Une fois M. Saint-Germain échauffé et en pleine verve, M. Dailly a retrouvé sa voix.

Je crois que la Comédie-Parisienne tient un nouveau succès...

<hr />

DCCXC

Comédie-Française.   27 février 1882.

BARBERINE

Comédie en trois actes, par Alfred de Musset.

Il plut un jour à l'auteur de *Rolla*, de *Namouna*, d'*André del Sarto* et des *Caprices de Marianne* de se faire pardonner ses blasphèmes byroniens contre « *il sesso femine* » en élevant un petit monument littéraire en son honneur. C'est à peu près comme si le

chantre de *Don Juan* eût entrepris d'ajouter une page
au *Mérite des Femmes*.

Alfred de Musset ne se mit pas en frais d'imagination ; mais ce ne fut pas, comme le croit mon savant confrère du *Français*, à Bauderon de Senecey
qu'il emprunta son sujet. Il le prit tout façonné ou
peu s'en faut dans un drame de Massinger, *le Portrait* (*the Picture*), *véritable histoire hongroise*, imprimé le 8 juin 1629. On sait que Musset connaissait
intimement Shakespeare ; il paraît que ses études s'é-
taient étendues jusqu'aux continuateurs les plus im-
médiats de l'œuvre shakespearienne. Du reste, Massinger lui-même avait puisé l'idée de son drame dans
le deuxième volume du *Palace of pleasure*, publié en
1657, d'après un poème anglais du xive siècle, intitulé *Home childe and Maidem Rimnil*, auquel on attribue une origine arabe.

La Quenouille de Barberine parut en 1835 dans *la
Revue des Deux-Mondes* et dans le volume des *Comédies et Proverbes* chez Charpentier en 1840. Elle ne
comportait alors que deux actes avec changements
à vue.

Il paraît — je n'ai pu vérifier le fait — que des
plagiaires « démarquèrent », comme on dit aujour-
d'hui, la comédie d'Alfred de Musset et la firent représenter, sous un faux titre, aux Variétés, avec La-
font et Adèle Page dans les principaux rôles. Alfred
de Musset ne réclama pas, mais il songea à tirer parti
lui-même de son œuvre ; il la remania, lui donna la
forme régulière d'une comédie en trois actes et la
soumit au comité de lecture du Théâtre-Français ;
ceci se passait le 16 août 1851.

L'aréopage, composé en majeure partie d'hommes
de lettres ne se montra pas d'abord très attentif ; les
hommes avaient l'air ennuyé ; mademoiselle Augustine
Brohan bavardait et riait à belles dents. Le premier

11.

acte lu, Musset se leva et tint ce petit discours :
« Mesdames et messieurs, il semble que cela ne vous
« intéresse guère ; comme cela ne m'amuse pas plus
« que vous, si le voulez bien, nous en resterons là. »
Le comité protesta, s'excusa de bonne grâce, et dé-
cida le poète à continuer sa lecture. Après quoi l'on
alla aux voix, et l'on fit savoir à Musset que *Barberine*
était reçue, à correction. Musset roula tranquillement
son manuscrit, l'emporta et n'en reparla plus jamais.

A vingt-cinq ans de date, le 2 mai 1876, le comité
de la Comédie-Française, sur la proposition de M.
Emile Perrin, compléta ou plutôt rapporta la décision
de 1851, et reçut définitivement *Barberine*, comme un
hommage à la mémoire du poète défunt.

Il m'a été permis de copier sur les registres de la
Comédie-Française le texte de ces deux décisions mé-
morables en sens contraire.

Dieu me garde de prendre parti pour le comité de
1851 qui traita l'un des plus grands poètes français
comme un simple écolier. Des lettrés tels que Charles Magnin, Naudet, Emile Deschamps et Lefebvre
Deumier auraient dû comprendre que Musset était
assez grand pour porter seul la responsabilité de ses
ouvrages, et qu'ils n'avaient pas le droit de s'interpo-
ser entre lui et le public. Cela dit, je n'ose pas affirmer que le comité de 1851 fût sans excuse de s'être
laissé trop vivement impressionner, dès la première
audition, par les défauts essentiels de *Barberine*, qui
sont le vide de l'action et le manque d'intérêt.

On sait quelle est la donnée très simple de *Barberine*. Un jeune fat, nommé Astolphe de Rosemberg,
offre de parier qu'il séduira la comtesse Barberine,
femme d'un comte hongrois appelé Ulric. C'est le
comte Ulric lui-même qui tient le pari. Il ouvre même
à Rosemberg l'accès du vieux château où Barberine
attend le retour de l'époux qu'elle adore. Mais la chaste

châtelaine, aussi avisée qu'elle est sage et jolie, n'est pas femme à se laisser surprendre. Dès qu'elle a pénétré le dessein de Rosemberg elle l'oblige à s'expliquer clairement, et, après avoir essayé sans succès de l'y faire renoncer, elle le condamne à une expiation humiliante. Elle l'enferme dans la tour, puis lui déclare, à travers un guichet percé dans la muraille, qu'il restera en prison pendant un an et qu'il ne mangera qu'autant qu'il aura gagné sa vie en filant comme les vieilles femmes. « Ma quenouille et mon fuseau » disait la vertueuse Barberine, « ce sont ma lance et « mon épée. » Femme, elle se venge avec ses armes de femme.

La reine de Hongrie, prévenue, arrive avec toute sa cour, pour mettre le comble à la confusion de Rosemberg et pour rendre un éclatant hommage à la vertu de Barberine : « Seigneurs chevaliers », dit la reine, « en manière de moralité, Dieu garde vos « femmes de malencontre. Il n'y a rien de si sérieux « que l'honneur. Comte Ulric, jusqu'à demain nous « voulons rester votre hôtesse et nous entendons qu'on « publie que nous avons fait le voyage exprès, sui- « vie de toute notre cour, afin qu'on sache que le toit « sous lequel habite une honnête femme est aussi « saint que l'église, et que les rois quittent leurs pa- « lais pour les maisons qui sont à Dieu. »

Nous voilà bien loin des *Contes d'Espagne et d'Italie* et de la *Confession d'un Enfant du siècle*. La reine de Hongrie, dans le drame de Massinger, est jalouse de Barberine et s'efforce de la perdre en réputation ; mais Alfred de Musset ne voulait pas, ce jour-là, de restriction à son éloge des femmes, et, en traçant le noble caractère de la Reine de Hongrie, il a fait disparaître le seul élément de passion que comportât la donnée du vieux conte.

Si simple, je ne veux pas dire puérile, qu'apparaisse la donnée de *Barberine*, elle se heurte à quelques objections suggérées par le simple bon sens. Quel est le mari qui permettrait à un fat d'essayer la conquête de sa femme, et qui tiendrait un pari si déshonorant pour l'un et pour l'autre ! Le vrai comte Ulric casserait les reins du véritable Rosemberg, s'il ne pouvait le tuer d'un coup d'épée. D'autre part, la vengeance de Barberine prouve beaucoup plus efficacement son humeur enjouée qne l'infaillibilité de sa vertu. A quel titre, par quels moyens Rosemberg la séduirait-il ? Ce jeune seigneur est une espèce d'idiot qui s'est laissé monter la tête par les conseils d'un capitaine aventurier et escroc, mais il est absolument incapable de les mettre en pratique. Quel danger Barberine a-t-elle donc couru, et comment lui faire gloire d'avoir résisté à ce risible godelureau, qui ne lui a même pas donné la tentation de combattre ?

Cependant *Barberine* s'est laissé écouter ce soir avec déférence d'abord, puis avec un véritable plaisir, grâce au charme d'un style délicieux qui transforme en œuvre d'art ce conte de la Bibliothèque bleue.

La prose française n'a peut-être jamais connu rien de si pur et de si savamment exquis, de si délicatement savoureux depuis La Fontaine et depuis Fénelon. C'est une musique qu'il faut écouter comme on déguste une symphonie d'Haydn et de Mozart aux concerts du Conservatoire, avec un recueillement intime et un parfait renoncement aux gros effets, qui semblent constituer le plus clair du génie moderne. La Comédie-Française n'est-elle pas le Conservatoire de la littérature ?

L'interprétation de *Barberine* me ramène à la critique de l'œuvre. Toutefois, je commence par placer hors de pair mademoiselle Barretta et mademoiselle

Lloyd ; mademoiselle Barretta incarne le personnage
de Barberine avec le plus rare talent ; spirituelle et
fière, gracieuse et touchante, mademoiselle Barretta
réalise l'idéal rêvé par le poète ; c'est le plus sincère
et le plus flatteur éloge que je lui puisse adresser.
Mademoiselle Lloyd, en acceptant courageusement
les cheveux gris de Catherine d'Aragon, reine de Hongrie, donne à cette noble figure l'ampleur et la majesté vraiment royales qui lui permettent de dominer
de haut les personnages de ce fabliau semi-héroï-
que.

Enfin, M. Laroche donne de la tenue et du sérieux
au personnage assez hétéroclite du comte Ulric.

Mais il faut arriver au grand rôle d'homme, à cet
inexplicable Rosemberg, tant bourré d'énigmes con-
tradictoires que M. Truffier n'est pas parvenu à résoudre. Ce matin même, je recevais de ce jeune comédien fort lettré, un billet où je relève la phrase que
voici : « Rosemberg est un rôle tracé par un poète
« et non par un auteur dramatique. » Rien de plus
vrai. Alfred de Musset, écrivit le rôle de Rosemberg
comme certains compositeurs écrivent des parties de
chant sans se demander s'il existe des voix humaines
pour les exécuter. Rosemberg est un sot, mais un sot
hardi ; ridicule, mais beau garçon ; assez courageux
pour braver l'épée du comte Ulric, assez pleutre pour
se désoler de ne pas souper et de demeurer seul sans
lumière. C'est à la fois don Juan et Leporello, Sextus
Tarquin et Thomas Diafoirus. M. Delaunay ou M.
Coquelin auraient pu tenter un pareil tour de force
en accentuant, selon leur nature, ou la face amoureuse du rôle, ou le côté franchement comique. M.
Truffier n'a pas pu ou n'a pas su choisir.

C'est M. Leloir qui joue le chevalier Uladislas, l'i-
nitiateur et le corrupteur du nigaud Rosemberg ; je
ne sais pourquoi ce grand garçon, à peine majeur

taillé tout exprès pour jouer les jeunes comiques, persiste à se déguiser en vieillard.

Une des curiosités de la pièce, c'est la suivante
turque de la comtesse Barberine, appelée Kalékairi,
et l'une des curiosités de l'interprétation, c'était le début dans ce rôle d'une jeune Russe, mademoiselle Feyghine. L'apparition d'une étrangère sur la première
scène française est un phénomène des plus rares ;
j'allais écrire « sans précédents », si le nom d'une mademoiselle Araldi, de pure race italienne, ne traversait
tout à coup ma mémoire. Je ne sais plus d'ailleurs, si
mademoiselle Araldi appartint au premier ou au second Théâtre-Français. Mademoiselle Feyghine est
aussi jolie qu'on le puisse être dans le type pur de la
race tartare ; elle paraît intelligente et elle joue à peu
près juste. L'étrangeté du personnage et du costume de
Kalékairi formait la sauvegarde de la débutante contre les premiers étonnements du public. Mais il s'é-
coulera probablement longtemps avant que la Comédie-Française puisse utiliser les services de mademoiselle Feyghine, c'est-à-dire avant que cette jolie bouche se soit débarrassée du rude et terrible accent
auvergnat qu'elle a rapporté du Caucase.

M. Coquelin cadet dessine d'un trait pittoresque et
habile le personnage épisodique de Polaceo, le marchand de miroirs magiques.

Barberine est admirablement mise en scène ; les
décors et les costumes se faisant valoir l'un l'autre,
semblent détachés de quelque verrière allemande du
quinzième ou du seizième siècle. Lorsqu'au dernier
tableau, la cloche du vieux château sonne le couvre-
feu, on se sent enfermé avec Astolphe de Rosemberg
dans une vieille tour féodale. L'illusion ne dure qu'un
instant, mais elle est saisissante.

La chanson de Barberine, chantée dans la coulisse
par une élève du Conservatoire, mademoiselle Lu-

reau, a été écrite par M. Léo Delibes, dans un style archaïque, qui en rehausse le sentiment mélancolique et tendre.

DCCXCI

Bouffes-Parisiens. 2 mars 1882.

COQUELICOT

Opéra-comique en trois actes, de M. Armand Silvestre,
d'après le vaudeville de MM. Cogniard frères,
musique de M. Louis Varney.

Coquelicot est un vaudeville en trois actes, que MM. Cogniard frères firent jouer en 1836, aux anciennes Folies-Dramatiques, si je ne me trompe.

On aimait en ce temps-là les pièces militaires ; entre la gloire passée de l'Empire et celle qu'on rêvait pour la France de Juillet, le populaire se délectait aux souvenirs de nos armes. *Coquelicot* lui présentait un épisode de la guerre d'Espagne de 1808 et se terminait, m'assure-t-on, par l'entrée des Français à Madrid, comme *la Fille du Tambour-Major* se termine par l'entrée des Français à Milan.

Le désir d'éviter un tel rapprochement, comme aussi peut-être la nécessité de ménager certaines convenances plus ou moins respectables, ont déterminé M. Armand Silvestre, qui s'était chargé de convertir le vaudeville en opéra-comique, à reculer l'époque de l'action. Les soldats français qu'on nous montre ne sont plus ceux de Napoléon, mais ceux de

Louis XIV, guerroyant en Roussillon par les ordres du cardinal Mazarin. La pièce y gagne des costumes plus riches et plus pittoresques, elle y perd le seul intérêt appréciable qu'on pût lui supposer.

L'intrigue nouée par les frères Cogniard repose sur ce fait que dona Juana, fille du duc de Villenas, s'est laissé séduire par un officier français, dont elle a un enfant. Juana, séparée de son amant, envoie à un ami de celui-ci, le capitaine Blanchard, un message qui lui donne rendez-vous au château de Villenas. Par une substitution, inutile à motiver ici, c'est un cabaretier, français d'origine, nommé ou surnommé Coquelicot, qui se rend au rendez-vous. Juana confie son enfant à Coquelicot, lequel, caché dans la boîte d'une grande horloge, surprend le secret d'une conspiration ourdie par le duc de Villenas pour massacrer les Français. Coquelicot devait épouser la jeune Thérésita, qui, lui préférant un barbier appelé Perez, fait semblant de croire que le petit Villenas est le fils de Coquelicot. Les Français sont définitivement les maîtres de l'Espagne ; c'est ce que du moins nous apprennent, en criant victoire, une douzaine d'arquebusiers qui venaient de sortir de scène pour faire une patrouille et qui, en moins de cinq minutes, ont livré et gagné une bataille décisive, sous les ordres du capitaine Blanchard. Le duc de Villenas se range du côté du plus fort, et reconnaît son petit-fils ; le coiffeur Perez épouse Thérésita.

Le grand défaut de ce livret, demi séculaire, et que l'habile versification de M. Armand Silvestre n'a pas suffi à rajeunir, c'est le manque d'intérêt et de nouveauté. De pareilles pièces sont vieilles le jour même de leur naissance ; lorsqu'on les reprend elles paraissent décrépites.

La seule ressource du compositeur était d'exploiter la couleur locale du sujet, en écrivant des couplets militaires, des boléros, des fandangos et des sérénades. M. Varney s'en est donné à cœur joie. La retraite qui termine le premier acte, ingénieusement agencée pour les instruments et les voix, renouvelle cette donnée si souvent traitée au théâtre. La sérénade de Thérésita au troisième acte. « Sonnez, guitares et tambours » a de l'élan et du charme ; je dois citer encore la jolie romance du ténor, au deuxième acte, « A la beauté que j'adorais ». Le morceau le plus original et le plus applaudi, c'est le duetto franco-espagnol chanté en français par Coquelicot, en espagnol par la soubrette Gaëtana.

M. Louis Varney a trop de mérite et d'ardeur au travail pour qu'on ne lui signale pas l'écueil de sa manière actuelle, qui est le tortillage, résultant de la rapidité et de la multiplicité des modulations. C'est, je le sais bien, le vice, ou, si l'on veut, le caractère de la musique contemporaine ; que l'art lyrique s'en défende ou s'en loue, c'est son affaire. Mais l'opéra-comique ou l'opérette ne saurait s'en accommoder. Ce qu'il faut ici, c'est avant tout la franchise et la carrure, en dehors desquelles il n'y a pas, d'ailleurs, d'exécution passable ni possible.

Ainsi, madame Degrandi, qui débutait ce soir, possède une jolie voix qui monte aisément et brillamment aux régions du soprano aigu ; elle vocalise avec une certaine finesse, et son éducation musicale lui permet d'aborder plusieurs rôles du répertoire italien. Eh bien ! ce soir, elle a trébuché, plus d'une fois, sur les pièges que lui tendait la musique de *Coquelicot*, et je m'assure que l'incertitude qui semblait affecter la pose de sa voix traduisait simplement une appréhension, née des difficultés répétées d'intonations accumulées dans le court trajet d'une phrase d'opérette.

M. Charles Lamy chargé du rôle de Perez, est un tenorino qui phrase avec goût et qui fait applaudir une jolie voix bien conduite.

M. Hittemans ne demanderait pas mieux que d'être amusant dans le rôle de Coquelicot ; il a saisi avec une joie visible l'occasion à peu près unique que lui offrait Gaëtana. Cette Gaëtana, c'est mademoiselle Rivero, une véritable Espagnole, qui chante dans le castillan le plus pur avec la verve d'une Andalouse servie par une voix très chaude de mezzo soprano. Mademoiselle Rivero a été très applaudie et fêtée comme elle le méritait.

M. Riga, dont l'enrouement avait retardé la première représentation de *Coquelicot*, est sans doute guéri, puisqu'on joue la pièce, mais je ne m'en suis pas aperçu.

Coquelicot est monté avec beaucoup de goût et de luxe ; trois décors, surtout celui de la posada du troisième acte, et de frais costumes, très variés, occupent assez agréablement les yeux, pour reposer, en temps opportun, l'esprit et les oreilles.

DCCXCII

Odéon (Second Théatre-Français).   3 mars 1882.

MON FILS

Comédie en trois actes, en vers, par M. Emile Guiard.

La mère Gérard, une fermière des environs de Rennes, a deux fils ; l'aîné, Pierre Gérard, est de-

meuré cultivateur comme son père ; le plus jeune,
Jacques Gérard, a fait ses études de médecine, et a
été reçu docteur. Ainsi l'a voulu l'ambition de sa
mère ; nul sacrifice n'a coûté à la mère Gérard et à
son fils aîné pour que Jacques pût arriver à la célé-
brité. Ils y ont assez mal réussi, puisque Jacques
n'est encore que médecin de campagne, reboutant les
membres des vachers, à raison de vingt sous par
visite. Aussi la mère Gérard a-t-elle résolu de lui faire
franchir un nouvel échelon : elle va marier Jacques à
la jeune Camille, fille orpheline d'un riche cultivateur.
Avec les cent mille francs qui composent la dot de
sa femme, Jacques pourra s'établir médecin à Rennes. La nouvelle de ces accordailles est un coup de
foudre pour Pierre, qui aime Camille en secret. Et cependant le pauvre Pierre n'est pas au bout de ses peines. Un M. Barsac, espèce de malade imaginaire, per-
suadé que le docteur Gérard lui a sauvé la vie, imagine
de l'emmener à Paris, en assurant ses moyens
d'existence. Poussé par la mère Gérard, Jacques
accepte l'offre qui lui est faite ; et la mère Gérard suit
son fils à Paris, abandonnant Pierre à la plus profonde
solitude. Ainsi, le cadet prend tout à l'aîné, celle qu'il
aime et sa mère. Ceci est le premier acte.

Six mois se sont écoulés. Le docteur Gérard s'est
fait une clientèle ; l'avenir s'annonce brillant pour lui,
et la mère Gérard commence à se dire que Camille
est un bien pauvre parti pour un homme si bien lancé.
Camille arrive à Paris, conduite par Pierre. C'est
juste le moment de se débarrasser d'elle, car la mère
Gérard, mettant en jeu les manies du bonhomme
Barsac, a su arranger le mariage de Jacques avec la
petite Barsac, qui est millionnaire. L'honnête Pierre
a beau se montrer indigné de ce marchandage, la
mère Gérard exécute sans pitié l'innocente Camille.
Le docteur Jacques, malgré sa parfaite indifférence

pour les femmes qu'il doit épouser, trouve lui-même que sa mère va un peu vite en besogne ; il croit l'arrêter en lui révélant qu'il y a une condition secrète à son mariage avec mademoiselle Barsac, et cette condition, c'est que la mère Gérard s'ensevelira dans son village et ne paraîtra même pas aux noces de son fils. La mère Gérard, un instant anéantie, ne tarde pas à reprendre son idée fixe : elle se résigne au départ et elle emmène Camille.

Six autres mois, un an peut-être, l'auteur ne nous le dit pas, séparent le deuxième acte du troisième. Le docteur Jacques a mal tourné ; ne trouvant qu'un enfer dans son ménage avec mademoiselle Barsac, il s'est livré à la dissipation, à la débauche, il a perdu cent mille francs au jeu, il revient au pays pour vendre le peu de bien qu'il possède et se tuer après, parce que sa liquidation ne fournira pas de quoi payer l'intégralité de ses dettes. Pierre lui démontre qu'il vaut mieux vivre et travailler pour s'acquitter. Quant à lui, il se dépouillera pour venir au secours de son frère et garder intact l'honneur du nom paternel. Heureusement, Camille est là ; elle a deviné l'amour sincère de Pierre, et, selon le cérémonial du théâtre moderne, c'est elle qui dit à Pierre : « Sois mon mari, je t'aime. » Ces sacrifices multipliés ne touchent pas sensiblement la mère Gérard, qui embrasse Pierre en lui disant : « Sois heureux, mon garçon » et, se courbant devant son bien-aimé Jacques, lui murmure ces mots : « Pardonnez-moi, mon fils. »

Telle est cette pièce sans action, composée de trois épisodes successifs, qui ne se correspondent et ne se suivent que par la volonté arbitraire de l'auteur. Il se pourrait, dans la vie réelle, que les choses tournassent tout autrement et donnassent raison à l'égoïste entêtement de la vieille paysanne. Il suffirait pour cela que mademoiselle Barsac, qu'on ne nous montre

pas, fût une femme aimable et rendît son mari heureux. On a vu des mariages de convenances réussir
et des mariages d'amour échouer : il n'existe pas de
règle générale pour ces cas sociaux. La mésaventure
du docteur Jacques n'est donc qu'une anecdote et ne
prouve absolument rien du tout.

Le personnage de la mère Gérard rappelle de près,
et sans doute à l'insu de l'auteur, la *Nanni* de
MM. Edmond About et de Najac, jouée il y a peu
d'années au Théâtre-Français ; il contient une certaine portion de vérité, qui me paraîtrait peut-être
plus étendue si M. Emile Guiard avait mieux éclairé
le personnage de la mère Gérard. D'où lui est venue
cette ambition assez mal entendue pour l'un de ses
fils, à elle, veuve d'un paysan qui ne savait pas lire ?
Pourquoi en faveur du cadet plutôt que de l'aîné ?
Pourquoi pas pour tous les deux ? Autant de points
que l'auteur laisse dans l'ombre.

M. Emile Guiard écrit en vers sans poésie, d'un
style ferme sans éclat et correct sans éloquence.

> Ils trouvent, ces bourgeois, pour t'ouvrir leurs salons,
> Que les champs t'ont laissé trop de terre aux talons.

Telle est la seule image un peu fortement frappée
qu'on trouve dans ces trois actes. Je ne m'attarderai
pas à signaler des vers comme celui-ci :

> Quel malheur que le ciel n'ait pas fait d'elle un homme

assez singulier dans la bouche d'un fils qui parle de
sa mère.

Mais je dois signaler à l'attention de M. Emile
Guiard cette ligne rimée, qui ne saurait être prise
d'aucune manière pour un vers français :

> Et, souliers lacés, robe à façon, coiffe blanche.

qui donnerait « Et souliers lacéro Bafaçon coiffe blanche » si l'on essayait de la lire selon les règles vulgaires de la césure française.

J'ai d'autant moins de scrupule à formuler ces critiques sur la pièce nouvelle, que j'en dois constater le succès très complet et très soutenu. Le public, très bienveillant, a fait un accueil exceptionnellement chaleureux au premier essai un peu important d'un jeune écrivain qui appartient à la littérature contemporaine par un double lien de famille. La pièce de M. Emile Guiard méritait d'ailleurs d'être écoutée avec faveur, d'abord parce qu'elle est à proprement dire un début, ensuite parce qu'elle est remplie de sentiments élevés et délicats qu'on ne peut refuser d'applaudir au passage.

Mon Fils est très bien joué par madame Tessandier, qui n'a pas craint de se faire le masque hâlé et ridé d'une vieille paysanne bretonne ; par M. Chelles, qui donne une sensibilité mâle et vraie au frère aîné, si cruellement martyrisé par sa mère et par son cadet ; par M. Porel, qui sauve la figure ingrate du docteur Jacques Gérard ; enfin par mademoiselle Malvau, dont le jeu sincère intéresse à cette pauvre Camille, qui se laisse si virginalement ballotter de Pierre à Jacques, pour revenir, de Jacques à Pierre, comme si de rien n'était. M. François a fait rire dans le personnage épisodique de M. Barsac.

DCCXCIII

CHATEAU-D'EAU. 4 mars 1882.

PIERRE VAUX L'INSTITUTEUR

Drame en cinq actes et sept tableaux,
par M. Léon Jonathan.

Le héros de M. Léon Jonathan est un instituteur qui, accusé faussement du crime d'incendie, est condamné aux galères, et qui meurt de douleur et d'épuisement à Cayenne, au moment où il venait de recevoir sa grâce. On m'affirme que ce n'est malheureusement pas un conte en l'air, et qu'un instituteur nommé Pierre Vaux fut réellement victime d'une erreur judiciaire. Je rapporte ce bruit que je viens de recueillir, sans pouvoir le vérifier, mes souvenirs personnels étant muets là-dessus.

Pour expliquer la méprise des juges et du jury, M. Léon Jonathan a inventé une fable compliquée mais invraisemblable. Au moment où le feu prit dans l'auberge du *Soleil d'Or*, à Longepierre, il s'y trouvait une dame venue de Paris pour y passer une heure avec son amant, un lieutenant de marine nommé Georges Raynal. Elle va périr dans les flammes lorsque apparaît l'instituteur communal, Pierre Vaux, qui veut la sauver ; mais la dame inconnue, au lieu de se laisser faire, se met à pérorer ; elle exige de Pierre Vaux le serment solennel qu'il ne révélera jamais son acte d'héroïsme. Pierre Vaux jure et emporte la dame dans ses bras. Chose extraordinaire, personne ne les voit, quoique la maison soit entourée par les habitants du village. Mais Pierre Vaux n'en est pas moins arrêté comme coupable d'incendie. Pourquoi? Parce qu'il est républicain. Dans ce village de Longepierre, habité par d'infâmes réactionnaires et par de sinistres cléricaux, la qualité de républicain est synonyme de partageux et d'incendiaire.

On demande à Pierre Vaux ce qu'il faisait dans la maison incendiée; lié par son serment, il refuse de répondre. La dame inconnue pourrait le sauver, et elle l'essaie, car elle est la propre femme du procureur impérial, M. de Montplassant; mais ce digne magistrat, apprenant l'affront fait à son honneur conjugal, se brûle la cervelle, et madame de Montplassant devient folle.

Au bout de dix ans, un vieux paysan nommé Bizon, qui a pénétré le double secret de la folie de madame de Montplassant et de l'innocence de Pierre Vaux, conduit la pauvre veuve à Cayenne; il explique le but de son long et pénible voyage au commandant de la colonie, qui se trouve être précisément Georges Raynal, devenu capitaine de frégate. Madame de Montplassant meurt empoisonnée par le forçat Balluau, qui est le véritable incendiaire de l'auberge du *Soleil d'Or*, et Pierre Vaux reçoit sa grâce. Mais, comme on y met pour condition qu'il prête serment à l'Empereur (*sic*), Pierre Vaux refuse noblement, et déclare qu'il préfère mourir au bagne que de se courber devant l'assassin de Baudin (*resic*). Et tout compte fait, il meurt de la poitrine, séance tenante, pendant qu'on guillotine le scélérat Balluau.

L'effet de ce suicide, de cette folie, de cet empoisonnement, de cette agonie et de cette guillotinade a été complété, pour l'agrément des spectateurs, par la hideuse scène d'une attaque d'épilepsie dans la salle. Les médecins ont dû intervenir pour faire emporter au dehors un jeune homme qui se débattait en d'affreuses convulsions, mêlées de râles déchirants.

Et je connais des gens qui vont au spectacle pour s'amuser !

M. Gravier, chargé du rôle de Pierre Vaux, a eu d'excellents moments de sensibilité et de douleur, lorsque l'auteur lui permettait, par intervalle, d'autres occupations que « d'affirmer sa foi républicaine »; mademoiselle Aline Guyon s'est montrée fort touchante dans ses longues scènes de folie. Citons encore M. Péricaud, naturel et fin sous les traits du paysan Bizon.

Mais quel besoin le théâtre du Château-d'Eau éprouvait-il de nous donner une seconde édition de *Claude Fer* et de traduire en mauvaise prose les alexandrins grandiosement cocasses de M. Amadieu ?

DCCXCIV

OPÉRA. 6 mars 1882.

NAMOUNA

Ballet en deux actes et trois tableaux, par MM. Nuitter et Petipa, musique de M. Edouard Lalo.

M. Vaucorbeil a tenu parole, et malgré les pronostics plus ou moins facétieux qui renvoyaient *Namouna* aux calendes grecques, le rideau s'est levé, lundi soir, à dix heures précises, sur le ballet de MM. Nuitter, Petipa et Edouard Lalo.

Rien n'est embarrassant comme de raconter un ballet; qu'est-ce que le libretto d'un ballet? Le sommaire d'une action. Analyse-t-on un sommaire? Heureusement pour moi, *Namouna* dans ces trois derniers mois, a été racontée un peu partout, et il me suffit d'en rappeler le sujet en quelques mots.

Il ne s'agit pas de la Namouna d'Alfred de Musset, de l'esclave et l'amante de Hassan...

Le tapis sur lequel Hassan était couché...

Cependant la Namouna de l'Opéra est esclave aussi, mais son maître est un forban nommé Adriani, qui la joue et la perd. Le gagnant est un certain Ottavio, qui s'empresse de lui donner la liberté. Namouna s'éprend de son libérateur, et l'arrache à l'amour d'une dame de Corfou nommée Héléna. Adriani n'a pas plus tôt perdu Namouna qu'il la regrette et veut la reprendre. Il vient attaquer Ottavio à main armée dans une île de l'Archipel, mais ses forbans sont désarmés par les sirènes, c'est-à-dire par de charmantes esclaves, que Namouna a rachetées avec l'argent d'Ottavio ; Adriani est blessé par le jeune Andrikès, serviteur dévoué de Namouna, et les amants, délivrés, voguent vers une autre patrie, c'est-à-dire vers une autre île et vers un autre archipel, où Adriani, lorsqu'il sera guéri, pourra les rejoindre ; de telle sorte, qu'on pourra recommencer cette intéressante histoire aussi longtemps que la fameuse chanson du Petit Navire.

Mais on ne saurait exiger d'un simple ballet la tenue d'un opéra en cinq actes ni d'une tragédie en trois mille vers. Le canevas tracé par M. Nuitter et traduit chorégraphiquement par M. Petipa renferme des motifs ingénieux et agréables à l'œil, tel que le duel du premier tableau, interrompu par la danseuse qui, à chaque engagement, passe entre les épées, et le quadrille des fleurs au troisième tableau.

Le principal intérêt de *Namouna*, c'était, pour le

monde musical, le début au théâtre de M. Edouard Lalo, connu et estimé comme symphoniste, mais dont l'œuvre dramatique qui comporte, entre autres compositions principales, un *Fiesque* en cinq actes autrefois reçu par M. Emile Perrin, s'est trouvé jusqu'ici écarté de la scène. Et M. Edouard Lalo touche à ses soixante ans !

Il s'était créé, autour de la partition de *Namouna*, une légende qui ne brillait pas précisément par la bienveillance. On parlait de rythmes nouveaux, incohérents, de musique « indansable » et funèbre ; on allait jusqu'à attribuer les retards subis par *Namouna* à la ferme résolution des premiers sujets de la danse de ne pas risquer leur réputation et leur épine dorsale sur cette composition sauvage. Pour ma part, je m'étais armé d'un courage intrépide afin de soutenir l'assaut furieux que M. Edouard Lalo s'apprêtait, disait-on, à livrer aux oreilles de ses concitoyens.

Vains racontars ! inutiles apprêts.

La partition de M. Edouard Lalo, — je ne voudrais pas la juger en quelques lignes après une seule audition, nécessairement très imparfaite, — est écrite d'un style clair, aux formes régulièrement et correctement développées, et appartient, de tous points, aux traditions musicales de l'école française. Ses défauts, car elle en a, et de visibles, parfois même de choquants, ne sont ni l'obscurité, ni l'ennui, ni l'absence de mélodie, et je les trouve précisément du côté par où M. Edouard Lalo lui-même craignait sans doute de pécher. En général l'inspiration de M. Edouard Lalo ne paraît ni très fraîche ni très franche ; il ne dédaigne pas la mélodie, mais l'idée musicale est chez lui, je ne parle que de *Namouna*, assez courte, et ce qui m'a principalement surpris, assez vulgaire. Il faut bien l'avouer, jamais musicien d'opérette ni de café-concert n'a écrit quelque chose d'aussi platement brutal qu'une certaine fanfare de cuivres qui domine toute la fête chorégraphique du second tableau, laquelle, répétée à satiété, a fait rire d'abord et a exaspéré ensuite. Cela rappelait exactement la foire de Saint-Cloud lorsque les musiques du cirque Corvi et du cirque Bouthor annoncent le commencement du spectacle. Rien n'y manquait, pas même les couacs des cornets à piston. Et cependant, lorsque l'orchestre reprend en sous-œuvre la sonnerie des instruments placés sur la scène, il y a là une bien jolie rentrée des cors, qui peut-être aurait trouvé grâce devant le public s'il eût été, à ce moment, en état d'écouter.

La plus fâcheuse conséquence de cette abominable cuivrerie, c'est d'avoir fourni le prétexte qu'ils cherchaient à quelques malveillants jusque-là désappointés. Il ne faut pas juger la partition de *Namouna* sur cette grosse erreur d'un musicien sérieux, qui a voulu, comme cet Allemand de la légende « se faire vif » en sautant par la fenêtre, et qui s'est trouvé du premier élan, lancé bien au delà du *Petit Faust*.

Mais que d'idées délicates et gracieuses pour faire pardonner cette inoubliable fanfare ! Je retrouve dans ma mémoire la sensation d'une phrase charmante lorsque Namouna, délivrée, embrasse la main d'Ottavio. A signaler aussi l'entr'acte qui suit le premier tableau, avec son dessin de violoncelle sous les *pizzicati* des violons ; mais on ne l'a pas écouté ; on causait bruyamment en regardant du côté des premières loges quelque chose que personne n'a vu.

La sérénade qui commence le deuxième tableau a cependant été applaudie ; comme aussi la phrase à trois temps sur laquelle Namouna danse ce fameux pas de la cigarette, roulée mais non fumée par respect pour le règlement. Enfin je citerai encore un morceau, j'allais dire un air délicieux, que la majorité du public a fait bisser, malgré quelques oppositions timides et vraiment peu raisonnables : c'est une mélodie en *la* mineur, d'un tour exquis, exposée par les flûtes, et qui, en modulant finalement au majeur, se ponctue en sourdine par le frémissement des cymbales, puis s'évanouit comme dans un susurrement.

Les décors de *Namouna* sont fort beaux, surtout le troisième, peint par M. Lavastre, qui représente l'île de l'archipel déjà nommé, avec un immense et superbe platane au second plan et au fond la mer bleue.

Il m'a semblé que madame Rita Sangalli s'était préoccupée, pour l'exécution du rôle de Namouna, de quelques observations précédemment formulées par la critique, et qu'elle s'est promis à elle-même de faire prédominer la grâce sur la force ou tout au moins de ramener ces deux brillantes qualités à un juste équilibre. Son succès a été très grand, mais je n'oserais dire incontesté, puisque, çà et là les applaudissements qu'on lui décernait ont excité quelques *chut* de la part des même *dilettante* qui marquaient leur aversion pour la musique de M. Lalo. Je respecte profondément les jugements du vrai public, et j'aime à me rencontrer avec eux ; mais je ne saurais m'empêcher de penser qu'à l'Opéra ce jugement renferme plus qu'ailleurs certaine dose de caprice et de parti pris.

M. Mérante tient avec élégance le rôle d'Ottavio. Quant à M. Pluque, il joue le forban Adriani avec une stature, un port de tête, des roulements d'yeux et un panache digne des anciens brigands du boulevard du crime. On a remarqué la gentillesse et l'intelligence de mademoiselle Alice Biot, dans le rôle d'Andrikès, le jeune serviteur de Namouna ; et les connaisseurs en chorégraphie ont vivement apprécié le pas de mademoiselle Subra, dans le divertissement du troisième tableau. Moi, je me suis surtout réjoui

aux entrechats et aux pirouettes du danseur Vasquez,
qui a tant de cheveux noirs, tant de moustaches
noires, tant de dents blanches, et qui salue le public
avec le si parfait contentement de l'homme « qui croit
que c'est arrivé. »

<hr />

DCCXCV

CLUNY.   14 mars 1882.

MIMI PINSON

Vaudeville-opérette en trois actes,
paroles de MM. Maurice Ordonneau et Arthur Verneuil,
musique de M. Michiels.

En empruntant à Alfred de Musset le joli nom de
Mimi Pinson créé par le poète qui s'était fait chansonnier pour une heure, les auteurs du vaudeville-
opérette représenté ce soir au Théâtre de Cluny se
sont montrés trop discrets. Que ne lui prenaient-ils
en même temps un peu de sa grâce, de son esprit, de
sa divine élégance, et même de son bon sens ! Quoi!
de l'esprit et de la grâce pour un vaudeville? de l'élégance et du bon sens pour une opérette? Pourquoi
pas ? M. Maurice Ordonneau est un tout jeune
homme et son collaborateur, M. Arthur Verneuil,
est, paraît-il, plus jeune ou plus novice encore. A
leur âge, un bon conseil peut être reçu de belle humeur et pratiqué avec fruit.

Leur Mimi Pinson est une modiste qu'ils font vivre au quartier Latin, presque au lendemain de la

Révolution de Juillet. Le roi Louis-Philippe et ses
ministres de la première heure, le baron Louis,
M. Guizot, etc., figurent à l'arrière-plan comme des
silhouettes de bonshommes charbonnées sur le mur.

Mimi Pinson est courtisée par un grand nombre
d'adorateurs, au milieu desquels la vertueuse modiste
n'a distingué qu'un homme digne d'elle, c'est un étudiant qui, sous le pseudonyme de Marcelin, cache son
titre de vicomte du Bas-Meudon. Un agent de la police
du château s'avise de poursuivre Marcelin, et se propose de l'arrêter en plein bal de la Grande-Chaumière,
lorsqu'il donnera le bras à Mimi Pinson déguisée
en pierrette bleue. La modiste, qui possède apparemment de fortes économies, les emploie à déguiser une
douzaine de femmes en pierrettes bleues pour dépis-
ter l'agent. De là d'innombrables quiproquos entre un
certain baron du Haut-Vignoble et sa baronne, entre
l'épicier Colardeau et son épicière. Nous avons là,
tirée à sept ou huit exemplaires simultanés, la fameuse scène des marronniers au cinquième acte du
Mariage de Figaro. Ils ont tant servi, les pauvres marronniers (récemment encore dans le *Robinson*, du feu
Théâtre-Déjazet), que le vaudeville de MM. Ordonneau et Verneuil rappelle trois ou quatre douzaines
d'autres pièces, parmi lesquelles *Faublas* de lugubre
mémoire.

Le dénoûment de *Mimi Pinson* est inouï. L'agent
de police reconnaît qu'il s'est trompé ; l'homme qu'il
a l'ordre de saisir n'est pas Marcelin, c'est le baron
du Haut-Vignoble ; il l'arrête, et lui remet une lettre
ainsi conçue :

« Mon cher baron, je vous avais promis de vous
» en faire une bien bonne (*sic*) ; je tiens ma parole ;
» je vous fais arrêter afin qu'on vous conduise de-
» vant moi, qui tiens à vous remettre en personne
» le portefeuille du ministère de la police générale que

» je viens de rétablir exprès pour vous. Signé le
» Roi. » Et ce Roi, qui écrit de ce style, c'est Louis-
Philippe Ier.

N'insistons pas. Le public ne s'est pas fâché ; il a
ri tout le temps, applaudissant à travers choux, re-
demandant des couplets pour s'en moquer, s'amusant, enfin, comme une troupe d'écoliers en vacan-
ces.

La musique de M. Michiels, un débutant, n'est ni
bonne ni mauvaise ; elle témoigne à tout le moins
d'une certaine adresse scénique, très suffisante pour
encadrer toutes sortes de souvenirs empruntés à
Offenbach, à Lecocq, à Hervé, etc.

Madame Pauline Luigini me paraît avoir fait quelque progrès dans le dialogue, mais sa voix est bien
malade, et ne se retrouve que dans le registre aigu
demeuré brillant et pur ; elle a vraiment bien chanté
une sorte de valse vocalisée, qu'on a fort applaudie,
sérieusement cette fois.

MM. Mesmacker, Guy, mesdames Irma Aubrys
et Gabrielle Doria ont du talent et méritaient de meilleurs rôles. On a fait une ovation colossale à un M.
Gobereau, qui nous a régalés d'un air bouffe chanté
avec le sérieux d'une première basse débutant dans
les *Huguenots*, devant une salle de province, et qui
s'est laissé prendre au piège d'un *bis* formidable ré-
clamé par un public en délire.

DCCXCVI

Odéon (Second-Théatre-Français).   15 mars 1882.

UNE AVENTURE DE GARRICK

Comédie en un acte en vers, par MM. Fabrice Carré
et Ferney.

L'illustre tragédien Garrick était, tout le monde
le sait, le fervent admirateur du génie de Molière,
mais non du théâtre français en général, ni surtout
des comédiens du temps de Louis XV. MM. Fabrice
Carré et Ferney imaginent que, pour se venger des
critiques de leur rival, les premiers sujets de la Comédie-Française veulent lui jouer un tour de leur métier.

Garrick, se rendant à Versailles en chaise de poste,
est versé par un postillon, qui n'est autre que Dugazon, devant la porte d'une auberge tenue par un
aubergiste, sa femme et sa fille, connus au théâtre
sous les noms impérissables de Lekain, Clairon et
Dangeville. Il s'agit de prouver à Garrick que les
artistes français sont capables de copier la nature et
savent faire autre chose que de réciter les tirades du
répertoire classique.

Malheureusement pour nos compatriotes, le véritable aubergiste, qui a surpris Lekain et Clairon
répétant une scène d'*Andromaque*, s'avise de croire
que ses locataires d'un jour ne lui ont emprunté son
auberge que pour y attirer un nommé Pyrrhus et l'é-
gorger en guet-apens. Garrick, averti, comprend la
pensée des comédiens et leur rend la monnaie de

leur pièce ; il leur joue, le plus naturellement du monde, une scène d'ivresse et une scène d'amour qu'ils prennent au sérieux, et, lorsqu'il les a bien attendris, il leur dit : « Convenez que cela vaut bien « le récit de Théramène ! »

Cette ingénieuse bluette est l'heureux début de deux jeunes gens ; elle est écrite en vers un peu faciles, mais spirituels et gais. Elle a beaucoup amusé et a été très applaudie, ainsi que ses interprètes : M. Keraval, qui donne une couleur vraie au rôle de Dugazon, M. Rebel, M. Cressonnois, madame Samary et mademoiselle Henriot.

M. Porel esquisse avec largeur le rôle de Garrick, qui lui a valu le succès le plus mérité.

DCCXCVII

VAUDEVILLE.   20 mars 1882.

L'AURÉOLE

Comédie en un acte en vers, par M. Jacques Normand.

Le Vaudeville, pour remplacer *Odette*, inaugurait ce soir un spectacle coupé, qui me paraît tout à fait réussi : pour lever de rideau, un acte fort amusant de MM. Raimbaut et Deslandes, *l'Avocat des dames*, qui contient certainement en germe le célèbre *Procès Vauradieux*, à moins qu'il ne le résume — question de date ; pour pièce de résistance la reprise de ces agréables *Dominos roses*, dont le succès a franchi le détroit et qui ont été joués plusieurs centaines de

fois à Londres sous le titre de *Pink Dominos* ; enfin,
une comédie nouvelle, un acte en vers, de M. Jacques
Normand, intitulé *l'Auréole*.

Voici d'abord quelques vers qui servent d'exposition ou d'argument à la pièce nouvelle. Une
« étoile » de petit théâtre, mademoiselle Anita, rentre
chez elle pour y souper seule après la première représentation d'une opérette nouvelle ; on lui remet
une déclaration d'amour, elle la jette au feu :

> |Et dire que voici
> Quelque brave garçon — qu'on adore, peut-être ! —
> Qui, dans quelque opérette, un soir me vit paraître,
> A la clarté du gaz, dans les enivrements
> Du succès, des rappels, des applaudissements...
> Et qui m'aime, ou du moins, croit m'aimer ! —
>   [Tous les mêmes !
> Se laissant toujours prendre aux ivresses suprêmes,
> Aux fascinations étranges que sur eux,
> Sans y songer, l'actrice exerce par les yeux.
> Ce monde pittoresque et brillant du théâtre,
> Ce paradis banal au firmament de plâtre.
> Si bourgeois et si triste à regarder de près,
> Pour leur naïveté semble rempli d'attraits,
> Et, nous haussant au rang de déesse, ou d'idole,
> Sur nos fronts étonnés met comme une auréole,
> Mirage fugitif qui sert à les tromper...
> Mais je deviens lugubre !... Allons, sers le souper !

Le signataire du billet s'appelle Gontran ; avant
qu'il n'ait eu le temps de se présenter chez Anita, à
qui il annonçait audacieusement sa visite, la sonnette
retentit, on ouvre ; ce n'est pas Gontran, c'est une
dame qui se présente, agitée, tremblante et furieuse ;
c'est la baronne Hermance, fiancée au volage Gaston.
Après une explication fort vive, Hermance reconnaît
qu'elle s'est trompée, puisque Anita n'a jamais vu
Gontran ; la chanteuse pardonne à la femme jalouse
et pousse même l'oubli des injures jusqu'à promettre
à Hermance de lui rendre l'amour de Gaston, non

pas en jetant celui-ci à la porte, mais au contraire
en le recevant, et en détruisant de ses propres mains
l'auréole qui éblouissait ce naïf jouvenceau.

Nous voyons apparaître ici un thème fort connu qui
servit à MM. de Saint-Georges et Leuven pour *la
Marquise*, et à Jules de Prémaray pour son *Garrick*;
mais M. Jacques Normand l'a su renouveler d'une
manière très ingénieuse.

Anita reçoit le comte Gaston de Haut-Pennon
comme une vieille connaissance, l'invite familièrement à souper en l'appelant « mon petit », et Gaston,
quoique un peu fâché de trouver Anita moins « distinguée » à la ville qu'au théâtre, savoure déjà les déli-
ces du tête-à-tête ; mais il a compté sans son hôte. Il
y a un tiers dans le repas : c'est une tante, et cette
tante n'est autre que la baronne Hermance, très rapidement grimée avec l'aide de la cameriste Fanchette. Les deux femmes se renvoyant la balle, lui
font avaler le déboire des confidences désobligean-
tes : c'est le député Verner, qui a lancé la chanteuse ;
c'est le comique Bouju, qui a maintenant l'heur de
lui plaire. Et la sonnette tinte de nouveau ; et Gaston
se laisse fourrer dans une armoire où il étouffe, tandis que le prétendu Verner et le prétendu Bouju,
imités en perfection par la chanteuse, menacent d'assommer l'intrus dont ils soupçonnent la présence.

Enfin, Gaston, désillusionné, harassé, se sauve de
cette maison où il avait cru trouver le plaisir sinon
l'amour, et il retourne dans son petit castel y retrouver la véritable auréole celle de la vertu, qui couronne
la tête de la baronne Hermance.

Si l'on voulait chicaner M. Jacques Normand, on
le prierait d'expliquer pourquoi Anita, qui est une
honnête fille, joue la comédie de l'avilissement au
droit de deux inconnus ; mais cette invraisemblance
fondamentale est présentée avec tant d'adresse, en-

veloppée de détails si piquants, qu'on n'y a pas pris garde, et qu'on s'est laissé franchement amuser.

Le succès de *l'Auréole* a été très grand et l'interprétation en a sa bonne part : d'abord, mademoiselle Réjane, qui, non contente de jouer le rôle d'Anita, a risqué deux ou trois imitations fort réussies, entre autres celle de mademoiselle Sarah Bernhardt, et, qui le croirait, celle de M. Baron des Variétés. Mademoiselle Alice Lody, la baronne, s'est montrée tout à fait charmante dans son travestissement de Tante Aurore ; enfin, mademoiselle Depoix, qui débutait, donne de la malice et de la gaîté au petit rôle de Fanchette.

Au fond du petit salon d'Anita, on entrevoit un buste en terre cuite ; peu de gens ont soupçonné que ce fût le véritable portrait de mademoiselle Réjane, une œuvre exquise, modelée par Jules Franceschi.

La reprise des *Dominos roses* a fait applaudir MM. Dieudonné, Parade, mesdames de Cléry et Eugénie, Saint-Marc, et apparaître une débutante, mademoiselle Manvel, qui dit assez juste, avec une sorte de petit gazouillement qui rappelle l'accent des jeunes misses anglaises.

DCCXCVIII

LE VOLCAN

Comédie en trois actes, par MM. Edmond Gondinet,
François Oswald et Pierre Giffard.

Le Volcan est le titre d'un journal fondé à Paris,
par M. Moncarmel, un honnête campagnard, qui
arrive de ses moulins, ou plutôt de ses trois moulins,
qui lui ont gagné sa fortune. Moncarmel vivait en
paix, dans son opulence rurale ; mais une sourde
ambition rongeait le cœur de ce bourgeois d'apparence paisible ; en pêchant à la ligne, c'est à la députation qu'il rêvait. Un jour, voici qu'une espèce de
courtier d'annonces, appelé Brichon, vient solliciter
du maître des trois moulins une commandite pour un
journal politique. Moncarmel accepte d'être comman-
ditaire, mais à la condition de devenir l'inspirateur
du journal, le directeur politique, le rédacteur en
chef et le gérant. Sa femme et sa fille, folles de Paris,
loin d'arrêter Moncarmel sur le chemin de la grande
Babylone, l'y entraînent avec furie. La punition de ces
bourgeois dévoyés ne se fait pas attendre. Après
avoir joué au rédacteur en chef et à l'homme important, Moncarmel voit les procès et les duels lui tomber sur les bras. Puisqu'il faut se battre, autant vaut
que ce soit avec le prétendu de sa fille ; un gendre
ne peut pas vouloir tuer son beau-père. Finalement,
les Moncarmel abandonnent *le Volcan*, qui leur a

englouti un demi-million, et ils retournent aux Trois-Moulins.

Les trois auteurs du *Volcan*, trois hommes d'esprit qui n'en sont pas à leurs premières armes, ont dû constater ce soir, une fois de plus, l'impossibilité de réussir avec une pièce totalement dépourvue d'action. Les intentions ingénieuses et même les mots spirituels, — ni les uns ni les autres ne manquent dans la pièce nouvelle, — ne suffisent pas à captiver l'attention du spectateur. Il n'a pas paru non plus que les personnages mis à la scène, appartinssent à une observation exacte ou vraisemblable, même en permettant à celle-ci quelques excursions sur le terrain de la fantaisie. Les types de journalistes qui environnent cet idiot de Moncarmel, plutôt comme des domestiques que comme des collaborateurs, n'appartiennent même pas au domaine de la caricature ; et c'est un étonnement de rencontrer ces fantoches sans consistance dans une pièce qui compte parmi ses trois auteurs deux journalistes qui n'en sont pas à faire leurs preuves d'expérience et de talent.

Il faut reconnaître, à leur décharge, qu'ils s'étaient reposés sur M. Geoffroy pour donner de l'unité à ces scènes décousues, en les groupant autour du personnage typique de Moncarmel. Mais M. Geoffroy n'était pas en veine, ou il avait peur. Dès le premier acte il prenait son rôle en dessous, le mâchonnant entre les dents, et finalement le laissant tomber sans nul souci des auteurs qui comptaient sur lui pour le défendre. La décrépitude vraiment affligeante de M. Lhéritier et de M. Hyacinthe, chargés de rôles épisodiques, n'était pas faite pour rétablir la bataille compromise par la défaillance de M. Geoffroy. Parmi les interprètes qui ont su se défendre dans la mêlée, je ne vois à citer que mesdames Mathilde et Lavigne, fort comiques dans les rôles manqués de madame Moncarmel et de la cuisinière Rosalie.

DCCXCIX

COMÉDIE-FRANÇAISE. 27 mars 1882.

LES RANTZAU

Comédie en quatre actes en prose, par MM. Erckmann
et Chatrian.

La comédie que MM. Erckmann et Chatrian ont tirée de leur roman intitulé *Les deux frères* repose sur la même donnée que la pièce de Kotzebue portant le même titre, qui se maintint longtemps au répertoire de la Comédie-Française, et dont on récite encore quelques scènes dans les concours du Conservatoire. *Les deux frères*, traduits et arrangés par MM. Weiss, Jauffret et Patrat, furent joués au Théâtre-Français de la République, rue Richelieu, le 11 thermidor an VII (août 1799), par Monvel, Baptiste aîné, Lacave, Michot, Larochelle, mesdames Mezeray, Suin et Lachassagne, avec un immense succès. C'est un rapport de plus avec *les Rantzau*, mais je m'empresse de réduire à sa juste mesure la ressemblance des deux ouvrages. La brouille des deux frères, divisés depuis longtemps par une question d'intérêt, et leur réconciliation finale par la douce intervention d'une jeune fille, fille de l'un et nièce de l'autre, tels sont, pour *les deux frères* de Kotzebue comme pour *les Rantzau*

de MM. Erckmann et Chatrian, le point de départ et
le point d'arrivée. Mais le chemin qui mène de l'un à
l'autre de ces deux points est si différent, les personnages décrits et mis en action sont tellement dissemblables que *les Rantzau* peuvent passer pour une
pièce presque entièrement nouvelle.

Les frères Jean et Jacques Rantzau, héritiers d'une
fortune acquise par leur père dans l'exploitation des
riches forêts d'Alsace, sont devenus, depuis près de
trente ans, de véritables ennemis l'un pour l'autre.
Jacques, le cadet, ne pardonne pas à Jean, son frère
aîné, d'avoir été avantagé testamentairement de toute
la quotité disponible dans la succession paternelle.
Les deux frères n'en habitent pas moins porte à porte,
l'aîné dans la grande maison qui les vit naître, le
cadet dans un logis plus modeste. Mais ce voisinage
est encore une des formes de leur inimitié, puisqu'il
leur permet de cultiver leur haine mutuelle par les
irritantes taquineries de la vie journalière.

Ils sont veufs l'un et l'autre, et pères, Jean Rantzau,
d'une fille nommée Louise, Jacques d'un fils nommé
Georges. Les deux jeunes gens, après avoir fait de
leur mieux pour se détester, finissent par s'aimer
silencieusement; cependant, leur secret n'est pas si
bien gardé qu'il n'ait été pénétré par leurs pères.
Loin de les fléchir, cette découverte exaspère Jean
Rantzau-Capulet et Jacques Rantzau-Montaigu. Jean,
qui est un homme violent et despotique, habi-
tué à tout ployer sous son joug impérieux, imagine
de couper court au roman de sa fille en la mariant à
M. Lebel, garde-général des forêts; il ferait ainsi
coup double, car M. Lebel, prêt à servir les passions
de son futur beau-père, ne manquera pas d'accabler,
à coups de procès-verbaux, le marchand de bois
Jacques Rantzau, demeuré propriétaire de plusieurs
scieries dans les forêts de l'État.

C'est ici que le drame commence. Jean, malgré sa brutalité ordinaire, qui s'est exercée, paraît-il, sur feu madame Rantzau, garde dans le cœur un fond de tendresse pour sa fille Louise. Au moment de la sacrifier à son égoïsme et à sa haine aveugle, il éprouve quelque embarras à lui signifier ses cruelles volontés. Il charge donc un ami d'annoncer à Louise le mariage qu'on lui prépare. Cet ami est un bonhomme nommé Florence, instituteur communal et secrétaire de la mairie. Or, comme le maire de la commune n'est autre que Jacques Rantzau, Florence se trouve assez naturellement l'intermédiaire et le conciliateur, trop peu écouté, entre les deux frères. L'honnête Florence annonce à Louise Rantzau un projet d'union qu'il désapprouve; mais, à son grand étonnement et à sa grande frayeur, Louise lui répond nettement qu'elle ne sera pas la femme du garde-général, et qu'elle se retirera dans un couvent.

En apprenant ce qu'il appelle la révolte de sa fille, Jean Rantzau entre en fureur, il chasse le bonhomme Florence à coups de poing, et, seul avec Louise, il la défie de réitérer son refus. « Ose dire non! » s'écrie-t-il. — « Non! » répond Louise avec douceur, mais avec fermeté. Jean Rantzau la saisit par les bras et la jette par terre dans un accès d'emportement dont il n'est pas le maître. Puis, il s'enfuit, épouvanté de ce qu'il a fait, en se disant : « Je me sauve; je sens que je la tuerais! »

Le troisième acte se passe sur la place publique du village, au débouché de l'étroite ruelle qui sépare les maisons des deux frères. Des lumières inquiètes vont et viennent au premier étage de la grande maison, dans la chambre où Louise Rantzau est rentrée grièvement malade après la scène terrible que je viens de raconter. Jean Rantzau reconduit les médecins venus de la ville; à leurs questions, Louise, qui refuse toute

nourriture, n'a répondu que par ces mots : « Je veux
mourir! » Les médecins ne savent que penser. Mais
Florence ne peut maîtriser son indignation : « Ce
qu'elle a, je vais vous le dire devant tout le monde! »
s'écrie-t-il; « elle a qu'on veut la marier contre son
gré et qu'on lui refuse celui qu'elle aime; et c'est
pour cela qu'elle va mourir. » Jean Rantzau atteint
au cœur par cette funèbre prédiction du bonhomme
Florence, demeure muet et seul sur la place; la nuit
est venue; l'angelus sonne au loin; l'aîné des Rantzau
est comme accablé par la lutte intérieure qui le dé·
chire. Tout à coup il relève la tête, et appelant à lui
tout son courage, et traversant la place d'un pas mal
affermi, il frappe à la porte de son frère. Jacques
Rantzau vient ouvrir lui-même, tenant à la main une
lampe; la lumière tombe en plein sur la figure de
l'arrivant, dans lequel il reconnaît son frère. « — Que
veux-tu? » lui dit-il d'une voix rude. — « Louise
aime Georges ; je viens de te demander de les unir. »
« — Jamais! » « — Mais elle va mourir! » « — Que
m'importe. » « — Tu laisserais donc mourir ton
fils? » « — Entre! » dit gravement Jacques Rantzau
en s'effaçant devant son aîné pour lui livrer passage.

Cette fin d'acte, si émouvante et si éloquente dans
sa simplicité, a transporté la salle. Rien de plus juste
cette fois : c'est du bel et bon théâtre, humain, sobre,
vrai, saisissant.

Quelques bons juges estiment que la pièce, virtuel-
lement dénouée, pourrait s'arrêter là, laissant au
spectateur le soin d'imaginer le reste ; l'imagination
n'est-elle pas plus brillante que la réalité? Cependant
il reste à savoir ce qu'il adviendra de la provocation
adressée par Georges au garde-général, et dans
quelles conditions s'accomplira la réconciliation des
deux frères.

Ces conditions sont fort dures de la part de Jac-

ques : il exige que Jean lui restitue ce qu'il a reçu de
plus que son cadet dans la succession paternelle, avec
les intérêts capitalisés depuis près de trente ans ; que
Jean lui rétrocède un pré qui coupait les herbages de
Jacques, et que ce pré s'appelle dorénavant le pré de
Malgré-Jean. Ces exigences insultantes laissent Jean
impassible ; il a pris son parti et ne se laisse plus
guider que par son amour paternel. Il signe héroïque-
ment la convention humiliante que lui impose Jacques ; mais lorsque Louise va signer à son tour,
Georges lui arrache la plume des mains : « Nous ne
signerons pas cela ! » s'écrie-t-il ; « c'est encore une
œuvre de haine ; je n'en veux plus. » Et Georges,
rappelant aux deux frères le passé de leur famille,
compromis par leurs divisions, leur fortune devenue
stationnaire, leur influence diminuée, leur persuade
enfin, par cette démonstration plus pratique que pathétique, de se jeter dans les bras l'un de l'autre.

Louise devient la femme de Georges, qui s'est
débarrassé par un bon coup d'épée de son rival le
garde-général Lebel.

Une interprétation hors ligne garantit aux *Rantzau*
une longue carrière ; la pièce ne s'y oppose pas. Très
supérieure à *l'Ami Fritz*, elle met en jeu des sentiments qui trouvent aisément le chemin du cœur ; la
situation théâtrale et neuve qui termine le troisième
acte n'est pas trop chèrement achetée par la scène un
peu dure où l'on voit Jean maltraiter sa fille au point
de la laisser inanimée sur le tapis de son salon. *Les
Rantzau* peuvent se classer dans le répertoire à côté
des drames de second ordre, du *Philosophe sans le
savoir*, par exemple, dont ils rappellent le style court
et pédestre, la tendance au prêche et les bonnes intentions.

La mise en scène des *Rantzau* est absolument
exquise, depuis l'intérieur de la maison d'école du

premier acte, jusqu'au salon Louis XVI de la fin, en passant par le salon Restauration du second acte, avec son meuble d'acajou, ses rideaux imprimés et son vase de fleurs artificielles sous globe, et par la place publique du troisième acte, un chef-d'œuvre de décor et de plantation.

M. Got, Jean Rantzau, M. Coquelin, l'instituteur Florence, et M. Worms, Georges Rantzau, se sont partagé l'un des plus beaux triomphes qu'ait obtenu dans ces dernières années l'admirable troupe de la Comédie-Française. M. Worms entraîne toute la salle par l'ardeur et la conviction d'une passion sincère virilement exprimée. Quant à M. Got et à M. Coquelin, je ne cherche pas à savoir, lequel des deux, dans deux rôles si opposés, pourrait disputer à l'autre le prix de son art.

M. Got a composé le personnage de Jean Rantzau avec une science profonde et il le traduit avec l'énergie, la fougue et la profondeur d'un premier rôle de drame. Ses jeux de physionomie, les éclats de sa colère, les silences de sa douleur ou de sa résignation sont autant de sujets d'étude qui ne laissent pas le spectateur indifférent pendant une seule minute.

Quant à M. Coquelin, l'étourdissant Mascarille de l'Étourdi et des Précieuses, l'impertinent duc de Sept Monts, le fantasque don César de Bazan, c'est merveille de voir comme il transforme sa verve en bonhomie, en candeur, en sensibilité délicate et charmante. Je ne crois pas que M. Coquelin, dans sa carrière déjà longue, ait montré sous un aspect aussi complet son beau talent de comédien.

M. Maubant, dans le rôle de Jacques Rantzau; M. Baillet, dans celui du garde-général, n'ont pas déparé le bel ensemble que je viens de décrire, et de petits bouts de rôles ont gagné à être remplis par mesdames Pauline Granger, Thénard, Fremaux et Amel.

13.

Le personnage gracieusement dessiné de Louise Rantzau semblait fait pour être représenté par mademoiselle Bartet, qui lui donne l'aspect mélancolique mêlé de grâce rêvé par les auteurs. S'il est vrai que M. Victor Hugo ait songé à elle pour le rôle de Blanche du *Roi s'amuse,* j'estime que le maître ne s'est pas trompé dans son choix.

DCCC

Folies-Dramatiques.   29 mars 1882.

BOCCACE

Opéra-comique en trois actes, paroles de MM. Henri Chivot et Alfred Duru, musique de M. Franz de Suppé.

La pièce représentée ce soir aux Folies-Dramatiques n'appartient à MM. Henri Chivot et Alfred Duru que dans une certaine limite, qu'il eût été peut-être de bon goût d'indiquer.

Elle fut taillée, par un arrangeur allemand, dans une comédie de MM. Bayard, de Leuven et Arthur de Beauplan, intitulée *Boccace ou le Décameron,* représentée pour la première fois, au Vaudeville le 23 février 1852. MM. Henri Chivot et Alfred Duru se sont à leur tour chargés de translater cet arrangement de l'allemand en français ; dans ces métamorphoses successives, l'étoffe primitive a subi le sort de ce manteau royal dont le *Figaro* racontait hier la lamentable destinée, et qui finit par fournir une paire de culottes à un petit paysan. Ramenons toutefois les choses à leurs véritables proportions, la comédie de Bayard, toute charmante qu'elle fût, n'ayant rien de royal ; de leur côté MM. Chivot et Duru ne sont pas entièrement responsables des dégâts exercés par la main lourde du traducteur étranger.

Le Boccace des Folies-Dramatiques pourrait s'appeler Faublas ; c'est un jeune libertin qui met ses contes en action, au grand scandale des bourgeois de Florence. Cependant, son cœur a parlé ; il s'éprend de la charmante Béatrice, pupille d'un simple maraîcher, nommé Pandolfo. Les amours de Boccace avec Béatrice, de son ami Lelio avec la duègne Peronnelle, femme de Pandolfo, et d'Orlando prince de Palerme avec la belle Frisca, femme du tonnelier Tromboli, amènent la mise à la scène de quelques vieux contes très connus, le Cuvier, l'Arbre enchanté et la Cornette.

Au moment où Boccace se déclare ouvertement et demande la main de Béatrice, celle-ci est réclamée par son père, demeuré jusque-là inconnu, et qui n'est autre que le prince de Florence ; mais la distance entre la princesse et le poète n'est pas infranchissable : une palme d'or envoyée par le roi de Naples à Boccace, qu'il proclame le plus grand poète de l'Italie, arrive à point pour rendre possible le mariage de Boccace et de Béatrice.

On voit que ce canevas, transformé en simple opérette par MM. Henri Chivot et Duru, pouvait aussi bien servir de thème à un opéra de demi-caractère.

C'est probablement ainsi que M. de Suppé l'a compris. Sa partition est plus brillante que bouffonne, et, pour dire la vérité, elle ne présente aucun caractère déterminé. On n'y trouve ni les drôleries de l'opérette proprement dite, ni la note sentimentale ou attendrie, que recèle toujours en quelque coin une partition de

notre Lecocq ou de notre Offenbach. La majeure partie
des vingt-deux morceaux sous lesquels MM. Henri
Chivot et Alfred Duru ont écrit leur livret semblent
écrits pour les musiques militaires autrichiennes, si
élégantes, d'ailleurs, et qui donnent je ne sais quelle
poésie aux vibrations du cuivre. Le rythme ordinaire est un mouvement de valse. Comme compositeur, M. de Suppé ne pense guère qu'à trois temps.
De là, d'inévitables ressemblances avec les Strauss et
les Fahrbach. Somme toute, de l'habileté, de la main,
de la correction et de la grâce, mais nulle originalité.

Je citerai cependant trois morceaux qui se distinguent du reste par une physionomie moins banale :
au premier acte, une vieille chanson : « d'abord le
cœur sommeille », dont la tournure archaïque a du
charme et de la mélancolie ; au second acte, les couplets de Boccace déguisé en petit jardinier : « J'tiens
ça de maman, j'tiens ça de papa » aussi agréablement troussés par le musicien que par les paroliers ;
et la chanson du tonnelier, « dans notre bel état »,
accompagnée d'une manière piquante par le choc
curieusement rhythmé des marteaux frappant sur les
douves.

L'interprétation de *Boccace* est très satisfaisante ;
mademoiselle Montbazon, dont la voix un peu courte
paraît menacée de chevrotement, a dit avec une naïveté très étudiée et très charmante les couplets du
petit jardinier ; elle a paru moins bien placée sous les
habits de grand seigneur revêtus à la fin par Boccace,
et le galbe de ses extrémités inférieures ne paraît
pas rigoureusement conforme aux exigences du travesti.

Madame Berthe Thibault, que nous avons vue à
l'Opéra et au Théâtre Lyrique, possède des qualités
supérieures d'exécution, qui ne trouvent pas toutes
leur emploi dans le rôle de Béatrice ; elle a pu ce

pendant les faire applaudir dans la vieille chanson du premier acte, qu'elle soupire délicieusement, et dans un duetto avec Boccace, que les personnages chantent en italien, on ne saura jamais pourquoi. Très agréable mademoiselle Vernon, dans le rôle de Friska; après madame Fossambroni, une duègne très amusante, je citerai encore M. Lepers, à qui l'on a fait répéter sa chanson du tonnelier, MM. Maugé et Lucco.

Les décors et les costumes, très luxueux, ont contribué au succès de *Boccace*.

DCCCI

RENAISSANCE. 5 avril 1882.

MADAME LE DIABLE

Féerie-opérette en quatre actes et douze tableaux,
dont un prologue, par MM. Henri Meilhac et Arnold Mortier,
musique de M. Gaston Serpette.

La féerie pleine de changements et de surprises que le théâtre de la Renaissance a représentée ce soir, repose sur une idée ingénieuse et comique, qu'il est assez malaisé d'expliquer sans la voiler par la superposition de quelques périphrases. Il existe au royaume des Enfers un gouvernement très fortement organisé, dont les ministres sont placés sous la surveillance d'inspecteurs délégués immédiatement par le maître; *missi... diabolici*. L'un de ces ministres, un diable nommé Nick, est spécialement chargé de la démoralisation des humains ; une série de compteurs confiés à sa garde indiquent, par une sonnerie électrique, le nombre des méfaits amoureux qui se commettent sur terre ; chaque fois qu'une femme trompe son mari, le compteur sonne. Chaque ville du globe a son compteur spécial dans les archives de Nick ; pour Paris et les autres grandes villes de France, le carillon est incessant et d'une rapidité vertigineuse ; un peu moins vif pour Bruxelles en Brabant, très lent pour les villes du Nord.

Mais Nick a négligé ses devoirs, parce qu'il laisse dévorer tout son temps par la tendresse insatiable de son épouse Flamma, madame le Diable. L'inspecteur général, en vérifiant les compteurs, s'aperçoit que celui d'une petite ville de Bessarabie ou de Moldavie, Pruth-sur-Pruth, n'a pas sonné depuis quarante-deux ans. Menacé d'un rapport sévère à son souverain, Nick se propose d'aller en personne à Pruth-sur-Pruth pour y ranimer, par lui-même, le feu des passions coupables. Il se jette dans le premier ascenseur venu, laissant en enfer madame son épouse, qui le gênerait pour une pareille entreprise ; mais Flamma, douée de pouvoirs magiques aussi étendus que ceux de son mari, ne se laisse pas ainsi quitter ; elle se glisse dans le sac de voyage de Nick, où nous la voyons, par un truc fort réussi, ne pas tenir plus de place qu'une douzaine de mouchoirs de poche.

Arrivé à Pruth-sur-Pruth, Nick s'attaque d'abord à la vertu d'une certaine comtesse de Paméla Cristi, dont le mari voyage, dit-elle, au centre de l'Afrique ; en dépit des obstacles que lui suscite la jalousie de Flamma, Nick réussit à faire trébucher la vertu de la comtesse. O surprise ! le compteur ne sonne pas ; et le diable, tout déconfit, apprend que le comte de Paméla Cristi n'a jamais existé. La comtesse est une simple cocotte, nommée Bastringuette. Le mutisme du compteur s'explique.

Nick se rabat alors sur madame Eléonore Von Vaucanson, femme d'un constructeur d'automates, l'une des Six Femmes Vertueuses de la ville. Nick, pour parvenir à ses fins, prend les traits du mari, mais Flamma, non moins avisée, a pris la figure de la femme, et... rien de fait. Le compteur ne sonne pas.

En désespoir de cause, Nick imagine de se faire restaurateur, à l'enseigne du Moulin Jaune; il a des cabinets délicieux, une musique troublante, des boissons spéciales qui déterminent instantanément l'ivresse la plus voluptueuse. Soins superflus! Les habitants de Pruth-sur-Pruth sont trop innocents pour donner dans de pareils pièges. Cependant, Nick et Flamma croient avoir trouvé les éléments du scandale qui fera sonner le compteur. Ils ont découvert l'inclination mutuelle d'Eléonore Von Vaucanson, et de l'apprenti de son mari, une sorte de jocrisse nommé Frédéric. Flamma, travestie en sergent recruteur, donne au timide Frédéric des leçons d'amour à la housarde; Frédéric, momentanément déniaisé, entreprend de suivre les conseils du sergent, comme dans *Barberine*, et, comme dans *Barberine*, il est désarmé par la naïve innocence de celle qu'il voulait perdre; lorsque madame Von Vaucanson, sort du cabinet particulier, elle a plus que jamais droit au titre de l'Une des Six Dames Vertueuses de Pruth-sur-Pruth. A ce moment, Flamma, qui vient surveiller l'effet de son adroite combinaison, s'aperçoit qu'elle est enfermée avec Frédéric. C'est l'ouvrage de Nick, dont les sortilèges opèrent. La musique, les parfums, les boissons enivrantes agissent sur les nerfs de madame le Diable, et, si Frédérick n'en profite pas, on n'en doit pas moins croire qu'il pousse

de singulières idées dans la tête de Flamma, car le
compteur sonne. Nick accourt et reconnaît sa femme !
L'inspecteur arrive du fond des enfers pour lui annoncer sa destitution de ministre.

La pièce de MM. Henri Meilhac et Arnold Mortier, très spirituellement originale, a beaucoup plu,
quoique cette originalité s'affaiblisse naturellement
d'acte en acte par le développement ou plutôt la répétition inévitable d'une situation donnée. Aussi le
prologue, qui montre l'intérieur très luxueux d'un
ministre de Satan, marié à une diablesse charmante
et élégante, et, de plus, folle de son mari, a-t-il paru
le meilleur morceau de tout l'ouvrage, qui cependant
est plein d'esprit d'un bout à l'autre.

Madame le Diable est une féerie bien plus qu'une
opérette ; elle renferme cependant vingt-deux numéros de musique, mais la plupart consistent en couplets auxquels les auteurs n'ont pas entendu donner
plus d'importance qu'à des couplets de vaudeville.
C'est mademoiselle Jeanne Granier qui les chante
presque tous ; il en est de charmants, dont je parlerai tout à l'heure.

Je veux citer, en dehors de la large part faite à
mademoiselle Jeanne Granier : au deuxième acte les
couplets du compteur, finement écrits, très bien dits
par M. Joly ; un quatuor bouffe dans lequel M. Gaston Serpette a très habilement et très élégamment
fondu les thèmes de la cavatine « Viens, gentille
dame » de Boïeldieu, avec le quatuor de *Rigoletto*,
excellente plaisanterie musicale qui côtoie la charge
sans y tomber ; la marche et la bacchanale qui
suivent ; enfin, au troisième acte, la lettre lue en
musique par madame Desclauzas : « Je te jure, ô
mon cher amant ! »

Mademoiselle Jeanne Granier est étourdissante de
verve dans ce rôle écrasant de Flamma, qui ne com

porte pas moins d'une douzaine de costumes ou de
travestissements ; tantôt en grande dame de la cour
infernale, en voyageuse, en laitière, en Anglaise, en
pianiste chevelu, en singe savant, en bacchante, en
sergent recruteur, etc. Parmi ces morceaux les mieux
venus, le public a particulièrement distingué, au second acte, les couplets de la laitière et le petit bara-
gouin syllabique de l'Anglaise ; au troisième, les couplets du singe ; au quatrième, ceux du sergent ins-
tructeur ; plus deux morceaux qui seront les deux
clous de *Madame le Diable* : d'abord le rondeau du
pianiste, dans lequel mademoiselle Granier se livre à
diverses imitations musicales des plus amusantes,
telles que le *cantabile* de *la Favorite* : « Pour tant
d'amour ! » une chanson de bébé, même la fameuse
Chaussée de Clignancourt, et je vous assure qu'elle
louche aussi bien de l'œil gauche que le fantasque
M. Paulus ; et enfin les couplets de la griserie « J'ai
bu de cette boisson » dont les paroles sont charmantes et pour lesquelles M. Gaston Serpette a trouvé
une mélodie à la fois très en dehors et très distinguée.

A côté des principaux interprètes, mesdames
Jeanne Granier et Desclauzas et M. Joly, dont le
succès a été très grand, il faut placer M. Malard,
assez plaisant dans le rôle d'un notaire qui finit par
épouser la trop sensible comtesse de Paméla Cristi,
et M. Jannin, qui me paraît du bois dont on fait les
véritables Jocrisses.

La féerie de la Renaissance est montée avec le
plus grand luxe ; les trucs en sont très soignés, très
variés, et, chose rare, fonctionnent avec une parfaite
précision. Il y a, au troisième acte, un défilé de personnages infernaux empruntés à toutes les théogo-
nies, fort curieux, fort beau, et d'un développement
vraiment surprenant pour un si petit cadre.

DCCCII

Nouveautés. 6 avril 1882.

Reprise de FATINITZA

Opéra-comique en trois actes, paroles de MM. A. Delacour
et Victor Wilder, musique de J. Suppé.

Je racontais à cette même place, il y a quelques
jours l'histoire du *Boccace* des Folies-Dramatiques,
emprunté à MM. Bayard, de Leuven et de Beauplan
par un librettiste d'outre-Rhin, et repris à celui-ci
par MM. Chivot et Duru. L'aventure de *Fatinitza*
est identique, avec une complication de plus ;
car MM. Delacour et Wilder ont traduit leur livret
d'un allemand qui le tenait de M. Scribe, lequel
l'avait emprunté à Louvet de Coudray. C'est, en
effet, un épisode de la vie du chevalier de Faublas,
que Scribe habilla à l'orientale, et dont il fit *la Circassienne*, opéra-comique en trois actes représenté le
2 février 1861. La musique d'Auber parut sénile, et
la pièce, qui repose sur le quiproquo d'un jeune
homme pris pour une femme et inspirant de l'amour
à un vieux général, fut jugée plus scandaleuse qu'a-
musante. M. Montaubry, tout jeune alors, remplissait
avec une vraisemblance, qui devenait choquante pour
les spectateurs délicats, ce rôle d'androgyne.

Les récents adaptateurs de *la Circassienne* ont évité
cet écueil ; le double rôle du lieutenant Wladimir et
de sa prétendue sœur Fatinitza est écrit pour une
femme, et ce travestissement s'accepte plus facilement
que l'autre. Malgré tout, la pièce n'intéresse guère et

n'arrive à remplir ses trois actes qu'au moyen d'incidents d'un intérêt extrêmement tempéré.

Le cadre de *Fatinitza* a beaucoup mieux servi M.
Suppé que celui de *Boccace*. Ce sujet militaire convenait à ses goûts de fanfares, de marches et autres
cuivreries. L'originalité de la partition de *Fatinitza*
n'est pas bien saillante, les réminiscences,abondent ;
ici, c'est du Strauss ou du Labitzky, ou bien encore
du Verdi et même des échos lointains de la grande
inspiration rossinienne.

Tel morceau de bravoure rappelle un air de *Robert
Bruce*, et le finale du premier acte semble surmoulé
d'après un motif des *Vêpres siciliennes*. La romance
du premier acte « J'étais couché dans l'ombre » a de
la fraîcheur et de la grâce ; mais les nombreux couplets écrits par M. Suppé manquent de franchise, et
ne se soutiennent que par de jolis détails d'orchestre.

Cette reprise de *Fatinitza* n'a remis en saillie que
l'éclatant *trio* du dernier acte, dont je ne saurais contester l'irrésistible effet, bien que les batteries de tambours qui le soutiennent semblent faites pour être
exécutées par l'ancien Sauvage du café des Aveugles.
Cette sonnerie endiablée a transporté le public, qui
a voulu l'entendre trois fois.

Mademoiselle Marguerite Ugalde est tout à fait
charmante sous les traits de Wladimir-Fatinitza ;
elle y déploie toute l'ardeur de son ardente organisation musicale. Mais je crains que la musique de M.
Suppé, si facile à exécuter pour les trompettes à
clef et les trombones ténors, ne soumette la voix
encore frêle de mademoiselle Marguerite Ugalde à
une épreuve qu'il serait dangereux de prolonger.

Mademoiselle Darcourt, la princesse russe qui devient l'épouse de Wladimir, a très bien chanté la
partie aiguë du trio final, ainsi que l'air du traîneau :
« O plaisir, ivresse folle ! »

M. Berthelier donne de l'importance à un rôle de reporter, qui n'était plus de la première fraîcheur même avant *Michel Strogoff*; mademoiselle Piccolo, la femme du général, jette une note gaie dans la pièce.

Le premier décor, qui représente le campement des Russes couchés dans la neige, est fort joli, ainsi que le jardin du dernier acte ; l'un et l'autre sont de M. Robecchi, l'auteur des décors de *Madame le Diable*.

DCCCIII

THÉATRE DES NATIONS.   8 avril 1882.

LES FOULARDS ROUGES

Drame populaire en cinq actes et sept tableaux,
dont un prologue, par Jules Dornay.

Pourquoi drame populaire ? Parce que les personnages des *Foulards rouges* sont des chiffonniers, des voleurs et des assassins ? En ce cas, M. Jules Dornay a une singulière façon de définir le peuple. Mais je crois que cet ancien comédien n'y entend pas malice et qu'il a cru simplement que le mot « populaire » ferait bien sur l'affiche du théâtre des Nations. Laissons l'étiquette et examinons un peu la marchandise. Elle n'est pas de première fraîcheur.

Le prologue nous montre un certain comte de Spare, poitrinaire et chevalier de la Légion d'honneur,

qui vient de faire son testament au profit d'une fille
née de ses amours de passage avec une femme de
peu d'agréments et de peu de cœur qui s'appelle
Pauline Martin. Du moins, il se croit père ; eh ! bien
pas du tout. Pauline Martin a tout simplement volé
la fille d'une pauvre ouvrière nommée Gervaise Lamare. Celle-ci réclame son enfant à cor et à cri ;
Maxime de Spare comprend le chantage dont il est
victime ; il va révoquer le testament, mais alors apparaît à point nommé René Martin, frère de l'infâme
Pauline ; il abat d'un coup de pistolet le prétendu
séducteur de sa sœur. Le testament subsiste. Mais
où est la petite fille ? Le comte l'a cachée et on ne
sait où la prendre.

Vingt ans se sont écoulés. Gervaise Lamare,
inconsolable de la disparition de sa fille, s'est adon-
née à la boisson, et de dégradation en dégradation,
elle est devenue chiffonnière. Un soir, maltraitée par
de mauvais drôles qui appartiennent à la bande dite
des Foulards rouges, elle est délivrée par un jeune
homme qu'accompagnent deux jeunes filles. L'une
de ces demoiselles, le spectateur ne s'y trompe pas
un seul instant, est l'enfant disparue du prologue. Elle
porte le doux nom de Violette, qui est le seul parfum
de cette pièce naturaliste.

Comment la sensible chiffonnière découvre-t-elle
que Violette est sa fille ? Comment la dispute-t-elle
à Pauline Martin, qui, plus heureuse que sa victime
est devenue l'une des plus grandes couturières de
Paris ? Comment M. Didier de Spare, qui hériterait
de son défunt cousin si Violette n'existait pas, arrive-
t-il à reconnaître que Violette est sa propre fille, née
de lui et de la chiffonnière ? C'est ce que je vous con-
terais par le menu si l'horloge du *Figaro* ne venait de
sonner le coup d'une heure et demie du matin.

La pièce aurait pu intéresser si la plus légère ap-

parence, de sens commun avait présidé à sa confection
et à sa rédaction. Mais, dans la pièce de M. Jules
Dornay, le fond vaut la forme et la forme ne vaut pas
mieux que le fond. Parmi les scènes dramatiques
qui ont excité la plus franche hilarité, il en est une
où l'on voit une jeune fille de vingt ans monter quatre étages sans broncher après avoir avalé une chope
de chloroforme, tandis qu'il suffit de l'odeur de
ce produit chimique pour « anesthésier » son meurtrier. Un instant après, on entend un homme de
cinq pieds six pouces, au comble de la fureur, dire à
un malheureux qui vient de recevoir un coup de
couteau dans la poitrine : « L'un de nous deux ne
sortira pas d'ici vivant ». M. Dornay a quelquefois
de l'esprit à sa façon : « La sympathie » dit mademoiselle Primevère, amie de mademoiselle Violette
(que c'est comme un bouquet de fleurs !) « la sympathie n'est pas comme le vol-au-vent : elle ne se
commande pas. » C'est le genre populaire. Mais le
public n'était pas en goût, et ne s'est pas gêné pour
siffler de temps à autre, lorsqu'il était fatigué de
rire.

Les artistes ont fait de leur mieux ; MM. Mondet,
Maurice Simon, J. Renot, se sont tirés d'affaire
par un courage stoïque. Une mention particulière est
due à madame Daudoird qui a composé et exécuté
en véritable artiste de drame le rôle de la chiffonnière Gervaise.

DCCCIV

AMBIGU.   11 avril 1882.

Reprise de LA VIE DE BOHÈME

Drame en cinq actes, de Théodore Barrière et Henri Mürger.

Je n'aurais pas conseillé cette reprise de la *Vie de Bohème* : tentée il y a deux ans au Vaudeville, elle avait échoué. Etait-ce la faute des interprètes, ou bien le succès avait-il été épuisé à l'Odéon de 1874 par cette réunion exquise d'interprètes, qui s'appelaient Pierre Berton, Porel, Clerh, François, Georges Richard, mesdames Broisat, Hélène Petit et Léonide Leblanc ? Je ne sais ; mais j'estime que l'œuvre originale de Théodore Barrière et d'Henry Mürger aurait dû se retremper dans le repos, comme ces peintures momentanément pâlies qui retrouvent la fraîcheur de leur coloris lorsqu'on les environne d'une ombre protectrice.

Mais la direction de l'Ambigu a pensé qu'en attendant la reprise de *l'Ange de minuit*, un drame étrange de Barrière et de Plouvier, qui exige de longues études, quelques représentations de *la Vie de Bohème*, qui demande peu de mise en scène, seraient vues avec plaisir au boulevard. La pièce a été apprise au galop par les comédiens zélés, qui, sauf deux, mademoiselle Massin et M. Georges Richard, ne l'avaient jamais jouée, et elle a été donnée ce soir sans avoir même passé par l'épreuve préalable d'une répétition générale.

Ainsi s'expliquent les incertitudes des trois premiers actes qui, des acteurs, se communiquait visiblement au public. Que la *Vie de Bohème* soit facile à monter, c'est possible, mais facile à jouer c'est autre chose. J'ai eu trop souvent l'occasion de parler de la pièce pour qu'il me reste quelque chose à dire sur ce poème bizarre et touchant de la misère et de l'amour. Je suis seulement heureux de constater qu'après tout, *la Vie de Bohème*, avec ses deux derniers actes dans lesquels les sentiments de tendresse et de pitié se dégagent enfin des préparations un peu artificielles du début a fini par gagner sa cause et reconquérir son public.

Les rôles d'hommes ont été joués un peu à la diable, par M. Montigny qui, très enroué, a montré cependant de l'intelligence et de la chaleur dans le rôle de Rodolphe ; par M. Garraud, que sa jeunesse a bien servi dans celui de Marcel ; par M. Georges Richard, qui, tout en forçant la note et en donnant au légendaire Schaunard l'aspect d'un ancien sapeur ou d'un modèle d'atelier plutôt que d'un jeune symphoniste incompris, n'en a pas moins de l'action sur le public ; enfin, par M. Herbert, un comique qui a montré de la finesse et de la gaîté dans le rôle de Baptiste, le domestique littéraire.

En revanche, les deux principaux rôles de femme ont été tenus d'une façon bien supérieure par mademoiselle Massin et par mademoiselle Hadamard. Le rôle de Musette, créé par Adèle Page, est tout à fait dans les cordes de mademoiselle Massin, qui l'a joué ce soir avec beaucoup de charme, de verve brillante et de gaîté.

Mademoiselle Hadamard a composé le personnage de Mimi, rôle superbe, mais très difficile, avec un très réel talent ; je lui voudrais peut-être plus de simplicité dans les premières parties de la pièce ; mais au cinquième acte, cette jeune artiste a rendu le re-

tour et l'agonie de Mimi avec une justesse d'accent,
une sincérité profondément attendrissante, qui ont
fait couler un déluge de larmes. Personne, je crois,
n'y a résisté.

Je ne veux pas oublier mademoiselle Suzanne Pic
qui a sauvé la représentation en jouant au pied levé,
à neuf heures du soir, le rôle de Phémie, qu'elle venait d'apprendre en cinq minutes, pour remplacer
une actrice subitement empêchée ; mademoiselle Pic
a été récompensée de sa complaisance et de sa bonne
grâce par des applaudissements bien mérités.

DCCCV

GYMNASE.   13 avril 1882.

LES DÉBUTS DE PLUCHETTE

Comédie-vaudeville en un acte, par MM. Pierre Decourcelle
et Jacques Redelsperger.

LA CARTE FORCÉE

Comédie en deux actes, par MM. Hector Crémieux
et Maurice Pernéty.

La comédie-vaudeville intitulée par les deux jeunes
auteurs *les Débuts de Pluchette* ne laisse pas que
d'être difficile à raconter, parce qu'elle ne contient, à
vrai dire, aucune idée de pièce. Je vois bien, d'un
côté, que M. Edmond Thomery veut à toute force
louer un entresol, appartenant à M. La Gravoise parce

que, des fenêtres de cet entresol, on aperçoit mademoiselle Angelina qu'il adore ; et que, d'un autre côté, mademoiselle Pluchette, fille de la portière de la maison, désire débuter dans la danse ou autrement, et que finalement elle s'installe dans l'entresol vacant, que lui meublera l'inflammable M. La Gravoise. Mais le rapport que ces divers épisodes peuvent avoir entre eux m'échappe totalement. De la gaîté, de l'esprit, des mots drôles, le jeu très en dehors de mademoiselle Charlotte Raynard, la grâce de mesdemoiselles Lender et Denise Linville, et un heureux début de M. Noblet ont assuré néanmoins le succès de cette bluette.

Passons d'un extrême à un autre : *les Débuts de Pluchette* n'ont pas plus de consistance qu'un article de genre dans un journal illustré ; tandis que *la Carte forcée* contient la matière d'un énorme roman. Il faut savoir que M. Georges Aubert a jadis aimé la marquise de X. ; qu'il a dû renoncer au bonheur de l'épouser ; qu'il ne s'en est pas consolé, mais qu'il est devenu député du département des Alpes-Maritimes et rédacteur de la *Revue des Deux-Mondes* où il écrit des romans très chics, qui font pleurer les dames et rêver les demoiselles ; tandis que, de son côté, la marquise de X..., s'est très raisonnablement donné un second époux, appelé le comte Baranoff.

Le hasard rassemble nos personnages à Monaco. Le comte Baranoff, un type de joueur saisi sur le vif, s'est entiché de Georges Aubert, parce que celui-ci, a gagné sur une série à la noire ; il amène le joueur heureux dans sa villa. Georges et la comtesse se reconnaissent, et l'écrivain de la *Revue des Deux-Mondes* voudrait bien recommencer le roman d'autrefois. Il ne parle de rien de moins que d'enlever la comtesse. Celle-ci feint d'y consentir ; elle laisse même à Georges le soin de garnir son sac de voyage ;

des pastilles de Vichy pour son estomac, de la flanelle
pour ses douleurs, de la musique de café concert
pour ses menus plaisirs. Bref, la comtesse recommence la scène aussi rebattue que désagréable de la
femme qui essaie de dégoûter d'elle un homme qui
l'adore. Je ne la trouvais pas très fraîche, cette scène,
lorsqu'elle réapparut le mois dernier dans la comédie
de M. Jacques Normand ; le printemps qui commence
ne l'a pas fait reverdir.

Bref, Georges un peu honteux de sa passion pour
cette femme sur le retour, se laisse marier à une
jeune héritière, Olga Baranoff, nièce du comte, qui
s'était éprise du romancier Georges Aubert, en lisant
la *Revue des Deux-Mondes*. Les deux personnages
vraiment amusants de la pièce sont le comte Baranoff, qui ne joue que la série, et sa sœur, la baronne
Bernskoff, qui ne joue que l'intermittence. Ce ne sont
pas des caricatures mais des portraits pris sur nature,
très spirituellement rendus par M. Lagrange et mademoiselle Marie Magnier.

Madame Pasca joue avec une sorte de bonhomie le
rôle de la comtesse ; mais que de gestes et quels
gestes, grand Dieu ! pour une femme du monde,
causant dans son salon en présence d'une nièce de
dix-huit ans ! Mademoiselle Lemercier, qu'on a longtemps applaudie dans les jeunes premières au Palais-
Royal, a débuté ce soir au Gymnase dans les ingé-
nuités ; elle y a été fort goûtée. M. Frédéric Achard
est amusant dans la scène du sac de voyage.

DCCCVI

Reprise de LA CLOSERIE DES GENÊTS

Drame en sept actes, dont un prologue, par Frédéric Soulié.

Le bon vieux drame de Frédéric Soulié accomplira le 14 octobre prochain la trente-sixième année de son âge, ayant été joué pour la première fois le 14 octobre 1846 sur le théâtre de l'Ambigu. Matis, Montdidier, Saint-Ernest, Verner, MM. Paulin Ménier, Lacressonnière, mesdames Guyon, Naptal-Arnault et Lucie Mabire (qui fut plus tard Edouard Plouvier), contribuèrent largement à ce grand succès, le premier, le plus grand et peut-être le seul que Frédéric Soulié ait obtenu au théâtre. De tous les interprètes d'alors, trois seulement survivent : MM. Paulin Ménier, Lacressonnière et madame Naptal-Arnault.

Le drame, à l'origine, était divisé en cinq actes et neuf tableaux ; on a supprimé deux de ceux-ci ; il reste à faire disparaître l'acte vraiment ridicule où le colonel Montéclain essaie de persuader à madame de Beauval qu'elle va être jugée par les Treize de Balzac, MM. de Rastignac et de Marsay. Dans l'arrangement adopté par le théâtre de la Gaîté, on a eu le tort non seulement de conserver cet épisode naïf, mais encore de le déplacer et de l'intercaler entre les deux plus beaux actes de la pièce.

Tout le monde sait que *la Closerie des Genêts* renferme une situation capitale et de la plus grande valeur : c'est la scène où le chouan Kéroüan, devinant le déshonneur qui l'attend, oblige sa fille Louise à lui lire la lettre qui dévoile sa faute. L'émotion dramatique est ici portée à son comble, et s'accroît par la noble retraite du vieillard emmenant sa fille : « Venez, Louise, notre place n'est plus ni parmi les heureux de ce monde ni parmi les honnêtes gens ! » La logique de la curiosité et de l'intérêt veut que le spectateur sache sans plus de retard ce qui va se passer entre Kérouan et Louise. Or c'est ce courant naturel qui est interrompu par la malencontreuse scène des Treize.

Sous ces réserves, je suis heureux de constater que la reprise de *la Closerie des Genêts* a été accueillie par le public de la Gaîté avec une très chaleureuse sympathie. Une interprétation excellente, a mis en relief les types populaires du chouan Kérouan, du général comte d'Estève, du colonel marquis de Montéclain, du maréchal-des-logis, Ali Christophe, du vieux grognard Dominique et du paysan Pornik. M. Dumaine trouve dans le rôle de Kérouan l'emploi de ses plus nobles qualités : la dignité, la sensibilité, le pathétique profond ; et M. Clément Just a très bien rendu les angoisses paternelles du général d'Estève. M. Romain joue quelquefois en mélodrame ce beau rôle du colonel de Montéclain que Montdidier créa dans un ton de comédie sérieuse et d'élégance mondaine ; mais ce jeune artiste est en progrès et complétera ses dons naturels par le travail. MM. Tallien, Lacroix, Rhodé, le débutant Deroy, ont très bien appuyé leurs têtes de colonnes.

Le rôle difficile de Louise, où madame Guyon fut réellement admirable et qui a eu depuis cette grande artiste des interprètes telles que mesdemoiselles Rouseil et Dica-Petit, a été très favorable à mademoiselle Largillière (madame Masset) ; elle possède une bonne voix, sauf un léger défaut de prononciation facile à redresser, de la chaleur, une émotion sincère et communicative ; elle a été fort applaudie et méritait de l'être ; comme aussi mademoiselle Marcelle Julien, très intéressante et très distinguée dans le rôle de mademoiselle d'Estève. Une mention très honorable à madame Moïna Clément, chargée du mauvais rôle de Léona de Beauval.

Une observation de mise en scène. Lorsque Louise Kérouan, courbée sous la douleur et la honte, lit la lettre accusatrice sous le geste dominateur de son père, tous les yeux sont mouillés, toutes les oreilles se tendent pour ne pas perdre un seul des mots dits par l'actrice d'une voix entrecoupée. C'est le moment que les violons de l'orchestre choisissent pour attaquer sur leur chanterelle une plate romance qui empêche d'entendre madame Largillière, en même temps que les mouvements de l'archet du chef d'orchestre s'interposent entre l'œil du spectateur et le groupe principal des acteurs en scène.

Frédérick Lemaître, répétant *Kean* aux Variétés, entendit un petit air parti de l'orchestre au lieu du simple *tremolo* qu'il avait désiré. « — Qu'est cela ? » demanda-t-il. — « C'est le chant ! » répondit le chef d'orchestre.

« — Monsieur » s'écria Frédérick, » c'est moi qui suis le chant. » Le chef d'orchestre s'appelait Masset, et c'est l'excellent professeur qui m'a ce soir même raconté l'anecdote.

DCCCVII

Odéon (Second Théatre-Français). 15 avril 1882.

OTHELLO OU LE MORE DE VENISE

Drame en cinq actes et huit tableaux, de Shakespeare,
traduction nouvelle par M. Louis de Gramont.

Les traductions de Shakespeare ne manquent pas :
elles ont commencé il y a plus d'un siècle par celle
de Letourneur, que suivirent, à inégales distances,
celles de M. Guizot, de Benjamin Laroche, de François Victor Hugo, etc., etc. *Othello* a été mis à la scène
en 1792 par Ducis qui le mutila en l'adaptant pour la
Comédie-Française et, de notre temps par Alfred de
Vigny, dont la traduction originale, donnée pour la
première fois à l'Odéon en 1829, passa plus tard au
Théâtre-Historique du boulevard du Temple, où elle ne
réussit point, malgré le talent de Rouvière, son principal interprète. Enfin, il y a peu d'années, la Comédie-Française a joué, dans la représentation de retraite d'un de ses sociétaires, un acte d'*Othello* traduit
par M. Jean du Boys.

M. Louis de Gramont nous offre à son tour une
version, qui, à première vue, me paraît l'une des plus
exactes qu'on ait tentées quant au sens, en même
temps que la plus fidèle quant à l'enchaînement des
scènes. Les plus anciennes éditions, de 1621, 1622 et
1623, n'indiquent en totalité que treize lieux de scène
différents ; pour réduire l'original à huit tableaux,
M. Louis de Gramont n'a donc eu qu'à supprimer

cinq changements, la plupart insignifiants, douteux ou inutiles, qui ne correspondent pas même à des changements de texte.

· M. Louis de Gramont a écrit tout l'ouvrage en vers alexandrins d'allure souple, mobile, aux enjambements et brisures multipliés, qui lui permettent de rendre le texte avec une grande aisance. Ce texte, tel que les meilleurs libraires le réimpriment journellement en Angleterre, comporte à peu près autant de prose que de vers blancs, c'est-à-dire sans rime, auxquels se mêlent, seulement dans le premier et le second acte, des séries rimées d'une dizaine de vers chacune, l'une dite par le Doge, l'autre par Iago. De plus, chaque acte se termine par un distique rimé, et c'est grâce à ce signe qu'on les sépare l'un de l'autre. Ce singulier mélange prouve que Shakespeare, à l'époque où il fit représenter *Othello*, c'est-à-dire vers l'an 1600, commençait à adopter le système des vers blancs, introduit par Marlowe, et aussi, selon les connaisseurs, parmi lesquels je cite en première ligne M. Guillaume Guizot, que la copie sur laquelle *Othello* s'imprima pour la première fois était faite de pièces et de morceaux.

Il est permis de conclure, d'après ces détails, que la meilleure manière de rendre le texte d'*Othello* sera de le traduire en prose. Nous n'en sommes pas encore là, mais nous y viendrons. En attendant, il faut rendre hommage au travail intelligent, habile et consciencieux par lequel M. Louis de Gramont nous fait pénétrer dans l'intimité de l'œuvre shakespearienne. Ses vers suivent avec une aisance singulière le mouvement de l'original; ils en rendent avec une audace parfois excessive les vulgarités et même les grossièretés voulues, ce qui ne les empêche pas de reprendre au besoin le ton poétique et lyrique, pour traduire par exemple, cette célèbre lamentation du Maure :

Adieu, combats qui nous brûlez de votre flamme
Et de l'ambition faites une vertu ;
Tambours qui ranimez le courage abattu,
Fifres aux sons aigus, trompettes éclatantes,
Chevaux qui bondissez joyeux autour des tentes !
Adieu, fiers escadrons aux panaches mouvants,
Étendards qui flottez superbes sous les vents ;
Adieu, vous qui grondez plus haut que le tonnerre,
Engins de mort ! Adieu la gloire ! Adieu la guerre !
C'en est fait d'Othello...

Une remarque à faire. Les « engins de mort » ce sont évidemment des canons ; si cette périphrase se rencontrait dans l'imitation de Ducis, on lui jetterait la pierre, c'est cependant la véritable expression de Shakespeare :

« *O you mortel engines !* »

Le nouvel *Othello* a été accueilli avec beaucoup de déférence et d'intérêt par le public de l'Odéon ; les trois premiers tableaux ont paru longs ; il ne s'agirait pour les acteurs que de jouer avec plus de rapidité, à la manière anglaise, et pour les machinistes que d'abréger les entr'actes. Mais, une fois arrivés au troisième acte, qu'occupe presque entier la merveilleuse scène d'Othello et d'Iago, les spectateurs ont été profondément saisis et subjugués, et ce sentiment ne les a plus quittés jusqu'au terrible dénouement que tout le monde connaît.

M. Taillade, qu'on jugeait froid et lourd au commencement, a révélé sa science de composition par les émotions graduées du troisième acte, où l'on voit le More de Venise passer de la plus profonde tranquillité d'âme aux plus extrêmes emportements de la fureur. Le reste allait de source. M. Taillade demeure un Othello de premier ordre, même après Rouvière, même après Salvini, même après Rossi.

Mademoiselle Tessandier n'a pas paru aussi heureusement placée dans le rôle de l'innocente Desdemona ; mais elle était, dit-on, fort souffrante, et il n'y a pas lieu d'insister.

L'infâme Iago a été rendu avec un très réel talent par M. Chelles qui, en évitant de lui donner le noir aspect d'un traître de mélodrame, l'accentue cependant par des contrastes de dureté et de basse hypocrisie habilement trouvés.

Mademoiselle Defresnes a rendu tour à tour avec grâce et avec énergie le caractère de la suivante Émilia, auquel elle a donné au dernier acte une valeur de premier plan. MM. Albert Lambert et Bremont remplissent convenablement les rôles de Cassio et de Rodrigo.

DCCCVIII

CLUNY.   17 avril 1882.

115, RUE PIGALLE

Comédie en trois actes, par M. Alexandre Bisson.

115, rue Pigalle, c'est l'adresse d'une maison que la plupart des personnages de la pièce ont connue et connaissent encore, mais cette maison galante, on ne la voit pas : La pièce se passe tout entière dans le département du Calvados, le premier acte à Caen, le second à Cabourg.

Un commerçant nommé Loriot va marier sa fille Valentine à M. Bernard, un avocat, jeune encore mais déjà veuf, inscrit depuis une année seulement au barreau de Caen. Ce mariage déplaît à l'associé

de Loriot, un personnage très grincheux, qui répond
au nom de Quiquemel. Ce Quiquemel aurait voulu
marier son propre neveu à mademoiselle Loriot. *Inde
iræ.* Quiquemel n'a plus depuis quelque temps qu'une
unique préoccupation, qui est de se procurer de fâcheux renseignements sur Bernard, pour rompre son
mariage ; il n'y avait pas réussi, lorsque tout à coup
un sien ami lui télégraphie que le sieur Bernard ayant
habité la rue Pigalle n° 115, a tué sa première femme
de six coups de revolver, mais qu'il a été acquitté à
cause du flagrant délit d'adultère dans lequel il l'avait
trouvée. Quiquemel triomphe mais trop tard : le maire
de Caen vient de prononcer la formule indissoluble
prescrite par le Code civil. Certes, M. et madame
Loriot n'auraient pas donné leur fille à M. Bernard,
s'ils eussent connu sa fâcheuse aventure ; mais ce qui
est fait est fait. Il ne leur reste plus qu'à veiller avec
soin sur la paix du jeune ménage afin d'éviter à madame Bernard II le sort funeste de madame Bernard Ire. C'est à quoi ces bons parents s'emploient
avec tant de zèle, d'intelligence et de perspicacité
qu'ils finissent par persuader à leur fille que son mari
a une maîtresse, à leur gendre que sa femme a un
amant. Tout s'explique à la fin. Il n'y a pas d'identité
entre le meurtrier Bernard et le Bernard avocat. Ce
dernier, à la vérité, était fort connu au n° 115 de la
rue Pigalle, mais seulement sous le nom d'Anatole,
en qualité d'ami d'une certaine dame Hortense, qui
se faisait passer pour veuve et qui n'était autre que
la femme en rupture de ban du sieur Quiquemel, l'associé grincheux. Sur ce fond scabreux, jetez l'intrigue entrecroisée de trois ou quatre quiproquos au
gros sel, et vous aurez une idée de la pièce.

M. Alexandre Bisson a fait jouer deux ou trois
pièces à l'Athénée, et il est l'un des auteurs, en collaboration avec M. Gondinet, du *Voyage d'agrément,*

que le Vaudeville vient de reprendre. Ce n'est donc plus un débutant, mais c'est encore un jeune, et sa verve gauloise nous promet une longue série de comédies joyeuses. Le 115, *rue Pigalle* n'a été qu'un long éclat de rire. Le second acte renferme une des situations les plus bouffonnes qu'on ait mises au théâtre. Le bonhomme Loriot, voulant éclaircir par lui-même l'histoire du prétendu meurtre de la première madame Bernard, télégraphie à la portière de la rue Pigalle de venir le trouver à Cabourg moyennant récompense. Il reçoit immédiatement cette réponse : « Merci, trésor chéri, de ne m'avoir pas oubliée ; j'arrive par le premier train. Quel bonheur de t'apporter le baiser de réconciliation ! Signé : Veuve Taupin. » Loriot croit d'abord à une erreur ou à une farce de fumiste. Mais ce n'est ni l'une ni l'autre. La veuve Taupin, courte, large et grasse, arrive de Paris et se jette dans ses bras en pleurant : c'est Athénaïs, la petite grisette qui, vingt ans plus tôt, fut au quartier Latin la maîtresse de Loriot, et qui, devenue portière rue Pigalle, s'imagine que son infidèle, pris d'un remords tardif, l'appelle pour réparer ses torts par un bon mariage.

On peut s'étonner qu'une de nos scènes de genre n'ait pas arrêté au passage la très amusante pièce de M. Alexandre Bisson. Le Théâtre-Cluny leur saura gré de cette négligence. L'interprétation n'est pas de première force, mais elle suffit. On peut même citer M. Mesmacker dans l'infortuné Quiquemel, et madame Irma Aubrys dans la veuve Taupin, comme d'excellents farceurs qui repasseront les ponts un jour ou l'autre.

Voilà, je crois, le Théâtre-Cluny sérieusement, je veux dire gaiement désenguignonné.

DCCCIX

PORTE-SAINT-MARTIN.   22 avril 1882.

LE DONJON DES ETANGS

Drame en cinq actes et dix tableaux,
de M. Ferdinand Dugué.

Le Donjon des Etangs fut représenté pour la première fois sur le théâtre Beaumarchais le 31 décembre 1875. M. Ferdinand Dugué a toujours cru que son ouvrage ne méritait pas cette espèce d'exil, et il a fait, au bout de six années, partager sa conviction par le théâtre de la Porte-Saint-Martin.

Il faut donc rappeler sommairement le sujet de ce drame, d'autant plus facilement oublié qu'il n'a jamais été très connu. L'auteur a choisi un cadre historique pour un sujet de pure fantaisie. L'histoire, c'est la passion violente et quelque peu sénile de Henri IV pour Charlotte de Montmorency, princesse de Condé. La fantaisie, ce sont les anciennes amours d'Agrippa d'Aubigné avec une dame de Sauveterre que son mari a noyée de ses propres mains dans l'étang qui environne son château féodal. De cette liaison était née une fille que d'Aubigné ne connaît pas, dont il ignore même l'existence, ce qui ne l'empêche pas de la chérir tendrement. L'affreux Sauveterre n'a épargné la fille de la femme adultère que « pour la mieux torturer »; il a même conçu le plan, que je qualifierai très sérieusement d'infâme, « de la livrer à la prostitution » lorsqu'elle serait nubile. Heureusement, Agrippa d'Aubigné, à force de supposer qu'il pourrait bien avoir une fille, finit par la retrouver derrière les rideaux du lit sur lequel reposait madame de Sauveterre avant que son mari ne la jetât à l'eau. Une lutte s'engage entre d'Aubigné et Sauveterre ; il fait nuit ; Sauveterre va poignarder d'Aubigné, lorsque Madeleine, qui a l'habitude de se promener dans le mur du donjon, passe avec une lanterne, dont la lueur vient éclairer Sauveterre, qui tombe sous l'épée d'Agrippa. Cet effet de lumière ne vaut peut-être pas celui des *Rantzau*, mais il a le mérite de la priorité.

Cela pourrait finir là : mais ce Sauveterre poursuit ses victimes même après sa mort ; un de ses sicaires fait monter Madeleine et son fiancé René d'Elbènes sur un bateau qui ne tarde pas à s'enfoncer ; elle va périr comme sa mère dans l'étang du donjon, mais elle est sauvée par d'Aubigné lui-même, et Henri IV, satisfait d'avoir rattrapé la belle Charlotte, qui se trouvait prisonnière au donjon des Etangs, annonce à d'Aubigné que, se soumettant à ses sages conseils, il n'aimera plus désormais que la France.

Le Donjon des Etangs n'a pas retrouvé à la Porte-Saint-Martin le succès relatif qu'il avait obtenu au théâtre Beaumarchais. L'élargissement du cadre rend les défauts plus saillants ; le traître Sauveterre fait plus rire que trembler ; remarquez que ce « traître » est simplement un gentilhomme auquel le « vertueux » d'Aubigné a volé sa femme. Le public se rend vaguement compte des objections qu'il pourrait faire à cette justice distributive. D'un autre côté, l'interprétation de ce soir ne vaut pas celle du petit théâtre Beaumarchais. A part M. Laray qui soutient énergiquement le rôle d'Agrippa créé par M. Clément Just, la comparaison n'est pas à l'avantage du présent ; mademoiselle Angèle Moreau se montre moins touchante que mademoiselle Jeanne-Marie dans le rôle de Madeleine, et M. Fabrègues est

un amoureux beaucoup moins élégant et sympathique
que ne l'était M. Angelo dans le rôle de René d'Elbènes. Enfin M. Montal, dans le personnage do
Henri IV, qui ne convient guère à son physique ni à
son talent, reste sensiblement inférieur à M. De-
bruyère, dont ce fut une des bonnes créations.

MM. Vannoy, Gobin, Faille, mesdames Pauline
Patry et Hélène Verdier, qui donnent de la valeur
aux figures secondaires, écrasent d'autant les rôles
principaux.

La mise en scène du *Donjon des Etangs* est fort
luxueuse ; l'assassinat de Henri IV vu en rêve par la
princesse de Condé est un tableau très réussi ; le
décor du deuxième tableau, avec son étang traversé
par un pont de pierres de taille, est très remarquable,
mais l'effet s'en trouve annulé par une mise en
scène insuffisamment réglée. On a ri de voir deux
personnes d'un poids aussi respectable que mademoiselle Angèle Moreau et M. Fabrègues repêchées au
bout d'une simple écharpe ; il y avait de quoi.

DCCCX

Porte-Saint-Martin. 23 avril 1882.

LA PARTIE DE DAMES

Comédie en un acte en prose, par M. Octave Feuillet.

DAVENANT.

Comédie en un acte en vers, par M. Jean Aicard.

L'Union Française de la Jeunesse est une association fondée comme l'Association philotechnique, pour la diffusion de l'enseignement supérieur ; elle a ouvert des cours dans les différents arrondissements de Paris, et son originalité, c'est qu'elle choisit ses professeurs parmi les jeunes gens des écoles, qui se préparent ainsi eux-mêmes à la carrière de l'enseignement.

C'est en vue d'accroître ses ressources que l'association a sollicité et obtenu le concours de la Comédie-Française et de l'Odéon, qui seuls ont fait les honneurs de la matinée dramatique donnée dimanche à la Porte-Saint-Martin.

La représentation, dont le programme était des plus attrayants, commençait avec *Une Aventure de Garrick*, jouée par les artistes de l'Odéon ; M. Porel et madame Samary-Esquier s'y sont particulièrement distingués. On devait terminer par le *Narcotique*, cette amusante comédie de M. Edouard Pailleron, dont le Cercle de la rue Saint-Arnaud a eu la primeur il y a quelques semaines ; malheureusement une indisposition de M. Volny, qui s'est trouvé subitement malade dans sa loge au moment où il s'habillait, a fait manquer cette partie du spectacle.

M. Coquelin cadet, qui avait largement payé son tribut en disant deux étourdissants monologues, *Rien* et *Paris*, s'est chargé, avec mademoiselle Baretta, de réparer la brèche faite aux plaisirs du public, qui, du reste, avait peu à se plaindre, car il venait d'entendre deux pièces qui n'avaient jamais été représentées à Paris : *La Partie de Dames*, de M. Octave Feuillet, et *Davenant*, de M. Jean Aicard.

La Partie de Dames est imprimée dans les œuvres de M. Octave Feuillet ; c'est l'histoire d'un conflit intime entre une aimable sexagénaire, madame d'Ermel, et son vieil ami le médecin Jacobus. Dameret comme feu Robespierre, fleuri comme feu Dupaty, solennel comme l'immortel Prudhomme, le docteur Jacobus est de plus esprit fort à la façon du baron d'Holbach, et il finit par blesser la piété conciliante mais solide, de la bonne madame d'Ermel. Celle-ci le met alors en demeure de sortir pour jamais de la maison où il a pris ses habitudes depuis vingt ans ou bien de lui demander pardon à genoux. On devine que c'est à ce dernier parti que se réduit le vieil athée, qui confesse la foi de madame d'Ermel, et lui demande sa main. Il fallait la gravité douce et le tact infini de M. Octave Feuillet pour plier aux exigences du théâtre et au ton de la comédie mondaine, cette sorte de controverse très sérieuse par le fond. C'est un tour de force pour M. Octave Feuillet d'y avoir réussi, et pour les interprètes M. Prudhon et mademoiselle Persoons, d'avoir si discrètement traduit la pensée de l'auteur.

Le *Davenant*, de M. Jean Aicard, a son histoire. C'est cette comédie en un acte en vers que l'auteur avait écrite spécialement pour mademoiselle Sarah

Bernhardt qui devait la créer dans l'été de 1879, et l'introduire ensuite à Paris dans le répertoire de la Comédie-Française. On ne sait par quel caprice mademoiselle Sarah Bernhardt se déroba la veille de la représentation, et on le saura moins que jamais après l'épreuve d'aujourd'hui, car la pièce est charmante.

William Davenant, acteur tragique, dramaturge et poète lauréat d'Angleterre, est donné dans les biographies comme le fils naturel de Shakespeare et d'une cabaretière d'Oxford ; c'est sur cette donnée que M. Jean Aicard a disposé sa pièce.

William n'a que seize ans lorsque son génie dramatique se révèle à quelques seigneurs qui sont venus déjeuner dans la taverne de Davenant, son père putatif. Lord Rochester demande au tavernier la permission d'emmener le jeune homme à Londres pour y faire fortune, et le vieux Davenant y consent. Rien de plus simple. Mais où donc est la pièce ? La voici : Davenant aime tendrement l'enfant dont il va se séparer, et cependant il sait que William n'est pas son fils ; mistress Davenant, au lit de mort, a tout avoué à son mari. D'abord accablé sous le coup, le bonhomme s'est conduit en brave homme ; non seulement il n'a pu haïr l'enfant qu'il avait cru le sien, mais il s'est plu à former son cœur et son âme, en un mot il l'a élevé, non comme le fils d'un obscur cabaretier d'Oxford, mais comme le fils du grand Shakespeare. C'est dans le personnage du vieux Davenant que réside tout l'intérêt, toute l'originalité, tout le charme de la comédie écrite avec une chaleur pénétrante par M. Aicard, et qui a recueilli les applaudissements les mieux mérités.

Il est vrai que M. Got joue ce rôle, admirablement conçu pour le théâtre, avec la supériorité d'un talent arrivé à son apogée ; M. Got ne s'est pas contenté de se faire admirer, il a fait pleurer ; n'est-ce pas le dernier mot de l'art du comédien ?

Je ne dirai rien du rôle de William Davenant, sinon qu'il a été conçu tout exprès pour montrer sous ses différents aspects le talent de diction de mademoiselle Sarah Bernhardt ; mais elle n'était pas là.

Les rôles secondaires ont été tenus très agréablement par madame Thénard, MM. Truffier, Davrigny, Le Bargy, de Féraudy, auxquels s'était adjoint M. Samary *junior*.

Il est probable que M. Jean Aicard, vengé par le public des incompréhensibles procédés de mademoiselle Sarah Bernhardt, aura prochainement la satisfaction de lire le nom de *Davenant* sur l'affiche de la Comédie-Française.

DCCCXI

Odéon (Second Théatre-Français). 24 avril 1882.

L'ODÉON ET LA JEUNESSE

Poésie de M. Auguste Dorchain, à l'occasion du centième anniversaire de ce théâtre.

La Comédie-Française, qui donna sa première représentation le 25 avril 1680, a trouvé bon de ne célébrer son deuxième centenaire que le 21 octobre 1882, imitant en cela ce maire rural qui ajournait la fête du 14 Juillet au dimanche suivant pour la com-

modité de ses administrés. L'Odéon ne pouvait que
se conformer au précédent créé par son chef de file,
et c'est pourquoi, ce théâtre dont l'ouverture eut lieu
le 9 avril 1782, n'a célébré qu'aujourd'hui, 24 avril, le
commencement de sa cent-et-unième année. A cet
âge-là quinze jours de plus ou de moins ne comptent
guère.

Donc, le 9 avril 1782, la Comédie-Française, ins-
tallée dans la nouvelle salle, bâtie par les architectes
de Wailly et Peyse aîné, donne l'*Iphigénie en Aulide,*
de Racine, précédée par un prologue en un acte et
en vers, d'Imbert, intitulé : l'*Inauguration du Théâtre-
Français,* lequel fut vigoureusement sifflé, malgré la
présence de la Reine et des princes. La nouvelle
salle fut sévèrement jugée : « les sourds disent qu'on
n'y entend pas ; les cacochymes qu'il y fait froid ;
les jolies femmes qu'on n'y voit goutte. »

J'emprunte cette citation de la *Correspondance secrète,* à la très curieuse, très intéressante et très
exacte histoire de l'Odéon, entreprise par MM. Paul
Porel, artiste de ce théâtre, et Georges Monval, archi-
viste de la Comédie-Française, dont le second volume
vient de paraître chez Alphonse Lemerre.

Le Second-Théâtre-Français ne pouvait mieux
choisir que *le Mariage de Figaro* pour rappeler son
glorieux passé littéraire, qui ne compte pas de première représentation plus célèbre que celle du 27
avril 1784. Si le centenaire du théâtre a sonné depuis
quinze jours, celui du *Mariage* est en avance de deux
ans. Mais qu'importe! Aucune bataille littéraire
n'efface le souvenir de celle-là, ni *Charles IX* de
Chénier, ni l'*Othello* d'Alfred de Vigny, ni les *Chris-
tines* de Frédéric Soulié et d'Alexandre Dumas, ni *le
Paria* de Casimir Delavigne, ni *la Nuit Vénitienne*
d'Alfred de Musset, ni l'*Amy Robsart* de Victor Hugo.

L'*Odéon et la Jeunesse* est l'œuvre d'un jeune poète

M. Auguste Dorchain, connu des lettrés par un volume de beaux vers publié l'an dernier et pour lequel M. Sully Prudhomme a écrit une intéressante préface, livre dont ma mémoire détache comme malgré moi ces strophes d'une tendre et triste vérité :

> Mères, vous aimez trop ces pauvres petits hommes
> Qu'en souriant vous apaisez;
> A ces fils, qui seront faibles comme nous sommes
> Ne prodiguez pas vos baisers;
> Car sur votre âme ainsi vous moulez trop leurs âmes;
> Ils pourront un jour en souffrir;
> Ils vous devront un cœur semblable aux cœurs de femmes
> Prompt à saigner, lent à guérir...

Mon collaborateur Prével a publié il y a quelques jours, dans son Courrier, quelques vers extraits de l'Odéon et la Jeunesse ; et nos lecteurs en ont pu apprécier la verve et la couleur. Je n'ai donc qu'à constater l'accueil chaleureux qu'ils ont reçu ce soir du public, dits à merveille par M. Porel.

Je souhaite, pour ma part, la plus large prospérité au théâtre de l'Odéon, qui tient une place à part dans l'organisme de notre système officiel de littérature dramatique. L'existence de la Comédie-Française, intimement liée à nos meilleures traditions nationales, implique l'institution permanente d'un second théâtre voué à la haute littérature, servant à la fois de déversoir pour les encombrements de notre première scène et de pépinière pour son recrutement.

J'ai trop longuement examiné, ici même, la question de l'Odéon pour y revenir aujourd'hui. Mes convictions n'ont pas changé et je pense que l'Etat doit faire pour l'Odéon de M. de La Rounat, ce que je réclamais pour l'Odéon de M. Duquesnel, ce qui se résume en peu de mots : augmenter la subvention et réduire le cahier des charges ; beaucoup d'argent et beaucoup de liberté.

15.

DCCCXII

Gymnase.　　　　　　　　　　4 mai 1882.

Reprise de MADAME CAVERLET

Comédie en quatre actes, par M. Emile Augier.

Six années ont passé sur la comédie de M. Emile Augier, représentée pour la première fois, le 1ᵉʳ février 1876, au théâtre du Vaudeville. Elles l'ont mûrie sans la vieillir. Il me semble, en relisant l'article que j'écrivis sous le coup d'une impression rapide mais profonde, que j'avais donné trop d'importance au divorce à l'étranger qui amène le dénouement. Je reconnais aujourd'hui que M. Emile Augier s'est ici servi du divorce moins comme d'une thèse, que comme d'un ressort, j'allais dire d'un expédient dramatique, et c'était évidemment son droit.

En définitive, il ne reste donc des aventures de la fausse épouse de M. Caverlet, femme séparée de M. Mairson, qu'un drame viril et émouvant, qu'une pièce solide et délicate, destinée à prendre et à garder une des meilleures places dans l'admirable théâtre de M. Emile Augier.

Madame Caverlet avait été jouée au théâtre du Vaudeville d'une manière tellement supérieure, que nos souvenirs d'alors nous gâtent un peu le présent.

M. Lafontaine seul a conservé son rôle; il serait injuste de lui reprocher quelques hésitations de mémoire, qui, d'ailleurs, lui ont été communes, au premier acte, avec plusieurs de ses partenaires; peut-être la pièce n'avait-elle pas obtenu le nombre de répétitions qui assure la solidité de diction indispensable pour interpréter sans défaut un ouvrage d'une pareille valeur littéraire. Mais M. Lafontaine garde, avec sa légitime autorité, cette sensibilité profonde et sans charlatanisme qui seule fait couler de vraies larmes.

M. Guitry, chargé du rôle d'Henri Mairson, réussit toutes les fois qu'il trouve la place d'une émotion intime et rapidement refoulée ; mais, d'ordinaire, il joue tellement en dedans que la plupart du temps rien ne sort. Nous sommes là bien loin de la verve généreuse et nerveuse de M. Pierre Berton.

Le rôle odieux du mari qui finit par vendre à sa femme, pour un demi-million, le droit de divorcer, est tenu avec quelque pesanteur, mais non sans talent par M. Lagrange ; il me semble que M. Saint-Germain le rendait un peu plus gai et par conséquent plus supportable.

Par exemple, M. Delannoy est excellent dans le rôle du bon juge de paix, si plaisamment créé par M. Parade. Il s'y montre plein de bonhomie et de naturel. M. Delannoy est un de ces bourgeois fantasques que Daumier immortalisa dans ses invraisemblables lithographies.

M. Frédéric Achard et mademoiselle Lemercier représentent agréablement mais un peu froidement le couple des jeunes amoureux dont le mariage, considéré d'abord comme impossible par les préjugés très concevables de M. Bargé, forme le nœud du drame. M. Dieudonné et mademoiselle Bartet y obtinrent un de leurs plus beaux triomphes.

Je félicitais, il y a six ans, mademoiselle Rousseil d'avoir « rendu avec beaucoup de mesure et de dou-
» leur concentrée le personnage quelquefois sympa-
» thique, mais plus souvent pénible de madame
» Caverlet. » Madame Pasca s'est servie de procédés

absolument contraires ; elle y a mis plus de force que
de sensibilité, plus d'énergie que de délicatesse ; mais
de très beaux moments, par exemple, lorsque, tenant
sa fille dans ses bras, elle supplie son mari, par la
seule expression du regard, de ne pas révéler le secret qui déshonorerait la mère devant l'enfant, lui ont
valu des applaudissements très mérités.

DCCCXIII

VAUDEVILLE. 5 mai 1882.

UN MARIAGE DE PARIS

Comédie en trois actes, par MM. Edmond About
et Emile de Najac.

Un Mariage de Paris, représenté pour la première
fois au Vaudeville de la place de la Bourse le 5 juillet 1861, n'a laissé que le souvenir d'un succès d'été,
quoique d'excellents et d'aimables artistes, tels que
M. Frédéric Febvre, mesdames Lambquin, Athalie
Manvoy et Elmire Paurelle se fussent chargés de
défendre la première pièce écrite en collaboration par
MM. Edmond About et de Najac. Ce soir, au contraire, la fortune a changé : *un Mariage de Paris* a fait
beaucoup rire et paraît destiné à relayer le char du
Vaudeville au moins jusqu'à la prochaine clôture.

La pièce ne se recommande par aucune idée nouvelle. Il s'agit du mariage d'une héritière, millionnaire
et romanesque, mademoiselle Victorine Michaud,

que sa tante, madame Michaud, une marchande de beurre retirée du négoce, ne veut unir qu'à un homme noble et titré, baron au minimum, plutôt marquis, duc ou même prince. Deux gentilshommes grotesques, le baron des Tournois et le vicomte de Marsal se disputent assez platement la main de Victorine, lorsque survient un troisième larron, bien innocent celui-là, sous la figure d'un jeune artiste, M. Daniel Périn, appelé par la tante Michaud qui lui a commandé son buste.

Par suite d'une méprise, qui remonte au delà des temps heureux de *Ma tante Aurore* et des *Voitures versées* jusqu'au *Jeu de l'amour et du hasard*, Victorine imagine que le sculpteur est un prince étranger qui s'est introduit auprès d'elle sous un déguisement. Elle le trouve charmant, et il faut convenir que Daniel Périn possède toutes les qualités qui peuvent séduire ou éblouir une femme : beau garçon, aimable et bon, généreux comme un pauvre, brave comme d'Artagnan, faisant des armes comme Saint-Georges, jouant du piano comme Liszt, et, par dessus le marché, décoré de la Légion d'honneur, Daniel n'a pas besoin d'une couronne pour charmer mademoiselle Victorine.

L'héritière ne tarde pas à reconnaître que Daniel est un véritable artiste et non pas un prince aventureux ; cette découverte ne change pas la résolution de cette aimable fille. Mais la tante Michaud, persistant dans ses idées de grandeur, supplie Daniel lui-même de chapitrer Victorine et de lui démontrer l'infranchissable distance qui sépare une demoiselle qui a trouvé ses millions dans le beurre, et un artiste qui n'extraira jamais que de médiocres sacs d'écus d'une montagne de terre glaise.

Daniel accepte cette mission qui ne laisse pas que d'être héroïque, car de son côté, il s'est épris de

Victorine. Malheureusement pour la tante, il s'avise de déjeuner et de se griser afin de se donner du courage ; de sorte qu'il perd la tête au milieu de son homélie, laquelle se transforme en déclaration d'amour. La tante Michaud, à la fin vaincue sinon persuadée, consent au mariage.

On voit que MM. Edmond About et Emile de Najac n'ont traité, sous le titre un peu ambitieux d'*un Mariage de Paris* qu'une donnée légèrement rebattue ; quelque chose comme la *Modeste Mignon* de Balzac réduite aux proportions d'un vieux sujet de vaudeville. Le style s'en ressent, et des mots amusants s'y noient dans un déluge de plaisanteries émoussées ou vieillies. Mais le tout, avalé tel qu'on nous le sert, et sans faire la petite bouche, est en somme fort amusant ; on a ri pendant deux heures d'un rire bon enfant, et l'on a applaudi, ce qui se devait, car c'est une injustice que de ne pas payer son plaisir, même peu relevé.

Je crois, d'ailleurs, que la troupe du Vaudeville a le droit de revendiquer une large part dans l'heureux résultat de cette agréable soirée. Parlons d'abord de M. Pierre Berton, qui, dans le rôle de Daniel Périn, montre les meilleures qualités de son talent si souple, si sympathique et si chaleureux ; voilà un jeune premier vraiment jeune ; et avec cela, une pointe de gaieté attendrie que je ne connais qu'à lui : j'ai retrouvé ce soir le Pierre Berton des meilleurs jours.

Il faut, après lui, nommer madame Daynes-Grassot, une débutante qui a fait applaudir, dans l'emploi laissé vacant par la retraite si regrettée de madame Alexis, la gaîté la plus franche, servie par une voix encore fraîche et une verve des plus spirituelles. Qu'est-ce que madame Daynes-Grassot? Une actrice qui naguère chantait les grands rôles d'opérette à Bordeaux, et dont j'ai signalé les qualités naturelles et acquises lorsqu'elle parut l'année dernière dans le *Robinson* du Théâtre-Déjazet.

Mademoiselle Lody joue avec beaucoup de grâce et de verve le rôle de Victorine. Mademoiselle Réjane, dans le personnage du rapin Tamerlan, (créé par Balzac sous le sobriquet de Mistigris), a eu beaucoup de succès ; elle s'y montre adroite et intelligente ; une actrice telle que mademoiselle Lavigne ou mademoiselle Lamare s'y fût montrée comique.

N'oublions pas MM. Michel et Albert Carré, très amusants sous les traits des deux pleutres, qui, dans la pièce de MM. Edmond About et de Najac, personnifient la noblesse française.

DCCCXIV

FANTAISIES-PARISIENNES.   6 mai 1882.
(Théâtre-Beaumarchais).

Reprise de LA VOLEUSE D'ENFANTS

Drame en cinq actes et huit tableaux, par MM. Eugène Grangé et Lambert Thiboust.

La Voleuse d'enfants, représentée pour la première fois à l'Ambigu en 1865, offrait à madame Marie Laurent un de ses meilleurs rôles, et c'est ce qui lui vaut l'honneur d'avoir été choisie pour inaugurer la direction de M. Henri Luguet. Raconterai-je la pièce ? A quoi bon ! Vous la connaissez, même si vous ne l'avez pas vue : *Marie Jeanne, Jack Sheppard, Miss*

Multon, les *Mystères de Londres*, les *Bohémiens de Paris*, et même *le Trouvère*, ont fourni leur contingent de situations émouvantes et terribles à ce pot-pourri dramatique, savoureusement cuisiné par deux habiles arrangeurs.

L'Irlandaise Sarah Waters exerce l'horrible profession de voleuse d'enfants ; un certain lord Treveillan lui en demande un qui lui est nécessaire pour conserver une fortune entre ses mains, et, par une erreur assez ingénieusement préparée, c'est sa propre fille que livre Sarah Waters.

Le point de départ était original : les développements ne sont pas vulgaires. Sarah Waters emploie sept tableaux sur huit à retrouver l'enfant dont elle s'est si étourdiment dessaisie ; elle y parvient à travers mille déguisements qui la laissent toujours reconnaître, mille embûches auxquelles elle échappe toujours et mille morts qui ne la tuent jamais.

C'est une passion, ou plutôt un plaisir, un *sport*, pour madame Marie Laurent que ces rôles à faces multiples, qui lui permettent de se montrer successivement sous des travestissements aussi opposés l'un à l'autre que sa toilette de bal à Cremorn-Garden, et ses haillons hideux de mendiante dans les ruines de Saint-Gilles. Elle y consacre consciencieusement un talent très considérable, qu'elle a souvent mis au service de la haute littérature, et qui ne lui sert, en ce moment, qu'à galvaniser des ouvrages de pure convention mélodramatique. Madame Marie Laurent joue Sarah Waters d'une façon absolument supérieure ; elle a été rappelée d'acte en acte par le vrai public, et je ne veux citer ici que son jeu de scène lorsqu'elle tombe au pied d'un arbre, assassinée par son ancien complice Atkins : ce regard fixe et cette face contractée par la terreur sont vraiment d'une grande artiste.

Son frère M. Henri Luguet la seconde très vaillamment dans le rôle d'Atkins. C'est un comédien de valeur, dont l'organe, richement timbré, rappelle, avec moins de volume, la voix de Beauvallet.

Mademoiselle Castelli tient convenablement et non sans charme, le rôle d'Hélène, la fille vendue puis revolée par sa mère.

La partie comique tient naturellement une assez grande place dans un mélodrame auquel Lambert Thiboust a travaillé. Elle se compose du policeman Jacobson, l'unique policeman de Londres, et de son neveu Pybrock, l'unique pickpocket de la même cité. Tantôt ce policeman arrête ce pickpocket, tantôt ce pickpocket déguisé en policeman arrête son excellent oncle. Mais enfin la justice reprend ses droits, et le policeman arrête tout le monde, sauf son neveu, qui embrasse la profession de la vertu, en jurant de consacrer le reste de sa vie au travail. Cela n'a pas le sens commun, mais c'est très amusant, joué par M. Garnier, le neveu Pybrock, qui vient de la Comédie-Parisienne, et par M. Livry, un ancien pensionnaire du Château-d'Eau, qui a eu quelquefois l'honneur de s'y faire apprécier en doublant M. Arondel.

DCCCXV

COMÉDIE-FRANÇAISE.   12 mai 1882.

SERVICE EN CAMPAGNE

Comédie en un acte en vers, par M. Philippe de Massa.

La scène se passe dans un château près de Cou-

lommiers en Brie, pendant les grandes manœuvres
de cavalerie en 1879. Dans ce château vit seule et
rêveuse une toute jeune veuve, la baronne de Greux,
qui remplit les longues heures du jour en cultivant
son talent pour la peinture. Elle achève un tableau
intitulé « les suites d'un combat » ; c'est un souvenir
d'ambulancière ; madame de Greux a pansé de sa
blanche main en 1870, un officier blessé, et cet épisode a passé de son cœur sur la toile, où elle a fixé
les traits du héros inconnu.

Mais nous ne sommes plus en 1870 ; nous sommes
en 1879 ; la jeune armée, sans méconnaître l'héroïsme
de ses devanciers, travaille à réparer les fautes ou
les désastres du passé. Les grandes manœuvres de
cavalerie, commandées par le général d'Artigues,
foulent la vaste plaine qu'arrosent le grand et le petit
Morin, entre Coulommiers, la Ferté-Gaucher et Sé-
zanne. Le château de Greux a été désigné comme un
point de défense excellent pour interdire à l'ennemi
le passage de la rivière ; et c'est à un capitaine de
hussards, qui s'appelle le comte des Issards pour la
facilité de la rime, qu'est échue la mission d'occuper
ce poste stratégique. Vous ne doutez pas un · seul
instant que le comte des Issards ne soit le jeune officier soigné par la baronne à l'ambulance de Floin,
qu'il ne se reconnaisse dans le tableau laissé sur un
chevalet dans le salon, et qu'il ne se fasse à son tour
reconnaître par la baronne.

La scène, quoique prévue, est charmante et délicatement traitée. La baronne essaie de se défendre
contre l'aveu implicite sorti de ses pinceaux. Le capitaine comprend son embarras, et fait de son mieux
pour la rassurer :

....Oui, c'est un crime, et qui n'a pas d'excuse,
De vous tenir ainsi rougissante et confuse...
Si vous saviez pourtant que de fois s'est assis

Au feu de mon bivac ce fantôme indécis !
Que de fois j'ai rêvé sur sa trace éphémère,
Et tout seul et tout bas caressé ma chimère !
Ne la démentez pas, madame, par bonté,
Et faites du silence encor la charité !

Mais ces tendres explications ont pris le pas sur le devoir militaire du capitaine ; l'ennemi, c'est-à-dire le 8e dragons, a passé la rivière et menace de couper la position de Greux. Le général en chef lui-même se présente, courroucé, chez la baronne qui est sa parente ; il lave la tête d'une façon assez dure à son subordonné ; mais on apprend que la faute est réparée ; des ordres donnés à temps ont rejeté l'ennemi en désordre sur la Ferté-Gaucher. Ces ordres, de qui viennent-ils ? Le capitaine refuse loyalement d'en accepter l'éloge :

> ...Plutôt la réprimande
> Que de me voir ainsi donner une leçon
> Par un subordonné dont j'ignore le nom.

LE GÉNÉRAL

A quoi bon insister et déchirer lés voiles ?
Supposez que ce soit
> (*Regardant sa manche*)
> par monsieur Trois-Etoiles !

C'est le général lui-même qui a sauvé la réputation de l'officier :

> J'ai fait la faction du soldat endormi,
> Je me suis souvenu, passé la cinquantaine,
> De ce que j'aurais fait, quand j'étais capitaine...

Naturellement, le capitaine de Issards épouse la baronne de Greux.

La pièce de M. Philippe de Massa est moins une comédie qu'une anecdote sentimentale ; mais elle est traitée avec un véritable instinct du théâtre et avec une recherche ingénieuse et fine dans les détails qui en ont assuré le succès.

Il y a certainement chez l'auteur du *Service en campagne* une vocation dramatique : mais si cette vocation persiste à s'exprimer en vers, M. de Massa devra se livrer à quelques exercices de forgeron sur l'enclume poétique ; la plupart du temps il dit clairement, élégamment ce qu'il veut dire ; parfois aussi sa pensée ne se dégage qu'à travers des impropriétés et des approximations que le style littéraire n'accepte pas et dont il se débarrassera sans doute par un travail assidu.

Mais une qualité qui ne s'acquiert pas et que M. de Massa possède, c'est le don de la « modernité ». Son idylle militaire est d'aujourd'hui et non d'hier : ses personnages vivent dans l'atmosphère actuelle ; ils en sont imprégnés, et la ressemblance est telle qu'on a cru voir un portrait dans le jeune général, à la fois sévère et paternel, soldat et homme du monde, qui apparaît à la dernière scène pour faire le dénouement.

M. Laroche donne à cette figure sympathique et légèrement goguenarde la note juste qui lui convient.

M. Worms a été très justement applaudi avec mademoiselle Reichenberg dans la très jolie scène dont j'ai cité quelques vers.

Mesdames Broisat, Kalb et M. Paul Reney complètent l'excellent ensemble qui a fait valoir l'agréable aquarelle militaire de M. de Massa.

DCCCXVI

Comédie-Française.   20 mai 1882.

LES PORTRAITS DE LA MARQUISE

Comédie-pastiche en trois tableaux, par M. Octave Feuillet.

Reprise de la FAMILLE POISSON

Comédie en un acte et en vers, de feu Samson.

La légère comédie de M. Octave Feuillet fut écrite, dit-on, pour le plus illustre des théâtres de société contemporains ; et le succès qu'elle obtint détermina son auteur à la faire imprimer dans *la Revue des Deux-Mondes,* où elle parut en 1868. Le sujet en est simple, élégant, moqueur et sentimental à la fois. Le comte de Nozan doit épouser la comtesse de Pons qu'il avait aimée jeune fille et qu'il retrouve veuve ; il y a parole donnée. Malheureusement, le comte, qui est marin, a ramené du Mexique, sur son bâtiment, une famille dans laquelle se trouvait une charmante héritière ; il l'a aimée, il le lui a dit, et comme il y avait un aumônier à bord, le comte s'est trouvé marié en débarquant. Il n'ose avouer à la comtesse de Pons cette bizarre aventure. Comment donc se tirer de là ? A trois lieues du château de Pons habite le marquis de Lude, un jeune veuf inconsolable. Retiré dans la solitude la plus complète, il ne souffre d'autre compagnie que celle de son valet Frontin, grassement payé pour gémir à la journée en compagnie de son maître. M. de Nozan, qui sait la comtesse romanesque, imagine de

la conduire par un stratagème au château habité par
le marquis du Lude. L'approche en est sévèrement
interdite aux femmes, car le marquis est pareil au
farouche amoureux de cette Mathilde de Sabran si
mélodieusement chantée par Rossini :

> Il feroce Corradino
> Odi il sesso femineo.

Le comte de Noyon met la comtesse de Pons au
défi de faire oublier au marquis sa chère défunte,
dont les portraits, l'un mal peint mais ressemblant,
l'autre non ressemblant mais bien peint, ornent la
salle basse du château. On devine le reste : le marquis s'éprend de la comtesse ; la comtesse oublie son
volage marin, et les portraits de la marquise sont re-
légués aux archives, c'est-à-dire au grenier.

Je ne sais trop pourquoi M. Octave Feuillet a qua-
lifié ce badinage de « pastiche. » Pastiche de quoi ?
de Marivaux, me dit-on. Je n'en puis rien croire.
Ecoutez ces imprécations du comte, embarrassé de révéler à la comtesse la trahison dont il s'est rendu coupable envers elle : « Aucun moyen ! aucune issue !
» c'est une horrible issue ! c'est une horrible impasse !
» Non ! jamais l'enfer et toutes ses furies ne déchaî-
» nèrent contre un misérable mortel une complica-
» cation plus épouvantable ! Ah ! il y a des moments
» où je me sens à deux doigts de la folie ; où je suis
» possédé contre moi-même et contre l'univers en-
» tier d'une haine infernale ! »

On ne trouverait pas à extraire de l'œuvre entière
de Marivaux la valeur de deux lignes écrites dans ce
ton violent. En revanche, il n'aurait pas désavoué
la réplique de la comtesse lorsqu'elle se laisse aller
dans un fauteuil en apprenant la trahison du comte :
« — Madame la comtesse se trouve mal ! — Non,
» Lisette, non, je me trouve plutôt bien... »

Mais s'il n'y a pas de pastiche, les réminiscences abondent ; *la Matrone d'Ephèse*, de La Fontaine, *Haine aux femmes*, de Bouilly, et vingt autres pièces rappellent par le fond ou par les épisodes, *les Portraits de la Marquise*. Restent un arrangement gracieux, des détails ingénieux, tel que l'amusante gradation par laquelle le veuf inconsolable passe du deuil le plus noir à l'habit gris perle et à l'habit gorge de pigeon, un style délicat, des pensées tendres et vraies, un peu étonnées de se trouver encadrées dans cette bordure de clinquant : tout cela a fait applaudir *les Portraits de la Marquise*.

M. Worms joue d'une manière supérieure le rôle du marquis de Lude ; l'expression douce et touchante qu'il lui prête forme un contraste vraiment admirable avec sa fougue habituelle, et prouve la variété inattendue de son talent que l'on estimait très grand, mais que l'on ne savait pas si souple.

Double surprise : mademoiselle Barretta en grande coquette et mademoiselle Reichenberg en soubrette ; elles sont charmantes toutes deux. Mais que signifient ces espèces de travestissements ? La Comédie-Française manquerait-elle de grandes coquettes et de soubrettes en titre ?

M. Coquelin cadet donne une physionomie très amusante au Frontin pleureur qui s'émancipe si vite avec la Lisette de madame.

Je conseille à M. Baillet de travailler sa diction quelque peu caverneuse, et de me donner à louer, une autre fois, quelque chose de plus que sa bonne volonté.

La reprise de *la Famille Poisson* a été accueillie avec plus de surprise que de curiosité. La Comédie-Française fit sans doute preuve de bonne camaraderie. lorsqu'elle représenta le 15 décembre 1845 cette médiocre production d'un de ses sociétaires les plus in-

fluents. Mais cette anecdote manque d'intérêt pour le
public ; on y sent trop le comédien et surtout le professeur. Elle réussit en son temps parce qu'elle montrait au public, réunis sous le costume de ses trois
Crispins, trois artistes d'une haute quoique très différente valeur : Provost, Samson et Régnier. Le seul
moyen de répéter cet effet à quarante ans de distance eût été de confier les trois rôles à MM. Got,
Coquelin et Thiron.

Nous avons eu ce soir M. Thiron tout seul, excellent d'ailleurs ; M. de Féraudy joue le plus jeune des
trois Crispins avec une verve incontestable, mais encore inexpérimentée ; et le troisième, M. Leloir, est
absolument au-dessous de tout, malgré ses grandes
jambes.

Mademoiselle Kalb tient fort agréablement le rôle
de Marianne, créé par mademoiselle Augustine Brohan et qui contient une parodie assez bien tournée
des stances de Chimène. Il est vrai que cette parodie
est de Raymond Poisson, qui l'écrivit pour son *Baron
de la Crasse*, une comédie jadis fameuse, aujourd'hui
bien oubliée.

Une grande partie du public n'a pas écouté jusqu'à la fin *la Famille Poisson*. Le procédé peut sembler discourtois. Mais hélas ! c'était le cas de répéter, avec une légère variante, l'aphorisme décoché par
Samson lui-même à un auteur dramatique : « Le départ est une opinion. »

DCCCXVII

PALAIS-ROYAL. 10 mai 1882.

LA BREBIS ÉGARÉE

Comédie en quatre actes, par M. Eugène Granger et Victor Bernard.

Deux jeunes gens que leur famille veut unir, qui se détestent sans s'être jamais vus, et qui s'éprennent l'un de l'autre sans se connaître, voilà un canevas sur lequel on a brodé plus de cinq cents comédies ; tel est encore le sujet de *la Brebis égarée.*
Mademoiselle Angèle de Lussan, fermement résolue à ne pas épouser le jeune Prosper qu'on lui destine, parce qu'elle aime un bellâtre, un instant entrevu, appelé Oscar de Cambry, échappe à sa gouvernante Pélagie, une robuste Picarde, dans le trajet qui sépare la pension du domicile de son tuteur. La voilà perdue le soir dans les rues de Paris. Tout effarée, elle invoque la protection d'un passant : c'est un monsieur d'un certain âge, nommé Pomerol. Celui-ci, assez étonné, et même légèrement vexé d'inspirer tant de confiance à une jeune fille évidemment honnête, ne laisse pas que d'agir en galant homme ; il conduit mademoiselle Angèle chez une amie de pension, à qui elle se proposait de demander asile ; mais l'amie est partie en voyage avec son mari. Pomerol, de plus en plus embarrassé, amène Angèle dans son domicile de garçon, qu'il trouve envahi par des fâcheux, entre autres par son filleul Prosper, débarqué le soir même de sa province.

16

Pendant que Pomerol, peu soucieux de conserver chez lui un dépôt aussi fragile court au pensionnat pour essayer de connaître le nom du tuteur d'Angèle, la jeune fille et Prosper font connaissance. Angèle a appris, je ne sais plus comment, qu'Oscar de Cambry passera la nuit au bal des artistes, et elle détermine Prosper à l'y conduire.

C'est là que se retrouvent tous les personnages : Angèle poursuivie par sa gouvernante Pélagie, Pomerol donnant la chasse à son filleul Prosper, avec cette complication que Pomerol se retrouve au bal avec Oscar de Cambry et un de leurs amis communs, le naïf M. Colombier, qui vient pour la première fois de sa vie au bal des artistes. Or, dans le courant même de la soirée, Pomerol s'était introduit, avec des intentions coupables chez madame Colombier, qui, en entendant un coup de sonnette, s'est écriée : « C'est mon mari ! » et a fait évader Pomerol par le balcon. Mais ce n'était pas le mari du tout : c'était Oscar de Cambry qui avait été le trouble-fête. Des explications inénarrables, entrecroisées d'un duel avec un médecin fantaisiste, le docteur Pastoret, rédacteur du bulletin dramatique dans la *Gazette des laryngites* et dans le *Moniteur des hydrocéphales*, aboutissent à un grand souper chez Bignon.

C'est là qu'Angèle, de plus en plus égarée, quoique de plus en plus ingénue, entraîne le complaisant Prosper. Mais ici cesse son rêve : Oscar de Cambry, instruit de la passion romanesque d'Angèle, la guérit d'un seul mot, en lui déclarant qu'il ne l'aime pas, qu'il n'a jamais songé à elle, et qu'il l'engage à épouser un brave garçon plus capable que lui-même de faire le bonheur d'une jeune fille. On devine le reste : Angèle, touchée des procédés affectueux du bon Prosper, est enchantée d'apprendre que c'était précisément lui que son tuteur lui destinait.

La pièce de MM. Eugène Granger et Victor Bernard, retouchée par un collaborateur qui ne se nomme pas, mais qui s'est décelé aux connaisseurs par quelques touches délicates, tient plutôt du vaudeville que de la comédie ; le premier acte est un peu languissant ; mais les trois suivants, très gais et remplis de situations amusantes, sinon neuves du moins renouvelées avec esprit, ont été très bien accueillis.

M. Daubray est excellent dans le rôle de Pomerol ; MM. Pellerin, Calvin, Luguet, Numès et Plet, ont joué de verve les autres rôles d'hommes. Une mention à part est bien due à M. Raimond, qui nuance avec beaucoup de finesse le rôle de Prosper.

Madame Jane May, chargée du rôle d'Angèle, le joue correctement, proprement, virginalement, nasalement et sans effet.

C'est mademoiselle Alice Lavigne qui joue Pélagie, la Picarde, dont le robuste parapluie défie l'audace des coureurs de nuit. Cette jeune actrice possède un don précieux, elle est naturellement comique ; il faut la voir et l'entendre dans la scène de haute fantaisie où elle supplie Pomerol de lui rendre Angèle : « S'il vous faut une victime, prenez-moi ! » Le nez qui s'allonge, les yeux qui roulent en boules de loto, les mains qui s'écartent comme celles du conscrit à l'exercice, forment un ensemble indescriptible et irrésistible. Mademoiselle Alice Lavigne est en femme, ce que furent Brunet, Odry et Lassagne, ces farceurs surprenants, comédiens à toute heure.

DCCCXVIII

VAUDEVILLE.   23 mai 1882.

UN MARI MALGRÉ LUI

Comédie en un acte, par MM. Eugène Nus
et Charles de Courcy.

Une jeune veuve, madame Suzanne Frambourg, revenant de Nice, est assiégée chemin faisant par un galant trop empressé, M. Lucien de XXX. Exaspérée par
les manifestations beaucoup trop démonstratives d'un
homme qui, d'ailleurs, lui déplaît, Suzanne s'élance
hors du train à la station de Montereau, et va chercher un refuge dans le premier hôtel de cette ville
célèbre, mais peu fréquentée. En quoi la jeune Suzanne n'agit pas comme une femme raisonnable. Il
lui était si facile de requérir la protection du chef de
train, du commissaire de surveillance ou du premier
gendarme venu ! Mais si Suzanne Frambourg avait
le sens commun, il n'y aurait pas de pièce.

Naturellement, Lucien a suivi la jolie veuve, et il
recommence ses déclarations plus brutales que flat-
teuses ; Suzanne, hors d'elle-même, se jette dans les
bras d'un voyageur qui arrive, en s'écriant : « Ah !
mon mari ! » Ce mari de rencontre est un architecte
parisien, nommé Hector Bauchery. Un peu surpris
d'abord, il s'acquitte tant bien que mal du rôle que lui
a imposé la folie de Suzanne : mal d'abord, parce
qu'il est venu à Montereau pour y épouser la fille d'un
paysan millionnaire ; mieux ensuite, parce qu'il ne

tarde pas à se laisser prendre aux beaux yeux et à la grâce mutine d'une veuve de vingt ans. Conclusion : Hector Bauchery épouse madame veuve Frambourg et le galant Lucien bat en retraite sans avoir reçu la bonne paire de gifles qu'il avait si bien méritée et que j'ai vainement attendue jusqu'à la chute du rideau.

Cette agréable vieillerie a été très ingénieusement rajeunie par MM. Eugène Nus et Charles de Courcy; ils ont aiguisé des situations amusantes mais connues, par des traits spirituels et des mots drôles dont on s'est beaucoup égayé.

D'ailleurs, c'est M. Adolphe Dupuis qui joue Hector Bauchery, le mari malgré lui, avec le naturel parfait et l'aisance de bonne compagnie qu'il apporte dans toutes ses créations ; et mademoiselle Legault s'est fait à juste titre applaudir sous les traits de la jeune veuve par un jeu sobre et net, exempt de l'afféterie que j'avais eu le regret de lui reprocher plus d'une fois.

Le succès a donc été complet pour la pièce et pour ses interprètes.

DCCCXIX

GAÎTÉ.   25 mai 1882.

LA DAME AUX CAMÉLIAS

Représentation au bénéfice de madame veuve Chéret.

Chéret méritait bien la soirée triomphale qui vient d'assurer l'avenir de sa veuve. Avoir créé quelques-

16.

uns des chefs-d'œuvre de la décoration moderne, et mourir pauvre, voilà ce que des gens d'ailleurs bienveillants ne peuvent s'expliquer et ce qu'ils auraient compris peut-être s'ils avaient eu l'occasion, comme moi, d'étudier l'homme et l'artiste sur le théâtre de ses travaux. C'est là-haut, tout là-haut, entre Belleville et Charonne, que Chéret occupait l'immense hangar nécessaire pour exécuter les toiles destinées à des théâtres colossaux, tels que l'Opéra, le Châtelet, la Porte-Saint-Martin. Au sommet, représentant le cintre, dans une sorte de mansarde à laquelle on accédait par un escalier de meunier, l'artiste méditait, dessinait et lavait les aquarelles d'après lesquelles il construisait ensuite ses maquettes. Une aquarelle signée par un de nos jeunes peintres, cela vaut de dix à trente mille francs, prix du jour. Une aquarelle de Chéret, transformée en décors de cinq cents pieds carrés, ne se payait pas la moitié de cette somme.

Et voilà pourquoi la représentation de ce soir était devenue nécessaire.

Remercions tous ceux qui y ont concouru, et le public d'abord, dont l'empressement et la sympathie ont dépassé nos espérances.

Quant à l'auteur de *la Dame aux Camélias* et aux artistes qui viennent de redonner une vie nouvelle à son œuvre, il m'est doux d'avoir pour charge spéciale de leur rendre à chacun la justice qui leur est due.

Certes, madame Sarah Bernhardt et M. Darall tenaient une large place dans la curiosité du public d'élite qui s'étouffait dans la salle de la Gaîté ; mais on ne se montrait pas moins impatient de voir jouer par une réunion unique d'artistes dévoués, se sacrifiant à la parfaite exécution des petits rôles, une pièce qui, pour être la première en date, n'en reste pas moins une des meilleures de M. Alexandre Dumas fils.

L'attente n'a été déçue sur aucun point. On ne

saurait mieux juger la personnalité de madame Sarah
Bernhardt que dans un rôle dont elle est en parfaite
possession, dont elle a scruté et mûri tous les effets,
et qu'elle rend cependant avec une spontanéité, une
liberté d'exécution qui semblent écarter toute idée
de travail préconçu. Madame Sarah Bernhardt a
tellement imprégné de sa personnalité le rôle illustré par madame Doche, qu'elle a en fait une création
nouvelle. Le double caractère de cette belle composition, c'est la jeunesse et la vérité. Avec elle, ce n'est
pas seulement la pécheresse qui devient repentie,
elle nous montre la femme redevenant jeune fille
sous le souffle régénérant de l'amour et de la douleur. J'ai parlé de vérité, et je maintiens le mot :
non que la tragédienne ait oublié ses études classiques,
auxquelles elle sait demander encore l'ampleur du
geste et les horizons profonds qu'ouvre une diction
savante. Mais lorsqu'il faut rendre les nuances infinies de l'une des pièces les plus modernes, malgré
ses trente ans, du théâtre contemporain, c'est à la
nature même qu'elle demande ses inspirations, et elle
la suit avec une sincérité qui est, à mon avis, le dernier mot de l'art.

Je ne puis reprendre, on le conçoit, une par une les
situations où le talent de madame Sarah Bernhardt
s'est révélé sous un jour si nouveau. Comment faire
courir sur la blancheur impassible du papier, ces
frissons qui agitent toute une salle? Je citerai, cependant, non pour les analyser, mais pour en fixer le
souvenir, l'angoisse de Marguerite lorsqu'elle se trouve
en face du père de son amant, puis l'épisode de la
lettre fatale, dix fois écrite et dix fois déchirée, puis
la scène de passion du quatrième acte, enfin le cinquième acte tout entier, couronné par une mort poétique et réelle, une mort en extase, qui fait frémir et
pleurer à la fois.

M. Darall, c'est, on le sait, le pseudonyme de M. Damala, est un grand et solide garçon, doué des avantages extérieurs d'un premier rôle plutôt que d'un jeune premier. Très ému et surtout très défiant, il ne s'est guère livré dans les premiers actes, et ne nous a montré qu'un Armand Duval sombre et concentré, plus amoureux qu'aimable. Le débutant tâtait évidemment le terrain et se contentait de s'y maintenir sans faiblesse. Mais au quatrième acte, rassuré ou entraîné, il a mis, lui aussi, tant de passion et de vérité dans son jeu, qu'il a été acclamé tout d'une voix. Au cinquième acte, il n'avait plus qu'à pleurer, et il s'en est acquitté si consciencieusement qu'il avait de la peine à contenir des sanglots véritables.

Ai-je besoin de dire qu'on a rappelé une dizaine de fois madame Sarah Bernhardt, tantôt avec M. Darall, tantôt avec d'autres ? mais ce que je tiens à constater, c'est que ce magnifique public de la Gaîté, avec une bonne grâce et un tact bien naturels d'ailleurs chez une pareille élite, a tenu à rappeler aussi, pour les saluer et les remercier d'ensemble, tous les artistes qui avaient mis leur talent, leur savoir, leur beauté, leur sourire, au service d'une bonne œuvre et en même temps d'une belle œuvre.

Comment ne pas remercier M. Dumaine si noble, si pathétique, si ému et si émouvant dans l'unique scène dont se compose le rôle de M. Duval père ? Et M. Dieudonné, si spirituel et si gai sous les traits de Gaston de Rieux ? Et l'excellent Saint-Germain, qui fait de Saint-Gaudens un type inoubliable ? et M. Cooper, le jeune et naïf amant de Nichette ? Et M. Joumard, qui dessine d'un trait si juste la silhouette à peine entrevue du comte de Giray ? Et M. Romain, qui donne une si fière tournure à M. de Varville ? Et M. Chameroy, le digne docteur ? Et le bon Lucco, qui s'est fait applaudir sous la veste du commissionnaire médaillé ? Et mademoiselle Jeanne Bernhardt, si heureuse du succès de sa grande sœur ? Et madame Grivot, qui joue Prudence avec un talent supérieur ? Et mademoiselle Sidney, la Nanine dévouée ? Et mesdames Angèle, Depoix, de Cléry, Marcelle Lender, Denise Linville, Marcelle Julien, etc., qui se contentaient les unes de peu, les autres de rien, s'estimant payées d'avoir contribué à cette soirée hors ligne ?

Je n'aurai pas l'ingratitude d'oublier, en terminant cet article écrit au courant de la plume sous une impression inoubliable, le nom de M. Alexandre Dumas fils.

La Dame aux Camélias, jouée dans ces conditions exceptionnelles, et distillée pour ainsi dire par l'analyse subtile de sa principale interprète, s'est montrée à sa véritable valeur scénique et littéraire, comme un des ouvrages destinés à caractériser dans trente ans d'ici l'art dramatique au XIX siècle. On sait que M. Alexandre Dumas fils, dans un moment de loisir, a écrit une préface pour *Manon Lescaut*. Je ne doute pas qu'un de ses successeurs au XIX siècle n'écrive un jour la préface de *la Dame aux Camélias*, et je souhaite que ce futur scholiaste consacre, d'une plume digne de l'abbé Prévost, la gloire durable de M. Alexandre Dumas fils.

DCCCXX

Ambigu. 1er juin 1882.

LES CERISES

Comédie-vaudeville en quatre actes, par MM. Vast-Ricouard.

SATINETTE

Vaudeville en un acte, par M. Christian de Trogoff.

Une entreprise intérimaire a loué le théâtre de l'Ambigu pour la saison d'été. Elle doit jouer un certain nombre de pièces demeurées inédites par la mauvaise volonté, la paresse et l'ineptie des directions théâtrales. Mais si l'on en juge par *les Cerises*, voilà la revanche des directeurs assurée pour longtemps.

Les Cerises sont tout simplement le titre d'une opérette graveleuse, qui a tenté la curiosité malsaine de divers bourgeois nommés M. Panissol, M. Cocardeau, et autres, dont il est inutile de transmettre le nom à la postérité la moins reculée. Une pelisse, échangée entre madame Héloïse Cocardeau et une cocotte qui répond facilement au nom de Clara, occupe trois actes de la pièce. Tous les personnages se rassemblent à la Préfecture de police, dans le bureau des objets perdus, tenu par un simple garçon qui s'intéresse à la formation d'un nouveau ministère, mais, pour ne pas s'y rencontrer, ils se cachent l'un dans une armoire, l'autre derrière une tapisserie, un autre sous une table, un quatrième sur une échelle, etc. Lorsqu'ils ont suffisamment joué à cache-cache, ils s'en vont comme ils étaient venus, et la pièce s'enfuit avec eux. Une charade ridicule, débitée par le garçon de bureau, a déchaîné l'orage qui grondait depuis quelque temps déjà.

A partir de ce moment, les sifflets et les grognements scandent chaque phrase ; les acteurs, décontenancés, sont accueillis à leur entrée par des applaudissements ironiques. Seule madame Blanche Quérette fait vaillamment tête à l'orage, et paraît sourire à cette résurrection inespérée des belles soirées du théâtre Taitbout. Enfin, c'est au milieu d'une huée unanime que le jeune Albert épouse mademoiselle Hermance Panissol, et c'était bien là le cadet de nos soucis.

MM. Vast-Ricouard ont écrit quelques romans prétendus naturalistes où le talent ne manque pas, et une pièce de leur façon *le Parisien*, représentée l'année dernière aux Nouveautés, témoignait d'une certaine entente du théâtre. On ne s'attendait pas à trouver sous leur signature une pièce aussi vieillotte, aussi mal faite, aussi cruellement pâle que celle-ci.

Un petit acte de M. Christian de Trogoff. *Satinette*, qui précédait *les Cerises*, avait été bien accueilli et ne laissait pas prévoir les péripéties d'une soirée qui s'est terminée par une pluie de fleurs commentée d'une volée de sifflets.

DCCCXXI

CLUNY.   2 juin 1882.

C'EST LA LOI

Drame en cinq actes et un prologue, par M. Mary Clicquet.

Nul n'est censé ignorer la loi ; maire et notaire, M. Mary Clicquet qui, à ce double titre, doit la connaître mieux qu'un autre, a entrepris de la vilipender. Toutes les fois qu'un des personnages de son drame commet une infamie, toutes les fois que les fatalités de la vie aboutissent à une injustice ou à un crime : « C'est la loi! » s'écrie solennellement M. Prudhomme-Clicquet.

Eh! bien, non, monsieur le maire, la loi n'obligeait pas votre héros, le typographe Maurice Renaud, à épouser une fille de mauvaise vie ; la loi ne l'obligeait pas, après l'avoir épousée, à s'étonner bêtement qu'elle le trompât pour un Lantier de village, qui lui fait payer ses dettes de billard ; non, monsieur le notaire, la loi ne l'obligeait pas davantage à vivre avec cette gourgandine convaincue d'adultère. Voilà de belles prémisses, et n'est-il pas bien sensé de rendre le Code civil responsable de la stupidité de l'un et des vices de l'autre ?

Après cela, M. Clicquet nous montre Maurice Renaud trouvant le bonheur dans les bras d'une angélique concubine, d'une délicieuse fille-mère, dont les vertus forment un contraste rafraîchissant avec la repoussante dégradation de la femme légitime.

Evidemment, cela peut arriver comme fait. Il y a

des légitimités imméritées et des illégitimités dignes
d'indulgence et de pitié ; mais comme thèse générale,
cela n'est pas soutenable, car la conclusion est en tout
naturellement qu'il faut couronner de fleurs d'oranger
le front des filles-mères, et enfermer les femmes légitimes à Saint-Lazare. M. Mary Clicquet n'a pas le cou
rage de son opinion, il s'arrête à moitié chemin, c'est-
à-dire au rétablissement du divorce. Il a même composé là-dessus une chanson, dont le refrain a été répété par les spectateurs en joie :

> Avec la loi qui va passer
> Nous pourrons donc tous divorcer !

Tous ! M. Clicquet l'a dit, et il divorcera lui-même
s'il est marié ; un bon maire doit l'exemple à sa commune.

Sachez toute fois que Maurice Renaud, repris une seconde fois par sa femme, la lâche de nouveau, et finit
par avoir le bonheur de la perdre, grâce à un pont
cassé, qui évoque agréablement le souvenir de feu
Séraphin :

> Tire lire, lire,
> Tire lire, lon la.

Le public n'a pas pris au sérieux la démonstration
de M. Clicquet, et il l'a illustrée d'interminables lazzis,
par continuation de la séance de la veille. *Les Cerises*
de l'Ambigu ont eu leur lendemain à Cluny. La pièce
est, d'ailleurs, écrite comme elle est conçue ; elle renferme des syllogismes qui semblent construits par
Jocrisse et rédigés par Cadet-Roussel. Mais il ne faut
pas en vouloir à M. Mary Clicquet : sa pièce couvre
la loi du divorce d'un ridicule ineffaçable, et voilà le
« sacrement de l'adultère » bien compromis par cette
indiscrète adoration. C'est toujours cela de gagné au
profit du bon sens.

Le rôle principal, celui de Maurice Renaud, est traduit par M. Maurice Simon avec une conviction profonde et une sensibilité digne d'un meilleur emploi. A côté de lui, mesdames Weber, Ruth, Génat, Cassothy, Gournay, Regnault, et M. Nerssant méritent une mention, mais non pas des encouragements. Il ne faudrait pas recommencer ça.

DCCCXXII

GAITÉ. 7 juin 1882.

DENIS PAPIN

Drame historique et scientifique en cinq actes et huit tableaux,
par M. Louis Figuier.

M. Louis Figuier a loué le théâtre de la Gaîté pendant la saison chaude pour y essayer son théâtre scientifique. La scène commence par la vapeur, j'aurais préféré la glace artificielle, vu la saison. Mais il ne faut jamais manger son Papin, non, son pain blanc le premier.

Donc, M. Louis Figuier nous montre en huit tableaux, dont quelques-uns, les meilleurs, n'ont guère plus de durée que l'apparition d'un verre de lanterne magique, d'abord : Denis Papin exilé de France, en sa qualité de protestant, par la révocation de l'Edit de Nantes ; ce qui donne à l'auteur l'occasion de s'élever contre les persécutions religieuses, et d'adresser ainsi de virulentes semonces à nos gouvernants, sous le couvert de Louis XIV. C'est à vous que je parle, ma sœur! Ensuite, Denis Papin, réfugié en Angleterre avec sa femme Jenny et sa fille Benjamine, abandonne tranquillement la première en emmenant la seconde, pour aller suivre des expériences scientifiques en Allemagne. Au troisième acte, en écumant le pot au feu préparé par son valet Dominique, Denis Papin remarque la force élastique qui soulève le couvercle ; et voilà la machine à vapeur créée, car il ne s'agit plus que d'appliquer la vapeur à une machine toute construite, dans laquelle le piston était mis en mouvement par l'expansion des gaz dus à la combustion de la poudre à canon.

Denis Papin, aidé de son élève Hermann, fils d'un seigneur allemand, construit un bateau à vapeur sur le Weser ; mais les bateliers, excités, on ne sait pourquoi, par une aubergiste sauvage qui s'appelle Barbara, quoique Alexandre Dumas nous l'eût déjà fait connaître sous le nom de la Carconte, détruisent le bateau à coups de hache.

Un malheur ne vient jamais seul. Papin a perdu sa femme Jenny, qu'il avait, du reste, lâchée depuis dix ans ; plus son beau-père le brasseur Sminton ; *item* son jeune fils Jean, morts tous deux dans un incendie. Revenu à Londres avec sa fille Benjamine, qui meurt de phtisie, Papin est réduit à l'extrême misère ; mais Hermann arrive d'Allemagne, d'abord pour lui offrir à déjeuner, ensuite pour lui apprendre qu'un humble forgeron de Darmouth, nommé Thomas Newcomen, vient d'inventer une pompe à feu qui repose sur l'emploi de la vapeur.

Papin se rend à Darmouth ; il retrouve dans Thomas Newcomen le fils qu'il croyait mort ; vieux et découragé, il ne se fait pas d'abord reconnaître, et laisse à son fils le mérite de la découverte, bien que Thomas Newcomen n'ait travaillé que d'après un plan de son père, qu'il avait recueilli dans les papiers de son aïeul.

Au dernier tableau, la machine à vapeur est expérimentée avec succès devant le lord-maire, qui félicite publiquement Newcomen. Mais la farouche Barbara, arrivée d'Allemagne avec les bateliers du Weser coupe la corde qui faisait mouvoir le piston. La soupape ne fonctionne plus, une explosion est imminente : Papin se précipite pour la prévenir, mais il est trop tard ; un éclat de fer lui laboure la poitrine, et il meurt en embrassant son fils, qui, de son côté, proclame tout haut la gloire de son père.

On ne saurait trouver dans ces événements successifs, qui ne se commandent pas et ne découlent pas logiquement l'un de l'autre, les éléments d'une pièce de théâtre. Il fallait s'y attendre, et M. Louis Figuier n'a lui-même que peu de prétention au talent de l'auteur dramatique. Mais ce qui m'étonne, c'est que, animé de l'intention louable d'instruire le spectateur en l'amusant, il ait noyé la personnalité réelle de Denis Papin dans une série d'incidents romanesques, qui faussent historiquement et scientifiquement les idées du public. L'anecdote du bateau à vapeur brisé par les bateliers du Weser, n'est qu'une légende sans consistance ; la véritable gloire de Papin est d'avoir donné la théorie générale de la machine à vapeur avec transformation du mouvement rectiligne en mouvement circulaire ; mais si la priorité de l'idée lui appartient, il n'est pas prouvé qu'il ait eu sur Newcomen la priorité de l'application.

C'est en ce sens seulement que Newcomen serait intellectuellement le fils de Papin. Ce symbolisme peut avoir séduit M. Louis Figuier, mais il a l'inconvénient de mettre en circulation des notions chimériques et par conséquent de tromper au lieu d'instruire.

L'inexpérience du dramaturge et la naïveté parfois excessive de l'écrivain ont préparé la catastrophe finale par quelques explosions d'hilarité.

M. Cosset, chargé de représenter le principal personnage, a de la chaleur et du pathétique ; mais il manque un peu d'haleine pour ce rôle, qui n'est certes pas celui de Papin le bref.

MM. Romain, Lacroix, Garnier, Gibeau, méritent une mention.

Madame Elise Duguéret, dans le rôle saugrenu de l'aubergiste Barbara, ne doit pas se dissimuler qu'elle a plus souvent fait rire que trembler ; cela s'explique par une surabondance d'effets ; trop de voix, trop de gestes, trop de coups de poing, trop de diable au corps ; il y a cependant un sentiment tragique dans cet excès de zèle, et madame Duguéret tiendrait certainement sa place dans un drame sérieux.

DCCCXXIII

VAUDEVILLE. 12 juin 1882.

Reprise de LE PRESSOIR

Pièce en trois actes, par George Sand.

L'intérêt qu'a toujours inspiré *François le Champi*, l'admiration qui s'attache au poème dramatique de *Claudie*, étaient deux préjugés favorables à l'églogue du *Pressoir* ; cependant il ne paraît pas que ce troisième essai bucolique de George Sand ait beaucoup réussi, même il y a trente ans (13 septembre 1853), dans sa nouveauté, même avec l'appui d'artistes qui s'appelaient Geoffroy, Lafontaine, Lesueur, Bressant et Dupuis.

Je ne crois pas que les spectateurs de 1882 reviennent sur l'arrêt de leurs devanciers. Le sujet du *Pressoir*, réduit à sa donnée essentielle, se raconte en deux lignes. Deux jeunes villageois liés par la plus vive amitié, sont amoureux de la même villageoise, qui, naturellement, n'en aime qu'un. De cette donnée, que j'appellerais moléculaire en empruntant le langage des physiologistes, l'auteur dramatique pouvait à son gré tirer un petit acte de comédie sentimentale ou bien un long et gros mélodrame. George Sand n'a pas su ou n'a pas voulu choisir entre ces deux partis nettement dessinés et il a fait une petite pièce qui n'en finit pas.

Dès la première situation posée, la jeune Reine refuse la main de Pierre Bienvenu, fils du plus riche habitant du pays ; une pareille résolution de la fille pauvre et orpheline ne s'explique que d'une manière, c'est qu'elle aime ailleurs. On la presse d'avouer son secret, en lui promettant de la marier à son gré : Reine n'aurait donc qu'à dire un mot, mais la pièce serait finie. Pour la continuer jusqu'au bout des deux actes suivants, George Sand n'a trouvé d'autre expédient que de recommencer cette situation, et chaque reprise est naturellement moins intéressante que la précédente. C'est ainsi qu'on se traîne, à travers mille détails tantôt charmants et tantôt décousus, jusqu'à l'explosion finale d'une scène de violence entre les deux rivaux. Pierre Bienvenu, qui est l'amant riche et dédaigné, s'oublie jusqu'à lever une hache sur le front de son ami ; Valentin, qui est le pauvre et le préféré, entame alors une dissertation sur le caractère et les devoirs de l'amitié, qui ren-

ferme d'excellentes et nobles choses, mais qui serait
beaucoup mieux placée au milieu d'une tragédie
classique intitulée *Oreste et Pylade* ou *Damon et Py-
thias*, qu'au dénouement d'une historiette de village;
Pierre convaincu et repentant, se jette dans les bras
de Valentin; ils s'arrêtent d'abord à l'idée de ne se
marier ni l'un ni l'autre avec Reine et d'aller faire
ensemble le tour de France; puis ils se ravisent, et
décident qu'ils resteront tous les deux. Cela veut-il
dire qu'ils épouseront Reine tous les deux? Je n'en
crois rien; mais alors la pièce va recommencer, il est
temps de partir.

M. Pierre Berton, chargé du rôle de Valentin, et
M. Volny, qui débutait dans celui de Pierre, ont été
fort applaudis, bien qu'on puisse reprocher à M. Berton un excès de chaleur dramatique et à M. Volny
un excès de retenue confinant à la raideur. Mademoiselle Legault joue de son mieux le rôle de Reine qui
eût été touchant, si l'auteur ne l'avait gâté en l'affli-
geant de cet imperturbable et inexplicable mutisme
qui lui fait de scène en scène refuser le bonheur sans
qu'on sache pourquoi. En remarquant que George
Sand a placé la date de sa pièce au xviii° siècle, on
arrive à conjecturer qu'il a cru faire du Marivaux ou
du Sedaine; mais on ne fait pas de bon Marivaux
sans logique ni de bon Sedaine sans naïveté.

La pièce compte quatre rôles comiques, très intelligemment interprétés par M. Boisselot, M. Colombey, M. Francès et mademoiselle Hélène Monnier.

DCCCXXIV

Reprise de PAR DROIT DE CONQUÈTE

Comédie en trois actes en prose, par M. Ernest Legouvé;

et de LA FILLE DE L'AVARE

Drame en deux actes par MM. Bayard et Paul Duport.

Il semble que la direction actuelle des Fantaisies-Parisiennes cherche à refaire, tout près de la Bastille, le troisième Théâtre-Français, fondé naguère par M. Ballande au boulevard du Temple ; l'idée, dont je ne veux pas mesurer ici les chances de succès ou de durée, ne mérite, en tous cas, que des encouragements. M. Ernest Legouvé en juge évidemment comme moi, puisqu'il vient d'accorder aux Fantaisies-Parisiennes le droit de donner dix représentations de sa comédie *Par Droit de Conquête*, qui ne cesse pas d'appartenir au Théâtre-Français.

Je n'ai plus à juger la pièce, qui a fait son chemin ; la donnée n'est pas bien neuve ; M. Scribe vécut pendant toute la Restauration sur le thème de la fusion universelle par la réconciliation de toutes les classes de la société ; la comédie de M. Legouvé, représentée pour la première fois « par les comédiens ordinaires de l'Empereur », le 7 juin 1855, n'a guère d'autre tort que d'être venue après *Mademoiselle de la Seiglière*. Mais le point de vue y est suffisamment renouvelé, le rôle de la fermière, mère de l'illustre ingénieur qui met à ses pieds l'orgueil des vieilles races, ingénieusement conçu et habilement tracé, répand une émotion vraie sur cette action un peu mince. Madame Nathalie en avait fait la meilleure création de sa carrière ; et madame Marie Laurent, sans faire oublier sa spirituelle devancière, joue l'excellente madame Georges, avec son talent ordinaire, mais assoupli et attendri.

M. Henri Luguet fait applaudir, à côté de sa sœur, dans le rôle du marquis de Rouillé (sait-on que c'était le vrai nom du marquis de Boissy ?) un talent sobre, fin et distingué. Voilà un premier rôle qui rendrait d'importants services sur nos scènes les plus élevées. Mademoiselle Aline Guyon, dont j'apprécie les qualités d'intelligence et de sensibilité, a trop de gestes, trop de mouvements d'épaules, trop d'appui sur des effets qui devraient se produire avec douceur ; elle n'a pas le ton de la comédie, mais elle l'aura quand elle voudra se donner la peine de l'acquérir.

Les autres acteurs sont bien faibles; M. Dufernex, qui vient, je crois, du Gymnase, gâte une assez belle voix et de bonnes intentions par des clignements d'yeux, des airs de tête et des minauderies qui finissent par donner sur les nerfs.

On donnait en lever de rideau une intéressante pièce, *la Fille de l'Avare*, tirée de l'*Eugénie Grandet* de Balzac, par MM. Bayard et Paul Duport. La pièce est bien faite et plaît encore, quoiqu'elle n'ait plus pour la soutenir, des interprètes tels que Bouffé, Allan, Klein, Silvestre, mesdames Léontine Volnys et Jullienne. Le vieux Bouffé était admirable sous les traits du vigneron Grandet ; il est venu ce soir se rajeunir de près d'un demi-siècle en applaudissant son modeste successeur, M. Livry, qui manque d'étude et de profondeur, mais qui, somme toute, s'est tiré honorablement d'affaire. Mademoiselle Castelli indique avec justesse le rôle d'Eugénie Grandet, et M. Chopp est un jeune comique assez franc.

De pareils essais méritent la sollicitude de la critique, et je suis de ceux qui n'ont regretté ni leur voyage ni leur soirée.

<hr />

DCCCXXV

Opéra.   28 juin 1882.

Reprise du FANDANGO

Ballet en un acte de MM. Henri Meilhac, Ludovic Halévy et L. Mérante, musique de M. G. Salvayre.

M. Maurel dans
LA FAVORITE

Ballet, c'est un ballet; ce n'est ni un poème épique, ni un drame lyrique, ni une cérémonie funèbre; l'action en est plus légère que celle du plus mince vaudeville, et je suppose qu'on ne s'en souvient guère après cinq ans; car le *Fandango* fut représenté pour la première fois le 26 novembre 1877, sous la direction de M. Halanzier. Cependant, je me dispenserai de raconter à nouveau cette histoire d'un mariage projeté entre la belle Hélène de Luz et un gentilhomme limousin appelé M. de Pourceaugnac, non, je me trompe, le baron de Flamberge. Hélène se désespère de ne pouvoir épouser le chevalier Albert, mais une bohé-

mienne de passage, la Carmencita, feint de reconnaître son mari dans le baron de Flamberge, qui dé-
campe, chassé par le marquis, son ex-futur beau-père.
Comme on le pense bien, Albert épouse son Hélène.
Evidemment, rien ne rappelle moins que ce canevas
naïf les complications de *Lazare le Pâtre*, repris la semaine dernière au théâtre des Nations. Et cependant
il possède les qualités essentielles d'un ballet en un
acte, il est gai, plein de mouvement et de variété. Un
vieux maître à danser entreprend d'enseigner le menuet et la gavotte aux filles de la noce, et comme sa
leçon est interrompue par l'arrivée des gitanos, grands
danseurs de fandangos et de habaneras, voilà le motif tout trouvé d'une opposition chorégraphique et
musicale entre la danse française et la danse espagnole. M. Gaston Salvayre l'a saisie avec beaucoup
d'intelligence scénique et a construit là-dessus le dessein général de sa partition.

Lorsque mon collaborateur et ami Bénédict, en ce
moment éloigné de Paris, parla, il y a cinq ans, du
Fandango, il rendit pleine justice aux qualités maîtresses de M. Salvayre, qui sont l'imagination, la fougue
et la parfaite connaissance de son art. Mais le sagace
critique signalait, non sans raison, l'exubérance bien
pardonnable d'un jeune compositeur, qui, abordant
pour la première fois la scène de l'Opéra, voulait la
remplir tout entière : ce qui équivalait à lui reprocher de faire un peu trop de bruit.

Il semble que les observations de M. Bénédict aient
servi de guide à M. Salvayre dans le travail de rema-
niement qu'il a fait subir à sa partition en vue de la
reprise de ce soir. Il n'a rien ajouté, il a seulement
élagué et allégé l'instrumentation, comme un sage fo-
restier qui abat les taillis pour donner de l'air et de
l'espace aux jeunes arbres. Et voilà que subitement
éclairée d'un jour nouveau, la partition de M. Salvayre

a fait chanter aux oreilles charmées du public, toute
une volière de mélodies originales, franches, hardiment coupées, nettement rythmées, quoique toujours délicates, et dessinant le contour des situations
avec l'habileté consommée d'un musicien qui sait
écrire pour le théâtre. Aujourd'hui comme il y a cinq
ans, c'est la gavotte variée, exécutée d'abord par le
vieux maître de danse et répétée ensuite par Carmencita, qui demeure le bijou de la partition. Citons encore l'ouverture, si animée et si colorée, malgré la
mollesse de l'orchestre qui conduit M. Altès plutôt
qu'il ne se laisse conduire ; la revue militaire, plaisanterie musicale du ton le plus fin ; la valse du bouquet,
le zapateado aux harmonies si piquantes et si distinguées, enfin le fandango final. Le succès qu'a obtenu
ce soir l'auteur du *Bravo*, lui ouvre assez larges les
portes de l'Opéra pour qu'il y puisse faire passer de
front les cinq actes de son *Richard III*.

La Carmencita, c'est mademoiselle Subra, qui aspire à prendre, comme danseuse française, la place
demeurée vacante par la retraite prématurée de mademoiselle Beaugrand. Son ambition paraît justifiée
par ses progrès, de jour en jour plus sensibles ; tous
ses pas ont été applaudis avec justice, surtout la gavotte variée, qu'elle mime le plus spirituellement du
monde et qu'on lui a fait bisser. Mesdames Sanlaville,
Biot, MM. Cornet, Vasquez, F. Mérante et Pluque
complètent un ensemble des plus agréables et tout à
fait digne de notre académie de danse.

Le Fandango n'a qu'un acte qui en vaut plusieurs
autres. Les deux tiers de la soirée avaient été remplis par *la Favorite*, qui a été représentée, événement
depuis longtemps sans exemple, devant une salle comble. C'est le nom de M. Maurel qui avait opéré ce miracle. Quoique l'excellent baryton fût un peu souffrant,
il a pleinement justifié la sympathie que le public lui

témoignait par son empressement. Je ne crois pas
qu'on ait vu, depuis Baroilhet, le créateur du rôle, et
depuis M. Faure qui se l'appropria plus tard, un don
Alphonse plus élégant, plus amoureux, et par conséquent plus intéressant. Le chanteur n'est pas resté
au-dessous du tragédien lyrique ; M. Victor Maurel a
détaillé avec une virtuosité bien rare partout, et surtout à l'Opéra, le *cantabile* en *la* mineur du premier
acte : « Léonor, viens j'abandonne... », et il a donné
une valeur qu'on ne soupçonnait guère à sa partie du
quintette au troisième acte : « La honte fait monter
le rouge à mon visage. » Mais ce que le public a
admiré comme moi, c'est le sentiment profond, humain, tour à tour élégiaque, railleur et douloureux,
par lequel il a renouvelé la phrase si connue « Pour
tant d'amour ! » Ici M. Maurel s'est mis au-dessus
de tout éloge et de toute comparaison. Il serait bien
regrettable, pour les plaisirs du public, qu'un pareil
artiste, qu'on ne peut confiner indéfiniment dans les
rôles usés du répertoire, dût s'éloigner de l'Opéra,
faute de créations dignes de lui.

A côté de M. Maurel, mademoiselle Richard a fait
applaudir sa voix généreuse et superbe et l'accent
dramatique qui lui a valu une ovation méritée après
le duo final. M. Dereims lui-même s'en est trouvé
tout électrisé, et s'est fait pardonner par quelques
beaux élans, d'avoir été si médiocre pendant les trois
premiers actes.

DCCCXXVI

De Londres. — COVENT-GARDEN. 4 juillet 1882.

VELLÉDA

Opéra en quatre actes, paroles françaises
de MM. Augustin Challamel et J. Chantepie,
traduites en italien par M. Joseph Vacotti,
musique de M. Charles Lenepveu.

Londres, 4 juillet 1882.

Faut-il donc que la critique se résigne à chausser
ses bottes de sept lieues, pour courir après nos jeunes compositeurs? Hier, *Hérodiade* et Massenet à Bruxelles, aujourd'hui, *Velléda* et Lenepveu à Londres,
demain, peut-être, *Richard III* et Salvayre à Vienne
ou à Saint-Pétersbourg. Je ne m'en affligerai ni m'en
effraierai outre mesure. Je ne jetterai pas les hauts
cris, je n'accuserai pas la décadence de mon pays, au
contraire.

L'Allemagne s'est-elle crue humiliée lorsqu'elle
donnait Haëndel et Weber à l'Angleterre, Glück
et Meyerbeer à la France? Qui eurent les prémices
de l'Italie, sinon la France et Paris, avec les œuvres
maîtresses de Lulli, de Sacchini, de Rossini et de
tant d'autres? *Oberon* fut joué pour la première fois
à Londres, les deux *Armides*, *Œdipe à Colone*, *le
comte Ory*, *Guillaume Tell*, *Robert le Diable*, *les Huguenots*, *le Prophète* et *l'Africaine* sont éclos au soleil
parisien. Je ne sache pas que l'Allemagne et l'Italie
aient vu dans cette émigration, de chefs-d'œuvre, la
moindre diminution de leur influence artistique, ni

de leur gloire nationale : au contraire. L'adoption
d'*Hérodiade* par les Belges et de *Velléda* par les Anglais comptent pour des victoires françaises, à l'égal
des triomphes économiques et scientifiques d'un Ferdinand de Lesseps imposant le percement du canal de
Suez aux défiances anglaises, d'un Amédée Thierry ou
d'un Pasteur, arrachant de haute lutte à l'estime de nos
voisins les plus hauts grades de l'Université d'Oxford.

Certes, je n'essaierai pas de défendre le système
absurde et rétrograde qui pèse sur nos scènes sub-
ventionnées, et qui étonne l'étranger beaucoup plus
qu'il ne nous révolte nous-même. Mais la vérité est
que l'Opéra de Paris n'a pas eu à dédaigner ou à refuser dans la *Velléda* de M. Lenepveu, un ouvrage qui
ne lui fut jamais offert et dont il n'eut jamais connaissance que par de vagues ouï-dire.

L'histoire en est toute simple. Madame Adelina
Patti, heureuse mais non pas éblouie, des inextingui-
bles triomphes de sa virtuosité, mûrissait une ambition très haute : c'était que son nom fût attaché à une
création durable comme celui de la Grisi à *Norma*, de
Cornélie Falcon à *la Juive*, ou de Rosine Stoltz à *la
Favorite*. Revenant un jour dans une conversation intime sur ce rêve vainement caressé, un artiste de
grande valeur, un Français qui n'est pas connu chez
nous comme il le mérite, le baryton Diaz de Soria,
signala à madame Patti un de ses meilleurs amis,
M. Lenepveu, premier prix de Rome en 1865, professeur au Conservatoire national de musique. M. de
Soria savait que M. Lenepveu avait en portefeuille
un drame lyrique ou plutôt un *oratorio* emprunté directement aux *Martyrs* de Châteaubriand. Le personnage de Velléda, la prêtresse couronnée de feuilles
de chêne et armée de la faucille d'or, séduisit Adelina
Patti. Elle voulut connaître la trame musicale que
M. Lenepveu avait jetée sur le canevas poétique de

MM. Augustin Challamel et Chantepie. Elle s'y complut ; elle la désira seulement plus large et plus développée ; sous son inspiration persévérante, les trois collaborateurs reprirent leur esquisse en sous-œuvre, et d'une sorte d'*oratorio* à trois personnages : Velléda, son père et son amant, sortit un opéra complet, dont Adelina Patti s'honore d'être la marraine, et dont elle a, dès ce soir, assuré le sort.

Notre Académie nationale de musique, sans être impeccable, n'a donc rien à se reprocher en cette circonstance ; d'ailleurs, elle ne pouvait offrir à M. Lenepveu ni une autre Patti, ni seulement l'éventualité prochaine d'une exécution telle quelle. Il fallait venir à Londres, dans ce pays qui sait vouloir et pouvoir, pour qu'un opéra inédit fût reçu, appris, répété et joué, non pas dans le délai d'une année, non pas dans le cours d'une saison, ni d'un mois, mais en dix jours ; vous entendez bien, dix jours, costumes, décors et répétitions comprises.

Parmi les grandes usines à musique que possède la capitale anglaise, Covent-Garden est en ce moment l'une des mieux outillées. Son directeur, M. Gye, est un de ces hommes qui ne connaissent pas plus d'obstacles dans les revers que dans les succès. En trois mois il a joué vingt-six opéras ; il y a six représentations par semaine généralement composées de six ouvrages différents. Le procédé de réalisation est très simple. Le directeur appelle ses chefs d'orchestre ; il en a deux : un italien, M. Bavignani ; un belge, français de cœur, M. Joseph Dupont ; et il leur dit ceci : « Messieurs, nous donnerons lundi *Carmen*, mardi *Fra Diavolo*, mercredi *Don Juan*, jeudi *Aïda*, vendredi *la Révolte au sérail*, samedi *la Traviata*. » Et les choses s'accomplissent selon ce programme sommaire, grâce à l'activité des deux chefs d'orchestre, secondés par un régisseur excellent, M. Lapissida, le successeur du regretté Tagliafico, et une troupe d'artiste hors ligne, mesdames Patti, Albani, Lucca, Fursch-Madier, MM. Nicolini, Gailhard, Cotogni, Pandolfini, Mierswinsky, de Retzské, etc. Excusez du peu!

Velléda ne devait d'abord passer que vers le 15 juillet; un changement dans le répertoire a exigé qu'elle fût prête dix jours plus tôt; cela n'a pas présenté plus de difficulté que la substitution d'une courroie de transmission à une autre dans la marche d'une machine à vapeur; les artistes se sont un peu surmenés, les choristes ont travaillé jour et nuit, et voilà. Je raconte ces choses invraisemblables sans nulle arrière-pensée de les proposer en exemple à l'inertie parisienne. *Scribitur ad narrandum.*

Donc ce soir, à huit heures et demie, *half-past eight o'clock*, le rideau se lève sur le premier acte de *Velléda.* La salle de Covent-Garden, belle dans le style ordonnancé de ses trois étages de loges, blanc et or sur fond rouge, est occupée par une foule brillante et parée de cette élégance sérieuse qui caractérise l'aristocratie anglaise. La princesse de Galles occupe l'avant-scène de droite. Le prince de Galles, retenu par un devoir de Cour, n'a pu venir. Citons au hasard les comtes d'Oxford, de Dilchester, de Lathaom, lord Dudley, lord Shetland, lord Rosebery, lord Arlington, lord Barrington, lady Goldsmith, lady Scott, lady Dashwood, lady Antrobus, Mrs Gérard Leigh, colonel Farquharson, baron Alfred de Rothschild, etc.

Parmi le monde du journalisme et des arts, anglais et français, MM. Davis, Campbell-Clarke, Cernuschi, Francis Thomé, W. Chaumet, de Soria, Halbronn, Strauss, Hippeau, Bastien-Lepage.

Mon collaborateur et ami, M. Johnson, l'exact correspondant du *Figaro* à Londres, a fait connaître dans une de ses précédentes lettres, les lignes principales du poème. L'un des auteurs, M. Augustin Challamel, conservateur à la Bibliothèque Sainte-Geneviève, est l'auteur de livres d'autant plus estimés que l'érudition y revêt les formes les plus attrayantes ; entre autre l'*Histoire-Musée de la Révolution française*.

La Muse s'y est prise un peu tard pour taquiner ce respectable bibliothécaire. *Respexit tamen.* Aidé pour la versification par M. Chantepie, qui avait à cœur de faire oublier *Dianorah*, notre ami Challamel, marchant sur les traces de Quinault, de Jouy, d'Alexandre Soumet et de Scribe, nous a donné un livret très largement taillé sur les meilleurs patrons ; et il ne me paraît pas qu'il ait rencontré un traître dans son traducteur italien, M. Giuseppe Vacotti. Le piquant de la chose, c'est que le public de Covent-Garden suit le livret italien de M. Vacotti sur une traduction anglaise dont l'auteur a gardé l'anonyme.

C'est en 1802, que Chateaubriand entreprit cette belle épopée des *Martyrs* que nous ne connaissons plus guère que par l'épisode de Velléda et par la mort d'Eudore et de Cymodocée. En cette même année naquit Victor Hugo, en qui, quinze ans plus tard, Chateaubriand sacrait son successeur du nom d'enfant sublime. Chateaubriand est mort depuis un tiers de siècle, et Victor Hugo vient d'accomplir sa quatre-vingtième année. Où est, hélas, l'enfant sublime, qui recueillera l'héritage de ces deux colosses littéraires du xixe siècle !

L'épisode de Velléda, renfermé dans les livres IX et X des *Martyrs*, est une aventure d'amour entre Eudore, commandant l'armée romaine en Armorique, et la druidesse Velléda, fille d'un chef gaulois. Eudore se laisse entraîner par l'ardente passion de la prêtresse qui, convaincue de parjure envers ses dieux, se donne la mort. Il est trop facile de signaler l'analogie de cette donnée première avec le poème de

Norma: mais est-ce la faute de MM. Challamel et Chantepie, si Alexandre Soumet s'était avant eux inspiré de Chateaubriand en même temps que de Sénèque? Norma est la fusion, habilement et dramatiquement conçue, des deux personnages imaginaires ou fabuleux de Velléda et de Médée.

Une courte introduction instrumentale prélude aux lamentations des Gaulois vaincus, en prière aux abords de l'île de Sein, le lieu sacré du Druidisme. Le chœur *o dei, pietà*! en *sol* mineur a la couleur grave et triste qui convient aux plaintes des opprimés, comme aussi la marche des Druidesses qui suit.

Mais, une fois entré en matière, je ne fatiguerai pas le lecteur d'une énumération minutieuse, d'ailleurs difficile à dresser, car la partition de M. Lenepveu affecte la forme serrée d'un drame lyrique où tout se tient et s'enchaîne étroitement.

Il faut citer cependant l'*arioso* de Cœlius, c'est le nom d'Eudore dans la version de MM. Challamel et Chantepie. Ce général romain est placé entre l'amour de Velléda et celui qu'il a inspiré à une autre femme, nommée Even, qui, travestie comme le page de Lara, le sert sous des habits d'esclave. La jalousie perspicace d'Even n'empêche pas Cœlius de tomber dans le piège que lui tend une autre prêtresse d'Irminsul, nommée Ina, en lui donnant un rendez-vous au nom de Velléda. Enfin, la Druidesse apparaît. Elle convoque les Gaulois en assemblée tumultuaire.

Le second acte s'ouvre par une tempête orchestrale. Les Gaulois, réunis près d'un dolmen, au bord de la mer, prennent la résolution de se soulever contre les Romains; les feux s'allument sur la montagne; l'hymne de guerre retentit; c'est ce chant plein de mouvement et de puissance qui, exposé d'abord en *mi* bémol, est repris à la fin de l'acte dans la tonalité immédiatement supérieure. Cœlius est tombé dans le piège du rendez-vous, mais Velléda le sauve en le couvrant de l'étendard sacré.

Sa générosité n'a pas été favorable à son peuple, non plus qu'à elle-même. Le troisième acte nous montre les Romains vainqueurs, et les Gaulois prisonniers, parmi lesquels Velléda, son père Senon, et avec eux le chef militaire Teuter. Celui-ci, dans sa rancune farouche, insulte Cœlius en lui jetant un énergique anathème : « Malheur aux vainqueurs, » mais Cœlius ne peut s'empêcher de céder aux inspirations de la clémence. La pensée musicale de M. Lenepveu se développe avec éclat dans ce beau troisième acte, où je note d'abord une ballade en *sol* mineur, chantée par Even, où le compositeur s'est servi très curieusement d'une cadence rompue sur une note sensible sans résolution, comme caractéristique des anciens chants armoricains. Vient ensuite le duo d'amour entre Velléda et Cœlius, morceau capital qui domine la partition et suffirait à en assurer le succès. Le délicieux *andante* à 9/8 qui commence le duo revient ensuite jusqu'au dénouement chaque fois que Velléda parle de son amour.

Une grave sonnerie de trompettes et de trombones annonce l'envoyé de l'Empereur, qui n'apporte qu'un ordre à Cœlius; pas de grâce! Les sentiments contrastés des Romains qui approuvent la sévérité impériale et des prisonniers gaulois qui se sentent perdus, sont exprimés par un double chœur en *si* bémol de l'effet le plus saisissant.

Cœlius, n'oubliant pas qu'il doit la vie à Velléda, résiste aux injonctions venues de Rome; il met les captifs en liberté; leur joie et la colère de l'envoyé impérial se traduisent par un chœur fugué en *ut* majeur, où M. Lenepveu a pu donner libre carrière à sa science consommée, en lui imprimant le caractère dramatique commandé par la situation.

Le quatrième et dernier acte nous transporte dans un village d'Armorique ; Cœlius n'est plus rien ; Rome l'a dégradé ; il peut donner un libre cours à la passion qui l'entraîne vers Velléda ; il lui propose de fuir ensemble ; une strophe délicieuse de Velléda, *Finor a me d'ogni*, une cavatine de Cœlius en *ut majeur*, précèdent la catastrophe ; les amants sont surpris par les Gaulois, qui reprochent à la druidesse sa trahison envers ses dieux ; pour échapper au supplice et à la honte elle se tue, et Cœlius, qui ne veut pas lui survivre, se frappe du même poignard. Les deux fiancés exhalent leur dernier soupir dans un duo final auquel se mêle la phrase principale du duo précédent, comme transportés dans les régions célestes par l'accompagnement susurré des chanterelles et des harpes.

Je regrette de ne pas donner une analyse plus complète et surtout mieux étudiée de la partition de *Velléda*. On ne saisit pas d'une seule audition un ouvrage aussi considérable ; le secours des répétitions générales m'a manqué, car c'est une des conséquences du travail intensif auquel sont astreints les artistes de Covent Garden qu'il ne faut pas songer à ces répétitions générales de Paris, qui sont en réalité les véritables premières représentations de nos théâtres lyriques. Hier, la répétition qualifiée de générale, indiquée pour midi, a eu lieu sans costumes, sans décors, je dirais presque sans personnages, mademoiselle Valleria étant malade, et les protagonistes se bornant à esquisser leurs rôles pour se ménager des forces. Le résultat n'en est pas moins décisif pour M. Lenepveu et pour l'école française. *Velléda* est une partition construite par un architecte musical maître de son art, à la fois, savante et pittoresque. Elle répond aux aspirations plus ou moins légitimes de l'école moderne, qui voudrait briser, sauf à le regretter plus tard, les moules mélo-

diques de l'ancien opéra, tel qu'on l'a compris depuis
Spontini jusqu'à Meyerbeer; mais M. Lenepveu n'a
pas voulu abdiquer, au profit du raisonnement et de la
science, ses qualités natives de mélodiste. Ses quatre
actes fourmillent de traits heureux, de phrases tendres et délicates, qui charment l'oreille et vont au
cœur. *Velléda* est une œuvre largement conçue, fortement dessinée, supérieurement orchestrée qui pren-
dra place dans le jugement des connaisseurs non loin
de l'*Aïda* de Verdi qu'elle rappelle, sans aucune réminiscence, dans sa contexture générale.

Le public britannique a fait l'accueil le plus loyalement enthousiaste au jeune compositeur français.

J'ai dit quelle part madame Adelina Patti a prise à
l'éclosion de *Velléda*; celle qui lui revient dans le succès est plus considérable encore. Admirablement belle
sous la tunique des prêtresses de Teutatès, madame
Patti nous a fait entendre une voix plus fraîche, plus
jeune, plus pénétrante que jamais dans le registre aigu,
plus sombre et plus sonore dans le registre grave.

Elle s'est prodiguée avec une ardeur sans pareille,
et si je voulais énumérer tous les morceaux, toutes
les phrases qui ont soulevé des murmures d'admiration ou des tempêtes de bravos, je n'en finirais pas.

M. Nicolini a partagé son succès. Soutenu par un
rôle intéressant et bien écrit pour sa voix, M. Nicolini en a supérieurement rendu toutes les parties, surtout la belle cavatine du quatrième acte, que j'ai déjà
signalée, et qui lui a valu une ovation chaleureuse.

M. Cottogni qui joue le chef Teuter, M. de Reszké,
le père de Velléda, et M. Dauphin, l'envoyé impérial,
ont fait valoir leurs belles voix graves et exercées.

Madame Stahl, un contralto solide, a bien chanté
la ballade archaïque d'Even, et madame Valleria
donne de l'importance au rôle secondaire d'Ina.

Après le second acte, M. Lenepveu a été amené sur

la scène par madame Patti, aux acclamations de la salle entière. Les loges lançaient des couronnes et des bouquets au compositeur et à son illustre interprète. La scène était jonchée de fleurs.

Une telle interprétation, complétée par des chœurs rompus à toutes les exigences d'une scène de premier ordre, a pour point d'appui, pour direction et pour sauvegarde, le bras infatigable et souple d'un chef d'orchestre de premier ordre, M. Joseph Dupont, qui vient de rendre à M. Lenepveu, le même service que M. Massenet avait reçu de lui à Bruxelles.

Belle soirée pour l'art français : plus belle encore si je datais ce bulletin de victoire non de Londres, mais de Paris.

DCCCXXVII

THÉATRE DES NATIONS.   8 juillet 1882.

LA BELLE AUX CHEVEUX D'OR

Drame en cinq actes et six tableaux, par MM. Arthur Arnould et Armand Liorat.

Le drame lugubre par lequel le théâtre des Nations vient de préluder à la fête du 14 juillet, n'a rien de commun avec le conte populaire de *la Belle aux cheveux d'or*. Ces quatre mots forment le surnom qui désigne une certaine Francine, parce qu'elle est blonde. Du reste, elle serait brune que le drame ne s'en porterait ni plus mal ni mieux. C'est comme la recette du grand Albert : pour faire un sortilège vous prenez une poule noire ; mais si vous n'avez pas de poule noire, vous prenez une poule blanche ou de toute autre couleur. Cette Francine, entrée comme sous-maîtresse dans une pension de demoiselles, par suite de revers de fortune, a oublié ses principes au profit d'un professeur de dessin, nommé Bernard, lequel n'est autre qu'un faussaire de profession, contrefacteur de billets de banque, ce qui ne lui donne même pas de bottes.

Ce Bernard est le frère naturel d'un imprimeur très riche, M. Georges Brémont, veuf, et père d'une jeune fille ; ne réussissant pas à faire chanter ce millionnaire, Bernard conçoit un plan abominable. Il parvient à placer Francine comme institutrice auprès de mademoiselle Germaine Brémont, convaincu que M. Brémont ne manquera pas de devenir amoureux de Francine et que celle-ci, une fois la maîtresse ou la femme de M. de Brémont, peu importe à Bernard, ne pourra pas refuser alors de payer comptant un billet de cent mille francs qu'elle a souscrit, « pour de rire, » à l'affreux Bernard.

> C'est bête comme tout ce que je vous dis là.

Le vers est de Victor Hugo et la pièce n'est pas de moi.

La preuve que c'est bête, c'est que cela ne réussit pas du tout.

Francine a cédé aux ordres du drôle, parce qu'il la menaçait de tuer son enfant qu'il lui a enlevé dès sa naissance. Mais, devenue madame Brémont, elle refuse d'extraire cent mille francs du portefeuille de son mari. Bernard veut alors tuer le mari, mais il se trompe et tue un créancier de Brémont ; celui-ci est accusé du crime et condamné à mort ; il s'empoisonne pour se soustraire à l'échafaud ; on l'enterre au cimetière du Père-Lachaise ; il ressuscite ; un vieux greffier qui s'appelle Lenoir, comme l'ancien lieutenant de police, découvre la vérité, et Bernard se suicide à son tour, définitivement. A moins que ce ne soit encore une attrape, et que nous ne soyons menacés de voir paraître au mois de juillet prochain, sur l'affiche du théâtre des Nations, un drame en six actes et sept tableaux intitulé *La résurrection de Bernard ou la suite de la Belle aux cheveux d'or.*

A travers ce long et lourd fatras qui ne s'est pas terminé sans rires ni sifflets, j'ai remarqué une scène et un mot :

La scène est celle-ci : Francine, désespérée par le suicide de Brémont qu'elle aime sincèrement, vient prier devant le caveau funèbre ; dans sa douleur, elle confesse à haute voix son triste passé, dont elle demande pardon au cher mort qu'elle a trompé. A ce moment, la porte du caveau s'entr'ouvre et Brémont se dresse menaçant, rejetant derrière lui les plis de son linceul. Préparée, traitée et dénouée avec plus d'art, cette situation vraiment dramatique aurait produit un grand effet.

Quant au mot, c'est celui d'un sergent qui raconte d'une façon burlesque la prise de la Bastille, et qui, embarrassé de qualifier le Génie qui surmonte la colonne de Juillet, termine sa grotesque narration par cette définition imprévue : « Enfin, c'est un ange laïque. »

Reconnus capables d'avoir du talent et de l'esprit, MM. Arthur Arnould et Armand Liorat sont impardonnables de n'en avoir eu qu'une seule fois dans cette fastidieuse soirée.

La pièce est jouée avec une conviction étonnante par MM. J. Renot, Mondet, Pouctal, mesdames Jeanne Andrée et Bernage.

Une réflexion en terminant : une des plus sages

mesures prescrites en prévision d'incendie, c'est de
tenir allumées dans les couloirs et les escaliers, un
certain nombre de lampes à l'huile pour suppléer à
l'extinction fortuite du gaz. Ceci interdit absolument
aux directeurs de théâtre le droit d'éteindre le gaz
dans les couloirs et les escaliers, au moment où les
spectateurs commencent à peine à sortir.

Une telle imprudence doit être signalée, surtout
lorsqu'elle est constatée dans un théâtre municipal
placé sous l'autorité et le contrôle directs de la ville
de Paris.

DCCCXXVIII

COMÉDIE-FRANÇAISE.   10 juillet 1882.

La jeune troupe dans

MITHRIDATE
et
LE JEU DE L'AMOUR ET DU HASARD

On reproche assez généralement au Théâtre-Français de ne pas exercer ses jeunes comédiens; cela
s'est dit récemment dans la commission du budget ;
je l'avais lu quelques jours plus tôt dans la spirituelle
étude sur *la Maison de M. Perrin* placée par M. Henri
Fouquier en tête du septième volume des *Annales du
théâtre et de la musique* publiées par mes confrères
Edouard Noël et Edmond Stoullig. Je suppose que la
représentation d'aujourd'hui est une première réponse
à des réclamations qui ne laissent pas que d'être
fondées. *Mithridate* et *le Jeu de l'amour*, Racine et Marivaux ont eu ce soir pour interprètes, treize artistes

différents, parmi lesquels je ne relève le nom que
d'une seule sociétaire, madame Emilie Broisat.

Ce procédé est-il le meilleur pour former des sujets
capables de remplacer un jour leurs aînés sur la première scène française ? J'ai quelque doute à ce sujet.
C'est un axiome dans l'armée, qu'on ne peut mener
utilement au feu les jeunes soldats qu'en les encadrant
solidement entre de vieilles troupes. Il me semble que
les nouveaux venus de la Comédie-Française, livrés
à eux-mêmes, ne peuvent que s'intimider l'un l'autre,
tandis qu'ils s'appuieraient avec confiance sur les
chefs d'emploi, qui leur donneraient à la fois le courage et la leçon.

Il est vrai que les anciens eux-mêmes se font rares ;
les cadres de la comédie, trop chargés quant à certains emplois, présentent ailleurs d'inquiétantes la-
cunes. Sans aborder incidemment un examen assurément très délicat, parce qu'il touche, à des questions
de personne, acceptons pour aujourd'hui la levée en
masse de la jeune comédie, laquelle a fait assez bonne
figure d'un bout à l'autre de ce long engagement.

C'est en vue de montrer M. Silvain dans l'emploi de
M. Maubant qu'on a repris *Mithridate*. Fatale nécessité, mais qui s'impose. On aurait pu préférer *Britannicus*, mais qui aurait joué Agrippine ? La Comédie-
Française ne possède plus une seule reine tragique.
Va donc pour *Mithridate*, qu'il est permis, sans impiété, de considérer comme la plus faible des tragédies de Racine, et surtout la plus ennuyeuse.

De deux choses l'une, ou le spectateur ne connaît
pas l'histoire du roi de Pont, et il ne comprend rien
au poème de Racine ; ou il la connaît, et il est cho-
qué des inexactitudes et des anachronismes violents
que l'auteur a commis de propos délibéré ; d'ailleurs,
comment s'intéresser à une rivalité d'amour entre le
père et ses deux fils, entre deux frères et leur père,

surtout lorsque l'on sait que ce père avait épousé
l'une de ses sœurs, empoisonné les autres, assassiné
sa mère, et égorgé quatre de ses fils ? Je ne parle
pas des cent cinquante mille Romains qu'il fit poignarder en un même jour sur tous les points de l'Asie.
L'agréable héros de tragédie que cette bête féroce, à
qui l'on ne peut comparer que les tyrans nègres de
l'Afrique centrale et le roi de Dahomey! C'est cependant lui que Racine fait soupirer comme un Amadis
pour « les beautés » de la tendre Monime.

Je ne crois pas non plus manquer de respect à ce
grand poète, en constatant que nulle de ses œuvres ne
renferme de plus nombreux ni de plus curieux exemples de parfaite cacographie. Je n'en citerai qu'un ;
« esclave couronnée », raconte Monime :

Je partis pour l'hymen où j'étais destinée.

Comme on dirait dans une comédie moderne :

Je partis pour Pontoise où j'étais attendue.

La pièce est d'ailleurs mal construite ; dès le temps
de Racine, on remarqua que le troisième acte n'avait
aucune liaison possible avec le deuxième, et qu'il
était inexplicable qu'un homme aussi profond que
Mithridate révélât ses desseins contre Rome, au fils
même dont il soupçonne l'alliance secrète avec les
Romains.

Ces incohérences ne rendent pas facile la tâche des
interprètes. Mademoiselle Clairon considérait le rôle
de Monime comme « un des plus nobles et des plus
touchants qui soient au théâtre, mais aussi l'un des
plus difficiles ». Mademoiselle Sarah Bernhardt l'essaya il y a quelques années et le manqua complètement, faute de le savoir. Mademoiselle Adeline Dudlay, au contraire, le sait trop ; elle en marque les

moindres détails, elle en accentue les plus légères nuances, et la ligne harmonieuse de cette douce physionomie de femme sacrifiée et résignée lui échappe. D'ailleurs, la voix de mademoiselle Dudlay étant naturellement sèche et sans timbre, ne se forme que par une
série de contractions suivies d'expirations brusques et
convulsives. Je ne méconnais ni l'intelligence ni le
zèle de mademoiselle Dudlay, mais je suis convaincu
qu'elle se trompe en s'obstinant à jouer la tragédie,
alors qu'il lui manque l'instrument musical indispensable pour le récit poétique ; tandis que les imperfections de sa voix deviendraient beaucoup moins sensibles dans le drame ou la comédie en prose.

Je ne fais pas un compliment immense à M. Silvain en le déclarant supérieur à M. Maubant dans le
rôle de Mithridate ; ce jeune tragédien compose largement et cherche à dégager le naturel à travers
l'emphase tragique. Il a été fort apprécié et fort applaudi.

M. Philippe Garnier, premier prix du Conservatoire,
s'est fait remarquer aussi dans le rôle de Xipharès ;
trop pressé de donner sa note, il m'a paru un peu
essoufflé dans la seconde partie du rôle, mais ce sont
là des excès d'ardeur qui se régleront d'eux-mêmes.

M. Dupont-Vernon et M. Martel ne doivent pas être
oubliés.

J'ai déjà parlé de madame Broisat et de M. Prudhon
dans *le Jeu de l'Amour et du Hasard*; ils y sont excellents
tous deux, et il ne manque à madame Broisat que de
substituer çà et là au débit pur et simple, quelques
touches de sensibilité, pour devenir une parfaite
Silvia. M. Garraud, dans Orgon, M. Davrigny, dans
Mario, M. Truffier, dans Pasquin sont fort passables.
Il faut dire quelque chose de plus de mademoiselle
Kalb, qui faisait son véritable début dans Lisette ;
elle s'y est montrée charmante de tout point, pleine

18.

de verve sans dépasser la mesure. Voilà sa place
toute faite à la Comédie-Française.

Maintenant, que la jeune troupe me permette de
lui offrir un conseil : c'est de prendre quelques infor-
mations sur la prononciation de la langue dont elle
interprète les chefs-d'œuvre. Qu'elle apprenne d'a-
bord ceci : le mot joug se prononce jou et non *jouc,*
comme dit M. Garnier ; le mot sens se prononce *san*
et non *sense,* comme dit madame Broisat ; enfin on
prononce *d'autant plu* et non pas d'autant *plusse*
comme dit M. Garraud. Ce sont là des excès de sonorité
gasconne qui n'ont pas cours au nord de la Loire.

DCCCXXIX

Opéra.   21 juillet 1882.

Début de mademoiselle Nordica dans

FAUST

Mademoiselle Nordica, de son vrai nom miss
Lilianne Norton, est une jeune Américaine, que de
récents succès à Saint-Pétersbourg et à Milan signa-
lèrent à l'attention de M. Vaucorbeil, juste au moment où le directeur de l'Opéra venait de laisser partir l'aimable miss Griswold ; de sorte que l'emploi
d'Américaine ne demeurera pas vacant à l'Opéra.
Car le théâtre national de l'Opéra veut avoir sa cantatrice yankee, comme la Comédie-Française son ac-

trice russe ou allobroge. La tradition n'en date cependant que d'hier, mais elle a déjà force de loi.

Cette réflexion générale sur certaines tendances
bizarres de nos premières scènes ne m'est pas inspirée par la personne même de mademoiselle Nordica,
car je me hâte de constater qu'elle a montré des qualités sérieuses dans le rôle écrasant de Marguerite,
et qu'elle a paru plaire au public de l'Opéra, que je
tiens non pour le plus difficile, mais pour le plus
froid et le plus indifférent de l'Europe.

Mademoiselle Nordica possède une voix de soprano
parfaitement égale, ronde et moelleuse dans l'étendue de deux octaves, d'*ut* en *ut*. La pose de cette
voix jeune et brillante fait honneur au professeur de
Boston qui l'a dirigée, car elle est excellente et n'a
donné, dans cette longue soirée, aucune trace de
tremblement même passager, malgré l'émotion bien
naturelle d'un premier début. Un grand mouvement
s'est fait lorsque mademoiselle Nordica est apparue
sous les grands arbres ; et après qu'elle a eu dit, au
milieu d'un silence absolu, la célèbre phrase : « Non,
monsieur ; je ne suis demoiselle ni belle, et je n'ai
pas besoin qu'on me donne la main », les applaudissements ont éclaté ; la Marguerite était trouvée,
jugée et acceptée.

La suite a montré chez mademoiselle Nordica de
sérieuses études et l'entière compréhension du rôle.
Cependant je n'aime pas beaucoup l'accent plus dramatique que poétique qu'elle donne à la cantilène du
jardin : « *Cette voix solitaire qui chante dans mon
cœur.* » Je n'y ai pas retrouvé la simplicité naïve qui
avait assuré son succès dans sa phrase d'entrée. On
l'attendait au terrible trio du cinquième acte: *Anges
purs, anges radieux* ! Elle l'a très crânement enlevé,
d'une voix qui porte naturellement et sans cris.

Il faut une oreille bien attentive et bien exercée pour

saisir de loin en loin, dans la prononciation de mademoiselle Nordica, quelques traces légères d'accent américain. Elle se surveille de ce côté avec une exactitude qui donne parfois de la pesanteur à sa diction ; mais au dernier acte, rassurée sans doute par la bienveillance de l'auditoire, elle s'est détendue, et le léger défaut que j'avais constaté, avait presque entièrement disparu.

Mademoiselle Nordica joue le rôle de Marguerite aussi bien sinon mieux qu'elle ne le chante ; elle a des attitudes très remarquables, et des jeux de physionomie intéressants, auxquels se prêtent les traits de son visage, plus expressifs que réguliers.

Elle a été rappelée avec M. Dereims, qui a eu d'assez bons moments pour se faire pardonner son ridicule costume de troubadour du temps de l'Empire, et avec M. Lorrain, qui a fait preuve de bonhomie dans le rôle de Méphistophélès, auquel il prête une vague ressemblance avec l'excellent M. Parade, du Vaudeville.

CONCOURS DU CONSERVATOIRE

CONSERVATOIRE.   21 juillet 1882.

DCCLXXX

CONCOURS DE CHANT (HOMMES).

La séance a été consacrée tout entière aux hommes ; pendant trois heures, nous avons vu défiler, sous les rayons d'un soleil caniculaire, une collection de barbes et barbiches assez extraordinaires pour

étonner même un Américain des Montagnes-Rocheu-
ses. A ce point de vue, le concours peut passer pour
très remarquable. Il n'en n'a pas été tout à fait de
même au point de vue musical.

Cependant, n'exagérons rien. Que sur les vingt-deux
concurrents qu'on annonçait et qui se sont trouvés
réduits à vingt-et-un par l'indisposition subite de l'é-
lève Poirier, on ne trouve à signaler qu'une demi-
douzaine de voix ou d'aptitudes, qu'est-ce que cela
prouve, sinon que les conditions d'admission au concours sont beaucoup trop larges, et que, sous ce rapport, comme sous beaucoup d'autres, l'organisation
du Conservatoire appelle des réformes sérieuses ?
Qu'un professeur libre consacre son temps et ses soins
à des leçons infructueuses dans un sens, mais fruc-
tueuses dans l'autre, rien de plus naturel et de plus
licite. Mais que le Conservatoire national de musique et de déclamation, établissement rétribué par
l'Etat, affecte une portion quelconque de l'argent
des contribuables à l'éducation musicale de prétendus
élèves qui ont dépassé la trentaine sans avoir encore
attrapé ni l'ombre d'une voix ni l'apparence d'un talent, autant vaut le charger de débarbouiller des
nègres.

Sur les vingt-et-un candidats d'aujourd'hui, il y en
a certainement douze qu'il était inutile et même inhu-
main de faire concourir.

Je ne comprends pas davantage le système d'après
lequel le jury décerne des récompenses.

J'avais remarqué, pour ma part, d'abord M. Dethurens, artiste déjà exercé, mais qui s'est fait tort
aujourd'hui, en choisissant pour morceau de concours
un immense *arioso* des *Vêpres Siciliennes*, dépourvu
d'intérêt mélodique et de charme.

M. Labis, premier accessit de l'année dernière, la
plus belle barbe de bison de tout le Conservatoire, a

montré des qualités de phrasé et de diction d'autant plus louables qu'elles modèrent une voix de baryton très vibrante. Le jury n'a rien donné à M. Labis.

M. Dulin, dans un air de *la Reine de Saba*, a fait valoir une basse chantante à la fois grave et moelleuse, conduite avec un goût très fin. Le jury n'a rien eu pour M. Dulin.

Enfin, un baryton, M. Hettich, élève de M. Masset, a mérité l'applaudissement général en chantant, d'une manière expressive et sûre, le bel air d'*Hérodiade*. Le public s'est ensuite tourné vers la loge du jury et a fait une ovation spontanée à l'un de ses membres, M. Massenet. Vaines démonstrations ! Le jury a déclaré qu'il n'y avait pas lieu de décerner un premier prix, et M. Hettich, qui dès à présent est un artiste, a dû se contenter d'un premier accessit.

N'aurait-on pu lui donner, du moins, un second prix ? Il paraît que non. Le second prix devait être réservé *in petto*, car on l'a donné à un jeune homme, M. Jouhanet, qui venait de massacrer d'une voix criarde, le bel air du *Ballo in maschera*. Renseignements pris et obtenus d'une personne bien informée, il paraît que M. Jouhanet est un élève très studieux et un « brave garçon. » J'en suis convaincu, mais si cela suffit, pourquoi le faire chanter ? C'est du luxe.

Avec M. Hettich, trois autres élèves ont obtenu un premier accessit :

D'abord M. Sujol, que sa voix blanche et sa taille déliée désignent pour l'emploi de ténorino d'opérette ; il a chanté : *Viens, gentille dame !* avec aisance et sûreté, et exécuté, non sans agrément, tous les effets de voix de tête écrits pour l'organe spécial de Ponchard, le créateur du rôle de Georges Brown :

Ensuite, M. Claverie, un gros garçon bien en chair, dont la voix de basse chantante, assez douce dans sa force, avait interprété avec quelque succès l'air du *Bravo* de M. Gaston Salvayre ;

Enfin M. Fournets, doué d'un bel organe de basse, montant aisément au *fa* d'en haut, et qui avait passablement chanté l'air du Procida des *Vêpres Siciliennes*.

Trois deuxièmes accessits ont récompensé : 1° la persévérance de M. Crépaux, une basse trapue et crépue, qui concourait pour la quatrième fois ; 2° les *si bémol* de poitrine que le jeune ténor Escalaïs avait prodigués dans l'air de l'*Africaine* ; 3° la bonne volonté de M. Saint-Jean, qui conduit agréablement une voix de baryton dépourvue de volume et de timbre.

Un point sur lequel tout le monde est tombé d'accord, public et jury, c'est la défaite totale du second prix de l'année dernière, M. Bolly, qui a transformé l'air de *Joseph* « Vainement Pharaon » en un beuglement interminable et farouche, capable de faire hurler toutes les vaches grasses et maigres de l'Egypte. Heureusement pour ce jeune aspirant (on est jeune dans une classe de musique quand on n'a pas encore la trentaine), que le public du Conservatoire ne pèche ordinairement que par excès d'indulgence ; il applaudit souvent d'insignes médiocrités ; il ne les chute jamais.

————

22 juillet 1882

DCCCXXXI

CONCOURS DE CHANT (femmes)

Le Conservatoire a pris aujourd'hui sa revanche de la séance d'hier. Autant le concours des hommes avait été maussade, disgracieux et infertile, autant le concours des élèves femmes a été remarquable par le charme et l'intérêt. Vingt-cinq élèves avaient été admises ; vingt-trois seulement ont concouru. Deux élèves, dont l'une était la doyenne des classes, se trouvant empêchées ou s'étant abstenues, la limite d'âge est descendue beaucoup au-dessous de celle des hommes. Hier, nous assistions aux efforts peu récompensés d'un écolier de trente-trois ans ; l'âge de la plupart des élèves femmes entendues aujourd'hui se trouve compris entre les dix-huit ans de mademoiselle Blanche-Marie et les vingt-cinq ans de mademoiselle Duchesne. Il n'en est pas moins certain, à notre avis, que les études de chant commencent beaucoup trop tard, circonstance absolument contraire à la perfection du mécanisme vocal, laquelle ne peut être obtenue que par l'assouplissement prévu des organes de la phonation.

Ne nous plaignons pas cependant ; dix élèves sur vingt-trois ont obtenu des récompenses, réparties avec plus ou moins d'équité, mais toutes justifiées en principe ; et les treize élèves non nommées ne laissent pas que de donner de légitimes espérances. Toutes les voix sont jolies et méritent qu'on ne se lasse pas de les cultiver.

A la tête des concurrentes se plaçaient naturellement les deux seconds prix de l'année dernière, mademoiselle Rémy, et mademoiselle Lureau. Après les avoir entendues aujourd'hui, nul doute n'était possible ; le premier prix devait les couronner *ex-æquo*. La voix égale, fine, veloutée de mademoiselle Rémy avait traduit avec charme l'air délicieux du *Pré aux Clercs* « *Jours de mon enfance !* » et mademoiselle Lureau avait fait valoir la sûreté de son mécanisme dans l'air des *Huguenots* « *O bords heureux de la Touraine !* » dont elle avait terminé la strette par un *mi* aigu enlevé d'un coup de gosier plus étonnant peut-être qu'agréable.

Ce *mi* aigu seul a décroché la timbale du premier prix; le jury devait cette récompense à l'incontestable virtuosité de mademoiselle Lureau, dont la voix paraîtrait sans doute un peu moins perçante dans la vaste enceinte de l'Opéra. Mais pourquoi ce même jury, où siégeaient à bon droit madame Carvalho et madame Pauline Viardot saluées à leur entrée par les acclamations du public, a-t-il pu méconnaître les qualités artistiques et le style achevé de mademoiselle Rémy? De l'aveu des connaisseurs, cette jeune femme avait dit l'air du *Pré aux Clercs* comme on ne l'a pas entendu depuis bien longtemps. On ne s'explique pas l'indifférence, tranchons le mot, l'injustice du jury envers la meilleure élève de M. Bax.

Trois seconds prix ont été décernés : l'un à mademoiselle Figuet, un autre à mademoiselle Vial, le troisième à madame Caron.

Mademoiselle Figuet, élève de M. Boulanger, bien qu'elle ait déployé dans la scène et *l'arioso* du *Prophète*, les principales qualités d'un premier sujet d'opéra, n'est un *contralto* que par le timbre un peu sombre de sa voix; car le registre supérieur est le plus brillant chez cette jeune fille, qui donne facilement et largement l'*ut* d'en haut.

Les traits de mademoiselle Vial, élève de M. Bonnehée, rappellent ceux de madame Adelina Patti, et sa voix n'est pas indigne de cette flatteuse ressemblance. Mademoiselle Vial manque un peu de cette correction générale dans la ligne du chant, qui s'appelle le style; cependant elle a dit avec beaucoup de charme et de savoir l'air vocalisé du premier acte de *Lucie* : « Que n'avons-nous des ailes! »

Madame Caron, élève de M. Masset, mourait de peur; l'exécution de son air des *Puritains* s'en est ressentie ; elle a laissé apprécier cependant de rares qualités d'interprétation ; des trois élèves qui ont chanté dans cette même séance la merveilleuse cantilène de Bellini, madame Caron est la seule qui ait compris et traduit avec une sensibilité délicieuse l'accent passionné de cette musique divine.

Il n'y a qu'à applaudir au premier accessit accordé par le jury à mademoiselle Balanqué, une toute jeune fille, à l'air intéressant et modeste, qui a conquis tous les suffrages par sa voix expressive et sa méthode parfaite dans l'air des *Mousquetaires*.

Autre premier accessit à mademoiselle de Lafertrille, qui a chanté correctement l'air du *Pré aux Clercs*, que devait répéter après elle d'une façon supérieure mademoiselle Rémy. Ne pourrait-on, dans l'intérêt des concurrentes, prévenir ces doubles et ces triples emplois, qui, en dehors du surcroît de fatigue qu'ils imposent au jury et au public, ont l'inconvénient de prêter à des comparaisons personnelles qui faussent la pensée générale du concours ?

Il est certain, par exemple, que la méthode et la diction de mademoiselle Rocher (fille de la concierge du Conservatoire) auraient été mieux appréciées si l'*arioso* du *Prophète* n'eût été, avant elle, l'occasion d'un grand succès pour mademoiselle Figuet. Mademoiselle Rocher a eu le troisième des premiers accessits.

Trois seconds accessits ont été attribués : à mademoiselle Hermann dont la jolie voix a réussi très hardiment les cocottes par lesquelles se termine l'air de *Giralda* ;

A mademoiselle Freland, qui a dit avec justesse et intelligence l'air du second acte de *Sémiramis* ;

Et à mademoiselle Blanche Marie, une toute mignonne jeune fille, douée d'une voix charmante, qui s'est fait longuement applaudir dans un des plus jolis airs des *Noces de Jeannette*.

En somme, excellente journée, qui fait honneur à toutes les classes de chant du Conservatoire, spécialement à celle de M. Bax, quoiqu'elle n'ait obtenu aucune récompense, et qui nous promet d'intéressants concours d'opéra et d'opéra-comique.

DCCCXXXII

Mercredi 25 juillet 1882.

CONCOURS D'OPÉRA-COMIQUE

Le concours d'opéra-comique n'a pas été aussi brillant qu'on l'espérait et que je l'avais prédit moi-même à l'issue du concours des élèves femmes dans la séance de samedi dernier. Cette déception s'explique, au jugé, par deux causes; la première est l'infériorité relative des élèves hommes; la seconde, c'est l'infériorité générale de tous les élèves dans le dialogue, c'est-à-dire dans la comédie, partie intégrale et primordiale, pour ne pas dire essentielle de l'opéra-comique. La plupart des concurrents d'aujourd'hui semblent totalement étrangers aux études primaires de l'art dramatique; et ceux-là qui savent le mieux chanter en musique ne savent pas parler; il leur est plus facile de faire une gamme chromatique ascendante que de dire raisonnablement: bonjour, monsieur. Ceci rappelle les danseuses qui s'envolent si gracieusement dans les airs, mais qui marchent comme des canards sur le prosaïque pavé des villes. Quel est cependant la caractéristique spéciale d'un artiste d'opéra-comique? C'est un comédien qui chante. A-t-elle existé, cette affiche de la foire, qui remplace la musique de la *Dame Blanche* par un dialogue vif et animé ? Je ne le sais, mais je l'accepte comme un symbole ; de véritables opéras-comiques tels que *le Concert à la cour*, *Haydée*, *le Val d'Andorre*, *les Voitures versées*, *le Chalet*, *la Marquise*, *le Songe d'une nuit d'été*, *le Postillon de Longjumeau* et *le Caïd*, je me renferme volontairement dans le programme d'aujourd'hui, se passent plutôt de chanteurs que d'acteurs.

Il est évident, au contraire, d'après les résultats de l'enseignement actuel, que les classes d'opéra-comique ne travaillent qu'à former des virtuoses et nullement des comédiens, tendance d'autant plus regrettable que les élèves de ces classes sont beaucoup plus âgés que les élèves des classes de comédie.

En effet, il nous suffit de rappeler nos souvenirs ou de consulter les très intéressants articles de mon collaborateur Charles Darcours sur les concours du Conservatoire, pour constater que la plupart des prix de comédie ont été le plus souvent remportés par de très jeunes filles, de seize à dix-huit ans, mesdemoiselles Reichenberg, Baretta, Samary, Vrignault, Sisos, Brindeau, Goby, Bergé, Malvau, Depoix, etc.; c'est-à-dire à l'âge où commencent les études pour les aspirantes à l'opéra-comique.

Cette comparaison suggère l'idée, qui me paraît digne d'examen, de faire travailler d'abord, les élèves de chant dans les classes de comédie et de tragédie ; les classes d'opéra et d'opéra-comique n'auraient ensuite qu'à les diriger dans un travail spécial.

On éviterait ainsi au jury l'embarras d'accorder des récompenses d'art lyrique à des élèves qui ne savent que chanter, et de faire ainsi des concours d'opéra-comique et d'opéra un simple appendice aux concours de chant proprement dit.

Ces observations générales, applicables à presque tous les élèves couronnés aujourd'hui, me dispensent de discuter leur aptitude personnelle aux jeux de la scène, et de les troubler dans leur joie par des critiques tardives. Les décisions du jury ont paru d'ailleurs assez équitables dans leur ensemble.

Parlons d'abord des élèves hommes.

M. Sujol a obtenu le premier prix. Ce jeune homme manie agréablement une voix de ténor léger, qui se trouve bien placée dans les rôles de George Brown, de *la Dame Blanche*, de Chapelou, du *Postillon de Longjumeau*, etc. Il a dit avec goût une jolie scène de *la Déesse et le Berger*, ce charmant opéra de M. Duprato.

M. Labis, un peu sacrifié dans le concours de chant, a reçu aujourd'hui le second prix, au milieu des acclamations générales. Il possède une voix de basse chantante, généreuse et sonore, qui rappelle, au volume près, celle de M. Gailhard. Il a joué de verve Max du *Châlet* et le tambour-major du *Caïd*.

MM. Hettich et Jouhanet ont eu en partage les premiers accessits. Le premier a chanté avec beaucoup de goût le bel air de Galatée : « Tristes amours ! » et M. Jouhanet, avec autant d'éclat que le lui permet une voix insuffisante, l'air de Hoël au premier acte du *Pardon de Ploërmel*.

Les seconds accessits sont M. Poirier, qui s'est essayé non sans succès dans le fameux air des *Voitures versées* « Apollon toujours préside » écrit pour la voix spéciale de Martin, et M. Thual, un ténor bien effacé, mais qui s'était multiplié pour donner la réplique à ses camarades.

Parmi les élèves femmes, citons les premiers prix attribués *ex-æquo* à mademoiselle Rémy et à mademoiselle Perrouze. Mademoiselle Rémy, qui avait chanté samedi dernier avec un talent profond l'air du

Pré-aux-Clercs « Jours de mon enfance » a dit aujour-
d'hui avec beaucoup d'esprit le rondeau des *Sabots
de la Marquise*, d'Ernest Boulanger, un délicieux badinage musical. »

Quant à mademoiselle Perrouze, elle avait montré
un vrai tempérament de chanteuse dramatique, d'a-
bord dans sa réplique d'*Haydée*, ensuite dans l'air du
Songe d'une nuit d'été « Voilà donc ce génie! » Que
mademoiselle Perrouze, si grande que soit son inexpérience de comédienne, ait obtenu le premier prix,
je n'y objecterais rien s'il n'avait eu pour conséquence
de réduire à un second prix mademoiselle Pierron,
qui est, à mon gré, le vrai « sujet » d'opéra-comique
révélé par le concours d'aujourd'hui. On avait commencé par l'applaudir beaucoup, lorsque sous les
traits de la vieille tante, elle avait complaisamment
et spirituellement donné la réplique à mademoiselle
Terrestri dans la *Fille du Régiment*. Mais son succès
est devenu éclatant dans le rôle de Virginie, du *Caïd*,
qu'elle joue et chante avec une verve du meilleur aloi,
servie par une voix puissante et flexible.

A mademoiselle Pierron le premier prix et le second à mademoiselle Perrouze, voilà, de l'avis général, quelle eût été la meilleure justice distributive,
étant donné qu'il s'agissait d'un concours spécial
d'opéra-comique

L'autre second prix a été décerné fort justement à
mademoiselle Maria Hermann, dont le jeu est agréable et naturel et qui a dit avec un charme exquis la
jolie romance des *Trovatelles*, de Duprato : « Ah! si
j'étais la fille d'un simple pêcheur! »

Mademoiselle Vial méritait bien son premier accessit pour son air et sa scène du *Concert à la Cour*;
mais on a moins compris la récompense identique
attribuée à mademoiselle Haussmann, qui a joué avec
p us d'audace que de mesure et chanté avec plus

d'intrépidité que de justesse, quelque passages assez décousus de *Carmen*.

Mademoiselle Castagné, qui ne sait ni jouer ni chanter, a été gratifiée d'un second accessit, en même temps que mademoiselle Mandeix, qui lui est supérieure, bien que le *mezzo soprano* de cette jeune fille paraisse déjà fatigué.

Il me reste à regretter que le jury n'ait pas accordé la plus légère marque de satisfaction à mademoiselle Terrestri, une toute jeune fille dont le public avait remarqué l'intelligence et l'exécution musicale dans *la Fille du Régiment*.

Il était huit heures moins un quart lorsque s'est terminée cette énorme séance, qui était bien une séance de nuit puisque l'économe administration du Conservatoire a laissé jusqu'au dernier moment la salle et le public dans une obscurité presque complète.

DCCCXXXIII

26 juillet 1882.

CONCOURS DE TRAGÉDIE ET DE COMÉDIE

Le concours de tragédie et de comédie avait, comme tous les ans, attiré un public beaucoup plus nombreux que les concours de musique. La tragédie, il faut cependant l'avouer, est bien malade, hélas ! Six concurrents seulement étaient parvenus à se faire inscrire, mais commé trois d'entre eux avaient choisi leurs rôles dans *Ruy Blas* et *le Roi s'amuse*, qui sont

des drames, la tragédie ne comptait en réalité que
trois représentants ; mademoiselle Barthélemi, une
tragédienne du Midi, de qui je ne dirai rien, sinon
qu'elle mugit en zézayant : mademoiselle Caristie-
Martel, qui a obtenu un second prix, et mademoiselle
Lefebvre, qui a dû se contenter d'un accessit.

Mademoiselle Caristie-Martel, qui ne compte pas
encore dix-sept printemps, est la fille du consciencieux pensionnaire de la Comédie-Française.

M. Martel ne se contente pas de jouer, d'après
nature, le brave général du *Monde où l'on s'ennuie*, il est
l'une des dernières colonnes de l'art classique, et le
récit de Théramène n'a pas de secrets pour lui. C'est
évidemment à lui que sa charmante fille doit d'avoir été
de bonne heure initiée à des traditions qui vont s'effaçant chaque jour; mademoiselle Favart a sans doute
fait le reste, car j'ai retrouvé dans la voix juvénile de
mademoiselle Martel, bien des inflexions qui me rappellent la remarquable artiste dont la Comédie-Française a eu le tort de se priver sans la remplacer.

Mademoiselle Martel a joué avec toutes les ressources d'un art déjà très habile et d'une voix flexible, la grande scène de *Marie Stuart*, tragédie moderne du second ordre, mal écrite mais intéressante.
Mademoiselle Lefebvre, qui lui donnait la réplique
sous le nom de la reine Elisabeth, s'est fait entendre,
ensuite dans la scène du quatrième acte de *Phèdre*
qu'elle a détaillée avec intelligence ; elle a rencontré,
pour dire ce vers si simple :

> Aricie a trouvé le chemin de son cœur

un accent de rage et de douleur qui n'était pas vulgaire.

Le jury sévère mais juste cette fois, n'a décerné
ni premier prix ni second prix aux élèves tragédiens,
mais il n'a récompensé que la bonne volonté de M.

Hattier et de M. Reigers, en leur accordant un premier et un second accessit.

Ce sont également les élèves femmes qui ont eu
les honneurs du concours de comédie ; cette abondance de richesses a sans doute embarrassé le jury ;
il n'y a pas eu de premier prix, mais trois seconds
prix *ex-æquo* ont été décernés à mesdemoiselles Muller, Bruck et Petit. Ceci a soulevé quelque tumulte.
La déclaration qu'il n'y avait pas de premier prix
pour les femmes, a soulevé une protestation très ac-
centuée dans le public ; et lorsque, un instant après,
le président a nommé pour le second prix, mesdemoiselles Muller, Bruck et Petit, un monsieur s'est écrié,
au milieu du tumulte : « Mademoiselle Muller seule
mérite le premier prix. » M. Ambroise Thomas, après
avoir ramené le silence à coups de sonnette, a dit
avec une certaine animation que le propos qui venait d'être proféré était « une grossièreté à l'adresse
des deux autres élèves couronnées ». J'ai beaucoup
de sympathie pour M. Ambroise Thomas et j'ai eu
l'occasion de rendre justice à sa parole ordinairement
sagace et mesurée. Mais il me semble que cette fois
il s'est trompé. L'offense, s'il y en avait une, attei-
gnait le jury et non pas les deux jeunes filles à qui
personne ne contestait le bénéfice de la récompense
légitime qui leur était assignée. M. le directeur du
Conservatoire aurait pu se borner à rappeler l'in-
terrupteur à l'ordre. Mais quoi ! le public se croit
un peu en droit d'exprimer son opinion sur le résultat
du concours auquel on le convie, et, en principe, on
ne lui conteste pas ce droit ; M. le directeur du Conservatoire lui-même ne disait-il pas il y a deux ans,
à une élève : « Mademoiselle, le public et le jury vous
décernent le premier prix à l'unanimité ? » Je ne
m'arrête à cet incident que parce qu'il accentue l'inconvénient des concours publics. Le public juge d'a-

près ses impressions spontanées ; le jury décide par
des raisons complexes, dans lesquelles entrent pour
une grande part, des convenances scolaires et d'ordre
intérieur ; de là un désaccord pour ainsi dire per-
manent. Qu'y faire ? Supprimer les concours publics
ou tolérer dans une certaine mesure les manifestations de l'auditoire.

Revenons aux élèves couronnées.

Mademoiselle Muller, qui n'a pas encore tout à
fait dix-sept ans, est tout le portrait de la jeune fille
de Greuze, dite à la cruche cassée, mais avant l'accident ; elle avait enlevé les suffrages dans la scène si
connue de l'Épreuve, où la pauvre petite Angélique
suffoquée par le mépris apparent de M. Lisidor, lui
rend les bijoux qu'elle avait reçus de lui, et jette le
bouquet qu'elle lui avait offert. Mademoiselle Muller
a rendu l'ingénuité, la crédulité naïve, puis le saisissement et l'abattement de cette jeune âme déçue,
avec une vérité délicate, digne de cette délicieuse
figure.

C'est également Marivaux qui nous a révélé mademoiselle Bruck, plus jeune encore de deux mois que
mademoiselle Muller. Le Dénouement imprévu, représenté le 2 décembre 1724 à la Comédie-Italienne, est
le premier essai de Marivaux. Il est écrit d'un ton
très dégagé, qui rappelle beaucoup la liberté des
théâtres de la foire. Le vieux Géronte présente à sa
fille un époux qu'elle déteste : « Il est gentilhomme ! »
dit-il pour la déterminer. « Eh bien ! qu'on lui coupe
le cou au lieu de le pendre ! » répond la jeune Argante. Cette boutade, d'un tour habile, rappelle beaucoup plus Reynard et Dancourt que le Marivaux des
Fausses Confidences. Mademoiselle Bruck, qui a compris que la jeune Argante était plutôt une Isabelle de
la Comédie-Italienne, a rendu les nuances très gaies,
de ce rôle original avec une souplesse, une variété

un esprit tout à fait hors ligne. De toutes les promesses de cette année, c'est à mon avis la plus précieuse.

Le troisième second prix est échu à mademoiselle
Petit, une jeune première qui a joué la duchesse de
Septmonts, de *l'Étrangère*, et Camille d'*On ne badine
pas avec l'amour*, d'une manière très distinguée ; la
voix est belle et vibrante ; la prononciation seule, un
peu contractée par instants, demande quelque travail.

Mademoiselle Rachel Boyer, qui m'a paru interpréter un peu mesquinement la Toinon du *Malade imaginaire* et la Dorine de *Tartuffe*, a reçu l'encouragement
d'un premier accessit ; des seconds accessits ont été
donnés à mesdemoiselles Vallette et Brandès. Mademoiselle Vallette, dont la physionomie mobile rappelle madame Simon-Girard, avait joué très plaisamment le moinillon Peblo de *Don Juan d'Autriche*. C'est
une nature, comme on dit au théâtre. Mademoiselle
Brandès n'est encore qu'une jolie personne, qui,
heureusement pour elle, ne paraît pas comprendre
grand'chose à la Camille d'Alfred de Musset.

M. Duflos, deuxième prix de tragédie et de comédie au concours de 1881, a dû se contenter cette fois
du premier prix de comédie. Ce jeune homme
était depuis quelque temps déjà pensionné par la
Comédie-Française. A ne s'en tenir qu'au concours
d'aujourd'hui, M. Duflos n'avait pas montré, dans
sa scène de *Tartuffe*, plus d'instinct de la grande
comédie qu'il n'avait déployé de sentiment tragique
dans le cinquième acte de *Ruy Blas*. Mais il possède des qualités sérieuses qu'un travail assidu déve-
loppera. Sa voix, un peu sourde et posée trop bas,
est cependant profonde et pénétrante. Il trouvera
certainement le moyen de la faire sortir autrement
que par les cris qui ont gâté sa scène de drame. Il
lui faut également veiller sur sa diction et se défier

du bredouillement aussi funeste aux vers de Victor Hugo qu'à ceux de Molière.

Deux seconds prix *ex-æquo* ont été accordés, à l'unanimité à M. Hamel et à M. Samary, et salués par les acclamations de l'auditoire. M. Hamel avait dit avec une autorité rare le rôle de don Salluste au troisième acte de *Ruy Blas*, et M. Samary, dans une scène des *Faux Ménages* d'Edouard Pailleron, avait enlevé tous les suffrages par sa diction colorée et sincèrement émue. Un jeune premier de dix-sept ans, quelle aubaine !

Les deux premiers accessits ont été très judicieusement accordés à M. Ruef, qui avait dit avec justesse et sobriété le Clitandre des *Femmes savantes*, et à M. Lambert, très remarqué dans une scène du *Demi-Monde*. M. Lambert a seize ans ; c'est le fils d'un très intelligent comédien de l'Odéon, M. Albert Lambert, qui lui-même est encore très jeune. Récompense sympathique entre toutes.

Avec les seconds accessits décernés à MM. Hattier et Mayer, j'aurai terminé cette nomenclature.

Somme toute, ni le jury ni le public n'ont perdu leur journée, qui, commencée à dix heures du matin, s'est achevée à sept heures du soir.

A samedi l'Opéra.

DCCCXXXIV

29 juillet 1882.

CONCOURS D'OPÉRA

Treize élèves ont pris part au Concours d'opéra,

ous d'âge moyen compris entre les vingt ans de mademoiselle Figuet et les vingt-cinq ans et demi de M. Dethurens. Cette remarque ne manque pas ici de valeur technique, puisqu'elle établit que le jury avait à examiner et à comparer des voix faites. Qui n'a pas de voix après sa vingtième année n'en aura jamais et doit renoncer à la carrière du grand opéra.

C'est le cas de M. Saint-Jean, qui s'est vainement essayé dans le rôle du cardinal Brogni de *la Juive* ; beau garçon et de grande taille, M. Saint-Jean ne possède, malheureusement pour lui, qu'une voix dépourvue de corps et de volume. Il ne chante pas mal, mais il lui faudra se rabattre sur les basses d'opéra-comique et de genre. Le jury n'a pas eu tort de le lui faire comprendre, en le passant sous silence, quoiqu'il ait obtenu en 1880 un deuxième accessit, marque d'encouragement à laquelle l'avenir n'a pas répondu. D'ailleurs, en consultant mes notes de 1880, je vois que j'avais signalé chez M. Saint-Jean l'absence de notes graves, ce qui peut s'appeler un vice rédhibitoire chez une basse dite profonde.

M. Dethurens a été également mis de côté, malgré son premier accessit de l'année dernière ; la voix de baryton de M. Dethurens, n'est pas forte, mais il la conduit en artiste et il a interprété d'une façon remarquable quelques scènes d'*Hamlet*.

Même mésaventure pour M. Crépaux, deuxième prix de 1881, qui a été blackboulé à juste titre ; encore une *basse* dont la voix cesse de sonner par en bas à partir de l'*ut*, et par le haut à partir du *ré* ; total une voix de huit notes, dépourvue d'ailleurs de toute méthode et de toute expression.

Je termine la liste des vaincus par mademoiselle Hall, qui, comme M. Crépaux, avait obtenu le deuxième prix l'année dernière. Voix mal posée, intonations

hasardées, prononciation pâteuse, ainsi s'explique
l'échec de mademoiselle Hall.

Passons aux lauréats du jour.

M. Labis, qui a coupé ses cheveux et humanisé sa
barbe, a brillamment enlevé l'air de *Charles VI* :
« C'est grand'pitié » et le duo des cartes, où il a fait
apprécier une voix vibrante et souple, mise au service d'un véritable instinct dramatique. Le premier
prix qui lui a été décerné par le jury a été ratifié par
les applaudissements du public.

On pensait qu'il le partagerait avec sa partenaire,
mademoiselle Figuet si remarquée au concours de
chant la semaine dernière. Mademoiselle Figuet, qui
n'a que vingt ans, possède les qualités essentielles
d'un grand sujet d'opéra : la beauté, la voix, l'action
scénique, animées par ce feu intérieur, que Voltaire
appelait « le diable au corps » et que l'argot moderne
appelle familièrement « le chien. » Mademoiselle
Figuet a dû se contenter d'un second prix ; elle peut
s'en consoler avec la certitude d'un succès décisif
l'année prochaine.

Il n'y a pas eu de second prix pour les hommes.

Le premier accessit est échu à M. Fournets ; encore une basse qui ne descend pas et dont la voix ne
vibre que sur quelques échelons du *médium* ; et à M.
Claverie, dont la voix molle et sourde ne convient
guère au Nélusko de l'*Africaine*.

Le même ordre de récompense a été conféré à mademoiselle Pierron et à madame Caron.

Mademoiselle Pierron, qui s'était révélée d'une façon si personnelle et si brillante dans le concours d'o-
péra-comique, n'a pas été aussi heureuse cette fois.
Elle a supérieurement joué deux scènes du rôle de
Marguerite, le rouet et l'église ; mais sa voix, trop
émue, n'a pas toujours paru suffisamment posée. Madame Caron ne m'a guère satisfait dans le *miserere*

du *Trovatore* ; elle possède cependant des qualités ; le mécanisme est bon ; elle trille régulièrement, chose rare au Conservatoire ; mais le sentiment chez elle est plus juste que la voix, et elle a positivement manqué d'haleine dans l'*andante*.

Les seconds accessits ont été attribués à M. Escalaïs, à mes demoiselles Rocher et Lureau.

M. Escalaïs est un tout petit jeune homme joufflu et à jambes courtes, doué d'une voix de ténor aiguë, à l'aise lorsqu'elle se déploie entre le *sol* et l'*ut* d'en haut. Avec cela, un accent méridional des plus pimentés, qui prêtait à rire dans le duo du juif Eléazar avec le cardinal Brogni.

Mademoiselle Rocher, grande et belle personne, dont la voix de mezzo-soprano possède une sonorité veloutée, promet comme mademoiselle Figuet, un premier sujet d'opéra.

On peut s'étonner que mademoiselle Lureau, bombardée premier prix au concours de chant, soit descendue cette fois au second accessit. Le fait est que le rôle de la douce Ophélie ne lui était pas favorable.

Mais ce qui me paraît plus digne de réflexion que l'échec relatif de mademoiselle Lureau, c'est le double triomphe de M. Labis dans l'opéra-comique et dans l'opéra. Vendredi dernier le jury décidait que M. Labis ne méritait aucune récompense dans le concours de chant. Trois jours plus tard il lui décernait le premier prix d'opéra-comique et aujourd'hui il y ajoute le premier prix d'opéra.

D'où ce dilemme :

Que l'on peut mériter le premier prix d'opéra et le premier prix d'opéra-comique sans savoir chanter ;

Ou que savoir chanter n'est pas une raison suffisante pour obtenir un prix de chant.

Nous abandonnons la solution du problème à ceux de nos concitoyens qui étudient les mots carrés syllabiques et la polygraphie du cavalier dans les journaux du dimanche.

---

25 juillet 1882.

DCCCXXXV

SOUVENIR DE LONDRES

SHAKESPEARE ET IRVING

— Avez-vous vu *Roméo et Juliette*?

— Certainement.

— Où?

— Mais à Paris, en opéra et en tragédie, en français et en italien. J'entends encore madame Carvalho et mademoiselle Heilbronn dans Juliette, Capoul et Rossi dans Roméo.

— Mais en anglais?

— En anglais aussi: Ryder s'y montrait très remarquable à l'Athénée, quoique le cadre fût infiniment trop petit.

— Eh bien, mon cher ami, vous ne connaissez ni *Roméo et Juliette*, ni Shakespeare; allez ce soir au *Lyceum-Theatre;* vous y verrez *Romeo and Juliet* mis en scène par Henry Irving; c'est le spectacle le plus intéressant, le plus artistique et le plus neuf que puisse s'offrir un curieux de théâtre et de littérature

Ainsi me parlèrent mes amis de Londres pendant mon dernier voyage; j'ai suivi leur conseil et je les en remercie. Après une pareille soirée, Shakespeare m'était révélé, en même temps qu'un aspect de l'art dramatique à peu près inconnu chez nous. Le problème qu'Henry Irving s'est proposé de résoudre c'est de mettre en relief et en mouvement la fable tragique imaginée par le poète.

Je m'explique :

Chez nous, qui sommes encore dominés, qu'il s'agisse de *Polyeucte* ou d'*Hernani*, de *Britannicus* ou de *Ruy Blas*, par la méthode aristotélique de concentration et d'unité, nous ne concevons et n'apercevons les grandes figures historiques ou légendaires qu'à l'état d'individualités isolées ou absorbantes, se détachant comme de nettes découpures sur un fond gris ou neutre, auquel nous défendons d'avancer et d'empiéter sur le premier plan. Si nous supportons à la rigueur quelques personnages secondaires, c'est à la condition qu'ils s'effacent et se réduisent, et encore, lorsque nous les avons effacés et réduits jusqu'à n'être que de simples « utilités », nous leur reprochons alors d'être inutiles et d'embarrasser la simplicité de l'action principale.

Il en est de même du costume et du décor ; il nous semble que de belles robes, de beaux habits, de beaux paysages, de beaux meubles, des « accessoires » délicatement choisis, des effets de couleur et de lumière constituent une usurpation de la matière sur nos plaisirs intellectuels, et que, loin de les employer à faire valoir les hautes conceptions du génie dramatique, il faille les abandonner aux genres inférieurs, tels que mélodrames à spectacle, féeries ou ballets.

Henry Irving, le plus célèbre des tragédiens anglais actuellement vivants, a pris précisément le contrepied de ces théories ; et, réalisant la belle pensée de notre regrettable Théophile Gautier, qui ne cessait d'appeler de ses vœux ardents le jour où les ressour-

ces de la mise en scène seraient appliquées à l'illustration des chefs-d'œuvre de l'esprit humain, il a entrepris de faire revivre, avec Roméo et sa Juliette, les
types, les mœurs, les costumes et l'architecture de
l'Italie au quatorzième siècle. Dans cette direction d'i-
dées, les personnages principaux se présentent à nos
yeux, non plus comme des abstractions poétiques,
difficilement abordables dans leur majestueuse solitude, mais comme des créatures de chair et d'os, agissant et souffrant dans un milieu d'hommes et de choses animés comme eux-mêmes du souffle de la vie et
de la passion.

Le *Royal Lyceum Theatre*, situé dans Wellington-
street, à l'encoignure gauche du Strand, juste en face
de l'entrée particulière du *Gaiety Theatre*, illustré par
les récentes *performances* de la Comédie-Française,
est une salle de moyenne grandeur, à peu près comme
le Vaudeville de Paris; la scène paraît cependant un
peu plus profonde. Ce fut autrefois un théâtre de passage, comme aujourd'hui *Gaiety*; j'y avais vu jouer
Fleur de Thé en 1871, par la troupe des Bouffes-Parisiens, sous la direction de Raphaël Félix. Mais
le drame anglais y règne en maître depuis bientôt
dix ans, grâce au talent et à la volonté d'Henry Irving.

Parvenu à une situation de fortune assez considérable, Henry Irving s'est assuré la possession (la propriété étant inaccessible) du *Lyceum-Theatre*, dont il
est aujourd'hui, comme nous l'apprennent ses programmes « *sole lessee and manager* ». Il en a conforta-
blement aménagé les dispositions intérieures, de façon à rivaliser avec Her Majesty's et Covent-Garden;
partout des tapis et des tentures d'une élégance sobre et sérieuse; pas d'ouvreuses, pas de barrières,
pas de contremarques; ni importunités, ni pourboi-
res; programmes gratuits; çà et là quelques employés

en habit noir pour indiquer les places ; on circule
comme on veut, gardant sur soi le talon numéroté de
son coupon de loge ou de fauteuil ; c'est du reste l'u-
sage général des théâtres anglais ; personnel peu nombreux, silencieux, respectueux ; le préposé du *box office* (bureau de location) ne se permettrait pas de vous
délivrer votre coupon autrement que sous le couvert
d'une large enveloppe blanche.

Les trois éléments qui concourent à l'exécution d'un
drame tel que *Romeo and Juliet*, à savoir, l'œuvre elle-
même, l'interprétation et la mise en scène, méritent
d'être considérés à part.

L'opinion unanime des appréciateurs les plus au-
torisés, W. A. Schlegel, Mrs Inchbald, Coleridge,
etc., place *Romeo and Juliet* au nombre des ouvrages
dramatiques les plus parfaits de Shakespeare. Schlegel, dans son *Essai* sur *Romeo and Juliet*, se flatte
d'avoir prouvé que l'ensemble des scènes se déroule
dans un ordre qui ne peut être modifié, à raison de
l'intime dépendance de chacune d'elles à l'égard de la
conception primordiale, et que la couleur poétique
elle-même dispersée çà et là d'après une volonté pré-
conçue, est en relation logique et justifiée à l'égard
du groupe principal des deux amants.

Ce jugement de l'illustre critique, qui condamnait
implicitement les altérations et mutilations dont le
drame de Shakespeare avait eu à souffrir, particulièrement des mains de Garrick, qui refit tout le cinquième acte, n'a pas encore force de loi. M. Irving a
rétabli, il est vrai, le texte de Shakespeare, mais, je
regrette de le constater, il l'abrège cependant dans
des proportions qui me paraissent excessives.

Il s'en faut donc de beaucoup que la représentation
du chef-d'œuvre au *Lyceum-Theatre* soit intégrale.
« C'est un arrangement » dans toute la force de ce

terme technique ; M. Irving l'a publié avec cette
qualification (*Chiswick press*, 1882). Les changements
de texte sont rares ; mais les coupures sont énormes :
244 vers ou lignes de prose au premier acte ; 180 vers
au second ; 263 au troisième ; 192 au quatrième ; 190
au cinquième ; ensemble 1,089 vers ou lignes de prose,
exactement le tiers de l'ouvrage original. M. Irving
justifie ces mutilations par l'unique motif de faire tenir la représentation dans les limites d'une durée raisonnable. On commence à huit heures et on finit à onze
heures un quart, les quatre entr'actes durant seulement une demi-heure. Les plus fortes coupures portent, j'en conviens, soit sur des récits d'événements
déjà connus du spectateur, — celles-là du moins pro-
fitent à l'action ; soit sur des *concetti* qui gâtent les plus
beaux développements de la passion, même dans la
bouche de Juliette, ou sur des séries de jeux de mots
d'un goût médiocre et devenus difficiles à comprendre ; soit enfin sur des passages scabreux, tels que
le bavardage de la nourrice sur les premiers faux pas
de la petite Juliette, etc. Tout cela peut s'expliquer et
se défendre. Mais les coupures de détail, tantôt de
deux vers, tantôt d'un seul, même d'un simple hé-
mistiche, touchent de plus près à la structure intime
de l'œuvre et suppriment çà et là quantité de belles
choses et de choses nécessaires. Pas une scène n'é-
chappe à ces coupes sombres : ni le récit de la reine
Mab, amputé de dix vers ; ni les délicieux poèmes
d'amour de la terrasse et du balcon. Roméo ne dit
plus de Juliette : « Voyez, comme elle appuie sa joue
sur sa main ! Oh, que ne suis-je son gant, pour
pouvoir toucher sa joue ! » Ni : « J'aime mieux que
ma vie soit tranchée par la haine des tiens, que prolongée sans ton amour !, » Ni : Juliette : « Adieu,
nourrice ; vierge veuve, je vais à mon lit nuptial ; et
la mort, mon Roméo, aura ma virginité ! » Ni le

comte Pâris : « Car Vénus ne sourit pas dans une maison en larmes, » Ni, près du tombeau de Juliette : « Qui
vient troubler mes obsèques et le rite du véritable
amour ? » Ni la nourrice : « Ah ! où est mon pauvre
défunt ! Qu'on me donne un peu d'eau-de-vie ! Ces
chagrins, ces malheurs, ces douleurs me vieillis-
sent ! »

On ne s'explique pas pourquoi l'on a supprimé la
scène de deux minutes dans laquelle on voit Roméo
s'introduire par escalade dans le jardin des Capulets,
suppression qui jette de l'obscurité sur la suite ; ni le
projet que forme lady Capulet, et qu'elle communique à sa fille de faire assassiner Roméo dans son exil,
trait essentiel cependant, puisqu'il détermine Juliette
à tenter le périlleux stratagème conçu par le frère
Laurent.

Enfin, l'on est désappointé de ne plus trouver sur
sur les lèvres de Roméo, au tombeau de Juliette, ces
vers célèbres, si souvent cités, et qui forment comme
le résumé de la légende véronaise :

> ...A grave ? O no ; a lantern,
> For here lies Juliet, and her beauty makes
> This vault a feasting presence of light.

> ...Un tombeau ? Oh non ! plutôt un fanal,
> Car c'est là que gît Juliette, et sa beauté transforme
> Ce caveau en une salle de fête pleine de lumière.

Ces diverses suppressions, qui touchent aux œuvres vives du drame, n'abrègent pas quinze minutes de
ce temps qui paraît si cher aux Anglais et particulièrement à M. Irving ; il suffirait pour les restituer de
pousser la représentation jusqu'à onze heures et demie du soir. Mais il paraît que cela ne se peut pas,
parce qu'on manquerait certaines lignes d'omnibus.

Ces réserves faites, il ne reste plus qu'à louer.

Quelques mots d'abord sur les principaux interprètes.

On m'avait averti qu'il ne fallait pas juger Henry Irving dans le rôle de Roméo, où la jeunesse lui manque, moins par son extérieur que par son jeu raisonné, méthodique et froid. C'est un homme de taille moyenne, que sa maigreur fait paraître plus grand qu'il ne l'est en réalité ; les joues un peu creuses, le nez recourbé, il rappelle extérieurement les dernières années de Berton père, dont il n'a pas la flamme communicative et débordante. Il y supplée par une sorte d'agitation de tous les membres qui rappelle le tremblement de la gelée dans un aspic d'entremets. Je note que ce défaut, qui ne lui est pas personnel, car je le retrouve chez le spirituel et gai Mercutio, M. William Territt, et chez miss Ellen Territt (Juliet), semble apprécié par le public anglais comme une qualité, peut-être même comme une tradition chez les personnages chargés des rôles jeunes.

Miss Ellen Territt est une grande personne blonde, toute jeune encore, quoiqu'elle n'ait plus les quatorze ans moins quinze jours de Juliette ; mais elle joue comme si elle les avait, affirmant à toute occasion le type enfantin de l'héroïne, selon le dessein du poète. *Romeo and Juliet*, qu'on veuille bien le remarquer, est une des pièces que Shakespeare s'est plu à empreindre d'une couleur locale observée jusqu'à la minutie. Sa Juliette est une petite italienne du moyen âge, que nous autres gens du nord et du dix-neuvième siècle considérons comme beaucoup plus précoce qu'elle ne l'est réellement ; « Il y a, » dit le seigneur Capulet et répète après lui sa noble épouse, « des femmes de haute condition plus jeunes que Juliette et qui sont déjà mères ».

Mistress Stirling joue la nourrice. C'est une actrice de premier ordre. Pour donner une idée de cette

grande duègne, je ne puis hasarder qu'une comparaison complexe et saugrenue : figurez-vous le rôle de la
nourrice joué avec la verve mordante et les soins de
détail d'un premier comique tel que Bouffé, par une
Arnould-Plessy ou une Madeleine Brohan, au geste
plein d'autorité et d'ampleur. Mrs Stirling est justement célèbre ; j'ai vu son portrait dans la précieuse
collection du Garrick's Club, dont mon aimable confrère M. Campbell Clarke, du *Daily Telegraph*, a bien
voulu me faire les honneurs ; « *Mrs Stirling's bright
face look down upon the smokers.* » « L'illustre image
de Mrs Stirling regarde les fumeurs de haut en bas »,
dit M. John Timbs, de la Société des Antiquaires
de Londres, dans son curieux livre sur les clubs publié en 1872, avec cette facétieuse devise, bien anglaise, de l'ancien Club du beefsteak « *Bœf and li-
berty.* » Mrs Stirling y est représentée, jeune et
svelte, dans le rôle de Pag Woffington, qui fut au
dix-huitième siècle, une actrice célèbre par son talent
et ses galanteries. Aujourd'hui, Mrs Stirling a pris de
l'embonpoint, et je ne crois pas lui faire tort en estimant qu'elle touche à la soixantaine ; mais les traits
du visage restent expressifs et distingués ; les yeux
fins, la bouche rieuse pétillent d'intelligence et d'une
malice presque gauloise se faisant jour à travers l'*hu-
mour* anglais le mieux caractérisé. On en jugera par
les deux photographies que j'ai rapportées de Londres
pour l'ornement de notre Salle des dépêches.

Coleridge, se demandant d'où naissent les harmonies de la nature contemplée sous ses plus sauvages
aspects, si supérieurs aux plantations artificielles, et
les comparant ingénieusement aux drames de Shakespeare, particulièrement à *Romeo and Juliet*, les
considère « comme la résultante de chaque énergie
individuelle se faisant jour et se modifiant par ses
propres lois. » C'est à peu près dans ce sens esthé-

tique que la troupe d'Henry Irving procède à l'interprétation du drame, chaque personnage donnant sa note personnelle, en dehors de toute autre convention d'ensemble que l'exactitude des répliques. De là des contrastes inattendus, parfois baroques, mais toujours saisissants, qui, poursuivis jusque dans l'exécution des plus petits rôles, arrivent à introduire dans ce drame légendaire cette sensation de la réalité, ce frémissement de la vie, si rarement entrevus dans nos théâtres de France, même lorsqu'ils abordent des sujets modernes, à moins qu'il ne s'agisse des plus abjectes sentines de l'égout social.

La mise en scène de *Romeo and Juliet*, combinée avec un vrai génie par Henry Irving, va plus loin : elle scrute, achève et détermine la pensée du poète, remplissant ainsi une mission analogue à celle que l'école moderne assigne à la musique dans le drame lyrique. Arrêtons-nous, par exemple, à cette scène d'apparence insignifiante (n° 3 du premier acte), dans laquelle lady Capulet apprend à sa fille qu'il est question de la marier au comte Pâris : « Nourrice, où est ma fille ? Envoyez-la moi. » — « Je vais l'appeler. » — « Mon agneau, mon oiseau ! Où donc est-elle, cette petite fille ? Juliette ! — Me voilà ; qui appelle ? — Votre mère. — « Madame, me voilà ; que voulez-vous ? » — « Je vais vous le dire. — « Nourrice, laissez-nous ! Non, demeurez, il me souvient que vous êtes de bon conseil. » Regardez maintenant comment Henry Irving a groupé ses personnages. Au centre d'une fenêtre cintrée, ouverte sur les jardins, lady Capulet se tient droite, solennelle et sévère, le front et les joues enterrés sous des bandelettes de mousseline, comme certaines reines carlovingiennes ; la nourrice s'est placée à sa gauche, tandis qu'assise près d'elle, et non pas près de sa mère, Juliette a posé sa tête enfantine sur l'épaule de la vieille femme ; elle la cajole, elle la caresse, elle passe la main sous son menton barbu, elle tapote et baise ses mains ridées. Il n'en faut pas davantage pour déceler aux yeux une situation intérieure dont Shakespeare a montré les effets sans en décrire les causes. Juliette est une de ces jeunes filles nobles et riches que des parents orgueilleux et imprévoyants, par excès de confiance, abandonnent à des sollicitudes subalternes. Juliette craint cette mère hautaine, comme ce père autoritaire et brutal, qui parlera tout à l'heure de la souffleter ; elle n'aime que sa nourrice, et sa naïve illusion prend pour une tendresse maternelle les complaisances sans bornes de l'entremetteuse. Shakespeare n'a pas dit un mot de cela, mais Henry Irving a deviné la pensée du maître ; et la vue de ce groupe inoubliable, la mère immobile et froide dans son fauteuil, séparée de sa fille par la nourrice mercenaire, suffit à éclairer ce qui paraissait obscur ou scandaleux dans le caractère et . la conduite de Juliette.

La partie brillante, luxueuse et tumultueuse de la mise en scène est conçue d'après les mêmes principes d'intuition et d'exégèse. De ce côté, l'œuvre originale n'a subi aucune modification notable; car le nombre des « scènes ou décorations » distinctes, comptées pour vingt-quatre dans les anciennes éditions, est maintenu à vingt-deux par le *Lyceum-Theatre*.

A quelques endroits, le metteur en scène s'est permis des licences fort innocentes et très heureuses. Par exemple, Shakespeare indique simplement une rue de Vérone pour la rencontre de la nourrice avec Roméo et ses jeunes amis ; Henry Irving y substitue une promenade hors la ville, ce qui permet de montrer aux spectateurs un panorama de Vérone, très pittoresquement peint par M. Hawes Graven. Assis

20

sous un grand chêne, Roméo donne audience à la nourrice, tandis que ses amis Mercutio et Benvoglio, feignant de le croire en bonne fortune avec cette *ancient lady*, s'éloignent en faisant des gestes comiques de pudeur indignée.

Mais la nourrice n'est pas demeurée seule avec Roméo ; un tiers assiste à l'entrevue ; c'est ici qu'il convient, amis lecteurs, de vous présenter Peter, l'un des domestiques de la maison Capulet, spécialement attaché comme page au service de la nourrice, personnage soigneusement extirpé de toutes les adaptations françaises, sauf de l'arrangement d'Emile Deschamps, préparé pour la scène mais non représenté. Peter est un franc polisson, qui a pour fonction de porter l'éventail de la nourrice et de se moquer d'elle. — « Peter, » dit la nourrice, offensée des mauvaises plaisanteries de Mercutio, « comment souffres-tu que le premier vaurien me manque de respect ? » — « Je n'ai jamais vu d'homme vous manquer de respect ! » répond tranquillement Peter ; puis, en vrai gavroche italien, il se couche au soleil, le ventre sur le sable, et se met à cueillir des fleurettes dans le gazon. Comique très fin et très naturel que M. Andrews, dans cet amusant galopin de Peter.

Ne pouvant passer en revue les vingt-deux tableaux du drame, je n'en citerai qu'un petit nombre. D'abord le défilé de la mascarade devant le palais de Capulet, aux fenêtres flamboyantes ; Roméo, en pèlerin, accompagné de ses amis, est précédé d'une escorte de porte-flambeaux et de pages superbement vêtus et suivi d'une bande de musiciens, qui exécutent, sous la direction de M. Meredith Hall, une marche d'un caractère archaïque, composée par sir Julius Benedict. Ce tableau italien, d'une exactitude et d'un relief surprenants, qui encadre à merveille le récit de la Reine Mab, dure dix minutes à peine et vaut à lui seul le voyage.

Nous voici dans le bal. Ceci est une merveille de couleur locale, de luxe éblouissant et d'exactitude pittoresque, telle que je n'ai jamais vu sa pareille chez nous, sauf peut-être, dans une gamme différente, la fête russe du deuxième tableau de *Michel Strogoff*. Le décor représente une vaste salle dans le style italien du quatorzième siècle, peinte par M. W. Cuthbert, s'ouvrant entièrement et se prolongeant à perte de vue par le fond sur les jardins splendidement illuminés. A droite une estrade pour lord et lady Capulet, et devant l'estrade des fauteuils pour Juliette, ses jeunes amies et ses parents. A mesure que les seigneurs et les dames, magnifiquement vêtus, pénètrent dans la salle, ils vont s'incliner devant leurs illustres hôtes, non sans avoir eu à subir les salutations simiesques d'un fou de cour qui les poursuit de grimaces et de culbutes, tandis que des serviteurs africains au teint bronzé, drapés dans des dalmatiques de pourpre et d'or, se tiennent immobiles et fiers derrière leurs maîtres. La gauche du théâtre est occupée par un large escalier de bois sculpté qui aboutit à un palier découvert d'où l'on domine la fête. Une nuée de pages, représentés par de belles jeunes filles, dont les plastrons de soie portent brodé en or et en argent le blason des principales familles véronaises, vont prendre place sur le palier ; formés en groupes animés et mutins, ils semblent prendre un plaisir extrême au spectacle qui se déroule sous leurs yeux et se montrent du doigt les plus jolies femmes et les plus beaux cavaliers. Roméo et Juliette dansent un menuet, après lequel s'engage entre eux la conversation brûlante qui aboutit au baiser nettement et délibérément appliqué par Roméo sur les lèvres de Juliette

Thus from my lips, by yours, my sin is purged.

« Ainsi le péché de mes lèvres est effacé par les vôtres. »

Pendant cette scène hardie, que la meilleure société anglaise dévore sans sourciller, Juliette est séparée de sa mère par un quadrille de quarante seigneurs et dames, uniformément vêtus de velours blanc brodé d'or. Puis, les couples se séparent, saluent lord et lady Capulet, et se retirent ; le seigneur Capulet les reconduit avec force civilités ; les flambeaux s'éloignent dans les allées ombreuses, les lumières du bal pâlissent, Roméo a disparu ; et Juliette s'écrie : « Mon seul amour est né de ma seule haine ! Inconnu, je l'ai vu trop tôt, et, connu, je l'ai vu trop tard ! » — « Hein ? qu'est-ce que c'est ? » demande la nourrice — « Je répète des vers que me disait tout à l'heure un de mes danseurs ! » — « Allons ! allons ! rentrons, tous les étrangers sont partis. » Et Juliette la suit rêveuse. Ainsi pâlit et s'efface dans le silence qui précède les grands orages, cette vision unique des temps passés et des amours mortelles. Tout Shakespeare est là, et aussi toute la joie humaine, qui se résout en douleurs.

Après cette profonde impression, qui vibre indéfiniment dans l'âme, pourquoi l'affaiblirai-je en m'arrêtant à des détails exquis, mais secondaires ? Je ne puis oublier, cependant, les adorables jardins de Capulet s'étendant à perte de vue sous les fenêtres de Juliette. Tous ces arbres et ces fleurs, à demi entrevus sous la molle clarté de la lune, sont plantés et découpés avec un art qui fait illusion. Roméo s'avance en écartant les branches qui s'inclinent à son passage, et les feuillages frissonnants se redressent derrière lui ; au-dessus de la terrasse s'élève le pavillon de Juliette, copié sur les beaux et nobles palais de l'Italie du nord ; et lorsque Roméo essaie d'arriver jusqu'à la bien-aimée, on voit céder sous ses pieds et sous ses mains les vignes vierges et les chèvrefeuilles qui tapissent de leurs festons capricieux le mur inaccessible.

Je m'arrête, et j'entends mes lecteurs se demander si ce soin minutieux de la vérité matérielle, qui, selon moi, donne tant d'accent et tant de relief aux mouvements d'âme et de passion, vaut tout le travail qu'il suppose et tout l'argent qu'il coûte.

Cette question est pleinement résolue pour le public anglais, car le *Romeo and Juliet* d'Henry Irving, joué pour la première fois le 8 mars dernier, est parvenu à sa cent-quinzième représentation consécutive (dimanches exceptés) devant des salles combles, produisant des recettes moyennes de huit à dix mille francs.

La clôture de la saison aura lieu samedi prochain, 29 juillet, par la cent-vingtième représentation, au bénéfice d'Henry Irving.

Je ne sais quelle serait la sensation produite par un pareil spectacle sur une scène parisienne; ce que j'affirme, avec la certitude que mon impression personnelle serait partagée par tout homme doué de la plus faible dose de sensibilité artistique, c'est qu'il atteint le but le plus élevé qu'on puisse se proposer au théâtre, en portant au plus haut degré d'intensité la puissance d'un chef-d'œuvre incomparable. En sortant du *Lyceum-Theatre*, on peut relire, sans la trouver exagérée, cette éloquente définition de W. A. Schlegel, par laquelle je terminerai cette trop longue et cependant bien incomplète étude :

« Tout ce qu'il y a d'enivrant dans l'odeur d'un
« printemps du midi, de langoureux dans le chant du
« rossignol, de voluptueux dans la rose qui s'entr'ouvre
« pour la première fois, est soupiré dans ce poème ;
« plus rapidement que ne se fanent les plus jeunes
« fleurs de la jeunesse et de la beauté, il se précipite
« depuis les timides aveux jusqu'à la passion la plus

20.

« illimitée, jusqu'à l'irrévocable union, au milieu des
« orages alternatifs du ravissement et du désespoir.
« Le plus doux et le plus amer, l'amour et la haine,
« la joie et les noirs pressentiments, les tendres em-
« brassements et les sépulcres ouverts, la plénitude
« de la vie et son volontaire anéantissement, sont ici
« rapprochés l'un de l'autre ; et tous ces contrastes
« sont tellement fondus dans l'unité de cet harmo-
« nieux et étonnant ouvrage, que l'écho qu'il soulève
« dans l'âme ressemble à un gémissement unique,
« mais sans fin. »

DCCCXXXVI

COMÉDIE-FRANÇAISE.   3 août 1882.

Reprise de LE CHANDELIER

Comédie en trois actes et sept tableaux, d'Alfred de Musset.

Il n'est pas de spectateur un peu délicat qui n'é-
prouve quelque gêne à la représentation du *Chandelier*
et qui ne se retire, je ne dirai pas scandalisé, mais
plutôt triste et légèrement écœuré. Où est le plaisir,
où l'intérêt, où la gaîté de ce conte qui n'a pas même
l'audace de son indécence ? Et quelle chance le vice
larmoyant a-t-il de nous faire pleurer ? Je dis le vice,
car on ne saurait élever à la dignité de passion, ni
l'abandon sensuel de Jacqueline au soudard Clavaroche, ni le caprice plus savamment dépravé qui
l'induit à faire l'éducation du petit clerc de maître André. Placée entre son mari et ses deux amants, quel

sentiment Jacqueline peut-elle inspirer au public, excepté le dégoût pour cette femme qui s'avoue elle-même « méprisable et lâche ? »

Je ne crois pas qu'on serve la renommée d'Alfred de Musset en maintenant sur l'affiche de la Comédie-Française un ouvrage qui, malgré son mérite littéraire ne sera jamais un spectacle pour « les honnêtes gens », comme disait Molière.

Alfred de Musset n'est pas absolûmeut coupable de l'avoir écrit ; son tort est de l'avoir laissé représenter. *Le Chandelier* n'a pas été conçu en vue du théâtre et n'y était pas destiné. La fantaisie excuse bien des libertés lorsqu'elle les abrite sous la couverture d'un livre, et c'est la fantaisie qui donne à ce petit clerc libertin et pleurard le nom de Fortunio, à côté de ses camarades qui s'appellent tout bonnement Landry et Guillaume. Et puis, trois actes et sept tableaux pour faire passer Jacqueline des bras de Clavaroche à ceux du petit clerc ? Un instant y suffit pour ce genre de femmes.

Ceci explique que le personnage de Jacqueline offre des difficultés presque insurmontables à l'actrice chargée de le représenter. Une seule y réussit dans la mesure du possible, ce fut la créatrice du rôle, la jeune et charmante Pauline Maillet, qui le jouait tranquillement et joyeusement, en coquine précoce et naïve. Mademoiselle Tholer y apporte certainement de précieuses qualités de diction et un excellent ton de comédie ; mais il me semble que, trop préoccupée de sauver la physionomie constamment odieuse du personnage, elle lui donne plus de sérieux et de profondeur qu'on n'en saurait raisonnablement attribuer à la maîtresse de Clavaroche.

C'est un jeune homme, sorti l'an dernier du Conservatoire, M. Le Bargy, qui joue Fortunio. Je ne puis constater qu'une chose ce soir, c'est que M. Le

Bargy, modulant sa jolie voix sur celle de son professeur, reproduit le débit, les intonations et les moindres inflexions de M. Delaunay, avec l'exactitude mécanique du phonographe.

M. Febvre est un superbe Clavaroche ; M. Thiron joue avec une bonhomie charmante le rôle de Maître André, le seul personnage honnête de la pièce et par conséquent bafoué.

MM. Truffier, Féraudy et mademoiselle Martin sont fort bien placés dans de tout petits rôles.

***

DCCCXXXVII

Ambigu.   4 août 1882.

BERTRADE DE MONTFORT

Drame en cinq actes et dix tableaux, par M. Emile Hamont.

Le drame historique est un genre bien abandonné de nos jours, et je le regrette ; ce que je regrette encore plus, c'est que des écrivains sans expérience et sans talent le discréditent dans le public en lui soumettant des ouvrages imparfaits et barbares, tels que *Bertrade de Montfort*.

M. Emile Hamont exerce, dit-on, les fonctions de commissaire de police à Philippeville, en Algérie ; j'aime à croire qu'il surveille mieux sa circonscription que son style. C'est dans les annales du xiie siècle que M. Emile Hamont a puisé les éléments d'un drame burlesque dont le besoin ne se faisait pas sentir de ce côté-ci de la Méditerranée.

Philippe Ier, roi de France, qui avait épousé une

certaine Berthe, fille d'un comte de Hollande, s'avisa
de la répudier pour épouser Bertrade de Montford,
qu'il enleva à son mari Foulques, comte d'Anjou. Ce
double adultère l'exposa aux foudres de l'Eglise ; abandonné par ses sujets, en guerre avec ses redoutables
voisins les ducs de Normandie devenus rois d'Angleterre, il finit par se soumettre en renonçant à Bertrade,
et en remettant les rênes du gouvernement à son fils
légitime, qui lui succéda sous le nom de Louis VI, dit
le Gros.

Telle est la matière du drame qui nous a tenus ce
soir pendant quatre mortelles heures de cette chaude
soirée d'été, luttant contre le sommeil, l'envie de rire
et l'asphyxie.

La lutte des deux reines et l'intervention du légat
du Pape rappellent nécessairement beaucoup de pièces connues : *l'Agnès de Méranie,* de Ponsard, *les deux
Reines,* de M. Legouvé, etc. Ce qui appartient en propre à M. Emile Hamont, ce que personne ne lui dis-
putera, c'est l'étrangeté d'un style baroque dont on
n'avait point connu d'exemple depuis *le Tremblement de terre de Lisbonne,* de maître André le per-
ruquier. « Me voilà parvenu au faîte de l'avilissement ! » s'écrie le prince Louis dans un accès de
tristesse : « Tu as compris qu'il n'y avait pas de
situation plus cruelle pour un homme comme moi
que de se trouver face à face avec son impuissance, »
ou bien « Tu me caresssais d'une part et tu me
trahissais de l'autre » dit à son tour le comte Foulques qui ne veut pas laisser à la maison de France la
palme de la cacographie. La comtesse parle la même
langue que ses deux maris ! Ecoutez cet adorable
conseil qu'elle donne au roi Philippe : « Vous devriez
planer et vous rasez le sol ! » Dans un autre endroit,
elle pleure, je ne sais plus pourquoi: « Excusez-moi, »
dit-elle à son royal amant « c'est un tribut que je

paie à la nature ». Parfois la naïveté de l'auteur ouvre d'insondables perspectives aux amateurs de gaudriole. Comme les seigneurs de la cour de France s'étonnent de la promptitude avec laquelle la comtesse Bertrade a fait célébrer son mariage sacrilège, l'un d'eux donne pour raison que « la nature de cette femme ne lui permettait pas d'attendre.»

Deux personnages secondaires ont eu le don d'égayer le public; d'abord un certain charlatan italien, qui empoisonne le prince royal en frottant de je ne sais quelle drogue l'embouchure de son cor de chasse ; le personnage répond au nom de Carpoli et l'acteur se nomme Josset-Féal ; il parle tantôt italien, tantôt auvergnat et quelquefois normand.

Un détail impayable, c'est que pour exécuter son horrible projet, Carpoli désire prendre mesure de « l'embouchure du prince.» Cette histoire de cor prend des proportions inimaginables ; de sorte que lorsque le prince Louis se plaint que son corps frissonne, le public s'y trompe et croit qu'il s'agit encore du cor empoisonné.

La géographie a tenu sa place dans les préoccupations joviales du public. Le fils de France parle de la gloire de la France qui s'étend « d'un bout de l'occident à l'autre. » Cet autre bout ne serait-il pas par hasard l'orient ?

Ailleurs on parle des « quatre parties » du monde, avant la découverte de l'Amérique. Mais l'impayable, c'est qu'une partie du public réclame : « Les cinq parties du monde ! il y en a cinq ! » crient les habitants du poulailler, s'étonnant que des Français du xiiᵉ siècle ne connaissent pas l'Océanie.

Le légat du pape a eu sa part de succès, lorsque, prêt à fulminer contre Philippe l'excommunication majeure, il lui dit avec bonhomie : « Je condescends à me répéter. »

Bref, à force de bâillements, d'étouffements de ricanements et de huées, on s'est trouvé sans force pour siffler le nom de l'auteur sur le coup de minuit et quart.

N'affligeons pas quelques artistes consciencieux égarés dans cette fâcheuse .équipée, tels .que M. Cosset, mademoiselle Duguéret· et mademoiselle Schmidt.

DCCCXXXVIII

FANTAISIES-PARISIENNES.   19 août 1882.
(Théâtre-Beaumarchais).

LA JUIVE DU CHATEAU-TROMPETTE

Drame en cinq actes et neuf tableaux,
tiré d'un roman de Ponson du Terrail,
par M. Ludovic Martiny.

La Juive du Château-Trompette, avant d'être représentée pour la première fois à Paris, ce soir, sur l'humble scène des Fantaisies-Parisiennes, avait été jouée une quarantaine de fois à Bordeaux. Quarante représentations dans une autre ville que Paris constituent un succès. Le plaisir de goûter une pièce écrite tout exprès pour eux, et rappelant des souvenirs d'histoire locale, explique dans une certaine mesure l'indulgence des Bordelais pour *la Juive du Château-Trompette*.

M. Ludovic Martiny a découpé dans un des romans les moins connus de Ponson du Terrail une sorte de cause célèbre, de laquelle je ne sais rien, sinon qu'elle est incompréhensible. Le juif Isaac Samuel est traduit devant la chambre criminelle du parlement de Bordeaux sous l'accusation d'avoir volé l'Etat en lui consentant des emprunts usuraires.

Cependant il n'a pas été porté de plainte contre lui, ni par l'intendant de Guyenne, ni par le procureur général; le parlement s'est saisi de la cause sur « l'ordre » de madame la marquise de Beauséjour; c'est ce que déclare le président de la Tournelle, siégeant sur les fleurs de lys. Voilà une marquise bien puissante! Et les auteurs ne se sont pas ri à leur propre nez en libellant de pareilles balivernes! Notez que ceci se passe en plein 1789, sous le règne du vertueux Louis XVI, à la veille de la convocation des Etats-Généraux.

Cette marquise en veut au juif Samuel parce que ce juif est le père d'une fille nommée Sarah, et que cette Sarah est aimée d'un officier, M. Philippe de Blossac, qui a été l'amant de la marquise.

Tantôt la juive est enlevée par les sicaires de la marquise; tantôt la marquise est enlevée par les amis de M. de Blossac.

Finalement, l'innocence triomphe; le Château-Trompette est démoli comme une simple Bastille, et le roi punit les crimes de la marquise de Beauséjour.

Cette grande machine, taillée sans conviction sur les modèles les plus connus, renferme quelques scènes amusantes, notamment celle du combat dans lequel deux spadassins à gages prennent parti contre ceux qui les paient au profit de celui qu'ils devaient égorger. Cette situation et ces deux spadassins sont fort connus à Paris, qui les a applaudis à la Porte-Saint-Martin dans *le Bossu* de M. Paul Féval.

Cocardasse, qui s'appelle Courasse aux Fantaisies-Parisiennes, est joué d'une manière amusante et fine par M. Garnier, que seconde agréablement M. Pierre Luguet.

Une débutante madame Dhalyle, joue la marquise avec une férocité bien comprise qui lui a valu les marques non équivoques de l'indignation des spectateurs. Aussi quelle joie lorsqu'on l'a vu emmener par la force armée! Cette joie n'avait d'égale que la mienne, puisque la pièce était finie.

DCCCXXXIX

Réouverture : GYMNASE. 26 août 1882.

SERGE PANINE

PORTE-SAINT-MARTIN.

MICHEL STROGOFF

Deux théâtres, profitant habilement de l'horrible été qui nous trempe de ses rafales, ont ouvert leurs portes ce soir, sans attendre la date réglementaire du 1er septembre, et la foule a répondu à leur appel.

Au Gymnase, *Serge Panine*, naguère interrompu en plein succès, paraît devoir fournir une nouvelle carrière; le public a fait un accueil chaleureux à cette remarquable étude, tracée d'une main si ferme et si sûre par M. Georges Ohnet.

Madame Pasca a trouvé son meilleur rôle dans le personnage à la fois violent et sympathique de madame Desvarenne, la boulangère à la sacoche pleine

21

et au cœur vaillant. M. Marais, si fin, si mordant, si
puissant et si tendre dans le rôle du prince Serge, a
été rappelé par la salle entière après le troisième
acte.

Il s'est produit dans les rôles de femmes une in-
terversion que je me borne à signaler, n'ayant pas
vu la pièce tout entière. Mademoiselle Marthe Devoyod remplace dans le personnage de Micheline
mademoiselle Brindeau, qui elle-même succède à
mademoiselle Léonide Leblanc, sous les traits de
Jeanne de Cernay.

———

Ce n'a pas été, paraît-il, une petite affaire que
d'introduire les décors de *Michel Strogoff* taillés pour
l'immense scène du Châtelet, dans le cadre moins
étendu de la Porte-Saint-Martin. Il a fallu rogner en
hauteur et surtout en largeur ; mais les proportions
étant gardées, l'effet général reste à peu près le
même.

Michel Strogoff n'est pas seulement une pièce à
spectacle ; c'est un drame bien construit, bien fait ;
à travers les situations émouvantes dont il est rempli,
se place naturellement une partie comique extrêmement réussie et non moins bien jouée. MM. Joumard
et Dailly sont de tous points excellents dans les rôles
des reporters Jolivet et Blount, qu'ils ont créés. On
leur a fait, au milieu du drame, une ovation assez
mal placée mais bien méritée.

M. Deshayes est toujours le plus farouche des
colonels russes et M. Fernand le plus imposant des
émirs.

Tous les autres rôles sont tenus par de nouveaux
interprètes, en tête desquels je place M. Laray, un
peu mélodramatique, mais très énergique et très

convaincu dans le personnage héroïque de Michel Strogoff; et madame Fromentin, qui, au contraire, supplée à ce qui peut lui manquer de force par une diction très juste et des accents pénétrants. Madame Patry est une très belle Sangarre, et mademoiselle Cassan joue convenablement le rôle de Nadia.

Les costumes ont été non seulement rafraîchis mais renouvelés, et la fête populaire du second tableau, avec sa retraite militaire aux flambeaux, a retrouvé son effet d'éblouissement. L'orchestre, renouvelé sous la direction d'un chef très distingué, M. de Lagoanère, est redevenu digne d'un grand théâtre tel que la Porte-Saint-Martin.

***

DCCCXL

Variétés.   30 août 1882.

Réouverture : Reprise de L I L I

La réouverture du théâtre des Variétés a été on ne peut plus brillante. Je ne dis pas seulement cela, pour les deux cents lampes Swann, qui, alimentées par deux cent dix accumulateurs Faure, que chargent cinq machines Siemmens excitées par un moteur Otto, viennent d'inaugurer avec succès l'éclairage électrique des théâtres de Paris.

Si flatteuse que soit l'ovation obtenue par l'incandescence dans le vide, elle a laissé la première place à *Lili* et à ses interprètes.

La charmante et originale comédie de MM. Hennequin et Albert Millaud a produit sur le public l'effet de ces vins de fin terroir dont l'âge développe l'arome délicat ; la soirée n'a été qu'un triomphe pour les auteurs et pour les artistes.

Tous les morceaux, ou peu s'en faut, ont été bissés, notamment les couplets inédits chantés par Lili, au troisième acte sur l'air de *Funiculi-Funicula*.

Madame Judic s'est montrée comme toujours incomparable diseuse et adroite comédienne ; son succès a été étourdissant.

M. Dupuis, admirable sous les traits du soldat, du lieutenant et du général Antonin Plinchard a retrouvé le succès que lui valut à l'origine sa remarquable création.

M. Baron est bien amusant dans son rôle d'oncle gâteux et viveur ; il porte très heureusement l'habit noir trop long et le pardessus mastic trop court des gommeux.

MM. Lassouche, Léonce et Didier complètent cet irréprochable ensemble.

A entendre les rires et les applaudissements du public, il est difficile d'assigner une limite précise à la durée de l'éclatante reprise de *Lili*. Un tel succès est pareil à la lumière électrique : aveugle qui ne le voit pas.

DCCCXLI

LA FILLE-MÈRE

Drame en cinq actes et six tableaux, par M. Henri Curat.

On pourrait croire, d'après le titre que je viens de transcrire en tête de cet article, que le drame représenté ce soir appartient à l'école naturaliste ; on se tromperait. C'est au contraire dans l'école emphatique et sensible de Pixérécourt et de Victor Ducange, qu'on retrouverait plutôt les origines de *la Fille-Mère*, si ce point d'histoire littéraire valait la peine d'être traité.

Un mauvais sujet, un bandit nommé Claude Roussel, qui s'est déjà fait condamner à la réclusion pour crime de faux, entreprend de séduire la fille d'un riche manufacturier nommé M. Lemaire, et il y réussit. Claude Roussel s'imaginait que M. Lemaire lui donnerait sa fille avec une forte dot ; mais M. Lemaire, qui n'est pas content, répond sensément que honte pour honte, il aime mieux laisser Thérèse dans la situation, délicate mais raccommodable, de fille-mère, que d'en faire la femme d'un réclusionnaire sorti de Poissy. Là-dessus Claude Roussel enlève Thérèse et son enfant, et les amène à Paris, où naturellement, il les laisse crever de faim. Heureusement Claude se fait arrêter pour un nouveau crime. Tel est le prologue de cette engageante histoire.

Vingt-cinq ans se sont écoulés ; M. Lemaire est mort laissant vingt-cinq mille livres de rente à sa fille (tout est à vingt-cinq !), et le petit Lemaire, devenu grand, porte les épaulettes de capitaine de chasseurs, à pied et la croix de la Légion d'honneur. Il doit épouser mademoiselle Jeanne Morinval, fille d'un autre riche manufacturier ; mais Claude Roussel n'est pas mort ; il arrive tout juste la veille du mariage, pour crocheter la caisse de M. Morinval, et comme il est dérangé dans cette opération, il frappe le survenant d'un coup de couteau. La victime, c'est son fils, le capitaine Lemaire. On accourt au bruit. Claude se croit perdu, lorsqu'il reconnaît Thérèse, et l'infortunée fille-mère se décide à sauver l'assassin, pour ne pas déshonorer publiquement elle-même et son fils.

La situation, quoique invraisemblablement et péniblement amenée, ne manque pas de puissance ; elle aurait suffi à l'intérêt du drame ; mais l'auteur la répète ensuite à satiété, en plaçant continuellement en face l'un de l'autre ce père voleur et assassin, et ce fils, officier de l'armée française, qui a plutôt envie d'étrangler son père que de le reconnaître.

Cette trame déjà si noire est compliquée d'une autre horreur parallèle : Fernand Lemaire a pour rival le contre-maître de la fabrique, un nommé Lourdel, bâtard comme Fernand, et qui enlève mademoiselle Morinval. On arrive à temps pour arracher la jeune personne aux étreintes de ce misérable. Alors on dévoile un terrible secret que les malins avaient pénétré dès la première scène. Lourdel est le fils naturel de M. Morinval et le frère de Jeanne. Nous avons vu récemment une péripétie analogue dans *Casse-Museau*, le drame de MM. G. Marot, Ed. Philippe et L. Marx, représenté sur ce même théâtre ; c'est de quoi les sociétaires du Château-d'Eau auraient dû avertir charitablement M. Henri Curat.

Enfin, il faut que cela finisse, et cela finit bien, je vous assure ; car Thérèse Lemaire, qui a vu jouer *Serge Panine*, s'inspirant du noble exemple de ma-

dame Desvarenne, tue l'homme qui la gêne d'un coup
de pistolet ; ensuite elle reprend sur le cadavre l'acte
de reconnaissance qui liait le père au fils et elle le
déchire. De par ainsi elle rentre dans la plénitude de
ses droits de fille-mère ; rien ne s'oppose donc plus
à ce que son fils, restitué dans tout l'éclat de sa bâ-
tardise, épouse mademoiselle Morinval.

> Le jour viendra que l'bourgeois éclairé
> Donn'ra sa fille au forçat libéré.

Pas de commentaire, n'est-ce pas ? MM. Gravier,
Meigneux, Dalmy, un débutant, nommé Albert, qui
ressemble étonnamment à un jeune premier que j'ai
connu à Cluny, à l'Odéon et au Gymnase, mesdames
Delorme et Aline Guyon jouent le drame insensé de
M. Henri Curat avec une conviction qui fait plus
d'honneur à leur habitude du métier qu'à leur intelligence.

M. Péricaud joue avec infiniment de verve le rôle
d'un vieux capitaine, le doyen des chasseurs à pied,
un enfant du peuple, qui se souvient de son humble
origine. Au moment où l'infâme Lourdel, provoqué
par le capitaine Fernand, lui répond insolemment :
« On ne se bat pas avec le fils d'un assassin ! » le
capitaine Jean Mathieu s'avance et dit : « Et se bat-
on avec le fils 'd'un mécanicien ? » Ce mot épique a
décidé du succès de la soirée.

DCCCXLII

LA CRIMINELLE

Drame en quatre actes, par MM. Delacour et Lermina.

Reprise de : LE JUIF POLONAIS

Drame en trois actes et cinq tableaux, par MM. Erckmann —
Chatrian.

Le drame que le théâtre de la Gaîté a joué ce soir
en lever de rideau est tiré d'un roman publié sous
le même titre il y a quelques années par M. Jules
Lermina.

C'est M. Larochelle lui-même, qui, après avoir lu
le roman, a commandé le drame. En écoutant les
trois premiers actes, je ne devinais pas ce qui avait
pu séduire le directeur de la Gaîté ; je l'ai compris
au quatrième acte.

Rien de plus invraisemblable ni de plus faux, et
surtout de moins neuf, que le point de départ de *la
Criminelle*. Une femme mariée a trompé son excellent et loyal mari pour un misérable de l'espèce la
plus abjecte, qui la rançonne et menace à tout instant
de la déshonorer.

Comment une femme telle que Pauline Dolé est-
elle devenue la maîtresse d'un drôle tel que Georges
Rives, un ouvrier grossier, paresseux et voleur ?
Par la violence, nous dit-on ! et cependant les lettres
d'amour de Pauline forment le nœud de la pièce.
Inexcusable contradiction, que toute l'habileté du
monde ne saurait pallier.

Enfin, madame Dolé, attirée dans le bouge habité
par Georges Rives, s'y voit menacée dans sa personne, dans celles de son mari et de son enfant ;
éperdue, folle de douleur, elle saisit un revolver qui
se trouve sous sa main, tire et tue la bête immonde
qui l'insultait.

Elle peut rentrer chez elle sans être inquiétée ;
mais la police recherche l'assassin de Georges Rives;
le revolver constitue une pièce à conviction terrible,
car il est marqué aux initiales de M. Dolé qui en fit
jadis cadeau à son ouvrier. Pourquoi ? pour les
besoins de la pièce. Justement M. Dolé marie sa fille.;
au milieu du ·banquet dans lequel les ouvriers de
l'usine Dolé célèbrent le bonheur de leurs patrons, un
commissaire de police se présente, et arrête l'honnête
fabricant, tableau absolument identique au premier
tableau de *Monte Cristo*.

Mais c'est à cette dernière réminiscence que le
drame de MM. Delacour et Lermina va commencer
à mériter l'épithète de nouveau. En voyant accuser
son mari du meurtre dont elle est seule coupable, la
première pensée de Pauline est d'attester l'innocence
du galant homme qu'elle a trahi. Mais comment le
justifier sans le plonger dans la honte et le désespoir?
Une fièvre cérébrale fort opportune vient dispenser
madame Dolé de résoudre ce problème.

Au moment où elle entre en convalescence, son
mari va comparaître en cour d'assises. Les charges
l'accablent, car on a trouvé dans les poches du mort
une lettre dans laquelle M. Dolé lui déclarait que s'il
faisait la moindre tentative pour rentrer dans sa maison, il le tuerait comme un chien. Cependant, M. Dolé
revient triomphant de la cour d'assises. La malheureuse Pauline comprend que l'acquittement de son
mari est sa condamnation à elle ; trop faible pour
quitter sa chaise-longue, elle demande à son petit

garçon une fiole de laudanum posée sur la table du salon ; l'enfant fait ce que lui demande sa mère, mais à ce moment il entend la voix de son père, la fiole échappe de sa petite main, et se brise sur le parquet. Très joli mouvement de scène, intéressant et saisissant.

Qu'est-il donc arrivé ? C'est M. Dolé qui va nous le dire. Il a été acquitté en se déclarant franchement coupable du meurtre de Georges Rives : « Ce misérable », dit il, « avait 'osé menacer ma femme, que « vous respectez tous, comme je la respecte moi- « même, de je ne sais quelles calomnies ; j'ai inter- « cepté ses lettres ; je suis allé le trouver, une querelle s'est engagée, et je l'ai tué. » — « Maintenant, ma chère Pauline, me trouvez-vous digne de vous? » Et comme la repentante Pauline, agenouillée devant son mari, lui montre qu'elle comprend toute la profondeur de sa générosité : « Je t'aime et je suis père ! » lui répond Dolé en l'attirant dans ses bras.

Ce quatrième acte, ingénieux, touchant et délicat a déterminé le succès de la pièce, qui paraissait incertain après l'interminable et hideuse scène du second acte entre madame Dolé et Georges Rives. Madame Masset-Largillière y a grandement contribué par son jeu dramatique et passionné; M. Talien soutient avec noblesse et sérieux le caractère de Dolé. Il faut avertir M. Lacroix qu'il s'est lourdement trompé, en accentuant chez Georges Rives le type le plus repoussant des sentines de Paris. Il eût été adroit de ne pas reproduire en charge la physionomie de Lantier créée par M. Delessart, dans une pièce dont les premières scènes rappellent de si près l'Assommoir.

Après avoir applaudi les auteurs et les interprètes de la Criminelle, le public a écouté sans fatigue une troisième ou quatrième reprise du Juif polonais. La pièce de MM. Erckmann — Chatrian est originalement traitée, toute littérature à part ; les personnages y disent bien exactement ce qu'ils veulent dire, ce qui est un mérite, mais ils le répètent à satiété, avec une lourdeur tenace, sans aucun souci de variété ni de nuance dans la forme. On comprend que l'assassin Mathis ait cru faire un coup de maître en choisissant pour gendre le maréchal des logis qui commande aux gendarmes du canton ; mais les auteurs paraissent craindre que le public ne puisse se pénétrer aisément d'une si profonde combinaison, car Mathis l'explique une dizaine de fois pour le moins.

Après M. Talien, le créateur du rôle, et M. Paulin Ménier, qui le reprit il y a quelques années à l'Ambigu, M. Dumaine a fait applaudir sous les traits de Mathis un talent vraiment supérieur ; la physionomie, le geste, la diction, sont d'un artiste de grande école et de premier ordre. Il a joué avec une grandeur tragique la scène de somnambulisme dans laquelle un magnétiseur requis par le tribunal oblige l'accusé Mathis à confesser les détails de son crime. On ne saurait rendre avec plus de vérité les angoisses du misérable contraint d'obéir à une domination irrésistible, et de dicter ainsi lui même sa sentence de mort.

M. Léon Noël, qui donnait si bien la réplique à M. Dumaine dans l'auberge du Pont-du-Gard de *Monte Cristo*, est fort amusant sous la barbe grise du bonhomme Walter ; et madame Largillière fort gentille en Alsacienne.

J'ai trouvé M. Romain élégant et intelligent, comme à son ordinaire, mais peut-être un peu trop officier de hussards ou de chasseurs, et pas assez gendarme. Il y a là une nuance à saisir.

DCCCXLIII

RENAISSANCE. 2 septembre 1882.

Reprise de MADAME LE DIABLE

Féerie opérette en quatre actes et douze tableaux,
paroles de MM. Henri Meilhac et Arnold Mortier,
musique de M. Gaston Serpette.

L'opérette féerie de MM. Henri Meilhac et Arnold
Mortier est décidément une des pièces les plus amusantes et les plus spirituelles du répertoire de la
Renaissance ; il y a de la finesse, de l'invention et
des détails de comédie dans ce canevas brodé d'une
main légère. Je n'en veux pour preuve que le plaisir
attentif et les applaudissements du public de ce soir.

Quant à la partition de M. Gaston Serpette, à laquelle on avait reproché, non sans quelque raison,
de manquer parfois de simplicité, elle gagne beaucoup
à une seconde audition. Sous les recherches parfois
excessives d'un compositeur de bonne école, qui
redoute les platitudes courantes, on découvre, en
y revenant, des délicatesses musicales qui s'étaient
d'abord dérobées. Je citerai, par exemple, le chœur
des fleurs à la fin du second acte, qui m'avait échappé
à la première représentation, et dont le dessein mélodique est vraiment délicieux.

Le rôle écrasant de Fiamma montre sous toutes
ses faces le talent si primesautier et si parisien de
mademoiselle Jeanne Granier ; elle a retrouvé son
succès de la première heure dans le rondeau du
pianiste, dans la tarentelle, et surtout dans la chan-

son d'ivresse du dernier tableau, qu'elle dit et joue en perfection. Il y faut ajouter cette fois une très piquante tyrolienne que M. Gaston Serpette a improvisée pour le finale du troisième acte, et qui deviendra rapidement populaire.

M. Jolly joue avec une finesse très appréciée le rôle du diable Nick, et on a demandé deux fois à madame Desclauzas les couplets de la lettre, dont elle fait valoir le tour ingénieux et délicat.

M. Tony Riom a montré de la verve et de l'expérience dans le rôle du vieux notaire Derdonder.

La mise en scène et les costumes sont plus brillants que jamais.

DCCCXLIV

ODÉON (SECOND THÉATRE-FRANÇAIS). 5 septembre 1882.

Réouverture : LE MARIAGE D'ANDRÉ

Comédie en quatre actes en prose, par MM. Hippolyte Lemaire et Philippe de Rouvre.

L'ECRAN DU ROI

Comédie en un acte en vers, par M. Ernest Boysse.

L'Odéon vient de rouvrir par deux pièces nouvelles, une grande et une petite, dues l'une et l'autre à des débutants.

Parlons d'abord de la grande.

André Sirvel est un jeune sculpteur du plus grand mérite ; déjà décoré, en passe de devenir officier de

la Légion d'honneur et membre de l'Institut, André,
quoique fils de ses œuvres, — il est l'enfant naturel
d'une pauvre fille séduite et morte de chagrin, —
André, dis-je, est à la veille de faire un grand mariage. Il aime mademoiselle Adrienne de Reuilly, et
il est aimé d'elle ; Monsieur et madame de Reuilly
connaissent les douloureuses origines d'André ; mais
ils l'acceptent tel qu'il est, c'est-à-dire un galant
homme et un grand artiste, et lui donnent leur fille
en toute confiance.

Jeanne Sirvel, en mourant, a laissé entre les
mains de son fils une enveloppe cachetée : « Tu la
briseras » lui a-t-elle dit, « le jour d'un grand événement dans ta vie ; elle contient le nom de ton père. »
André, qui ne veut pas avoir de secret pour sa fiancée,
s'en remet à sa décision : faut-il ouvrir ou non l'enveloppe mystérieuse ? Adrienne de Reuilly n'hésite
pas un instant : « Qu'importe aujourd'hui le nom de
« celui que vous n'avez jamais connu ! Votre mère
« lui a pardonné, André ; vous aussi pardonnez-lui
en l'ignorant toujours. » Et elle jette au feu le secret
de Jeanne Sirvel.

Au second acte le mariage vient d'être célébré ; les
jeunes époux vont partir par le train du soir pour
leur voyage de noces. Tout à coup un éclair précur-
seur de l'orage traverse leur bonheur ; un ami d'André, le paysagiste Vernon, lui raconte en riant que
M. de Reuilly, le père d'Adrienne, fut autrefois un
assez mauvais sujet, à ce point qu'étant étudiant, il
causa le suicide d'une jeune fille qu'il avait séduite
et abandonnée. Un frisson parcourt les veines d'André ; il y a tant d'analogie entre cette aventure et
celle de sa mère ! Il s'informe, il recueille des détails ;
l'affreuse vérité lui apparaît implacable ; il est le fils
de M. de Reuilly, il est le frère d'Adrienne qu'il vient
d'épouser !

Une explication lamentable s'ensuit entre le malheureux André et son beau-père, reconnu tout à coup pour son père. La situation est terrible et paraît sans issue. André Sirvel partira. Mais comment faire accepter cette inexplicable séparation à la joyeuse et innocente Adrienne ? La scène d'explication entre les deux amants, qui ne sont encore époux que devant la loi, est évidemment le point culminant du drame. André ne peut ni ne veut rien dire ; les chastes caresses d'Adrienne ne font que redoubler son désespoir muet. Tout à coup, mademoiselle de Reuilly croit deviner qu'il s'agit de ce père mystérieux dont elle n'a pas voulu connaître le nom ; André le sait sans doute et ne veut pas le révéler ; il y a de ce côté un malheur, peut-être une honte ? « Mais qu'importe ! je « suis ta femme, ton amie ; avant de t'aimer comme « ta femme, est-ce que je ne t'aimais pas comme ta sœur ? » Ce mot redouble les tortures d'André. Mais il lui faut s'arracher à des attendrissements qui deviendraient coupables.

Heureusement pour lui, la solution et la délivrance arrivent sous une forme bien inattendue. Madame de Reuilly, déchirée par le spectacle des douleurs de sa fille, se jette aux pieds de son mari, et lui révèle, par une confession courageuse jusqu'à la témérité, qu'elle a une faute dans sa vie ; elle l'a trompé ; elle a eu un amant, M. de Raucourt, et de cet amant une fille. Adrienne n'est pas la fille de M. de Reuilly, ni par conséquent la sœur d'André Sirvel. M. de Reuilly provoque M. de Raucourt et le tue ; puis il pardonne à sa femme repentante. André et Adrienne seront heureux sans remords.

Le public a écouté avec tranquillité, avec plaisir et même avec intérêt cette singulière histoire, jusques et y compris le dénoûment apporté par le quatrième acte, qu'il n'a pas eu le temps de discuter tant il est

court. On assurait, dans les conversations du foyer,
que les auteurs s'étaient proposé de mettre en pratique une boutade de M. Alexandre Dumas fils, qui
aurait dit dans une de ses célèbres préfaces : « Pour
« faire une pièce intéressante, placez-vous dans une
« situation inextricable dont on ne puisse sortir... et
sortez-en. » Si réellement MM. Hippolyte Lemaire
et Philippe de Rouvre s'étaient posé ce problème, je
ne saurais leur laisser l'illusion de croire qu'ils l'aient
résolu. Effacer l'inceste avec l'adultère, ce n'est pas
sortir d'affaire, c'est seulement changer d'impasse.
Comment M. de Reuilly pouvait il s'attribuer la
naissance d'Adrienne, et s'il s'y est trompé, qui nous
garantit que madame de Reuilly ne s'y trompe pas
elle-même ?

D'ailleurs, on n'envisage pas sans un certain étonnement mêlé d'un peu d'effroi la situation faite aux
personnages après la chute du rideau : quel mariage
que celui du fils naturel de son beau-père avec la fille
adultérine de sa belle-mère ! Et convenons que celle-
ci sera traitée au delà de son mérite si elle recouvre
jamais l'estime de son gendre et la confiance de son
mari.

Mais je m'assure que MM. Hippolyte Lemaire et
Philippe de Rouvre n'avaient aucun mauvais dessein
en nous conduisant jusqu'aux bords fleuris de ce ma-
récage. Avec l'audace de la jeunesse et de l'inexpérience, ils se sont avancés sur la glace fragile et mi-
roitante tant qu'elle les a pu porter. L'innocence parfaite de leurs amoureux, André et Adrienne, avait
tout d'abord séduit le public, qui n'a pas voulu se dédire au moment critique. Les noms de MM. Hippolyte Lemaire et Philippe de Rouvre ont donc été pro-
clamés au milieu des applaudissements. Leur pièce
renferme d'ailleurs des scènes remarquables, délicates et bien traitées. Elle est écrite avec simplicité, avec

élégance, quelquefois avec esprit, et ce sont là des qualités qui ne courent pas les rues.

J'estime qu'ils doivent aussi des remercîments à la direction de l'Odéon qui, non contente de les accueillir, a su leur assurer l'inestimable prestige d'une interprétation hors ligne.

M. Chelles, absolument bien dans les scènes de demi-teinte, a transporté la salle par des élans chaleureux, quoique parfois inégaux, lorsqu'il exprime les angoisses et les désespoirs d'André Sirvel.

Le rôle de la comtesse de Reuilly est bien ingrat et bien difficile ; madame Tessandier a su lui donner, par l'intensité d'un jeu ardent et concentré, le mouvement et la vie.

Le meilleur rôle du drame est certainement celui d'Adrienne, la jeune fille irréprochable, pure, aimante, que les auteurs ont dessiné avec une prédilection marquée. Ce rôle exquis a été l'occasion pour mademoiselle Hadamard d'un éclatant succès. Mademoiselle Hadamard ne débutait pas, elle rentrait à l'Odéon, dont elle avait été déjà la pensionnaire après son premier prix de comédie au Conservatoire. A une diction fine et savante qui rappelle les meilleures traditions de l'illustre tragédien Beauvallet, qui fut son premier maître, mademoiselle Hadamard joint un don bien rare, celui des larmes. On l'a rappelée avec M. Chelles et madame Tessandier après le troisième acte. MM. Amaury, Cosset, et madame Régis complètent un excellent ensemble.

La petite comédie l'Ecran du Roi, qui précédait le drame, est évidemment tirée d'un amusant récit contenu dans l'Espion dévalisé, un livre de haute graisse attribué quelquefois à Mirabeau, plus vraisemblablement à Baudouin de Guermadeuc. Il s'agit, dans le livre, d'un certain marquis Lomellini, à qui des filous avaient promis, moyennant le dépôt de douze mille

livres entre leurs mains, de lui procurer une charge
de cour, celle d'écran du Roi, qui consistait à garantir corporellement le Roi très chrétien contre l'ardeur des feux de cheminée. On raconte aussi que
Poinsinet fut victime d'une pareille mystification.

M. Ernest Boysse a fait rentrer cette légère donnée
dans le cadre de la comédie classique ; c'est Géronte
qui est la dupe, c'est Scapin qui est le fripon, dans
l'intérêt de son maître Valère, qui finit par épouser
Isabelle, la fille de Géronte. M. Ernest·Boysse imite
assez adroitement la facture archaïque de notre ancienne versification ; mais ce sont là des jeux quelque peu puérils. Mesdames Chartier et Suzanne
Pic les ont fait valoir cependant, la première par la
verve d'une franche servante de Molière, la seconde
par la grâce aimable d'un débit juste et mélodieux.

M. Kéraval en Scapin, ne manque pas de gaieté ;
c'est en quoi je le distingue de M. Noël Martin qui
s'est montré lugubre en Géronte.

DCCCXLV

Théâtre des Nations.   7 septembre 1882.

LYDIE

Drame en cinq actes et un prologue, tiré d'un roman
de H. de Balzac, par M. Miral.

Je suis bien obligé de transcrire telle quelle l'affiche du théâtre des Nations, mais je m'empresse d'en

signaler les inexactitudes un peu bien téméraires.
Lydie n'est pas du tout un drame tiré d'un roman de
Balzac ; c'est un drame de M. Miral, dans lequel des
pantins, baptisés du nom de personnages créés par
Balzac, débitent quelques phrases arrachées à Balzac,
irrévérencieusement encadrées dans un dialogue dont
M. Miral possède la propriété exclusive et le secret.

Le prologue seul a été découpé assez fidèlement
dans cette admirable nouvelle intitulée la *Torpille*,
que les éditeurs rattachèrent par la suite aux *Splendeurs et misères des Courtisanes*. C'est la scène terrible et monstrueusement audacieuse qui se passe dans
le misérable taudis de la rue des Orties-Saint-Honoré
entre le faux abbé Carlos Herrera et Esther, la fille
soumise...

Une sorte d'intérêt poignant, dû aux touches puissantes du maître, se dégageait de ce sombre tableau,
malgré la crudité de la situation et l'ignominie des
deux personnages en présence.

Mais à partir du premier acte, M. Miral a pris la
parole pour son compte, et le public, d'ailleurs clairsemé (ô sage prévoyance des masses !), s'est vu subitement abandonné sans lanterne dans d'obscures fondrières.

Une analyse, même sommaire ennuierait autant
mes lecteurs que la pièce m'a ennuyé moi-même. Il
me suffit, pour expliquer aux admirateurs de Balzac
le genre de ravage exercé par M. Miral sur quelques-uns des chapitres les plus connus de *la Comédie humaine*, de leur dire que M. Miral a donné une rivale
à Esther dans le cœur de Lucien de Rubempré ; cette
rivale, c'est Lydie, la fille de l'espion Peyrade. Si bien
qu'à la fin, Esther pénètre dans une mansarde où
Lucien, redevenu vertueux, a conduit ses nouvelles
amours, et s'empoisonne en disant à Lucien : « Rends-la bien heureuse ! » Quant à l'abbé Carlos Herrera,

c'est-à-dire le forçat Jacques Collin, qui est le vrai père de Lucien de Rubempré, il se jette par la fenêtre pour échapper à la justice ; et Lucien de Rubempré devient le gendre de l'espion Peyrade. C'est une belle fin pour le poète des *Marguerites*.

Voilà comment M. Miral a compris Balzac. Mais ce qui m'échappe, c'est que les ayants-droit, loin de s'opposer à cette fâcheuse parodie, l'aient formellement autorisée. Un conseil de guerre a condamné Courbet pour avoir déboulonné un monument public ; mais du moins il n'avait pas pour complices les gardiens de la colonne.

Hélas ! quel spectacle que de voir Lucien de Rubempré représenté par M. Pouctal, M. d'Espard par M. Léo, Rastignac par M. Huguenet et de Marsay par M. Fernand !

M. Renot a sa valeur, mais il ne possède ni l'ampleur sauvage ni le feu sombre d'un Carlos Herrera. Esther est une pleurarde qui met à une rude épreuve le zèle intelligent de mademoiselle Jeanne Pazza ; et M. Mondet, qui réussit agréablement dans le bas-comique, n'est pas fait pour exprimer les douleurs d'un Triboulet du quai des Orfèvres réclamant sa fille déshonorée.

Vous êtes-vous jamais figuré le baron de Nucingen pourvu de grosses moustaches ? Un banquier à moustaches sous la Restauration ! Cela seul l'aurait fait mettre en faillite d'office par le tribunal de commerce.

Parlons de choses plus sérieuses.

Pendant que l'autorité administrative impose aux théâtres libres d'onéreuses obligations pour la sûreté du public, voici la seconde fois qu'au théâtre des Nations, propriété municipale, on éteint le gaz au moment de la sortie du public, qui cherche son chemin à tâtons dans les couloirs et les escaliers. J'appelle très sérieusement, sur ce périlleux manque d'é-gards, l'attention de M. le préfet de police.

———

DCCCXLVI

Ambigu. 9 septembre 1882.

Reprise de CARTOUCHE

Drame en cinq actes et huit tableaux, par MM. d'Ennery et Ferdinand Dugué.

Le drame de Cartouche, qui remonte à 1858, a été repris plusieurs fois tant à la Gaîté qu'au Châtelet, et il a toujours réussi. L'élément comique domine dans cette illustration bénévole d'un des plus atroces brigands dont on ait conservé la mémoire. C'est un mélodrame« vieux jeu », mais bon vivant, qui se laisse écouter sans fatigue au moins jusqu'au quatrième acte. Et après tout, si le dernier m'a paru languissant, c'est peut-être parce qu'on avait eu la singulière idée d'y intercaler un ballet de négrillons. Vous figurez-vous Cartouche, que recherche la police, voyageant escorté de quarante négrillons en costumes à pail-lettes? Je suis de ceux qui professent une insurmon-table aversion pour les danses de nègres et de sau-vages. Mais un ballet de négrillons tapant à contre-temps sur des noix de coco aux approches d'une heure du matin, c'est un comble.

Négrillons à part, la soirée n'a pas été mauvaise. M. Paul Deshayes, un peu solennel, tient solidement le rôle de Cartouche, qui exige autant de biceps que de poumons. Il a remarquablement joué la scène de la prison, avec une sorte de gaieté sournoise très bien comprise.

M. Cooper, dans le rôle sympathique de François Baudoin, créé par Charles Perey, a montré de la finesse et de la sensibilité ; j'y voudrais une nuance un peu plus gaie, et M. Cooper est assez maître de ses effets pour me la donner quand il voudra.

Très amusant M. Gobin, sous les traits de Charlot, particulièrement dans son travestissement de singe bariolé portant la queue d'une marquise de fantaisie.

Le reste de l'interprétation ne dépasse pas les bornes d'une honnête médiocrité.

Comme décor, je ne trouve à signaler que la vue des toits de Paris, sur lesquels Cartouche se fait prendre par la maréchaussée. Les amateurs l'ont revu avec plaisir.

DCCCXLVII

VAUDEVILLE. 11 septembre 1882.

TÊTE DE LINOTTE

Comédie en trois actes, par Théodore Barrière.

Les époux Champanet, revenant de Dieppe, se cassent le nez contre les portes closes de leur villa ; les domestiques sont sortis pour faire la fête dans le voisinage ; on brise une vitre et l'on rentre par les fenêtres. « Comme c'est amusant ! » s'écrie en riant

madame Champanet, jusqu'au moment où elle retrouve les clefs dans sa poche.

Car c'est précisément la « tête de linotte » annon-
cée par l'affiche, que cette Céleste Champanet, mariée depuis deux ans à un philosophe quinquagénaire
et professeur de pisciculture. Elle oublie tout, confond tout, égare tout, et se trouve en passe de s'égarer elle-même avec M. Carpiquel, le secrétaire intime
du professeur Champanet.

Tel est le type de distraite, de Ménalque femelle
qui remplit les trois actes de la comédie nouvelle de
son étourderie et de ses quiproquos.

Naturellement, Céleste a oublié son sac de voyage
en chemin de fer, et ce sac renfermait, elle le croit du
moins, la correspondance brûlante de l'épistolaire
Carpiquel. Le sac a été trouvé par un Portugais volcanique, don Stefano de Ruy Gomar, qui est devenu amoureux de madame Champanet sur la plage de Dieppe,
mais qui, par suite d'une méprise, s'imagine que madame Champanet est la femme du docteur Grimoine,
l'intime ami de Champanet. Ce Grimoine trompe sa
véritable épouse avec une modiste nommée Olympia ;
et Champanet, qui a remarqué depuis quelque
temps certains troubles chez son secrétaire Carpiquel,
a l'idée de le marier avec une nièce à lui, mademoiselle Cécile.

Ces huit personnages étant connus, on devine quels
chassés-croisés, quels tours de passe-passe, quelles
situations baroques peuvent résulter pour eux d'une
intrigue auprès de laquelle les célèbres imbroglios
du *Procès Veauradieux* et des *Dominos roses* ne sont
que des jeux d'enfant.

Au second acte, un décor très curieusement planté
qui représente à droite l'appartement du jeune Carpiquel, à gauche un atelier de modistes, séparés par
le palier d'un escalier qui serpente depuis les dessous

du théâtre jusqu'aux frises, encadre une série de scènes inénarrables.

Carpiquel, craignant que ses lettres à madame Champanet soient saisies par le mari, dont il ne veut pas devenir le neveu, a résolu de quitter Paris, sans rien dire à personne ; il loue tout meublé son logement à la première personne qui se présente ; c'est Olympia, la modiste aimée de Grimoine. Champanet arrive à son tour ; rencontrant Olympia chez Carpiquel, il s'explique pourquoi Carpiquel montre tant de répugnance pour le mariage, et il croit le débarrasser d'une chaîne, en séduisant Olympia, qui accepte, sans se faire prier, un dîner au cabaret. Cependant madame Champanet, qui s'est livrée à une correspondance extraordinaire, envoyant à Carpiquel une lettre destinée au Portugais, et au Portugais une lettre écrite pour son notaire, vient chez le jeune secrétaire, accompagnée par madame Grimoine, pour l'entretenir au sujet de la correspondance égarée. Les deux femmes, à chaque instant surprises, ne font que monter et redescendre l'escalier, entrant tantôt chez le coiffeur du premier étage, tantôt chez la modiste du second, chez la tireuse de cartes du quatrième ou chez l'officier du cinquième.

Enfin, madame Champanet finit par rejoindre Carpiquel, tandis que son mari est caché dans un placard, et c'est Champanet lui-même qui fait évader sa propre femme, la tête voilée, croyant sauver madame Grimoine.

Enfin, tout se débrouille, par une série de mensonges ingénieux qui ramènent la paix dans l'âme de tous les personnages. Madame Champanet, après avoir essayé de reprendre ses lettres à son mari, au Portugais et à sa femme de chambre qui ne les ont jamais vues, les retrouve dans son corsage où elle les avait oubliées. M. et madame Champanet, qui s'é-

taient soupçonnés l'un et l'autre, se démontrent leur
innocence réciproque ; Carpiquel épouse Cécile ; et
l'on chasse le Portugais, qui sort en encaissant ma-
jestueusement les onze francs cinquante centimes
de fiacre qu'il avait eu l'occasion de payer pour madame Champanet.

Cette aimable et tourbillonnante folie, bourrée de
situations comiques et de mots amusants, a tenu le
public du Vaudeville dans des convulsions d'hilarité
pendant trois bonnes heures. C'est là son mérite et
aussi son défaut, car il faut bien de la verve et de
l'esprit pour prolonger une pareille bouffonnerie,
dont le point de départ rappelle d'assez près *l'E tour-
neau*, de Léon Laya ; et il y aurait quelque prudence
à pratiquer çà et là de discrètes coupures, surtout
au premier acte.

Le nom de Théodore Barrière a été proclamé au
milieu d'applaudissements unanimes et longtemps
répétés. M. Gondinet, qui s'était chargé de terminer
la pièce et de la mettre au point, s'est abstenu, par
un excessif scrupule de délicatesse, de prendre la
part qui lui revenait de ce succès si franc et si mérité.

L'interprétation est excellente, et à vrai dire elle
était bien nécessaire pour ne pas laisser refroidir une
action si mouvementée et si complexe. C'est mademoiselle Maria Legault qu'il faut louer en première
ligne ; elle a rendu cette physionomie de jeune
femme étourdie et légère mais aimable et honnête au
fond, avec une grâce, un entrain, une fantaisie pleine
de goût et même de naturel, qui m'ont autant surpris que charmé. Je n'ai pas l'habitude de gâter mademoiselle Legault, mais le succès légitime qu'elle a
obtenu ce soir dans un rôle de comédie très gaie me
fait penser que c'est là sa véritable voie, et que je ne
me suis pas entièrement mépris en la trouvant moins

22

satisfaisante dans des créations plus sérieuses ou trop sérieuses.

M. Parade, retrempé et comme rajeuni par une saison de repos, joue avec une bonhomie exquise le rôle de Champanet. Il a été applaudi comme en son meilleur temps.

N'oublions ni mademoiselle J. de Cléry très spirituelle dans le rôle un peu moins qu'équivoque de la modiste Olympia, ni mademoiselle Depoix, gracieusement ingénue sous les traits de la cousine Cécile, ni M. Francès, qui renouvelle le type un peu usé de Portugais assez généralement connu sous le nom du Brésilien; ni M. Corbin qui arrive du Gymnase, ni la débutante mademoiselle Gerfaut, que j'avais pu mieux juger dans la première pièce.

Le lever de rideau n'était autre que *les Deux Veuves*, de Félicien Mallefille, une charmante comédie que le Théâtre-Français a longtemps gardée sur son affiche et qu'il a eu tort de laisser échapper. Elle est très bien rendue par M. Vois, par M. André Michel, et par mademoiselle Lesage, qui a montré, dans le rôle de Pauline des qualités de diction et de finesse tout à fait distinguées.

Mademoiselle Gerfaut, qui sort du Conservatoire, est une jeune femme qui possède les éléments essentiels de son art, une voix bien timbrée et un jeu sûr. Le conseil que j'ai à lui donner, c'est de surveiller sa démarche et son geste, qui appartiennent plutôt au domaine du drame qu'à celui de la comédie. Cette extrême agitation s'explique peut-être par les émotions du début, et se calmera sans doute d'elle-même. Mais mademoiselle Gerfaut mérite qu'on l'avertisse et me paraît assez intelligente pour profiter d'un bon avis.

DCCCXLVIII

Opéra-Comique.   13 septembre 1882.

Reprise de : LES DIAMANTS DE LA COURONNE

Opéra-comique en trois actes,
paroles de Scribe et Saint-Georges, musique d'Auber.

Nous venons de passer une heureuse soirée à l'Opéra-Comique. Après avoir brillé quarante et un ans, aux feux de la rampe, *les Diamants de la Couronne* n'ont rien perdu de leur éclat.

La pièce est un imbroglio comme Scribe et Saint-Georges savaient les tisser d'une main élégante et adroite. J'avoue que cette reine Maria Francesca, dirigeant sous le nom de la bohémienne Catarina une bande de faux-monnayeurs dans les montagnes de l'Estramadure est un personnage aussi invraisemblable qu'imaginaire ; mais il n'est pas défendu de s'amuser aux contes de fée, et celui-ci nous est conté de la meilleure grâce du monde. Auber fut de mon avis, car il donna aux amours romanesques de la Catarina et de don Henrique la sanction de son génie musical ; il s'associa de verve au tour de force de ses collaborateurs, car, sur un poème qui risquait de rappeler un de ses plus grands succès, il écrivit une partition qui, sans dépasser *le Domino noir*, l'égale peut-être et n'y ressemble pas.

Mademoiselle Merguillier, qu'on avait pu juger déjà dans *le Toréador*, et dans *Philémon et Baucis*, s'est montrée ce soir sous les traits de la Catarina et de la reine de Portugal. Il m'a paru qu'au premier acte, la voix de mademoiselle Merguillier n'était pas posée aussi nettement qu'à l'ordinaire, qu'elle tremblait un peu. Etait-ce émotion ou fatigue passagère? L'une et l'autre peut-être|; de sorte que la pittoresque ballade des Enfants de la nuit n'a pas produit tout son effet ; mais déjà la chanteuse s'était retrouvée dans sa belle phrase de l'adieu, d'une mélodie si pénétrante et d'une coupe si neuve ; et la virtuose s'est affirmée ensuite avec éclat dans les variations en *ré* du second acte : « Ah ! je veux briser ma chaîne, » qu'elle a exécutées en perfection. On ne pouvait faire répéter un morceau si difficile ; on a dû se borner à l'applaudir.

L'ensemble de l'exécution est fort agréable. Le rôle de don Enrique fut disposé pour le tenorino de Couderc excellent comédien, totalement dépourvu de voix. M. Herbert lui ressemble au moins sur ce dernier point ; mais que le plaisir de compléter une antithèse ne me rende pas injuste : M. Herbert a joué avec beaucoup d'intelligence le rôle de l'amoureux de la reine, auquel il donne un enjouement juvénile qui l'a rendu très sympathique.

M. Maris, le farouche et goguenard Rebolledo, est en grand progrès comme acteur ; le public lui a témoigné qu'il s'en apercevait. M. Gourdon, M. Chenevières et mademoiselle Chevalier complètent une interprétation très satisfaisante.

D'ailleurs, c'est proprement un charme que cette musique toujours spirituelle sans faux brillants, toujours scénique sans apparence d'effort, et dans laquelle on trouve même, lorsqu'on l'écoute en s'y abandonnant comme à une causerie délicate, quelques touches discrètement attendries, telles que l'adieu du premier acte et le motif, déjà entendu dans l'ouverture, que redit la reine au troisième acte en pensant à don Enrique.

Auber, lorsqu'il écrivit cette délicieuse et fraîche partition, n'avait que cinquante-six ans. Il était vraiment jeune alors.

On s'en aperçoit encore.

DCCCXLIX

COMÉDIE-FRANÇAISE. 14 septembre 1882.

LES CORBEAUX

Pièce en quatre actes en prose, par M. Henri Becque.

Les corbeaux de M. Henri Becque sont les gens d'affaires qui s'abattent sur un cadavre, c'est-à dire sur une succession, pour s'en partager les dépouilles.

Le premier acte nous introduit dans la maison d'un riche fabricant, M. Vigneron, au milieu des apprêts d'un mariage. Le soir même doit avoir lieu le dîner des fiançailles de mademoiselle Blanche Vigneron, la cadette des trois filles du fabricant, avec M. de Saint-Genis, un jeune gentilhomme qui n'a pour lui que son nom, car il travaille comme simple commis dans les bureaux d'un ministère. Mais les deux jeunes gens s'aiment, et M. Vigneron donne deux cent mille francs de dot à sa fille.

Les deux autres demoiselles Vigneron, Judith et Marie, quoique très charmantes et très dignes d'être aimées, ne songent pas au mariage et se réjouissent sans arrière-pensée du bonheur de leur cadette.

22.

Toute cette joie domestique, avec ses contrastes intimes entre la bonhomie un peu ignorante des parents enrichis et les aspirations déjà plus élevées des trois jeunes filles, très finement décrite par M. Henri Becque d'un coloris sobre et juste, est anéantie par un coup de foudre. M. Vigneron, qui était allé prendre l'air pour dissiper une certaine pesanteur de tête qu'il attribuait à l'excès de travail, meurt d'une attaque d'apoplexie foudroyante au moment où l'on allait se mettre à table.

Ce premier acte n'est donc que le prologue. Avec les trois actes qui composent la pièce, nous voyons arriver les corbeaux se disputant l'héritage de la veuve et des enfants de M. Vigneron.

Le défunt se croyait riche parce que son industrie lui rapportait une centaine de mille francs bon an mal an ; mais que vaut l'héritage ? Il se compose d'abord de la fabrique, appartenant par moitié à M. Vigneron et à son associé M. Teissier ; ensuite de terrains à bâtir achetés par M. Vigneron avec ses économies, complétées par des sommes empruntées hypothécairement. Tel est l'actif dont l'associé Teissier a résolu de s'emparer à vil prix, grâce à une entente frauduleuse avec Me Bourdon, le notaire de la famille Vigneron.

Le plan de ces deux corbeaux, tranchons le mot, de ces deux coquins, est de déprécier la valeur des terrains, pour déterminer madame Vigneron à s'en défaire avant que leur valeur d'avenir ne lui soit révélée. Quant à la fabrique, au lieu d'en continuer l'exploitation en commun, elle sera mise en vente à la requête de Teissier, agissant, au dire de Me Bourdon, en vertu de l'article 815 du Code civil. Par parenthèse ce notaire ne sait ce qu'il dit ; l'article 815, aux termes duquel nul ne peut être obligé de rester dans l'indivision, n'a rien à voir ici. Le cas de M.

Vigneron est réglé par les articles 1865 et 1868, lesquels laissent toute liberté aux parties, la mort de l'un des associés ne devenant un cas de dissolution qu'au cas où l'acte social n'en aurait pas stipulé la continuation entre les associés survivants et les héritiers de l'associé décédé.

Tout compte fait, si la fabrique et les terrains sont vendus comme le veulent Teissier et Bourdon, la succession Vigneron se liquidera par une cinquantaine de mille francs, tout au plus. C'est la misère pour une famille habituée à vivre sur un revenu annuel de cent mille francs.

Mais la misère n'est pas le malheur le plus cruel qui puisse frapper cette déplorable famille.

Madame de Saint-Genis, qui ne voyait dans le mariage de son fils avec mademoiselle Blanche Vigneron que la dot de deux cent mille francs, vient reprendre sa parole. Madame Vigneron froissée ne discute pas un seul instant, et accepte la rupture. Elle ignore l'horrible vérité. Le mariage de Blanche était devenu nécessaire, par l'imprudence de la jeune fille. Madame de Saint-Genis, à qui son fils a tout dit, trouve dans ce qu'elle appelle son amour maternel, l'horrible courage d'annoncer à Blanche qu'elle ne sera jamais madame de Saint-Genis. Blanche, désespérée, se traîne aux pieds de cette femme sans cœur et sans honneur : « Mais comprenez donc », dit-elle, « que je l'aime, et que j'aimerais mieux rester sa « maîtresse que de devenir jamais la femme d'un autre. » Sur ces mots madame de Saint-Genis prend des airs de pudeur révoltée. « Sa maîtresse ! » s'écrie-t-elle, « qu'est-ce que ce langage de fille perdue ? » « Fille perdue ! » répète douloureusement la pauvre Blanche ; et elle devient folle.

Il ne se trouvera donc pas un homme, pas un cœur, pas un bras, pour défendre ces malheureuses fem-

mes ? Non ; puisque le jeune Saint-Genis est un lâche, et que le fils Vigneron, après avoir fait des dettes qu'il ne peut payer, s'est engagé comme simple
soldat.

Cependant Teissier, le vieux célibataire, libertin,
avide, avare et richissime, s'est senti touché par les
charmes modestes de Marie Vigneron, la seconde
des filles de son défunt associé. Tandis que l'aînée, la
fière Judith, a des goûts de musicienne et d'artiste,
qui enlèvent sa pensée hors de l'atmosphère mercantile où elle est née, Marie est une personne sérieuse,
réfléchie, la femme de tête de la maison. Ces qualités. pratiques, non moins que ses grâces réservées,
ont produit sur Teissier une impression si vive qu'elle
se traduit par une demande en... non pas en mariage. Mais devant l'indignation qui éclate chez Marie Vigneron, lorsqu'elle devine le sens caché des
propositions qu'elle rougit d'avoir entendues, Teissier se ravise. Il charge le notaire Bourdon de demander à madame Vigneron la main de sa fille Marie ; et celle-ci se sacrifie pour assurer l'avenir de sa
mère et de ses sœurs. Ainsi, après l'héritage, la colombe elle-même tombe palpitante dans les serres du
corbeau.

La pièce de M. Henri Becque avait été écoutée
avec une attention soutenue, non sans quelque fatigue, jusqu'au milieu du troisième acte. La scène
même où Teissier offre à Marie Vigneron une place
équivoque à son foyer de célibataire, avait passé
sans protestation, grâce à l'énergique et fière colère
de la jeune fille insultée. Mais l'odieuse scène où madame de Saint-Genis conseille à Blanche Vigneron
d'oublier qu'elle fut pour son fils plus qu'une fiancée
et de se consoler dans les bras d'un autre époux,
peut-être d'un autre amant, a déchaîné les révoltes
du public, jusqu'alors contenues. La pièce aurait

peut-être fini là, si les murmures, les huées et les sifflets n'avaient été domptés, dominés et réduits au silence par l'admirable talent de mademoiselle Reichenberg.

Les marques d'improbation se sont renouvelées au dernier acte, le plus faible de tous, provoquées comme à plaisir par les forfanteries ignobles du notaire Bourdon.

La chute des *Corbeaux*, est due, selon moi, à deux causes distinctes mais également agissantes. La première, c'est qu'une pièce dont l'exposition se fait par une attaque d'apoplexie foudroyante, et qui nous montre ensuite, jusqu'au dénoûment quatre femmes en deuil, dont une folle, ruinées, sacrifiées, déshonorées par une bande de vils escrocs, offre un spectacle lugubre, auquel on voudrait se soustraire par la fuite.

La seconde, c'est que, en dehors du groupe désolant, mais digne de pitié, de madame Vigneron et de ses filles, les autres personnages sont tellement méprisables, tellement cyniques qu'ils soulèvent le cœur.

Cette double raison d'insuccès est péremptoire et irrémédiable.

Il y a cependant du talent, de l'observation fine et de la vérité bien saisie en plus d'un endroit de cet ouvrage informe. M. Becque a de l'esprit, et du meilleur, ce qui le distingue de l'école prétendue naturaliste.

Mais il professe un pessimisme exagéré qu'il prend de bonne foi pour une connaissance approfondie de la nature humaine. On dirait un disciple de Schopenhauer égaré sur la terre française, ou bien un continuateur de Swift, cent fois plus amer et plus atrocement désenchanté que son ancêtre.

Les intentions de M. Becque sont droites; mais il

voit tout en noir, les vêtements de la famille Vigneron, comme l'âme des corbeaux qui la dévorent.

Et cependant, son pessimisme, envisagé sous l'optique particulière de la rampe, est bien contradictoire. M. Vigneron était un honnête homme, sa femme et sa fille sont des braves cœurs ; n'existait-il donc d'honnête au monde que M. Vigneron, et la vertu des hommes est-elle à jamais descendue sous la terre avec ce laborieux fabricant ?

Quoi ! plus d'amitié, plus de probité, plus de dévoûment, plus d'espérance, plus de ciel bleu ! La nuée des corbeaux obscurcit l'horizon et couvre le monde d'un linceul.

Eh bien, voilà ce que le public n'accepte pas et n'acceptera jamais ; et il a raison dans sa résistance, d'abord parce que la thèse est fausse, car l'humanité est un composé de bien et de mal, comme l'atmosphère un composé d'oxygène et d'azote. L'azote y tient plus de place, il est vrai, mais l'oxygène suffit à la rendre salubre, fortifiante et fertile. Ensuite, parce que l'art vit de contrastes, et que le contraste nécessaire, essentiel et rasséréant, manque dans la pièce de M. Becque.

La Comédie-Française, cependant, a fait son devoir en ouvrant ses portes à M. Becque, dont les solides qualités réclamaient et méritaient cette épreuve. Si *les Corbeaux* n'avaient jamais été représentés, M. Henri Becque aurait pu de la meilleure foi du monde, accuser la mauvaise volonté ou le mauvais jugement des directeurs de théâtres d'avoir supprimé un chef-d'œuvre.

Aujourd'hui, M. Henri Becque, face à face avec le public, son juge naturel et souverain, peut faire son examen de conscience et décider de sa propre destinée. Ou bien il renoncera à la lutte, du moins sous cette forme, si son esprit déjà mûr, et dont je connais la forte trempe et la saveur, persiste dans la voie qu'il a suivie jusqu'à ce jour ; ou bien il se pliera aux lois élémentaires de la perspective théâtrale, et nous compterons un auteur dramatique de plus. C'est à lui de choisir.

En tout cas, il ne se plaindra pas d'avoir combattu sans alliés. Jamais peut-être les artistes de la Comédie-Française ne prêtèrent un appui plus ferme à une œuvre périlleuse et d'avance contestée. Mesdemoiselles Baretta et Reichenberg, au milieu du naufrage de la pièce, ont remporté une victoire d'autant plus éclatante, qu'elle leur est toute personnelle. Mademoiselle Baretta dessine avec une grâce pudique, hautaine et résignée, la noble figure de Marie Vigneron ; et mademoiselle Reichemberg donne le frisson dans la scène de la folie, sans effort, sans gestes et sans cris, par l'accord merveilleux de la voix, de l'accent et du regard. Cette scène déchirante place mademoiselle Reichenberg au premier rang parmi les rares artistes qui ont la faculté de sentir et d'émouvoir.

M. Thiron donne un relief étonnant au personnage abject de Teissier ; je ne sais si Teissier existe quelque part, mais en ce cas il ne saurait être autrement que nous le montre M. Thiron.

Il fallait le tact et l'habileté de M. Frédéric Febvre pour mener, je ne dirai pas jusqu'au bout, mais presque jusqu'au bout, le personnage invraisemblablement cynique du notaire Bourdon. Ici le réalisme de M. Henri Becque se trouvait complètement en défaut ; s'il se rencontrait, s'il pouvait se rencontrer parmi les notaires de Paris un maître Guérin tel que Bourdon, loin de faire parade de son immoralité, il la cacherait avec soin sous les dehors d'un puritanisme sévère. M. Frédéric Febvre a montré, dans une tâche impossible, jusqu'où pouvait aller son talent de composition.

Le rôle de madame Vigneron, la bourgeoise ignorante mais sensée, imprudente mais tendre, impré-
voyante mais résignée, a été l'occasion d'un succès
très vif et très mérité pour madame Pauline Granger,
que la Comédie-Française avait un peu négligée dans
ces dernières années, et qu'elle vient de retrouver à
point pour l'emploi laissé vacant par mesdames Nathalie et Guyon. Quelle excellente interprète, par
exemple, pour la mère des *Fourchambault!* J'estime
que madame Pauline Granger vient de conquérir ses
titres de sociétaire.

Citons encore mademoiselle Martin, intelligente
et distinguée sous les traits de l'aînée des sœurs Vigneron ; M. Coquelin cadet, qui compose avec sa
science et sa verve accoutumées la figure épisodique
d'un professeur de musique, pique-assiette, brutal et
débraillé ; M. Barré, M. Martel et madame Amel,
chargés des rôles secondaires.

DCCCL

GYMNASE.   21 septembre 1882.

Reprise de : HÉLOÏSE PARANQUET

Pièce en quatre actes, par M. Armand Durantin.

UN MARI QUI PLEURE

Comédie en un acte, de M. Jules Prével.

Héloïse Paranquet représentée au Gymnase le 20

janvier 1866, est une des premières pièces de théâtre qui ait pour point de départ et pour but l'explication, le commentaire et la critique d'un ou plusieurs articles du Code civil. Il s'agit moins d'une pièce de théâtre que d'une thèse de droit.

Voici les faits de la cause :

Le sieur Guy, vicomte de Sableuse, officier dans l'armée française, tenant garnison à Tours (Indre-et-Loire), a séduit la nommée Paranquet (Héloïse), fille majeure, ouvrière en lingerie ; de cette liaison illicite, nouée sous promesse de mariage, est née une fille déclarée à l'état civil sous le nom de Marie-Etiennette, père et mère inconnus. Au moment où M. le vicomte de Sableuse se dispose à épouser sa |maîtresse et à reconnaître son enfant, il lui est démontré |par son propre père, M. le vicomte de Sableuse, que la nommée Paranquet (Héloïse) n'est qu'une gourgandine, laquelle vit avec un officier démissionnaire, espèce de chevalier d'industrie nommé Cavagnol.

Ceci est le prologue.

Dix-sept ans se sont passés. MM. de Sableuse ont enlevé, on ne sait comment, Marie-Etiennette, et l'élèvent sous le nom de Camille de Sableuse, fille du vicomte Guy de Sableuse. Camille aime le jeune Raoul d'Yves et en est aimée. Mais comment la marier faute d'un état civil régulier ? Les choses se compliquent par la rentrée en scène d'Héloïse Paranquet. L'ancienne lingère a épousé le sieur Cavagnol, et les sieur et dame Cavagnol, en se mariant, ont légitimé Marie-Etiennette. Voilà donc Camille de Sableuse devenue mademoiselle Marie-Etiennette Cavagnol. Les époux Cavagnol réclament leur prétendue fille à MM. de Sableuse ; assignation et référé ; ordonnance ; appel ; signification, etc.

Jusqu'ici, ce n'est pas une pièce en quatre actes, c'est un référé en quatre audiences. Le critique dra-

matique, s'il n'avait par lui-même quelque teinture
de droit civil, devrait passer la main à un clerc d'a-
voué. Résignons-nous, et, après avoir exposé le fait,
examinons rapidement le droit.

Guy de Sableuse adore sa fille et il ne l'a pas recon-
nue ; pourquoi ? Sous le prétexte de considérations
d'intérêt à peu près imaginaires, ainsi que M. Armand
Durantin, fils de juge et avocat lui-même, peut s'en
convaincre en lisant les articles 757 et 758 du Code
civil.

Ce que le vicomte de Sableuse devait avant tout à
sa fille, c'était un état civil et un nom. Le reste n'est
que secondaire. Mais si Guy de Sableuse avait fait ce
qu'il devait, il n'y aurait pas de pièce.

Item. Décidé à ne pas reconnaître sa fille, qui demeure légalement Marie-Etiennette comme devant,
M. de Sableuse l'élève chez lui en lui donnant ce même
nom qu'il lui refuse devant l'officier de l'état civil.

D'ailleurs, à défaut de reconnaissance, M. de Sableuse avait la voie de l'adoption, la plus sûre de toutes.

Quant à la légitimation frauduleuse de Marie-Etiennette par le chevalier Cavagnol, sans doute un pareil
coup de chantage peut être tenté ; il l'a même été récemment, mais il a été déjoué par un bon arrêt qui
conserve l'enfant à ceux qui l'ont élevé.

Donc, la pièce manque de fondement juridique, et
l'erreur de droit dépasse, au dénouement, les limites
de la plus haute fantaisie. M. Armand Durantin an-
nule de son autorité privée le mariage d'Héloïse Paranquet, sous le prétexte que Cavagnol, ayant pris du
service militaire à l'étranger sans autorisation du
gouvernement, a perdu sa qualité de Français.

M. Armand Durantin semble ignorer deux choses :
la première c'est que la qualité de Français ne se perd

pas de plein droit par le service militaire à l'étranger ;
il faut que la perte de la nationalité ait été pronon-
cée expressément par une décision de l'autorité publique, qui d'ordinaire, ferme les yeux ; la seconde,
c'est que le Français qui a perdu sa nationalité, c'est-
à-dire ses droits civiques et politiques, se trouve simplement assimilé à l'étranger d'origine, et qu'il conserve ses droits civils en vertu de l'article 11. Donc
le mariage de Cavagnol est inattaquable ; donc, si
M. Armand Durantin présentait sa pièce comme thèse
de doctorat aux concours de la Faculté de droit, il
serait inexorablement blackboulé.

Heureusement pour elle, la pièce renferme autre
chose que ces puériles discussions de procédure. Le
moment est venu pour Héloïse Paranquet de faire connaissance avec la fille qu'elle n'a pas vue depuis dix-
sept ans et qu'elle a reconquise par des moyens si bizarres. L'explication, commencée d'une manière pénible, prend bientôt une autre tournure grâce à la raison supérieure et aux sentiments droits de la jeune
fille : « Pourquoi » dit la fille innocente à la mère coupable « apportez-vous ici ce chagrin, ces larmes, qui
« ne vont pas avec le doux nom de mère ? Pourquoi
« ces ruses, ces menaces, ces vengeances, quand il
« était si simple de me dire : C'est moi qui suis ta
« mère... Est-ce que je vous aurais demandé ce que
« vous aviez fait ? Est-ce que je suis votre juge ? Une
« mère et une fille se retrouvent ; elles n'ont pas be-
« soin de se dire un seul mot ; elles n'ont qu'à se re-
« garder, elles se jettent dans les bras l'une de l'autre ;
elles pleurent, et tout est expliqué ». Ainsi fait
Héloïse Paranquet, qui, fondant en larmes, couvre sa
fille de baisers, et, satisfaite de l'avoir embrassée, ne
demande plus qu'à s'éloigner d'elle pour qu'elle soit
heureuse.

Figurez-vous qu'au quatrième acte des *Corbeaux*,

on eût vu revenir le jeune Saint-Genis, ayant secoué les indignes conseils de sa mère, prêt à faire son devoir, rendant à sa fiancée la raison avec l'honneur, et mettant les corbeaux en fuite par la seule vue de sa face d'honnête homme : quelle émotion, quel soulagement pour la conscience oppressée des spectateurs et quel triomphe pour M. Henri Becque ! Tel est l'effet produit ce soir, comme il y a seize ans, par l'explosion de l'amour maternel chez Héloïse Paranquet.

Les mauvais desseins, les noirs complots de la vengeance et de la cupidité, tout disparaît en une minute dans une effusion suprême. Ce n'est pas là seulement du bon théâtre et de l'habileté, c'est une connaissance exacte du cœur humain, car l'amour maternel est de tous les sentiments naturels celui qui survit à bien d'autres chez les créatures les plus dégradées ; le repentir d'Héloïse Paranquet nous touche donc non pas comme une conversion voulue, déterminée par l'artifice savant de l'auteur dramatique, mais, comme le résultat inévitable de la première rencontre entre une fille digne de toutes les tendresses, et une mère dont le cœur s'ouvre pour la première fois.

La distribution d'*Héloïse Paranquet* était toute nouvelle et comprenait un certain nombre de débuts. Mademoiselle Léonide Leblanc hérite du rôle créé avec un grand retentissement par madame Pasca. J'ai vu quelquefois mademoiselle Léonide Leblanc dans des rôles qui lui étaient plus favorables. Celui-ci, examiné dans son ensemble, comporte deux grands partis pris d'ombre et de lumière ; l'âpre sécheresse des trois premiers actes, aboutissant à la rédemption par l'amour maternel. L'actrice a manqué de mordant et d'éclat dans la première partie, mais elle a reconquis le public, dès sa sortie au troisième acte, qui fait prévoir une révolution intérieure et une crise d'attendrissement chez Héloïse Paranquet.

M. Marais, chaleureux comme toujours, n'a qu'un insignifiant bout de rôle.

Mademoiselle Gallayx, à qui l'on doit savoir gré d'avoir appris en très peu de jours le rôle de Camille destiné à mademoiselle Lemercier, l'a joué avec intelligence et justesse, malgré l'imperfection de sa voix.

M. Saint-Germain, avec la science qu'on lui connaît, donne de l'importance et de la saillie comique au personnage de l'homme d'affaires Avertin.

Les deux débutants ont été bien accueillis.

M. Henri Luguet, dont j'ai déjà loué plus d'une fois le bel organe, la diction large et le jeu de bonne école, s'est fait dès ce soir justement remarquer dans le rôle du comte de Sableuse.

M. Barbe, un jeune premier d'aspect assez distingué, a complètement réussi sous les traits du jeune père Guy de Sableuse.

Héloïse Paranquet était précédée par la reprise d'un petit acte de M. Jules Prével : *Un mari qui pleure*, émigré de la Comédie-Française, où il avait été longtemps applaudi. Cette jolie comédie, revue avec beaucoup de plaisir, a servi de début à un jeune comique, M. Georges Guillemot, qui a retrouvé au Gymnase la faveur dont il jouissait auprès des spectateurs du Palais-Royal.

DCCCLI

Odéon (Second Théatre-Français).   22 septembre 1882.

ROTTEN-ROW

Comédie en trois actes en prose, par M. Félix Portland.

Reprise du TRÉSOR

Comédie en un acte en vers, par M. François Coppée.

Le *rotten-row*, c'est-à-dire la grande allée de cavaliers qui traverse Hyde-Park, depuis l'Arc-de-Triomphe de Wellington jusqu'aux approches de Kensington, est aussi populaire chez les habitants de Londres que le *persil* du bois de Boulogne chez les Parisiens. C'est là que, de une heure à quatre dans la saison, trottent ou galopent fièrement les plus belles jeunes filles et les plus nobles dames de l'Angleterre, sous les regards admiratifs d'un public respectueux. C'est là que Walter Grant, le célèbre romancier, collaborateur favori de la *Saturday Review* a vu passer l'angélique figure d'une adorable inconnue et depuis lors, Walter Grand est tombé dans la mélancolie ; adieu le travail, adieu les vers, adieu la prose ; l'amour chez lui a tué l'inspiration. Vainement son oncle lord Tower lui offre une place de deux mille livres sterling par an dans l'administration des Indes ; Walter ne veut pas quitter Londres avant d'avoir satisfait un rêve d'amoureux, qui est de galoper un jour dans le *rotten-row* parmi la foule des cavaliers qui escortent l'ange de ses rêves. Mais un cheval de selle coûte au moins deux ou trois cents livres sterling, et Walter ne les a pas.

Tout à coup un *gentleman* d'une irréprochable et ridicule élégance se présente dans les bureaux de la *Saturday Review* ; c'est M. Mauritius Turney de la maison Mauritius Turney and C°.

Le jeune banquier Turney doit prochainement épouser miss Diana Simpson, une héritière richissime et encore plus romanesque. Miss Diana a désiré que M. Mauritius Turney lui donnât une preuve directe et indiscutable de l'amour qu'il prétend ressentir pour elle, en composant un petit livre sentimental qui lui serait dédié, un livre dans le genre des romans de Walter Grant.

Un peu embarrassé d'abord, Mauritius Turney a bien vite pris son parti ; de même qu'il s'est adressé pour les cachemires de la corbeille à la première maison de Bombay et pour les diamants au propre joaillier de la reine Victoria, de même il commandera le petit livre souhaité au meilleur fournisseur, à Walter Grant lui-même. Le mélancolique romancier de la *Saturday Review* écarte avec indignation d'abord, ensuite avec une ironie amère, la singulière requête de Mauritius Turney ; tout à coup l'idée lui vient de se faire payer par cet imbécile le cheval de selle qui lui ouvrira la piste du *rotten-row*, et il accepte le marché, moyennant quatre cents livres sterling, et promesse d'un secret réciproque.

En peu de jours, Walter Grant écrit, sous le titre de *Rotten-Row*, un petit roman intime, ou plutôt le simple récit des amours d'un pauvre homme de lettres pour une jeune fille du grand monde, dont il ne sait rien que la séduisante et fascinante beauté.

Profondément touchée, et voulant, à son tour remercier Mauritius, miss Diana Simpson accompagnée de son père, un riche planteur de coton, se fait présenter par des amis communs à M. Walter Grant dans les bureaux de la *Saturday Review*, et demande au célèbre romancier la faveur d'un article sur le remarquable livre de M. Mauritius Turney.

A cette demande inattendue, à cette rencontre plus surprenante encore qui le met en présence de celle qu'il adorait sans la connaître, Walter Grant se sent profondément troublé ; son émotion, son embarras, n'échappent pas à l'œil clairvoyant de miss Diana Simpson et... vous savez le reste, puisque vous connaissez la *Modeste Mignon* d'Honoré de Balzac.

Il n'est bientôt plus possible de cacher le véritable auteur de *Rotten-Row* ; miss Diana Simpson paraît indignée également contre M. Mauritius Turney et contre M. Walter Grant, comme Modeste Mignon contre M. de Canalis et M. de La Brière. Mais le dénouement est le même : laissée maîtresse de ses volontés par le colonel Mignon, je veux dire par M. Simpson, Modeste finit par épouser Walter Grant, je veux dire que miss Diana Simpson devient la femme de M. de La Brière.

Remarquez cependant une différence essentielle, non pas dans la donnée, car elle est identique, mais dans la mise en œuvre. M. de La Brière, en écrivant sous le nom de Canalis à mademoiselle Modeste Mignon les lettres qui incendient le cœur de cette riche héritière, n'a fait d'abord que céder à un caprice du poète devenu homme d'Etat, dont il est le secrétaire intime ; mais nulle question mercantile, nul intérêt d'argent n'a flétri cette romanesque supercherie. C'est pourquoi ni Modeste Mignon ni M. de La Brière n'ont à rougir lorsqu'ils s'avouent leur amour. Walter Grant, au contraire, qui a fait une très belle affaire en vendant dix mille francs une plaquette de quelques dizaines de pages, ne joue pas toujours un aussi beau

personnage qu'il l'imagine devant M. Mauritius Turney. Et au fait, ce pauvre banquier, lui a-t-on rendu
ses dix mille francs avant de le mettre dehors? Je ne
crois pas qu'on y ait seulement songé.

Il y a bien de l'inexpérience et bien de l'enfantillage
dans cette pièce, dont l'auteur s'est dérobé sous le
pseudonyme bizarre de Portland, emprunté à l'entrepôt
commercial du plus célèbre ciment d'Angleterre. Cela
n'est cependant pas bâti à chaux et à sable. On y
sent l'incohérence inévitable d'une traduction ou d'une
adaptation, peut-être de l'une et de l'autre à fois.
Quelques vues assez finement saisies des mœurs
anglaises y sont défigurées par des fautes évidentes
contre la couleur locale ; le dialogue n'est pas plat,
il est plutôt prétentieux et contourné; on y rencontre
des tropes fallacieux tels que celui-ci : « Le hasard,
« malgré ses habitudes conciliantes, y perdait son latin ; » et des ellipses formidables telles que « Moi
qui ai fait planter tant de balles de coton ! » Avec
cela de l'esprit et des mots drôles ; on s'est un peu
moqué d'une comparaison entre le musc « et les
« secrets qu'on enferme inutilement, parce qu'ils se
sentent ; » mais on a franchement ri d'une boutade
de M. Simpson, le planteur de balles de coton. En
apprenant le nouveau projet de sa fille, il s'emporte
contre les journalistes : « Eh ! mais, mais, prenez
garde, » lui dit un ami de Walter Grant ; « je suis
journaliste aussi, moi ! » — « Vous ! vous ! » répond
M. Simpson : « Ce n'est pas la même chose ; vous
n'avez pas de talent, ce n'est pas dangereux ! »

Somme toute, à part quelques accrocs, et les excla-
mations provoquées au dernier acte par une série de
sorties maladroites, faciles à régler, *Rotten-Row* a
fini sans protestation sérieuse.

M. Porel est très bien dans le rôle de Walter Grant,
dont il sauve avec expérience les situations parfois

23.

assez fausses ; M. Amaury dessine d'un trait léger
la caricature du *swell* Mauritius Turney; les autres
personnages ont trouvé d'agréables interprètes dans
MM. Cosset, Brémond, Cornaglia, mesdames Chartier et Malvau.

Avant *Rotten-Row* on a repris *le Trésor* pour les débuts de M. Raphaël Duflos et de mademoiselle Petit,
lauréats du dernier concours au Conservatoire. J'estime que la comédie de M. François Coppée est une des
œuvres les plus charmantes que le théâtre contemporain ait produites dans ces dernières années, et qu'elle
durera comme durent ces choses réputées fragiles
qu'on appelle un joyau de prix. Le sentiment en est
délicat, mêlé de rêverie et d'honnête réalité, et met
sans qu'on y pense une douce larme sous la paupière.

M. Raphaël Duflos est doué d'une voix grave mais
un peu sourde ; il montre quant à présent plus d'é-
nergie que de sensibilité; il était terriblement ému,
et n'a pas donné ce soir sa vraie mesure. Mais il y a
de l'étoffe et de l'avenir chez ce jeune homme, qui
serait mieux placé, en ce moment, dans les rôles de
tragédie pure.

Mademoiselle Petit, bien tremblante aussi, a dit tout
le rôle de Véronique avec intelligence, avec mesure
et avec charme. C'est une excellente acquisition pour
l'Odéon.

Un autre début mérite d'être signalé : celui d'une
élève de M. Talbot, mademoiselle Réal, qui a montré
de l'intelligence et de la grâce dans *l'Épreuve nouvelle* où elle a été très bien secondée par MM. Rebel,
Boudier, Bahier, mesdames Crosnier et Chéron.

DCCCLII

Théatre des Nations.   28 septembre 1882.

LA VICOMTESSE ALICE

Drame en cinq actes et huit tableaux,
par MM. Albéric Second et Léon Beauvallet.

Le drame de MM. Albéric Second et Léon Beauvallet finit à une heure trop avancée de la nuit pour
que j'en puisse rendre compte, autrement que d'une
façon très sommaire. Il est une heure et demie du
matin au moment où je prends la plume, et le temps
m'est strictement mesuré. La poste n'attend pas.

La Vicomtesse Alice, qui donne son nom à la pièce,
n'en est pas le personnage principal. Au premier plan
se trouve René Derville, un peintre de talent, persé-
cuté par un coquin de la pire espèce, nommé Cardot.
Ce Cardot, banquier, agent d'affaires et usurier, est
en outre l'entrepreneur d'un asile libre d'aliénés situé
dans le département de la Seine-Inférieure. Il est
mort dans cet asile un nommé Pierre Desvignes, enfermé comme fou; les auteurs disent qu'il ne l'était
pas, mais peu importe, puisque nous n'avons pas eu
l'heur de faire sa connaissance. Ce Pierre Desvignes,
qui était millionnaire, ne se connaissait pas d'héritiers, et il a légué sa fortune à l'Assistance publique.
Mais Cardot a supprimé le testament, se proposant
d'en fabriquer un meilleur. Cependant, ce même
Cardot découvre qu'une certaine madame Derville et
son fils René ont des droits à l'héritage de feu Des-

vignes, leur parent éloigné. L'homme d'affaires propose à madame Derville de l'épouser ; éconduit, il la ruine ; ruinée, madame Derville se jette à la Seine ; sa mère morte, René devient fou.

Voilà les affaires de Cardot en bon chemin ; il n'a plus qu'à empoisonner René Derville comme il a empoisonné Pierre Desvignes, et personne au monde ne se lèvera pour revendiquer l'héritage du défunt.

René Derville s'est bientôt remis d'une atteinte passagère ; redevenu maître de sa raison, il en fait un singulier usage, car au lieu d'avouer sa guérison, il la dissimule et s'évade ; on le poursuit ; il se précipite, déguenillé comme il est, sous le péristyle de l'Opéra tout en fête, bouscule les contrôleurs et donne tête baissée dans une avant-scène des premières, occupée par la vicomtesse Alice. Convenons qu'un homme qui voudrait passer pour fou ne s'y prendrait pas autrement. La vicomtesse Alice de Marcilly, veuve et millionnaire, est profondément romanesque ; un peu émue d'abord, elle s'intéresse à ce singulier arrivant, qui, après tout, n'a pas les façons d'un bandit, et elle favorise sa fuite.

Le reste de la pièce est rempli, jusqu'au dénouement, par la poursuite acharnée de Cardot contre René Derville. La vicomtesse a rompu le mariage qu'une tante avide et joueuse voulait lui faire contracter avec un gentilhomme taré, le marquis de l'Oseraie. Le marquis, qui est l'associé de Cardot, provoque René, et il a bien tort, car René le tue d'un grand coup d'épée, dans un duel fort bien réglé par le maître Vigeant. Péripétie nouvelle : c'est sur le cadavre du marquis de l'Oseraie que la gendarmerie, amenée par Cardot, arrête René, signalé comme un évadé de l'hospice Sainte-Anne.

Cette fois René est enfermé dans l'asile libre de Francheville, qui appartient à Cardot. Le voilà donc

dans les griffes de son infâme persécuteur. Mais
René a médité et il accomplit une terrible vengeance :
enfermé parmi les fous furieux, il les délivre et leur
livre Cardot. Le misérable devient fou à son tour et
est poignardé par une folle, qui n'est autre que la
baronne de Balbans, la tante de la vicomtesse Alice,
au moment où un ami de René, un ancien étudiant,
devenu docteur en médecine et inspecteur des hos-
pices d'aliénés, arrive avec la vicomtesse Alice pour
rendre René à la liberté.

Ce dernier tableau, fait pour donner le cauchemar,
est d'un effet terrible. La scène de la loge d'Opéra, à
la première entrevue de la vicomtesse Alice et de
René, accompagnée par les fameux *pizzicati* de la
Sylvia, de Léo Delibes, si peu vraisemblable mais si
saisissante, a également produit un grand effet.

Au cinquième tableau, le carnaval de Nice, orné
d'un bœuf gras tel que n'en connut jamais la capitale
des Alpes-Maritimes, présente un spectacle amusant
et brillant.

Le nom des deux auteurs a été proclamé au milieu
d'applaudissements unanimes, qui auraient été plus
nourris si la pièce avait fini moins tard.

Les interprètes de *la Vicomtesse Alice* sont excellents; mademoiselle Jeanne Pazza joue avec intelligence et avec un sentiment dramatique très remarquable le rôle de la vicomtesse Alice, et M. Renot a
retracé d'une manière large et puissante les angoisses
et les révoltes du malheureux René Derville; M. Mondet est un artiste expérimenté, que j'aime moins dans
les rôles de traîtres que dans les bas comiques qui
sont beaucoup mieux son fait.

Citons encore madame Honorine, la baronne de
Balbans, effrayante dans ses scènes de folie, M. Petit,
qui, en égayant le drame par les lazzis de l'étudiant
marseillais Fanferdoule, a beaucoup aidé au succès,

en compagnie de mademoiselle Descorval, et madame Jeanne Andrée, qui ne paraît qu'aux deux premiers tableaux.

———

DCCCLIII

GYMNASE. 29 septembre 1882.

L'ASSASSIN

Comédie en un acte, par M. Edmond About.

M. Alfred Ducamp est un jeune peintre qui, ennuyé d'attendre la gloire et la fortune, imagine de se faire passer pour mort, afin de donner du prix à ses œuvres. Il est tout bonnement allé se cacher en Normandie, où une jeune et jolie veuve, madame Pérard lui loue une chambre de sa maison. Naturellement, l'artiste devient amoureux de madame Pérard; mais celle-ci, engagée à M. Lecoincheux, procureur du roi, se montre aveugle et sourde à la passion d'Alfred Ducamp.

Tout à coup un bruit sinistre se répand. On croit à Paris qu'Alfred Ducamp a été assassiné en Normandie, et que son assassin est un nommé Corbillon, forçat évadé, qu'on a vu rôder dans le pays.

Le procureur du roi, à qui madame Pérard a cru devoir dissimuler qu'elle avait un locataire, découvre la présence d'un homme dans la maison ; et des indices graves, un cheveu qu'il a recueilli sur le coussin d'un canapé, un fragment de lettre, où l'artiste, faisant allusion à sa ruse, avoue qu'il est l'auteur de la disparition d'Alfred Ducamp, déterminent la conviction du magistrat. L'inconnu est certainement, ne peut pas être un autre que Corbillon, l'assassin du jeune peintre.

Rien n'arrête le procureur du roi dans l'accomplissement de son devoir : bravant les résistances indignées de madame Pérard, il fait ouvrir de force la porte d'un cabinet, d'où l'on voit sortir, non pas le criminel qu'on cherche, mais Jean, le jardinier de la maison. Alfred, pour ne pas compromettre madame Pérard, il y réussit joliment, a sauté par la fenêtre, au risque de se noyer dans la rivière. Cette réminiscence du *Mariage de Figaro* émeut si profondément la jeune veuve, qu'elle donne à l'instant même son cœur à Alfred Ducamp, et bientôt après sa main, lorsqu'on lui ramène l'artiste entre deux gendarmes. Alfred, enrichi par la vente de ses tableaux, n'a plus de raison pour prolonger son *incognito* ; il n'a pas de peine à prouver son identité, et le procureur du roi reconnaît galamment son erreur.

Il y a de l'esprit et de la gaîté dans ce petit acte, qui a plutôt les allures d'une bonne charge d'atelier que d'une comédie. On dit que M. Edmond About a eu cette fois pour collaborateur un de mes meilleurs confrères en critique. Je ne lui en fais pas un crime. Alfred de Musset et Emile Augier ne s'associèrent-ils point jadis pour écrire *l'Habit vert* ?

Le succès de *l'Assassin* s'est confondu en partie avec celui de M. Landrol, qui joue avec beaucoup de mesure et de finesse le rôle du procureur du roi. Il y a été bien secondé par M. Frédéric Achard, dont la verve un peu bruyante ne messied pas au personnage d'Alfred Ducamp, le peintre ou plutôt le rapin cascadeur et sentimental. Un débutant, M. Seiglet, a fait rire sous le tricorne d'un brigadier d'opérette.

Mademoiselle Lender coiffe agréablement le bonnet de coton d'une paysanne normande, et mademoiselle Marthe Devoyod joue la jeune veuve avec les attitudes tout à fait séduisantes d'une Zirzabelle de l'ancienne Comédie Italienne. C'était le bon parti à prendre, étant donné le costume caricatural dont on a cru devoir l'affubler, robe courte à grands ramages, énorme ridicule pendu à de longs cordons et un prodigieux chapeau rouge affectant les dimensions d'un éventaire de marchande d'oranges.

Pourquoi ces costumes de la Restauration ? L'action ne peut se passer que sous Louis-Philippe puisqu'il y a un procureur du roi et que les gendarmes portent la cocarde tricolore. Mais on y parle de billets de cent francs, quoique cette coupure démocratique n'ait été créée qu'après la Révolution de 1848. Je n'aurais pas signalé ces légères incohérences si elles n'étaient soulignées par l'anachronisme des costumes.

On a bien ri tout de même.

———

DCCCLIV

CHATEAU-D'EAU.   30 septembre 1882.

LA DAME AU DOMINO ROSE

Drame en cinq actes, et sept tableaux, par M. Alexis Bouvier.

La nuit, sous l'arche d'un pont de Paris, un homme

en toilette de soirée, une femme en domino rose, sont descendus. La femme est mourante ; elle comprend qu'elle a été empoisonnée, et devine que l'assassin n'est autre que l'homme qui l'a conduite dans ce lieu lugubre, son amant. Elle meurt et l'homme s'enfuit. Un commissionnaire nommé Coindet aperçoit le cadavre et va chercher la police. Des passants attardés viennent se repaître de ce spectacle affreux. Parmi eux, une jeune couturière, Caroline Vallier, pousse un cri ; elle a reconnu la victime : c'est madame Hélène Verdier, chez qui elle a porté le domino rose ; et l'homme qui l'accompagnait, c'est Henri de Gayac, l'amant de Caroline. Le mari de la défunte, M. Verdier, accourt éploré : une lettre de sa femme qu'il vient de découvrir dans la chambre à coucher lui annonçait la ferme résolution de madame Verdier d'en finir avec la vie. Le commissaire de police constate le suicide par empoisonnement, et ordonne qu'on porte le cadavre à la Morgue pour l'autopsie judiciaire.

Mais Caroline Vallier sait bien qu'Hélène Verdier est morte empoisonnée après avoir été dépouillée par Henri de Gayac des valeurs qu'elle avait volées à son mari et qu'elle devait emporter à l'étranger avec son amant ; une lettre que Caroline a trouvée chez celui-ci ne laisse aucun doute sur la simulation du suicide. Se retrouvant face à face avec Henri, à qui elle reproche sa trahison, elle lui dit qu'il n'est qu'un misérable, et, bien qu'elle soit enceinte de ses œuvres, ne voulant pas le dénoncer, elle lui signifie une séparation éternelle. Henri quittera la France.

Tel est ce premier acte ou plutôt ce prologue, rapide, bien conçu, bien mis en scène, qui présageait un grand succès au drame de M. Bouvier.

Mais la suite n'a pas répondu aux promesses de l'exposition, et ne nous offre plus qu'une enfilade de situations connues, usées ou repoussantes.

Dix-neuf ans se sont écoulés : c'est l'âge de Renée, la fille de Caroline Vallier et d'Henri de Gayac. Renée est sur le point d'épouser celui qu'elle aime, M. Antoine Verdier, mais ce jeune homme est le neveu de l'homme dont Gayac a assassiné la femme; Gayac revenu en France, se prend de querelle avec Antoine à propos de Renée; ils se battent; Gayac, fort de son habileté en escrime, se croit sûr de tuer son jeune adversaire, mais tout à coup une femme vêtue d'un domino rose passe à travers les arbres. Henri terrifié se découvre et reçoit l'épée d'Antoine en pleine poitrine. Situation profondément dramatique, qui est d'un maître; j'ai nommé M. d'Ennery. En effet, ce doyen des oseurs et des inventeurs contemporains nous a montré cette scène au Théâtre-Historique, actuellement des Nations, dans *la Comtesse de Lérins*, et il se l'était empruntée à lui-même, l'ayant placée une première fois dans *les Oiseaux de proie*, joués à l'ancienne Gaîté.

A travers mille péripéties peu neuves et généralement malpropres, l'infâme Gayac en arrive à vouloir déshonorer Renée; mais un portrait — la croix de son père — lui révèle à peine à temps l'affreuse vérité. Gayac veut jeter Caroline Vallier dans la Seine; il ne fait que la précipiter dans les bras de la police de sûreté, et le misérable n'échappe à l'échafaud qu'en expirant au milieu d'un accès de folie furieuse.

Tant de violences et de hontes, compliquées d'incidents ignobles, et racontées dans une langue brutale, parfois grossière jusqu'à l'ordure, ont soulevé à plusieurs reprises des protestations; finalement le nom de M. Alexis Bouvier a été accueilli par les applaudissements d'une tourbe de claqueurs et par les sifflets du public.

Plaignons MM. Gravier, Livry, Pericaud, Bessac, Guyon fils, Dalmy, Albert, mesdames Schmidt et

Aline Guyon, de dépenser tant d'efforts et de talent véritable pour aller jusqu'au bout d'une tâche si ingrate et si répugnante.

DCCCLV

Odéon (Second Théatre-Français). 2 octobre 1882.

Reprise de CHARLES VII CHEZ SES GRANDS VASSAUX

¡Tragédie en cinq actes, en vers, par Alexandre Dumas.

Au commencement de 1831, Alexandre Dumas, qui avait déjà fait représenter *Henri III, Christine, Napoléon Bonaparte* et *Antony*, entendit chez Charles Nodier la lecture des premières œuvres d'Alfred de Musset. Le dénouement des *Marrons du feu*, où la danseuse Camargo fait tuer l'homme qu'elle aime par l'homme qu'elle n'aime pas, réveilla chez Alexandre Dumas, ce merveilleux assimilateur, le souvenir d'une situation analogue dans *Goëtz de Berlichingen*, de Gœthe, et par conséquent du dénouement d'Andromaque. Ajoutons, ce qu'Alexandre Dumas ne savait pas, que Racine, en écrivant la scène d'Hermione et d'Oreste, imitait, dans le fond, comme dans la forme, la scène de Livilla et de Serjanus dans *l'Agrippine*, de Cyrano de Bergerac.

Le rapprochement est trop curieux pour ne pas trouver place ici :

RACINE

Courez au temple, il faut immoler... — Qui ? — Pyrrhus ?

— Pyrrhus, madame? — Eh! quoi, votre haine chancelle?

CYRANO

Ce que je veux sera peut-être ta ruine.
— N'importe, parlez, c'est... — C'est la mort d'Agrippine!
— D'Agrippine, madame? hélas! y pensez-vous...

Ne voulant refaire, cependant, ni *Agrippine* ni *Andromaque*, ni *Goëtz de Berlichingen*, ni *les Marrons du feu*, Alexandre Dumas, déjà préoccupé d'une série de romans historiques sur les règnes de Charles VI et de Charles VII, entrevit un drame dans l'aventure du sire de Savoisy qui, ayant violé à main armée les privilèges de l'Université de Paris, fut condamné par le Pape, en guise de pénitence, à faire la guerre aux Sarrazins, en réduisit quelques-uns en esclavage, et les amena sur sa terre de Seignelay, en Auxerrois, où il les employa à lui construire un château-fort. De ces éléments divers, cimentés par quelques emprunts à *Quentin Durward* et à *Richard Cœur de Lion*, deux romans, l'un célèbre, l'autre médiocre, de Walter Scott, naquit *Charles VII chez ses grands vassaux*.

Il n'y a pas de recherches à faire pour discerner les matériaux de cette marqueterie littéraire. J'en trouve la nomenclature détaillée dans les intéressants *Mémoires* où le bon Dumas s'amuse à révéler ses procédés devant ses détracteurs, comme pour leur dire : « Ce n'est pas plus difficile que cela : faites-en donc autant. »

Le comte de Savoisy est revenu d'outre-mer ramenant comme esclave un Arabe de haute naissance Yaqoub, fils d'Hassan, auquel il a sauvé la vie dans un combat. N'ayant pas d'enfant de sa femme Bérengère, Savoisy a fait rompre son mariage en cour de Rome, et va épouser Isabelle comtesse de Graville. Bérengère, jalouse et desespérée, se sachant aimée en secret par l'esclave Yaqoub, arme le bras de ce fils du désert, qui tue le comte de Savoisy; mais

lorsqu'il accourt, comme Oreste; pour recevoir le prix
de son crime, il ne trouve plus qu'une mourante :
Bérengère s'est empoisonnée. Stoïque comme un enfant de l'Islam, et affranchi par le comte, Yaqoub se
fraie un passage à travers les serviteurs de Savoisy,
consternés :

> Vous qui, nés sur sa terre,
> Portez comme des chiens la chaîne héréditaire,
> Demeurez en hurlant près du sépulcre ouvert.
> Pour Yaqoub, il est libre, et retourne au désert !

Charles VII ne fait que traverser la tragédie d'A-
lexandre Dumas, mais son apparition et celle d'Agnès
Sorel donnent un grand intérêt historique à la pièce.
En quelques scènes, Alexandre Dumas a retracé d'un
pinceau puissant l'abattement et le réveil d'un roi,
qui, malgré ses fautes, eut la gloire et le bonheur de
chasser les Anglais qu'il avait trouvés à son avénement maîtres de la France. « Sire, réveillez-vous! »
s'écrie le comte de Savoisy :

> ...Je dis que chaque homme qui tombe,
> Avant de se coucher tout sanglant dans la tombe,
> Dit, jetant un dernier regard autour de soi :
> « Lorsque je meurs pour lui, mais où donc est le roi? »
> Vos aïeux nous ont fait prendre cette habitude
> De voir briller leur casqué où l'affaire était rude.
> Et peu de coups tombaient d'épée ou de poignard
> Dont leur écu royal ne reçût bonne part...
> Sire, c'est pour un peuple une dure agonie,
> De penser en mourant que son roi le renie!
> Car il peut, se croyant dégagé de sa foi,
> Lui prendre envie aussi de renier son roi...
> Qui peut comme un faisceau dans ces temps d'anarchie,
> Rallier à l'entour de notre monarchie
> Tant de puissants seigneurs, l'un de l'autre jaloux,
> Si ce n'est notre roi, premier seigneur de tous?
> Chacun ne peut-il pas penser que Dieu pardonne
> D'abandonner le Roi, quand le roi s'abandonne?

Le roi se sent profondément ému; le courage lui

revient tout entier lorsqu'il apprend de la bouche de Dunois la défaite de son armée et la mort glorieuse de ses meilleurs capitaines ; le réveil est superbe.

> Ah ! c'est comme cela ?
> Viens ici, comte : as-tu quelque cheval de guerre
> Qu'un roi puisse monter ? — J'ai celui de mon père.
> — Ordonne qu'à l'instant on me l'amène ici...
> — Obéissez au roi, sire écuyer. — Merci.
> As-tu dans ce château quelque armure à ma taille,
> Qu'un roi puisse porter le jour d'une bataille ?
> — Voyez, sire. — C'est bien ; la plus forte est pour moi.
> J'ai tiré mon épée après la France entière ;
> Mon épée au fourreau rentrera la dernière...
> Vous me voulez pour chef ? Eh bien, voici mes lois :
> La France de Philippe-Auguste et de Valois
> N'est point mienne ; il me faut celle dont Charlemagne
> A tracé la limite au sein de l'Allemagne,
> Quand le géant touchait, en maître souverain,
> D'une main l'Océan, et de l'autre le Rhin.
> Or, que ma volonté, messeigneurs, soit la vôtre.
> Car c'est ma France à moi ; je n'en connais point d'autre.

L'Odéon, en reprenant un ouvrage que la Comédie-Française a délaissé depuis plus de trente ans, ne fait que rentrer dans son bien, car c'est à l'Odéon que la tragédie d'Alexandre Dumas fut représentée d'origine, le 20 octobre 1831, avec les artistes d'élite que Harel avait su réunir : Delafosse, Ligier, Lockroy, Arsène, Eric-Bernard ; mesdemoiselles Georges, Noblet et Georges cadette.

Le succès fut médiocre en cette sinistre époque d'émeutes, de misère et de peste, et la pièce ne se releva guère, dix ans plus tard, à là Comédie-Française, malgré le puissant concours de Beauvallet, qui dessina d'une façon supérieure la tragique figure d'Yaqoub. (Voir le beau portrait de Beauvallet, peint par M. Clairin, au foyer de l'Odéon.) La tragédie d'Alexandre Dumas renferme cependant de grandes beautés ; le style, c'était son opinion, à laquelle je me range, en était de beaucoup supérieur à celui de *Christine*; certains morceaux, tels que le récit de la chasse au lion et les souvenîrs du désert, qui peignent la nostalgie d'Yaqoub, atteignent un degré de pittoresque et une perfection de facture qu'on est surpris de rencontrer sous la plume de ce prodigieux improvisateur.

En maint passage et des plus beaux, il semble que Victor Hugo ait communiqué à son illustre contemporain une étincelle de sa flamme lyrique. Le poète immortel des *Orientales* ne désavouerait pas l'admirable épisode du roi Charles VII interrogeant Yaqoub sur les exploits de son aïeul Saint-Louis et recevant de l'esclave cette dédaigneuse réponse :

> Mon aïeul à mon père a raconté qu'un jour,
> Un chef nazaréen au port d'Abou-Mansour
> Débarqua, conduisant des galères aux voiles
> Plus nombreuses qu'aux cieux, la nuit, sont les étoiles.
> Ils voulaient, disaient-ils, conquérir au Saint lieu
> Le tombeau de Jésus qu'ils nomment fils de Dieu;
> Mais Allah seul est grand ! A la voix du prophète,
> Le désert à son aide appela la tempête : .
> Le simoun s'élança comme un lion sur eux
> Et les enveloppa de ses ailes de feu...
> Tout fut fait: le désert immense, infranchissable,
> Couvrit leurs ossements de son linceul de sable...
> Le chef nazaréen y périt sans renom,
> Et l'écho de Tunis ne m'a pas dit son nom...

Quoi de plus grand et de plus beau ! Le génie seul a de ces rencontres au cours d'un poème dramatique, qui s'en trouve comme illuminé.

C'est donc avec une joie sincère que je constate ce fait, consolant sinon imprévu ; la tragédie qu'Alexandre Dumas, en sa modestie aussi sincère que l'était ailleurs sa bonne opinion de lui-même, appelait « son plus gros péché et qualifiait de pastiche » vient de remporter ce soir un succès éclatant, qui venge un demi-siècle d'oubli.

C'est qu'une pièce, même médiocre, d'un homme tel qu'Alexandre Dumas, vaut le chef-d'œuvre de bien d'autres.

La jeune troupe de l'Odéon, quels qu'en soient les mérites que je vais discuter, ne saurait être mise en balance avec Ligier, Lokroy, Beauvallet ou mademoiselle Georges ; l'ouvrage a donc surtout triomphé par lui-même, à force d'éloquence, d'intérêt et d'émotion.

Le plus remarquable de ses nouveaux interprètes est à coup sûr M. Paul Mounet, qui a supérieurement traduit le beau rôle de Yaqoub tout imprégné des ardeurs du soleil d'Orient. Il y a mis non seulement de l'énergie, mais aussi de la sobriété, de la tendresse et même une grâce farouche qui ont produit une vive sensation. La voix de M. Paul Mounet est pleine, solide et porte sans efforts. Un travail suivi ferait certainement disparaître quelques accents gutturaux qui, d'ailleurs ne choquent guère dans le rôle de Yaqoub.

Mademoiselle Marie Laure est venue courageusement chercher à l'Odéon la consécration des succès qu'elle n'avait obtenus jusqu'ici que dans les théâtres de second ordre. Le vers tragique lui est certainement moins favorable que la prose ; l'accentuation ordinaire du drame semble un peu molle et commune lorsqu'il s'agit de faire sonner l'alexandrin ; les voyelles sont sourdes et faibles ; c'est un cours de vocalisation tragique qu'il faut à mademoiselle Marie Laure ; mais l'âme, le sentiment, la physionomie même de la tragédie sont là, et se sont affirmés surtout aux quatrième et cinquième actes, où le rôle de Bérengère domine tout, même la figure d'Yaqoub.

M. Albert Lambert, qui a de l'intelligence et du foyer, ne possède pas les moyens physiques d'un premier rôle ; il ne respire pas à temps, et précipite sa diction; mais sa chaleur convaincue n'en ·a pas moins soulevé de grands applaudissemente dans ses belles scènes avec le roi et avec Agnès Sorel.

La « gentille Agnès.» est représentée en toute ressemblance par une belle personne, mademoiselle Nancy Martel, qui vient du Conservatoire; la débutante possède une jolie voix et elle sait dire. Je lui conseille seulement un peu moins d'afféterie dans ses scènes d'amour avec Charles VII où un peu de tendresse simple suffirait.

Citons encore MM. Rebel, Brémont, Cornaglia et Boéjat, qui ne seraient pas déplacés dans de moins petits rôles.

L'effet produit par cette résurrection de *Charles VII* dans cette belle soirée, déterminera sans doute la direction de l'Odéon à introduire la tragédie d'Alexandre Dumas dans son répertoire quotidien. Ce succès littéraire deviendra certainement alors un succès d'argent.

DCCCLVI

GAITÉ. 5 octobre 1882.

Reprise de LA TOUR DE NESLE

Drame en cinq actes et dix tableaux, par Alexandre Dumas et Frédéric Gaillardet.

Représenté pour la première fois le 29 mai 1832, le drame fameux d'Alexandre Dumas et de Frédéric

Gaillardet porte allègrement le poids d'un demi-siècle. Les deux auteurs sont morts : Alexandre Dumas, il y a douze ans déjà, avant d'avoir rempli ses jours, et comme frappé de stupeur par les désastres de la patrie ; Frédéric Gaillardet, tout récemment, plus que septuagénaire, « dans l'obscurité dissipée un instant « autour de lui, mais qui était revenue peu à peu pour l'envelopper de nouveau de son ombre amie. » Singulier pronostic écrit vingt ans à l'avance par Alexandre Dumas sur son collaborateur d'un jour.

La légende de Buridan devait tenter d'autant plus irrésistiblement l'imagination des dramaturges qu'elle flotte environnée de nuages que n'ont pu dissiper les efforts de la critique historique depuis Bayle jusqu'à nos jours. Buridan n'est cependant pas un personnage inventé ; il professa à l'Université de Paris, et les titres de propriété de la maison qu'il possédait dans la rue du Fouarre se trouvent encore dans les archives de l'Assistance publique. La tradition veut qu'il ait eu affaire à une reine :

> Semblablement où est la reine
> Qui commanda que Buridan
> Fût jeté en un sac en Seine...

a dit François Villon.

Mais de quelle reine s'agit-il ? On ne sait ; Marguerite de Bourgogne avait été étranglée par les ordres de son doux mari en 1315, et Buridan professait encore en 1358. A peine furent-ils contemporains. Quant aux sinistres récits de la Tour de Nesle, ils sont de beaucoup antérieurs à ces deux personnages.

Les auteurs avaient donc toute liberté, et ils en ont largement usé sinon abusé, en faisant de leur Buridan un noble chevalier de la cour des ducs de Bourgogne.

Peu importe : ils ont eu cette bonne fortune de superposer leur drame aux légendes du temps jadis,

avec une autorité qui les a complètement absorbées ;
— Buridan, Marguerite, Gaultier d'Aulnay, la Tour
de Nesle et la taverne d'Orsini appartiennent désormais à l'histoire populaire, la seule que connaisse le
peuple, la seule qu'il connaîtra de longtemps.

Le sombre drame de *la Tour de Nesle*, qui rappelle
de si près *Lucrèce Borgia*, quoiqu'il l'eût précédée de
quelques mois, n'est pas seulement charpenté d'une
main puissante ; il est développé avec une fécondité
de ressources qui, après cinquante ans, remuent encore un public qu'on en pouvait croire rassasié ; j'ai
vu ce soir pleurer et frémir à *la Tour de Nesle*. Je ne dis
pas cela pour le roi Louis X, dit le Hutin, dont l'entrée
dans sa bonne ville de Paris a été saluée comme toujours, par les acclamations joyeuses du public.

L'interprétation des grands rôles est remarquable.
Le personnage de Buridan ne m'avait pas paru, il y a
quatre ans, très favorable à M. Dumaine ; mais cet
excellent artiste m'oblige, cette fois à modifier mon
opinion. Il a su réprimer, presque toujours, une certaine tendance à la jovialité qui ne s'accorde pas
avec la couleur violente du rôle ; et il joue en perfection les scènes principales, celle du second acte, sous
le costume du bohémien, et celle de la prison, où l'amour paternel se réveille chez le capitaine d'aventure : « Tu as sauvé les enfants, Orsini ! Tu as fait
« cela, tu as eu cette idée, une idée qui n'était pas
venue à une mère ! » Voilà de ces traits foudroyants
qui relèvent d'acte en acte la donnée mélodramatique de *la Tour de Nesle*, et qui lui conservent une
place à part dans l'estime des connaisseurs.

Madame Agar ne m'a pas satisfait dans toutes les
parties du personnage atroce, mais magnifique, dramatiquement parlant, de Marguerite de Bourgogne ;
elle le joue çà et là avec une nuance de froideur, avec
un ton de comédie si on l'aime mieux, qui ne s'ac-

cordent pas avec l'allure véhémente du drame ; mais, sous ces réserves, je veux louer les belles parties de son exécution, par exemple, la scène du deuxième acte, et la seconde partie de celle de la prison. Tout d'abord, elle ne marque pas assez l'accent de la haine farouche qui pousse la reine adultère et incestueuse à contempler sa victime enchaînée. Mais à partir du moment où Buridan a commencé le célèbre récit : « La Bourgogne était heureuse », madame Agar s'est transfigurée, la terreur tragique s'est emparée d'elle et s'est communiquée aux spectateurs violemment remués. Son succès, dès lors, n'a cessé d'être aussi complet que mérité.

Citons aussi M. Romain, qui a eu des mouvements chaleureux, sans être encore très bien coordonnés ; M. Léon Noël et M. Gibeau.

Plusieurs décors représentant des vues du vieux Paris ont été très remarqués, et l'ensemble de la mise en scène est fort brillant. Nous voilà loin du temps où le roi Louis X faisait son entrée dans un salon orné de consoles et de vases Louis XV, comme je l'ai vu dans ma petite jeunesse en plein théâtre de la Porte-Saint-Martin.

Mais pour Dieu, qu'on enlève le fauteuil fleurdelisé et couronné sur lequel la reine Marguerite s'assied dans la Tour de Nesle, et qui trahit trop naïvement l'*incognito* des « grandes dames » si rudement flagellées par la prose cinglante et frétillante de Jules Janin, le troisième collaborateur d'Alexandre Dumas et de Frédéric Gaillardet.

DCCCLVII

MADAME THÉRÈSE

Pièce historique militaire en cinq actes et dix tableaux,
par MM. Erckmann-Chatrian.

Les lecteurs du roman intitulé *Madame Thérèse* ne
voyaient guère la matière d'une pièce de théâtre dans
ce récit familier des victoires du général Hoche en
1793. Ce que les lecteurs n'y trouvaient pas, les auteurs ne l'ont pas trouvé davantage. Le *scenario* de
leur « pièce historique militaire » est si mince qu'il
défie l'analyse.

M. Simon le maître d'école de Fenestranges, en
Lorraine, illuminé par son patriotisme, imagine d'en-
rôler tout le village pour aller rejoindre le général
Hoche en tournant les Autrichiens par des sentiers
inconnus. Sa fille, mademoiselle Thérèse, qu'on
appelle madame tout le temps quoiqu'elle ne soit
pas mariée, accompagne le bataillon en qualité de
cantinière.

Les volontaires pénètrent jusqu'au village d'Anstadt, dans les Vosges allemandes, d'où l'on peut aller
jusqu'à Kaiserslautern, par Landau et Pirmasenz.
Le principal personnage d'Anstadt est un médecin
nommé Jacob, qui descend, paraît-il, d'une famille
française chassée par l'édit de Nantes.

Le bataillon de Fenestranges, surpris par le régiment des hussards de la mort, au lieu de se barrica-
der dans les maisons et d'écraser l'ennemi de ses

feux, a la bonhomie de se former en carré sur la grande place du village, et, complaisance plus grande encore, ces soixante fantassins ont la bonté de se laisser exterminer par seize cavaliers allemands sans réussir à en blesser un seul.

Cependant les débris du bataillon parviennent à s'échapper, mais M. Simon, son commandant, est frappé à mort, et Thérèse tombe à côté de lui, grièvement blessée.

La cantinière est recueillie et soignée par le docteur Jacob. Celui-ci très touché de la bravoure et des grâces de sa ci-devant compatriote, refuse de la livrer au bourgmestre Richter, qui, la considérant comme prisonnière de guerre, voulait l'envoyer à l'hôpital militaire de Spire. Le docteur Jacob feint de consentir à l'y accompagner, mais c'est pour la conduire au quartier-général de Hoche; lui-même accepte de servir comme chirurgien dans les ambulances françaises; ceci ne nous conduit qu'au septième tableau et la pièce est déjà finie. Le reste n'est plus que du pur spectacle.

Le défilé de l'armée de la Moselle au huitième tableau, avec sa variété d'uniformes, élégamment et pittoresquement dessinés par notre confrère Dick de Lonlay, forme un tableau intéressant et peut être considéré comme le clou de la pièce. Ce qui achève de le river, ce clou, c'est l'arrivée des chevaliers-gardes, je veux dire des hussards à cheval, dont la musique exécute la célèbre fanfare du deuxième tableau de *Michel Strogoff*. Le fait est que ces braves musiciens arrivaient de la Porte-Saint-Martin, et qu'ils y sont retournés pour se faire entendre au dénouement du drame de MM. d'Ennery et Jules Verne.

Passe encore pour le ballet militaire exécuté chez le feld-maréchal Würmser, quoiqu'il soit amené d'une façon bien fantaisiste. « En attendant la bataille », dit ce vieux guerrier, « si nous tentions une diversion en faisant avancer le corps de ballet? » Là-dessus arrivent une soixantaine de danseuses costumées en hussards blancs et en pandours. Ce divertissement n'a paru ni très neuf ni très étoffé, mais il est assez correctement réglé, et le talent de mesdames Fontebello, Ferrario, Gardès et Garbagnati l'a fait applaudir.

Je me reprocherais d'omettre que le général Würmser s'était laissé devancer chorégraphiquement parlant, par le bataillon de la Sarre ; nos braves volontaires, ayant reçu leur solde en entrant dans le village d'Anstadt, n'avaient rien trouvé de mieux pour employer leur argent, que de faire danser des bohémiennes, sous les feux de la lumière électrique. On ne soupçonnait pas, avant MM. Erckmann-Chatrian, que les patriotes de 1793 s'abandonnassent en campagne à un si condamnable excès de luxe et de dépravation.

Mais il n'y a pas à dire mon bel ami : le dernier acte, audacieusement intitulé « la batterie autrichienne » est bien la chose la plus ridicule du monde.

Le fond de la scène est occupé par des praticables ascendants, et recouverts de toiles blanches qui figurent le mont Geisberg, supposé défendu par la « batterie autrichienne ». Mais l'on n'aperçoit ni Autrichiens ni canons. Le bataillon de Fenestranges monte sur les praticables ; on tousse dans la coulisse ; c'est la batterie autrichienne qui tire sans produire ni feu ni fumée. Repoussé par cette canonnade à la cantonade, le bataillon recule. La cantinière Thérèse saisit un drapeau, elle harangue ses compagnons d'armes en leur représentant qu'une méchante batterie de rien n'est pas faite pour arrêter des hommes de cœur. Elle les entraîne et monte la première à l'assaut de la toile de fond, accompagnée par le notaire du village, arrivé là je ne sais plus pourquoi. On tousse de nouveau dans la coulisse, mais inutilement cette fois.

Au moment où les Autrichiens ne pouvaient manquer de s'enfuir, terrifiés par l'aspect d'une cantinière et d'un vieux notaire sans armes, le général Hoche accourt sur son cheval, accompagné de son état-major, qui se compose d'un pelé et d'un tondu, et il annonce qu'il vient de remporter une victoire décisive. Il embrasse le vieux notaire et la cantinière, et s'écrie avec eux : « Pour Dieu, le Tzar et la patrie. » Non, je veux dire pour la République et pour la Patrie. Le Tzar n'en est pas, ni le bon Dieu non plus. Il va sans dire que le docteur Jacob, redevenu Français, épousera mademoiselle Thérèse.

Il n'y a pas à dissimuler que la pièce s'est achevée au milieu des rires et des quolibets. Le fait est qu'elle se termine comme une pièce de la Foire au pain d'épice. Le mot n'est pas de moi, je l'ai recueilli dans la foule à la sortie du théâtre. Le nom de MM. Erckmann-Chatrian a été accueilli par de violentes bordées de sifflets, parties non seulement de l'orchestre et du balcon, mais aussi et surtout des secondes galeries. Le public se vengeait bruyamment des cinq heures d'un mortel ennui qu'on lui avait infligées. Le drame du Châtelet échappe à la critique par sa platitude même : pas une scène, pas une situation, pas une parole sincère et émue, qui puisse toucher la fibre populaire. La partie militaire manque de mots et le dialogue de coups de fusil. Les Français sont demeurés, je le crois et je l'espère, guerriers et même chauvins, mais ils ont raison de siffler la parade du patriotisme.

Les acteurs ont fait de leur mieux. Citons M. Lacressonnière, dont le rôle finit au cinquième tableau, et M. Masset, qui, à force de chaleur et d'intelligence, donne un semblant de vie au rôle du docteur Jacob.

La voix de mademoiselle Lina Munte ne porte pas dans la vaste salle du Châtelet. Est-ce la faute de M. Rosambeau, s'il a été égayé dans le rôle de Hoche, ou celle de son aide-de-camp Jaunès, tout habillé de rouge malgré son nom, et qu'on a pris pour un marchand de vulnéraire suisse? Une toute jeune fille, presque une enfant, mademoiselle Vanina, qui représente le petit frère de mademoiselle Thérèse, devenu tambour du bataillon de la Sarre, mérite un encouragement.

Il y a un joli décor dans *Madame Thérèse*, je veux parler de la serre où se donne le bal du général Würmser; c'est une toile bien dessinée et bien peinte par M. Rubé. Et rappelons pour ne rien omettre, cette judicieuse réflexion du docteur Jacob, parlant du maître d'école Simon et de sa fille Thérèse : « Non, « je savais bien que la fille d'un tel homme ne pouvait être une cantinière! » C'est de l'aristocratie, ou je ne m'y connais pas.

DCCCLVIII

FANTAISIES-PARISIENNES.   12 octobre 1893.
(Théâtre Beaumarchais).

LA NOCE TOCASSON

Folie en quatre actes, par M. Henri Buguet, airs nouveaux de M. Léopold Stapleaux.

Le titre de *La noce Tocasson* rappelle naturellement

Le Chapeau de paille d'Italie, *La Mariée du Mardi-Gras*, et autres pièces de même donnée. Mais ce serait un grand tort de comparer *La noce Tocasson* avec ces farces d'une gaieté si franche et si spirituelle.

M. Henri Buguet avait le ferme projet d'écrire une « folie » et il y a réussi en ce sens que sa pièce est absolument dépourvue non seulement de sens commun, mais de toute espèce de sens,

Vous raconterai-je par quelles aventures mademoiselle Eulalie Tocasson, en costume de mariée, descend dans l'égout collecteur pour y repêcher son fiancé et grimpe sur les toits pour y décrocher son propre père ? A quoi bon ? Il y a quelqu'un de plus naïf que l'auteur d'une pareille pièce et que le directeur qui la reçoit, c'est le journaliste qui fait deux lieues pour aller la voir, et qui sacrifie deux jolies feuilles de papier blanc pour en rendre compte.

M. Léopold Stapleaux a orné d'airs nouveaux cette production bizarre ; nouveaux n'est pas précisément exact ; les airs populaires et les refrains des cafés chantants ont alimenté la muse facile de M. Stapleaux. Je connais d'ailleurs des musiciens de profession qui ne font pas plus mal. Je regrette cependant que M. Buguet n'ait pas écrit lui-même la musique de son poème ; c'eût été complet.

DCCCLIX

LE TRUC D'ARTHUR

Pièce en trois actes, par MM. Chivot et Duru.

La donnée générale de la pièce intitulée le *Truc d'Arthur* est identique à celle d'un nombre infini de vaudevilles joués sur ce même théâtre du Palais-Royal; il s'agit des obstacles opposés au mariage d'un jeune homme du monde, qui enterre sa vie de garçon, par une ancienne maîtresse, plus ou moins violente, échevelée et furieuse. L'homme du monde s'appelle ici Léopold de Pontbrisé, secrétaire d'ambassade, et son adorable furie, Hermosa baronne de Sainte-Colombe. Ces noms seuls indiquent que nous entrons en pleine matière de grosse bouffonnerie.

Mais MM. Chivot et Duru ont rafraîchi ce thème assez usé, en y introduisant une idée neuve, c'est-à-dire empruntée à un vieux feuilleton d'Alphonse Karr. C'est le truc d'Arthur qui protégera M. de Pontbrisé contre les revendications bruyantes d'Hermosa. Qu'est-ce donc que le truc d'Arthur? Cet Arthur était un ami de Benoit, le valet de chambre de M. Léopold de Pontbrisé, et valet de chambre lui-même. Cet émule des Mascarille et des Frontin de l'ancien répertoire prenait les habits et le nom de son maître, séduisait sous ce déguisement quelques femmes légères ; puis, lorsqu'il en était las, il se faisait connaître : on le chassait avec indignation, et il allait recommencer ailleurs.

Léopold de Pontbrisé s'empare du truc d'Arthur en le renversant à son usage. Au moment où Hermosa se précipite chez lui pour rompre son mariage avec mademoiselle Cécile Madoulard, fille d'un tanneur d'Evreux, elle est reçue par Léopold lui-même, vêtu d'un long gilet rayé, d'une serpillière blanche, et tenant un balai à la main. L'étonnement d'Hermosa ne laisse pas que d'être grand lorsqu'elle apprend de la bouche même de son ancien adorateur qu'il n'est que le valet de chambre du vicomte, dont il usurpait le titre. Mais une idée bizarre traverse la folle cervelle d'Hermosa, elle entreprend de filer avec le prétendu Benoit un amour à la Ruy Blas. Le truc d'Arthur a raté.

Cependant, il a fallu, pour compléter la mascarade, déguiser le vrai Benoit en gommeux ; Hermosa lui demande sérieusement de lui céder son valet de chambre, et Léopold, pour se soustraire momentanément aux ahurissements du tanneur Madoulard, accepte d'entrer chez Hermosa en qualité de chasseur.

Au second acte, Léopold est en fonctions ; Hermosa lui décoche des œillades qui scandalisent la valetaille, parmi laquelle se trouve une femme de chambre nommée Jeannette, jadis séduite et abandonnée par le vrai Benoit. Hermosa les renvoie tous pour se donner le plaisir de déjeuner en tête à tête avec son chasseur. Mais quelqu'un trouble la fête ; c'est le comte Oursikoff, le protecteur d'Hermosa. Ce seigneur russe, fort libéral, fort galant homme et fort correct en toutes choses, est d'une jalousie féroce et parfois brutale, un véritable ours, dit Hermosa, « Un plantigrade ; » ajoute Léopold, qui est savant, en sa qualité de secrétaire d'ambassade. La cocotte ne comprend pas : « Qu'est-ce que c'est que les Plantigrades ? » demanda-t-elle. « C'est une grande maison d'ancienne noblesse moscovite ! » répond tranquillement Léopold.

Le comte entre dans la salle à manger, c'est le point de départ de scènes inénarrables. Hermosa n'a rien de plus pressé que de se plaindre au comte de lui avoir caché qu'il appartenait à l'illustre maison des Plantigrades ; là-dessus le comte, qui comprend qu'on se moque de lui, administre correctement et froidement des coups de pied au prétendu chasseur.

Survient le vrai Benoit, en vicomte de Pontbrisé, qui cherche son maître pour lui donner des nouvelles. Mais sur ces entrefaites, le comte reçoit une lettre anonyme qui lui dénonce les anciennes amours de Pontbrisé avec Hermosa ; et après avoir corrigé le maître déguisé en valet, le correct boyard soufflette le domestique déguisé en maître.

Ce second acte, qui n'est qu'un long éclat de rire, a décidé d'un très vif succès.

Mais après avoir embrouillé les choses à ce point il faut les démêler l'une après l'autre.

Le chapitre des explications a refroidi bien des dénouements, et le troisième acte du *Truc d'Arthur* n'échappe pas complètement à ce défaut.

Il va sans dire que tout s'arrange ; Hermosa renonce à Léopold en apprenant qu'il est réellement ce qu'elle l'avait toujours connu ; Léopold épouse Cécile Madoulard ; Benoit répare ses torts envers Jeannette, et le comte Oursikoff demande correctement pardon à Hermosa des injustes soupçons dont il l'avait outragée, la femme de chambre Jeannette ayant tout pris sur elle.

La pièce est presque entièrement bien jouée. M. Daubray est charmant de gaieté communicative quoique sans charge dans le rôle du vicomte de Pontbrisé ; il faut le voir sous les travestissements burlesques que lui ont infligés les auteurs, particulièrement le costume de chasseur vert avec chapeau à plumes, qu'il fait passer, auprès des bourgeois d'Evreux, pour son

25

costume officiel d'attaché d'ambassade. C'est irrésistible.

Bien amusant aussi M. Raimond, dans le double rôle du vrai Benoit et du faux vicomte de Pontbrisé. Il y fait preuve de finesse et d'esprit.

M. Calvin a composé avec beaucoup de vraisemblance, et avec le moins d'exagération possible le personnage du comte Oursikoff. C'est une des bonnes créations de cet artiste consciencieux.

Le rôle d'Hermosa de Sainte-Colombe présente certains côtés équivoques qui ne prêtent pas autant à l'amusement qu'ont pu le penser les auteurs ; de là, quelque froideur dans plusieurs parties du rôle, froideur que mademoiselle Dinelli n'a pas complètement dissipée ; elle rit beaucoup et fait rarement rire.

Mademoiselle Alice Lavigne, éternellement condamnée à jouer le même rôle, a du moins l'art d'y retrouver toujours les mêmes applaudissements.

Mademoiselle Berthou dit gentiment les quelques lignes du rôle de Cécile Madoulard, et je ne veux pas oublier son père, le brave Pellerin, qui s'est montré plein de rondeur dans ce rôle appris à l'improviste.

DCCCCLX

ODÉON (SECOND THÉATRE-FRANÇAIS).   18 octobre 1882.

Reprise de LA MAITRESSE LÉGITIME

Comédie en quatre actes en prose, par M. Louis Davyl.

Le succès très considérable obtenu il y a huit ans
par *la Maitresse légitime*, semble garantir les fructueux
résultats d'une reprise, dont le besoin, pour moi, ne
se faisait point sentir. La comédie de M. Louis Davyl
ne m'avait pas séduit dans sa nouveauté, et mon sentiment demeure le même. Le public me donnera sans
doute tort cette fois comme la première ; je m'y attends et j'y suis résigné.

Je ne conteste aucune des qualités de la pièce, elle
est intéressante toujours, émouvante même par moments ; mais la charpente en est si faible ! les ressorts
si puérils ! les caractères si intrépidement tracés dans
le faux ! Cherchez donc des banquiers comme De-
meuve qui se fassent agents matrimoniaux en faveur
d'un client besogneux, des tripoteurs comme Boulmier, qui jettent leur fille à la tête d'un inventeur en
déconfiture, et une demoiselle millionnaire comme Geneviève, qui sacrifie sa dot pour payer les dettes de
l'homme qui l'a refusée !

Tout cela, d'ailleurs, me blesse moins que la morale louche d'une pièce dans laquelle personne ne paraît connaître ni ne sait faire exactement son devoir.
Jean Duluc lui-même, l'homme vertueux de M. Louis
Davyl, finit par une assez jolie capitulation de conscience, lorsqu'il se laisse épouser par la fille de ce

Boulmier qu'il flétrissait naguère comme un coquin. Je sais bien ce que vous allez me dire : Jean s'est laissé prendre aux beaux yeux de Geneviève, c'est l'ange qui a obtenu le pardon du criminel; d'ailleurs Jean recouvre ainsi la fortune escroquée à son propre père, et dont il va faire le plus généreux usage en sauvant son ami Dalesme. Reste qu'il consent à devenir le gendre d'un homme taré et qu'il sacrifie la seule chose à quoi tienne un véritable honnête homme : l'honneur.

Mais ces réflexions pour ainsi dire rétrospectives sur un ouvrage, consacré par deux ou trois cents représentations ne m'empêchent pas de reconnaître qu'il a été accueilli ce soir avec beaucoup de faveur.

M. Porel est resté le Jean Duluc frondeur, spirituel, illogique et sensible qui contribua pour une si large part au succès primitif de la pièce.

Madame Tessandier modèle avec infiniment d'art la figure de Marthe Régis, la « maîtresse légitime ». Elle s'y montre vraiment touchante, et sa douleur sincère au troisième acte, lui a valu l'ovation la mieux méritée.

Je ne sais pas pourquoi M. Albert Lambert, qui est tout jeune encore, renonce à l'emploi de « jeune premier » dans lequel il avait eu des succès, pour aborder les premiers rôles dans lesquels ses moyens physiques se trouvent insuffisants. M. Albert Lambert est trop intelligent pour ne pas rencontrer dans le courant d'une soirée l'occasion de se faire applaudir; par exemple, il a exprimé avec beaucoup de chaleur et un sentiment vrai le désespoir de Dalesme qui, ne pouvant payer ses ouvriers, s'écrie : « J'ai volé le pauvre ! » Mais l'ensemble du rôle reste étouffé, mesquin et sans effet.

Je ne comprends pas que le rôle de Geneviève ait été distribué à mademoiselle Petit, non que cette agréable débutante n'ait fait preuve de qualités, et qu'elle n'ait rendu avec justesse la jolie scène du « soleil de mars » au troisième acte ; mais, pour conserver l'aspect du rôle tel que l'avait éclairé à nos yeux la ravissante aurore de mademoiselle Blanche Baretta, il aurait fallu une actrice plus ingénue encore que mademoiselle Petit et moins jeune première ; aussi, mademoiselle Petit a-t-elle complètement manqué le quatrième acte, qui était autrefois l'épanouissement du rôle de Geneviève.

MM. Clerh, Rebel Fréville, Bahier et madame Crosnier complètent un ensemble très homogène. Mais l'étonnante personne que l'actrice chargée du rôle accessoire de la jeune fille *sportswoman!* Il n'y a de remède à cela que de changer l'interprète ou de couper le rôle.

DCCCLXI

Nouveautés.   19 octobre 1882.

LE COEUR ET LA MAIN

Opéra-comique en trois actes, paroles de MM. Nuitter et Beaumont, musique de M. Charles Lecocq.

Dès les premières mesures de l'introduction, en entendant la pénétrante mélodie exposée par les violoncelles et qui deviendra plus tard le chant d'amour du prince Gaëtan, on pouvait pressentir le charme irrésistible de la partition nouvelle. Comme livret, *le Cœur et la Main,* venant après *le Jour et la Nuit,* le remplace sans lui succéder, car on ne se succède pas à soi-même. Les deux pièces, en effet, sont identiques, et le merveilleux, c'est que ni le musicien, ni les paroliers, ni le directeur ne s'en soient avisés.

Écoutez et comparez. Le prince Gaëtan, dans un intérêt politique, doit épouser doña Micaëla, fille du roi d'Aragon ; mais Gaëtan, très ennuyé de sacrifier sa liberté à la raison d'Etat, se promet bien de réserver sa personne ; il donnera sa main mais non son cœur à la princesse Micaëla. Ce cœur est conquis à première vue par une charmante fille qu'il prend pour la fiancée du garde-noble Moralès, et qui n'est autre que la princesse elle-même déguisée par plaisir. Le jour du mariage arrive ; Gaëtan n'a pas même regardé la princesse, et, lorsque sonne minuit, celle-ci demeure seule dans la chambre nuptiale. Elle en sort pour courir après son infidèle époux, et elle imagine de reprendre son déguisement de la veille. Les spectateurs qui ont applaudi tant de fois *le Jour et la Nuit* connaissent la suite de l'histoire: Moralès et sa fiancée Josepha se laissent enfermer dans la chambre des époux princiers, tandis que Micaëla, heureuse et souriante d'être prise pour une autre, tombe dans les bras du prince son mari.

A la fin tout s'explique, et Gaëtan s'estime heureux de reconnaître qu'il avait, sans le savoir, donné son cœur et sa main à la même femme.

La pièce en somme est amusante, et son plus grave défaut est de manquer de nouveauté, surtout aux Nouveautés.

Mais la musique et l'interprétation réservent à l'auditeur des compensations fort larges. Je ne crois pas que M. Charles Lecocq ait eu jamais l'imagination plus fraîche, l'inspiration plus franche, la main plus ferme et plus souple à la fois. Un grand nombre de pages appartiennent ici à l'opéra-comique proprement dit, et montrent ce que M. Lecocq sait faire et pourrait faire s'il en était enfin prié.

Pressé par l'heure tardive, je me borne à signaler à la course les morceaux les plus applaudis :

Au premier acte, la chanson à boire des gardes, d'un rythme entraînant, dite avec beaucoup de verve par le jeune baryton Montaubry ; les couplets de M. Berthelier (le roi), « V'lan, j'ai perdu mon gendre ! » ; la romance du prince Gaëtan « Par toi divine, créature ! » et les couplets du même, intercalés dans le finale « Je suis un prince un peu fantasque », qui ont été pour M. Vauthier le sujet d'une ovation sur laquelle je reviendrai.

Au second acte, la chanson militaire du Casque, chantée encore par M. Vauthier, et qui tient ici la place du Rataplan de mademoiselle Marguerite Ugalde dans *le Jour et la Nuit* ; la chanson du Casque est beaucoup plus franche ; elle se termine par une fanfare distribuée entre les voix et les cuivres, d'un effet irrésistible. Signalons encore un joli chœur d'un sentiment doux et fin « Bientôt la cathédrale », et nous arrivons au morceau capital de la partition, le duo d'amour entre Gaëtan et Micaëla, où revient, amenée par une ingénieuse rentrée de clarinette basse, et confiée cette fois à la voix du baryton, la phrase amoureuse et pénétrante que les violoncelles avaient exposée d'abord dans l'introduction ; coupée un instant par un boléro originalement rythmé, la scène d'amour s'épanche et se termine dans un duo largement écrit, qui dépasse certainement le cadre habituel des Nouveautés, mais qui l'élargit sans le briser.

Le troisième acte fourmille encore de jolis motifs, mais de moindre valeur ; je me borne à citer les couplets du roi « Ne craignez rien, la belle fille » et le couplet final repris par tous les personnages et aboutissant à un *tutti* très sonore.

M. Berthelier, plein de verve bouffonne, a fait de son fantoche de roi une création à la fois réjouissante et fine, qui montre toute la flexibilité de son talent de composition.

M. Scipion ne chante pas, mais il s'est fait une tête inexplicable et terrifiante de Matamore qui suffit à son succès.

M. Montaubry est un comédien élégant et un chanteur adroit qui se sert avec talent d'une voix qui manque un peu de timbre et de rondeur.

Deux débuts sollicitaient et méritaient l'attention du public, celui de M. Vauthier et celui de madame Vaillant-Couturier.

Parlons d'abord de la débutante. Assaillie par une émotion visible qui lui retirait la libre disposition de ses moyens, elle a paru d'abord un peu contrainte ; sa voix semblait comme empâtée dans les finesses et comme exagérée dans les passages de force. Mais l'indulgence du public a bientôt rassuré madame Vaillant-Couturier, qui a fait preuve de goût, de simplicité et de style dans les charmants couplets du troisième acte « au fond de l'alcôve blottie » et d'une virtuosité tout à fait hors ligne dans le boléro « Un soir Perez, le capitaine. » Que la place de madame Vaillant-Couturier soit à l'Opéra-Comique plutôt qu'aux Nouveautés, je n'y contredis point, mais cela ne diminue rien du plaisir qu'elle nous a causé ni des applaudissements qu'elle a mérités.

Quant à M. Vauthier, jeune, charmant, plein de verve et de grâce, maniant en maître sa généreuse voix de baryton qui se plie aux inflexions de la tendresse comme aux finesses de la comédie musicale, je le tiens pour le premier chanteur bouffe de Paris. Il y a longtemps que je le pense, mais il lui fallait un rôle pour le prouver à d'autres qu'à moi. On lui a fait bisser tous ses morceaux, et répéter jusqu'à trois fois le dernier couplet de la « chanson du Casque. »

La mise en scène est fort luxueuse, et l'on a beaucoup admiré les brillants costumes dessinés par le crayon artistique de M. Draner, et exécutés par M. Landolff.

DCCCLXII

FOLIES-DRAMATIQUES.   22 octobre 1882.

FANFAN LA TULIPE

Opéra-comique en trois actes et quatre tableaux,
paroles de MM. Paul Ferrier et Jules Prével,
musique de M. Louis Varney.

L'histoire anecdotique ne nous a rien transmis sur le personnage de *Fanfan la Tulipe*. Pour moi, je ne le connais que par la chanson soldatesque d'Emile Debraux, et je ne sais sur quel fondement MM. Paul Ferrier et Jules Prével, après M. Paul Meurice, ont fait de ce type militaire de 1792 et du premier Empire, un soldat du roi Louis XV.

Donc, Fanfan la Tulipe, simple dragon au régiment du Roi, est le plus séduisant et le plus brave soldat de l'armée française, à la fois bourreau des crânes et des cœurs.

De passage à Valenciennes pour rejoindre l'armée du maréchal de Saxe, il est logé chez un marchand de dentelles appelé Cotonnet, marié à une sémillante personne dans laquelle Fanfan reconnaît une « ancienne ». Il y est rejoint par madame Florise de La

Pacaudière, femme d'un munitionnaire de l'armée ; et enfin, une des ouvrières de Cotonnet, la naïve Pimprenelle, s'est éprise de cet irrésistible soudard. Si bien que lorsque Fanfan, en bon camarade, veut peindre à Pimprenelle la flamme de son ami Michel dit Giroflée, soldat aux gardes françaises, Pimprenelle se trompe aux premiers mots, croit que Fanfan se déclare pour son compte, et lui laisse pénétrer le secret de son cœur.

L'ordre de marche est arrivé ; nous retrouvons Fanfan, Michel, et leur camarade le brigadier suisse Vogelskopf au camp du maréchal de Saxe. Les trois femmes ont suivi Fanfan : déguisées en gardes françaises, elles se présentent comme des recrues ; mais les maris ont couru après elles. Au milieu de leurs mésaventures comiques, un peu connues, Michel, trompé par les apparences, s'imagine que Fanfan lui a volontairement dérobé le cœur de Pimprenelle : il le provoque, ils se battent ; mais on les sépare, on les désarme et on les met en prison.

Naturellement le trio des femmes et le duo des époux trompés y pénètrent avec eux. Mais Fanfan, demeuré seul avec Pimprenelle, imagine de la guérir d'un amour, qui ne peut lui donner le bonheur, en se servant d'un moyen qui a beaucoup servi, mais qui, paraît-il, n'a encore rien perdu de son efficacité théâtrale. Il joue devant la pauvre enfant la comédie du soldat ivrogne et brutal de manière à la rejeter honteuse et indignée entre les bras de Michel. Cette ruse réussit, et le brave Fanfan, satisfait d'avoir fait le bonheur des autres, ne songe plus qu'à s'illustrer.

Évadé de la prison militaire sous les habits du bourgeois Cotonnet, il arrive sur le champ de bataille de Fontenoy ; son coup d'œil d'aigle lui découvre ce qu'il faut faire pour décider la victoire indécise ; c'est lui qui conseille au duc de Richelieu la fameuse charge en fourrageurs qui détruisit la colonne anglaise, et voilà comment la France a gagné la bataille de Fontenoy.

Sur ce livret qui, sans être très corsé, offre un assez grand nombre de situations musicales et pittoresques, M. Louis Varney a écrit une partition où se retrouvent, avec quelques-uns des défauts que j'ai déjà signalés chez ce jeune compositeur, des qualités qui ne me paraissent pas en décroissance, au contraire.

Lorsque M. Louis Varney parvient à s'affranchir d'une sorte de recherche laborieuse qui nuit à la clarté des phrases et à leur développement, il montre de l'abondance, des idées mélodiques et une incontestable entente de la scène.

Au premier acte, un trio assez gai « la lettre est formelle », le motif exposé par l'orchestre d'un autre *terzetto* « Le doux souvenir du jeune âge », et le finale en mouvement de polka : « Adieu, Fanfan ! » ; au second acte, le couplet des fifres, et un autre finale dans lequel on retrouve le motif de la chanson populaire sont des morceaux assez brillants, mais je leur préfère de beaucoup la romance d'une simplicité expressive que sait faire valoir M. Simon-Max « Reculer au moment suprême. »

Le troisième acte contient les deux meilleurs morceaux de l'ouvrage : les couplets de Fanfan « Oui morbleu, voilà comment; » d'un tour franc et original et surtout le charmant duetto si bien dit par M. et madame Simon-Max « Pleurons donc ! rions donc ! » qu'on a redemandé d'acclamation. C'est un bijou.

Du reste, l'interprétation des principaux rôles a largement contribué au succès complet de la soirée. A côté de M. Simon-Max et de son aimable femme madame Simon-Girard, débutait un inconnu, M. Bouvet, qui, dans le rôle de Fanfan la Tulipe, est devenu « favori » dès sa première phrase. M. Bouvet possède une belle voix de baryton ténorisant, solide, homogène, bien timbrée, qu'il manie avec aisance, avec goût, presque toujours avec sûreté. On lui a fait redire à peu près tous ses morceaux. Comme acteur, M. Bouvet, sans être maladroit, paraît gêné dans un rôle bouffe ; je suis sûr qu'il chanterait avec plus d'aisance le comte de Luna du *Trouvère* ou bien Alphonse de *la Favorite* ; peut-être se détendra-t-il au contact de la verve parisienne. Quoi qu'il en soit, les Folies-Dramatiques ont fait en M. Bouvet une acquisition fort précieuse, et je leur souhaite de la garder.

DCCCLXIII

VARIÉTÉS.   23 octobre 1882.

LA PRINCESSE

Comédie-opérette en un acte de M. Raoul Toché,
musique de M. Gaston Serpette.

Le succès obtenu au Casino de Dieppe par *la Princesse*, de MM. Raoul Toché et Gaston Serpette, devait nécessairement tenter une scène parisienne, et c'est à madame Judic qu'il appartenait de présenter, au public du boulevard Montmartre, un ouvrage qu'elle a vraiment fait sien. *La Princesse* est une saynète dont la donnée est des plus simples, comme il convient pour un monologue à deux personnages. La princesse Diana, Vénitienne de naissance, s'est introduite dans l'appartement d'une célèbre cocotte, la demoiselle Anita Bouju, non pas, comme la grande dame des *Curieuses*, pour satisfaire un caprice de désœuvrée mais par jalousie. Un aimable jeune homme l'avait longtemps poursuivie de ses assiduités passionnées, et le jour même où elle lui avait presque avoué qu'elle l'aimait aussi, elle avait appris qu'elle était trahie avant la lettre : le perfide avait un rendez-vous le soir même avec Anita Bouju.

Cependant, la princesse Diana, en s'apercevant qu'elle est seule dans l'appartement d'Anita, les domestiques ayant profité de l'absence momentanée de leur maîtresse pour se donner du bon temps, commence à se trouver assez embarrassée de son équipée. Justement, une visite arrive. C'est un lycéen de seize ans, Georges Verdac, qui vient demander un service à la grande cocotte. Ne vous alarmez pas. Ce lycéen précoce n'est pas un mauvais sujet, au contraire ; il a surpris le secret des larmes que verse sa famille ; son beau-frère est aux mains d'Anita, qui l'a presque ruiné ; Georges Verdac vient la supplier de ne pas achever sa victime. Le moyen de rompre est très simple. Il s'agit de prouver au beau-frère qu'on le trompe. Ici la situation devient délicate, et la princesse se voit forcée d'avouer au lycéen qu'elle n'est pas Anita Bouju mais ce sera tout comme : elle se laisse embrasser, en tout bien tout honneur, par Georges Verdac, derrière un rideau transparent ; la preuve de la trahison est faite pour l'amant qui guettait au dehors. La princesse renonce à l'infidèle qu'elle voulait surprendre, et la morale triomphe sur toute la ligne de la rampe.

Cette agréable bluette, composée pour faire valoir les différents aspects du talent de comédienne et de chanteuse de madame Judic, atteint complètement son but. L'auteur et l'interprète ont été chaleureusement applaudis, mademoiselle Réjane n'ajoute rien au succès sans y nuire.

Parmi les mélodies et les couplets d'allure un peu tourmentée que M. Gaston Serpette a écrits pour madame Judic, j'avoue que celui qui me plaît le mieux est précisément le moins distingué de tous : c'est une chanson de café-concert, intitulée *la Fille de l'Égoutier*. Madame Judic interprète cette plaisanterie naturaliste avec un art, un esprit, une verve, qui la rendront nécessairement populaire. Hélas !

DCCCLXIV

ATHÉNÉE-COMIQUE.   24 octobre 1882.

LA BELLE POLONAISE

Comédie-bouffe en trois actes, par MM. Léon
et Frantz Beauvallet.

Il y a deux belles Polonaises dans la comédie-bouffe de MM. Beauvallet, savoir le portrait de M. Montrouge, peint en miniature sous un déguisement de bal d'enfant, et la belle polonaise Lodoïska la saltimbanque masquée, qui dit la bonne aventure, soulève des poids et avale des sabres. Cette Lodoïska n'est autre que madame Montrouge, c'est-à-dire la femme de M. Chantoiseau qu'elle a quitté pour courir les foires, après l'avoir trompé avec son associé Trébuchet. Le prétexte de ces désordres, c'est que madame Chantoiseau était jalouse de la belle Polonaise en miniature, sur laquelle M. Chantoiseau n'avait jamais voulu s'expliquer, étant tenu au silence par la volonté de sa tante. Vous ne comprenez pas ? Ni moi non plus.

Cependant, pendant que madame Chantoiseau séduisait les têtes couronnées de diverses contrées de l'Europe et de l'Amérique, sa fille Cécile grandissait : elle a aujourd'hui dix-neuf ans et elle est mariée à un grand nigaud nommé Isidore Bélant, instituteur de la commune dont M. Chantoiseau est le maire et M. Trébuchet l'adjoint. « Mon mari n'est pas bien beau ! » dit la naïve Cécile « mais vous savez, dans les petites communes on n'a pas de choix. » Or, le sieur Bélant devient amoureux de la Polonaise masquée, c'est-à-dire de sa propre belle-mère qu'il ignore. Mais je ne crois pas devoir pousser plus loin l'exposé de ces facétieuses combinaisons, qui, après avoir fait rire un instant au second acte, ont fini par lasser la bonne volonté d'un public qui ne demandait cependant qu'à se laisser faire. Au dénouement, madame Chantoiseau, nouvelle Fiammina, s'exile pour assurer le bonheur de sa fille. Elle part pour le Kamtschatka. La pièce l'y avait précédée.

M. Montrouge n'était pas bien sûr de sa mémoire, et madame Montrouge ne nous a montré sous les traits de la belle Lodoïska que les restes d'une voix qui tombe et d'une ardeur qui s'éteint.

M. Allart, lui-même, m'a semblé sinon tout à fait éteint du moins un peu fumeux.

Les honneurs de la soirée demeurent acquis au personnage d'un ours nommé Auguste, qui traverse toute l'action sans desserrer la gueule. C'est à coup sûr le meilleur rôle de la pièce.

DCCCLXV

UN ROMAN PARISIEN

Pièce en cinq actes, par M. Octave Feuillet.

I

Le premier acte se passe dans l'hôtel Targy. De nouveaux mariés, M. Henri de Targy et sa femme Marcelle reçoivent pour la première fois. Marcelle, excellente musicienne, vient de chanter, accompagnée par le célèbre ténor Juliani, et tout le monde [s'accorde à reconnaître que l'art lyrique aurait à se réjouir le jour où le monde céderait au théâtre madame de Targy. Mais écoutez les chuchotements, au milieu des rires et des joies. C'est le banquier Chevrial, le baron Chevrial qui parle :

— Il y a des mystères dans la maison, vous savez... Il y a environ deux ans, après le mariage de son fils, le père de Targy, qui était jeune encore, est mort brusquement, et il y a eu, autour de sa mort, des circonstances singulières. Il avait même couru des bruits de suicide... Ce qu'il y a de positif, c'est que depuis ce temps-là, la mère est tombée dans un état bizarre... Pas précisément folle, mais extraordinaire, sauvage, farouche. Elle était très bien, la mère de Targy, je l'ai encore vue très agréable, moi; mais très agréable, désirable. Et puis, tout à coup, elle a vieilli de vingt ans; ses cheveux ont blanchi. Elle ne s'est plus montrée. Elle ne sort plus. Elle passe ses jours et ses nuits, dit-on, à se promener comme un spectre dans ses appartements, là au-dessus. Enfin, bref, il y a du mystère. Il y a quelque chose.

La soirée est finie ; les invités se sont retirés ; le docteur Chesnel, un ami de la maison, est allé visiter madame de Targy la mère, qu'il a trouvée plus nerveuse encore qu'à l'ordinaire ; le docteur fait comprendre à M. Henri de Targy qu'un secret pèse sur l'esprit de sa mère. Henri monte auprès d'elle, et revient subitement tout pâle. « Qu'arrive-t-il ? » lui demande Marcelle.

— Je suis monté. J'allais entrer chez ma mère. La porte de la galerie était entr'ouverte, mais la portière baissée. J'ai entendu qu'elle marchait et qu'elle se parlait tout haut à elle-même, comme cela lui arrive souvent. « Quels remords ! » disait-elle, « Oh mon Dieu ! Quels remords ! quel fardeau, je ne pourrai pas... j'y succomberai. » Voilà ce que j'ai entendu. Et alors ce que le docteur nous disait il y a quelques minutes m'est revenu à l'esprit, et je ne puis te dire, je n'ose pas te dire quelle horrible pensée s'est dressée tout à coup devant moi !

Marcelle. — Mon ami, je t'en prie, mon cher ami, dis-moi ?

Henri. — Eh ! bien, puisqu'elle parle de remords, elle serait donc coupable de quelque faute. Envers qui ? Cette mort si soudaine de mon père, si elle avait été amenée par quelque affreuse découverte... Si j'avais tort d'aimer et de respecter ma mère... Si elle n'avait pas été une honnête femme...

Madame de Targy est entrée sur ces derniers mots...

« — Tu me soupçonnes ? » dit elle à son fils ; « eh bien, non, tout plutôt que cela. » Je vais tout te dire. Feu M. de Targy avait un ami, M. de Fervière, qu'il chérissait comme un frère ; M. de Fervière, à travers une vie désordonnée, avait eu une liaison plus durable que les autres avec une femme du monde, Madame d'Ambleuse, et de cette liaison était née une fille. M. de Fervière, se sentant mourir, et n'ayant pas de proches parents, voulut laisser sa fortune,

environ trois millions, à mademoiselle d'Ambleuse ;
mais le moyen de faire une telle libéralité sans éveil-
ler les soupçons de M. d'Ambleuse et lui révéler
son déshonneur ? M. de Fervière légua donc sa fortune par testament à M. de Targy, à la condition sti-
pulée entre eux qu'il la remettrait à mademoiselle
d'Ambleuse lorsque le père de celle-ci serait mort.
Malheureusement, M. de Targy plaça mal le dépôt
dont il s'était chargé ; une faillite en ayant englouti
une partie, il essaya de combler le déficit par des
spéculations qui échouèrent, et il se trouva dans l'impossibilité d'accomplir son mandat, à moins d'y sacrifier la fortune de son fils et de sa femme. Tel est
le secret dont madame de Targy a reçu la confidence
et qui l'étouffe.

Une pareille révélation accable le jeune couple. Néanmoins, après quelques hésitations fort concevables,
mais très courtes, Henri décide qu'il faut rendre le
legs de M. de Fervière à mademoiselle d'Ambleuse,
devenue la baronne Chevrial. Marcelle approuve la
généreuse résolution de son mari, bien qu'elle doive
les réduire à la misère.

Au second acte, nous sommes dans le cabinet de
toilette où le baron Chevrial, dix fois millionnaire, financier suspect, viveur cynique, sans cœur, ni foi ni
loi, se livre aux caresses de l'hydrothérapie et aux
fatigues fortifiantes du trapèze, tout en dialoguant
avec le docteur Chesnel.

Le Baron. — Vous pensez évidemment comme moi que,
dans le court espace de temps que nous passons sur cette
planète, nous n'avons rien de mieux à faire que nous donner le plus d'agrément possible !

Le Docteur. — Oui. Mais il y a encore manière de s'y
prendre.

Chevrial. — Manière de s'y prendre. Quoi ? Qu'est-ce que
vous me reprochez ? Ma fortune ? Mais ma fortune, comme

la vôtre, est acquise par le travail. Si je me distrais le soir, je travaille tout le jour. Je suis à la besogne dès l'aurore. Naturellement, quand on s'enrichit, on fait des mécontents. Il y a des maladroits. Mais enfin, voilà vingt ans que je suis dans les affaires. M'avez-vous jamais vu à Mazas?

Le Docteur. — Pas encore.

Parmi les amusements du baron Chevrial, mademoiselle Rosa Guérin tient une place distinguée ; c'est un premier sujet de la danse à l'Opéra, économe, industrieuse et inabordable. Chevrial lui donne des conseils fallacieux pour lui faire perdre son argent à la Bourse et la réduire ensuite à sa merci ; mais la fine mouche prend tous les conseils à rebours et s'enrichit de liquidation en liquidation.

C'est dans ce milieu légèrement méphitique qu'Henri de Targy pénètre pour rapporter trois millions à la baronne Chevrial. Il s'adresse d'abord au mari.

Chevrial. — Vous comprenez, mon cher, que je ne puis accepter pour ma femme une donation dont j'ignore la provenance.

Henri. — Je vous obéis. C'est le comte de Fervière, ami de mon père, qui lui avait laissé cette fortune en le chargeant de la remettre à mademoiselle d'Ambleuse dans un délai déterminé.

Chevrial. — C'est-à-dire quand le père d'Ambleuse serait mort, hein? Et à combien monte la succession?

Henri. — Deux millions sept cent mille francs.

Chevrial, *froidement*. — Ah ! Et vous m'apportez ce galion dans ce petit portefeuille-là?... Mais voyons, sans vouloir entrer dans les détails de cette étrange histoire, permettez-moi une question : A quelle époque au juste est mort le donateur?

Henri. — Il y a huit ans.

Chevrial. — Et la succession s'élevait, m'avez-vous dit, à deux millions sept cent mille francs?

Henri. — Oui, Monsieur.

CHEVRIAL. — Et vous me rendez aujourd'hui, en tout...

HENRI, *étonné.* — Je vous rends deux millions sept cent mille francs.

CHEVRIAL. — Eh bien, et les intérêts ?

HENRI — Monsieur, les intérêts étaient attribués à mon père en sa qualité d'exécuteur testamentaire. Vous en trouverez la preuve dans ce portefeuille... D'ailleurs, je vais vous donner tout ce que j'ai, je ne puis faire davantage.

CHEVRIAL. — C'était l'homme d'affaires qui parlait, mais soyez sûr que l'homme du monde approuvera la correction de votre procédé.

La baronne Thérèse, émue, voudrait vainement refuser cette restitution qui consomme la ruine de Targy ; elle est obligée de subir la loi de son mari, chef de la communauté ; et Henri, absolument ruiné, accepte une place de cinq mille francs par an dans les bureaux de la maison Chevrial.

Le troisième acte nous montre l'intérieur du ménage Targy réduit à une simplicité voisine de la misère. Henri de Targy accepte courageusement sa nouvelle situation, appuyé sur les encouragements et l'exemple de sa mère, qui donne des leçons de piano. Il n'en est pas ainsi de Marcelle de Targy, qui souffre de ne plus aller au bois en voiture, et de porter des robes défraîchies. Elle n'est pas complètement abandonnée ; ses anciennes amies viennent encore la voir ; mais la comparaison de leur luxe avec sa pauvreté présente, leurs condoléances maladroites et quelquefois malignes ulcèrent le cœur de Marcelle, qui, après une déclaration fort catégorique du baron Chevrial, déshonneur pour déshonneur, abandonne la maison conjugale ; elle va rejoindre au Havre le ténor Juliani, qui lui a offert un engagement dans sa troupe lyrique en partance pour le Nouveau-Monde.

Un certain temps s'est écoulé ; six mois, un an,

on ne sait, la pièce ne s'explique pas là-dessus, lorsque le rideau se lève sur le quatrième acte.

Le baron Chevrial vient enfin de triompher ; mademoiselle Rosa Guérin n'a pas tenu devant le don d'un bel hôtel entre cour et jardin, et l'on va célébrer par un grand souper ces noces illégitimes. La grande nouvelle du jour, ce n'est pas la capitulation de Rosa Guérin, c'est la catastrophe du *Fulton*, brûlé en mer avec toute la troupe lyrique qu'il transportait de New-York à la Nouvelle-Orléans. C'est de quoi devisent les invités du baron en attendant le souper.

LAUBANÈRE. — Pas une épave de sauvée ! rien.

TIRANDEL. — Ça c'est dur, surtout pour cette malheureuse petite femme qui est partie avec Juliani. Comment donc ?

VAUMARTIN. — Madame de Targy, parbleu !

TIRANDEL. — Oui, madame de Targy. Pauvre petite femme, hein ?

LAUBANÈRE. — Dame ! aussi... Qu'est-ce qu'elle allait faire là ? Elle avait l'air si heureux, cette petite, je n'ai jamais compris son escapade.

VAUMARTIN. — Ni moi.

TIRANDEL. — Mais entre nous, notre ami le petit baron n'a pas été étranger à l'événement, je crois...

LAUBANÈRE. — Comment ça ?

TIRANDEL. — Parbleu ! Quand les Targy ont été ruinés, il a pris le mari chez lui. Mais vous connaissez le bonhomme. C'était pour avoir la femme. Il aura mis la pauvre créature entre son pain et sa honte. Là-dessus elle a perdu la tête et elle s'est sauvée...

VAUMARTIN. — Mais dites donc, ça ne serait pas d'une délicatesse exquise de la part de notre ami !

LAUBANÈRE. — Ça vous étonne ?

TIRANDEL. — Ce brave Chevrial. Il est plein d'esprit et de mérite, mais vous savez que ce n'est pas par le sentiment qu'il brille.

LAUBANÈRE. — Ça, non. Je l'aime bien, Chevrial. Mais au fond, c'est un reître.

VAUMARTIN. — Mon Dieu, il a de très brillantes qualités, très brillantes. Mais enfin, je ne peux pas me dissimuler non plus qu'au fond c'est un vilain homme.

TIRANDEL. — Et qui ne s'en cache pas. Regardez sa tête ! Il a une tête de bagne, cet animal-là.

LES AUTRES. — Une tête de bagne, c'est cela.

TIRANDEL. — Ah ! le voilà ! Bonjour, vieil ami...

Ces messieurs se mettent à table, en compagnie de Rosa Guérin et de quelques ballerines de ses amies, mademoiselle Lombard, mademoiselle Bertoldi, mesdemoiselles Gillette Ire et Gillette II, venues après le spectacle avec leur costume du ballet en vogue. On soupe avec entrain, mais tout à coup Chevrial s'alourdit et balbutie, on n'a que le temps de le porter à l'air sur la terrasse du fond. « Faites taire la musique ! » s'écrie le docteur Chesnel. Le baron Chevrial vient de mourir frappé d'apoplexie foudroyante.

Dégageons, pour l'aide du lecteur, la situation qui résulte de ces brusques et sombres événements du quatrième acte. L'incendie du *Fulton* et la mort subite du baron ont fait un veuf et une veuve : Henri de Targy et Thérèse Chevrial sont libres. Ai-je dit qu'ils s'aimaient ? Non ; l'auteur ne nous en avait pas prévenus, réservant ce nouvel aspect du drame pour le cinquième acte.

Henri de Targy et sa mère ont accepté l'hospitalité du docteur Chesnel dans sa villa d'Asnières. La baronne Chevrial préoccupée de rendre aux Targy la fortune dont ils se sont dépouillés pour elle, ouvre son cœur à madame de Targy :

— Je voudrais autant que possible ne pas revenir sur un passé où il y a pour nous deux, pour moi comme pour vous, tant de souvenirs douloureux. Mais enfin laissez-moi vous rappeler que j'ai été, bien involontairement, mon Dieu ! la cause première, l'occasion du moins de tous les désastres qui vous ont accablés, votre fils et vous. Votre fils a payé du bonheur de sa vie une faute qui n'était pas la sienne. Aussitôt que j'ai été veuve, libre, une de mes premières pensées a été de réparer une si criante injustice. Mais comment faire? Lui rendre cette fortune qu'il avait cru devoir remettre entre mes mains, j'y aurais été toute disposée. Mais, connaissant votre fils comme je le connais, j'ai craint non seulement d'être refusée, mais encore de l'offenser. Alors j'ai cherché quelque moyen de lui être utile sans le froisser, et je crois l'avoir trouvé. Il faut, chère madame, que vous le décidiez à acheter cette charge et à accepter de moi, à titre de prêt, la somme nécessaire pour la payer. Il me la rendra sur les bénéfices. Voyons, est-ce que ma proposition ne vous paraît pas très acceptable?

MADAME DE TARGY. — Elle me paraît, avant tout, ma chère enfant, très bonne et très généreuse. Mais je vous avoue que, dans ma faiblesse maternelle, j'accepterais... j'accepterais votre commandite... C'est le mot, je crois... Mais mon fils, je ne sais pas...

THÉRÈSE. — Mais pourquoi? Pour quelle raison? Ce serait donc qu'il ne voudrait accepter aucun service de moi personnellement?

MADAME DE TARGY. — De vous, personnellement? Comment cela? Quelle pensée!

THÉRÈSE. — C'est que je le trouve singulier avec moi. On dirait que, malgré lui, il me garde rancune de tous ses malheurs; depuis mon départ surtout, pendant cette liquidation de notre maison de banque dont il s'occupait avec tant de zèle, d'ailleurs, vous n'avez pas idée comme son attitude avec moi, malgré son dévouement, était toujours froide, embarrassée, pénible même, il me semblait.

Pris à part et interrogé par sa mère, Henri se récrie:

« Mais, ma mère, que me dites-vous là! J'ai pour elle au contraire une admiration, une amitié passionnées. Et cela depuis longtemps... car je ne vous ai pas tout dit, ma mère! Quand je vous laissais croire que j'étais heureux, bien traité dans l'emploi que notre ruine soudaine m'avait forcé d'accepter chez le baron Chevrial, je vous trompais.

Jamais esclavage ne fut plus dur, plus amer que celui qui m'était imposé. Cet homme n'est plus. Il a fini d'une façon presque tragique. Je devrais l'oublier, je devrais pardonner. Mais j'ai de la peine ! En deux mots ma mère, ce que j'ai eu à subir d'humiliations sous sa main si tyrannique, si brutale, jamais je n'aurais pu m'y résigner, non ! Malgré l'horrible nécessité qui pesait sur nous, malgré notre pain qui était en jeu, je lui aurais rejeté cent fois son bienfait à la face, si je n'avais été soutenu par la sympathie, par l'affectueuse pitié de cet ange qui souffrait comme moi ! Et vous dites que je ne l'aime pas !...

Tout est donc éclairci ; rien ne semble donc plus s'opposer à l'union d'Henri et de Thérèse, lorsque survient une nouvelle péripétie. Marcelle n'est pas morte ; elle a échappé au naufrage ; elle est là repentante, pauvre et désespérée. Madame de Targy n'ose pas la chasser malgré ses fautes, et elle accepte la pénible mission d'annoncer à Henri la perte de ses nouvelles espérances. Marcelle, retirée dans un pavillon du jardin, y attendra son arrêt.

Henri, accablé d'abord, éprouve cependant un sentiment de pitié...

MADAME DE TARGY. — Veux-tu la voir maintenant ? Je t'en prie !

HENRI. — Non. Oh ! non... pas maintenant, plus tard !... Demain... J'espérais avoir un peu de temps pour me recueillir... Demain ! Et surtout dites-lui bien, docteur, qu'elle ne se méprenne pas sur le sentiment qui me dicte ma conduite envers elle: Elle n'imagine pas, je suppose, qu'elle va retrouver auprès de ma mère et auprès de moi la place qu'elle y occupait autrefois. Dites-lui bien qu'elle ne sera jamais dans ma maison qu'une étrangère.

MADAME DE TARGY. — Mon enfant, ne sois pas généreux à demi, écoute ton cœur qui l'a tant aimée, et n'écoute que lui.

HENRI. — Mon cœur, ma mère ! Mais c'est mon cœur même qui me donnerait, si je l'écoutais, les conseils les

plus impitoyables. Mon cœur n'a pour elle que des sentiments de haine et de colère implacables! Je la reçois parce
que l'humanité, la charité, le devoir enfin me le commandent. Je la reçois pour lui épargner un crime, ou pour l'arracher aux dernières dégradations de la misère, mais qu'on
ne me demande pas plus. C'est de la folie, c'est de l'outrage!

MADAME DE TARGY. — Ah! mon fils, ce n'est pas à moi de
t'accuser, je n'en ai pas le droit, car ma première pensée
tout à l'heure en apprenant le retour de la malheureuse
enfant, a été une pensée de haine sauvage, criminelle. On
n'est pas maître de ses premiers mouvements. Mais notre
devoir, notre honneur est d'étouffer en nous ces premiers
cris de la passion et de l'égoïsme et de demander la règle
de notre conduite à des inspirations plus hautes. Tu le sais
aussi bien que moi, mon enfant, toi qui as déjà sacrifié une
fois tout ce que tu avais de plus cher dans le monde au sentiment du bien et de la justice. Mais il y a, mon fils, quelque
chose de supérieur à la justice même, il y a un devoir, une
vertu plus digne encore d'une âme comme la tienne, c'est
le pardon... Pardonne!

HENRI. — Eh bien! non, je ne puis pas. Il y a un spectre
entre nous. Je ne suis pas un saint, je suis un homme! Je
ne peux pas! Qu'on ne m'en parle plus! Jamais! Jamais!

La malheureuse Marcelle a entendu cet arrêt terrible ; on entend la chute sourde d'un corps dans le
pavillon dont la porte est fermée, on l'enfonce et l'on
trouve Marcelle expirante, elle s'est empoisonnée.

LE DOCTEUR. — Marcelle, ma pauvre enfant. Qu'avez-
vous fait?...

MARCELLE. — J'ai bu la mort.

MADAME DE TARGY, *à son fils.* — Dis-lui que tu l'aimes,

HENRI. — Marcelle, ma chérie, mon cher amour, je t'en
prie! je t'en supplie! Tout est oublié, tout est pardonné, je
te le jure.

MARCELLE. — Oh! non, jamais, jamais! Tu l'as dit, j'ai
entendu.

HENRI. — Oh! la mort en passant sur tes lèvres, y a tout effacé. Je t'aime! Je t'adore!

MARCELLE. — Henri, je suis heureuse, je meurs pardonnée!

Ceci est le dernier mot de la pièce : c'est aussi le dernier mot de la soirée ; ce cinquième acte profondément humain et pathétique, assure le pardon des quatre autres.

Je m'explique.

II

En citant aussi largement que j'ai pu le texte même de la pièce, réduisant mon analyse au rôle modeste de fil conducteur, j'ai laissé à M. Octave Feuillet le soin d'exposer lui-même sa pensée et à mon lecteur l'entière spontanéité de son impression.

Mais il est temps que je prenne la parole pour mon propre compte et que je fasse connaître mon sentiment personnel, avec toute la déférence que je dois à la haute situation littéraire de M. Octave Feuillet et la profonde estime en laquelle je tiens sa personne.

Je n'aperçois dans la succession de scènes qui s'appellent *Un Roman Parisien*, aucune donnée générale, aucun plan, aucune trace de composition. Le point de départ en est à peine saisissable, faute de vraisemblance morale, sociale et judiciaire. M. de Fervière, ignorait-il donc la loi au point de confier à un homme marié et père de famille une substitution de trois millions, qui avait toutes les chances de périr et de se confondre dans la fortune des héritiers de M. de Targy lorsque celui-ci viendrait à mourir ? Le notaire qui a fait le testament n'a donc pas averti son client des risques d'une pareille imprudence ? Et puisque M. de Targy a eu le malheur non pas de détourner, mais de compromettre le dépôt qui lui

était confié et dont il ne pouvait être responsable,
comme mandataire, qu'en cas d'infidélité ou de faute
lourde, que n'a-t-il enseveli avec lui le triste secret
de son remords au lieu de léguer les angoisses et la
misère à sa famille ?

Mais enfin, étant donné que madame de Targy et
son fils se dépouillent par excès de scrupules, on cher-
cherait vainement quelles conséquences l'auteur a
voulu déduire de cet acte d'héroïque probité. Henri
de Targy en est d'abord puni par la trahison de la
femme qu'il a ruinée, et il en retrouve une seconde
dans celle qu'il a enrichie. Cela ne peut passer ni
pour une leçon morale ni pour un développement
scénique. C'est un hasard, voilà tout.

Et, de fait, *Un Roman Parisien* n'est ni une pièce,
comme dit l'affiche, ni une comédie, comme l'a annoncé M. Marais, c'est un roman, où les événements
se succèdent non pas en vertu d'une évolution de caractères ou de la genèse des passions, mais seulement
selon l'impulsion arbitraire d'une imagination capri-
cieuse.

Reste à rechercher et à dire si le roman est intéressant ; sous ce point de vue, je crois que le public
s'est laissé séduire par M. Octave Feuillet, et je n'y
résiste pas pour mon compte. Cependant encore une
réserve, avant d'entrer dans le bleu pur des louan-
ges.

S'il ne s'agissait pas d'un ouvrage purement romanesque, qui tourne souvent au gros drame, je cher-
cherais querelle à M. Octave Feuillet pour avoir pro-
digué dans les détails, des peintures d'une inexactitude
ou d'une banalité vraiment inacceptables. Lui, le peintre accrédité des élégances mondaines, il nous présente
des gens du monde, hommes et femmes, dont la conversation ne serait pas déplacée au Tivoli d'Asnières.
Où prend-il le banquier, je ne dis pas le *bookmaker*

interlope ni l'entrepreneur de bonneteau, non, je dis le banquier connu, établi depuis vingt ans dans les affaires, bien marié, reçu dans le monde et le recevant, qui se vanterait, même entre intimes, de n'avoir jamais été à Mazas ? Si quelqu'un a par, aventure rencontré ce bipède extraordinaire et paradoxal, qu'il le montre : il y gagnerait de l'argent.

Et comment, je suis vraiment honteux de relever de pareilles misères ! M. Octave Feuillet connaît-il si mal la vie, les mœurs et les usages de son temps et de sa ville qu'il puisse nous montrer des danseuses prenant leur part d'une orgie, revêtues du costume même qu'elles portaient dans le ballet qu'elles viennent de danser ? Il était si simple de consulter chez M. Vaucorbeil le règlement de l'Opéra !

Mais enfin, *Un Roman Parisien*, en dépit de ses incohérences, de ses obscurités soudaines et de ses soubrésauts, a vivement empoigné les spectateurs. Le premier acte pose carrément la pièce ou plutôt la première action de la pièce ; le troisième dénoue celle-ci et en commence une autre ; enfin, le quatrième acte, quoique absolument vide, a produit un effet immense, grâce à une mise en scène splendide et à l'agonie stupéfiante du banquier Chevrial.

On est ainsi arrivé, tantôt étonné, tantôt charmé, toujours secoué, jusqu'au cinquième acte, qui a décidément mis le succès à flot sur un déluge de larmes.

Le Roman d'un jeune homme devenu pauvre paraît donc destiné à fournir une longue et fructueuse carrière.

Les interprètes n'y auront pas nui. Plaçons en première ligne, *ex-æquo*, quoique aux pôles opposés de l'art, M. Marais et M. Saint-Germain.

M. Marais (je le prie de se débarrasser, dans les moments calmes, d'un débit lugubre et sec sur les

cordes basses qui ne sont pas les plus agréables chez
lui), M. Marais, dis-je, possède les plus hautes qualités qu'on puisse souhaiter chez un jeune premier
rôle, autant de force que de grâce, autant de douceur
que de feu. Il a ce don si rare : l'émotion instantanée,
se communiquant comme l'étincelle électrique, à ses
partenaires comme au public, sans préparation, sans
effort, par la seule action du regard, du geste et de
la voix. Henri de Targy comptera parmi ses plus
brillantes et ses plus sympathiques créations.

On a vu ce qu'est le baron Chevrial : un bas coquin,
un cynique, un libertin éhonté ; avec un pareil type,
fidèlement dessiné, sans atténuation, sans concession
comme sans charge, attacher le public, le faire rire
et même trembler, voilà le tour de force que vient
d'accomplir M. Saint-Germain sous les yeux d'une
salle émerveillée.

Viennent ensuite M. Landrol et madame Pasca.
Si l'on veut apprécier comme il le mérite le rare talent
de M. Landrol, il faut l'aller voir sous les traits du
docteur Chesnel. Vous ne le reconnaîtrez pas tout
d'abord : cheveux blancs épais et longs, retroussés
sur le front et retombant sur la nuque, visage tanné,
joues creuses, bouche ironique et fine à la Voltaire,
jambes légèrement tremblantes, mais retrouvant leur
élasticité lorsqu'il s'agit de courir pour une bonne action, c'est parfait.

Le succès personnel de madame Pasca a été très
considérable, quoiqu'un peu atténué au cinquième
acte par des excès de gestes et de voix. L'apparition
mélodramatique du premier acte, n'aboutissant qu'à un
récit obscur et traînant, n'avait pas produit non plus
beaucoup d'effet. Mais aux deuxième et troisième actes
madame Pasca, c'est-à-dire la respectable madame
de Targy douairière, redevenue une humble bourgeoise courant le cachet, a triomphé par une simpli-

cité de bon goût, par une bonhomie de ton et de la mise, et même par l'effet attendrissant d'un pauvre petit chapeau noir couronnant les cheveux blancs de la digne femme, et aussi par le désespoir muet mais éloquent de la chambre déserte de sa coupable belle-fille.

Ce dernier rôle, un peu plus qu'ingrat, a été vaillamment supporté par mademoiselle Brindeau, très en progrès ; la physionomie tragique et la voix chaude de cette jeune artiste donnent de sérieuses espérances. Mais, pour Dieu, qu'elle apprenne à marcher !

Le personnage de Thérèse Chevrial, écrit dans une gamme douce et discrète, a trouvé son incarnation dans la charmante mademoiselle Volsy, qui a tiré parti de sa voix faible et comme éteinte, pour se faire écouter et applaudir à force de justesse, de grâce et de sensibilité délicate.

Quel contraste avec mademoiselle Marie Magnier, l'étonnante, brillante et scintillante Rose Guérin, la torpille du baron Chevrial ! A travers sa verve habituelle qui ne lui a pas fait défaut, mademoiselle Marie Magnier a trouvé un joli mouvement de confusion interdite, lorsqu'elle offre si intempestivement un verre de champagne à Henri de Targy traversant la scène du souper.

M. Noblet a fait beaucoup rire sous les traits du gâteux idéaliste qui répond au nom de Tirandel.

De très petits rôles sont tenus par M. Frédéric Achard, mesdemoiselles Devoyod, Lender, Vrignault et Duvergé. C'est dire de quels soins la direction du Gymnase a tenu à entourer le nouveau *Roman* de M. Octave Feuillet.

DCCCLXVI

MENUS-PLAISIRS.   30 octobre 1882.

LA RUE BOULEAU

Comédie en trois actes, par MM. Paul Ferrier,
Vast et Ricouard.

Les auteurs de *La rue Bouleau* s'étaient proposé de
peindre les mésaventures d'un bon bourgeois de Châ-
teau-Léry, nommé M. Bouleau, qui, pour embellir
sa ville natale et laisser son nom à la postérité la
plus reculée, a entrepris d'ouvrir et de bâtir à ses
frais une rue nouvelle, la rue Bouleau. On le jalouse,
on le raille, on le vole ; on trouble son ménage ; on
l'accuse d'avoir pris une maîtresse pour se consoler
d'avoir été trompé par sa femme avec un journaliste
de Paris, M. Blondel. On finit par le livrer à la gendarmerie sous l'inculpation d'avoir porté des coups
et blessures ayant causé une incapacité de travail de
plus de vingt jours, parce qu'il a châtié à coups de
pied dans le dos un domestique insolent. Enfin, hu-
miliation suprême ! le conseil municipal le débou-
lonne tout vivant, et la rue Bouleau devient la rue
Bidochard.

La donnée peut sembler drôle ; la pièce ne l'est pas.
L'expérience de M. Delannoy, le jeu spirituel de mesdames Van Dyck, Raymonde et Bode n'ont pu l'empêcher de sombrer sous le poids d'un ennui profond.

Notons cependant au troisième acte la situation
de Delannoy, déguisé en invalide, les bras attachés
derrière le dos, et cherchant vainement à souffleter

l'amant prétendu de sa femme. Elle a paru lugubre ; elle amusa cependant beaucoup nos grands-pères au second acte de *Cadet Roussel barbier au marché des Innocents.* Mais elle était retournée : c'était Cadet Roussel qui corrigeait l'amoureux de sa femme, qu'il avait préalablement attaché à un poteau sous le prétexte de lui faciliter ses études de déclamation tragique. Cette différence d'effet marque d'une manière assez piquante la direction d'idées du public en matière de morale théâtrale.

Entendu à la sortie entre deux dames fort élégantes et d'apparence distinguée :

« — Ainsi, chère madame, c'est la première fois « que vous assistez à une première ?

« — Mon Dieu, oui, chère madame ! »

Pas de veine !

DCCCLXVII

THÉATRE DES NATIONS.   31 octobre 1882.

Reprise de : LES DEUX SERRURIERS

Drame en cinq actes, par M. Félix Pyat.

J'avais vingt ans lorsqu'un ami me proposa de l'accompagner à la prison de Sainte-Pélagie ; il y allait visiter Félix Pyat, condamné à six mois de prison sur la plainte de Jules Janin. Le feuilletonniste du *Journal des Débats*, rendant compte de *Tibère*, tragédie posthume de M.-J. Chénier, représentée à la Comédie-

Française en 1844, avait fait le procès en règle de la
Révolution française pour atteindre par voie de
conséquence les adversaires du gouvernement de
Juillet. Félix Pyat saisit la balle au bond. Il y avait
un vieux compte à régler entre Jules Janin, l'auteur
de *Barnave*, et Félix Pyat, qui en avait écrit la préface et l'épisode principal. Jusqu'en 1835, époque où
l'Ambigu joua le drame d'*Ango*, dû à la collaboration
de Félix Pyat et d'Auguste Luchet, une sorte de cor-
dialité apparente s'était maintenue entre Jules Janin
et ses anciens amis les républicains. A la veille même
de la représentation d'*Ango*, il leur offrait d'écrire eux-
mêmes le feuilleton du *Journal des Débats* sur leur
drame. Aussi quelle ne fut pas leur surprise indignée
lorsqu'ils trouvèrent sous la signature J.-J. une dia-
tribe sanglante contre leur ouvrage! Janin n'avait pas
tort de juger sévèrement un drame absurde et mal-
venu, mais ses amis n'eurent pas tort non plus de lui
reprocher sa duplicité et sa couardise soit envers le
pouvoir, soit envers eux-mêmes. Ce fut Félix Pyat qui
se chargea d'exécuter Janin dans la préface d'*Ango*,
un morceau plein de verve mordante, et bien supérieur à la pièce.

L'affaire fit énormément de bruit dans le monde
littéraire. Balzac s'en inspira comme d'un motif pour le
principal épisode de son *Grand homme de province à
Paris*. L'aventure de Lucien de Rubempré, attaquant
par ordre et contre sa conscience, l'ouvrage de d'Arthez et souffleté par le républicain Michel Chrestien,
est une dramatisation libre de l'affaire d'*Ango*. Lisez
Jules Janin pour Lucien de Rubempré, Félix Pyat
pour d'Arthez, Auguste Luchet pour Michel Chrestien, et vous aurez la clef de cet épisode de *la Comédie
humaine*.

Donc, Félix Pyat répondit au feuilleton sur *Tibère*
par une terrible brochure, qui secoua Janin jusqu'aux

moelles. Mis en demeure d'y répondre ou d'abandonner sa situation, Janin n'hésita pas à poursuivre son ancien collaborateur devant la police correctionnelle, qui lui infligea six mois de prison.

Je fus admis, avec mon introducteur, dans la même cellule du pavillon des Princes que je devais habiter pour mon compte personnel vingt-sept ans plus tard. J'y fus reçu par un homme de taille moyenne, aux cheveux et à la barbe noirs, au nez d'aigle, aux yeux noirs, profonds et doux, doué d'une parole facile, caressante et douce. C'était Félix Pyat. Il occupait ses loisirs en composant un *Diogène* que Bocage joua l'année suivante à l'Odéon de Lireux. L'idée nous fut suggérée, à Théodore de Banville et à moi, d'en écrire la parodie pour un théâtre de genre ; Félix Pyat s'y prêta volontiers et nous confia le manuscrit de *Diogène*, que j'allai plus tard lui reporter dans sa modeste villégiature de Saint-Cloud. Ces relations passagères ne m'ont laissé qu'un souvenir agréable et souriant, et la suite d'événements lugubres qui se déroulèrent depuis s'est superposée à cette impression de jeunesse sans l'effacer.

A l'époque lointaine dont je parle, Félix Pyat, malgré ses efforts courageusement renouvelés, n'avait encore obtenu au théâtre qu'un seul succès, sinon brillant, du moins incontesté, celui des *Deux Serruriers*, représentés à la Porte-Saint-Martin le 25 mai 1841, par une jeune troupe de drame, composée de MM. Clarence, Paulin Ménier, Raucourt, Verner et mademoiselle Valérie Klotz.

C'est ce même drame que le théâtre des Nations vient de reprendre, au bout de quarante-et-un ans, sans autre changement que l'addition d'un petit prologue, absolument inutile, dans lequel on voit le bon serrurier Georges Davis, blessé par l'explosion d'une machine à coudre, au moment où il sauve les jours de mademoiselle Jenny, fille du riche banquier Murray.

Les cinq actes du drame reposent sur cette donnée que l'ouvrier serrurier, quand il est capable, laborieux et honnête, est fatalement condamné par la société à devenir voleur et assassin. Mais après avoir posé ce thème baroque, qui laisse inexpliquée l'existence des autres ouvriers serruriers gagnant honorablement leur vie sans voler ni tuer, le fond vertueux et bonhomme qui subsista toujours chez le futur chef de la Commune le ramène aux attendrissements bonasses d'un simple Pixérécourt.

Au quatrième acte, Georges Davis, réduit à la dernière misère, prend une horrible résolution. Il est minuit, les rues de Londres sont désertes : « L'heure et le lieu sont propices, », s'écrie-t-il. « O génie du « mal, si tu existes, viens, je me donne à toi. Mal- « heur à qui va passer ici maintenant ! Le désespoir a fait place au crime ! » Le banquier Murray s'a- vance dans l'ombre ; Georges s'élance vers lui : « Vous êtes riche, je suis pauvre, De l'or ! La bourse ou... » Il s'arrête et reprend d'un ton humble, la main ouverte: « La charité s'il vous plaît ! » Georges pour- rait répéter ici la phrase qu'il a déjà dite au premier acte : « O mon père, vous êtes déjà tout au ciel... Je « me suis souvenu de votre vie entière et j'ai repoussé « la tentation. Repose en paix, ombre chérie ! l'inno- cence est toujours à tes côtés. » On voit que l'om- bre chérie de Moëssard n'aurait pas eu à rougir de cette littérature digne du prix Monthyon.

A travers champs, beaucoup de déclamations con- tre les capitalistes et les propriétaires : « Combien faut-il de voleurs pour faire un banquier ! » s'écrie Burl, le mauvais serrurier, le facétieux voleur de la pièce ; les collectivistes de la claque applaudissent à tout rompre ; et les bourgeois de la première galerie font chorus avec eux par crétinisme cu par timidité.

Cependant, la pièce ne conclut pas à la suppression des banquiers, au contraire ; seulement elle réserve leur héritage et la main de leurs filles aux bons serruriers qui ont fait leurs études à Oxford.

Ces déductions effroyablement aristocratiques n'ont pas laissé que de refroidir progressivement l'enthousiasme des régions supérieures : les bons bourgeois ont alors repris courage ; ils ont ricané çà et là, quelques-uns ont osé dormir. Quant au public indépendant et intelligent, il avait déjà filé sur le coup de dix heures.

A la chute du rideau, le drame de Félix Pyat avait cessé de se faire prendre au sérieux ; l'entrée de trois escogriffes à moustaches, coiffés de perruques poudrées, et se donnant pour des juges anglais, a soulevé une hilarité formidable au milieu de laquelle la pièce a fini. Elle pourrait s'appeler maintenant *Les deux Serruriers de la rue Bouleau*. Et ce serait justice.

DCCCLXVIII

RENAISSANCE.   3 novembre 1882.

LA BONNE AVENTURE

Opéra-bouffe en trois actes, paroles de MM. Emile de Najac et Henri Bocage, musique de M. Emile Jonas.

N'allez pas croire au moins que la Renaissance nous ait donné ce soir un véritable *opera buffa* avec récitatifs

accompagnés *col cembalo*. Opéra bouffe veut dire simplement ici que les auteurs de *la Bonne aventure* n'ont
pas eu la prétention d'écrire un opéra-comique. Nous
sommes, en effet, en pleine opérette, au moins du
côté des paroliers.

La scène se passe à Cadix, sous le ciel bleu de
l'Andalousie. Bianca est une jeune danseuse de fandangos, élève de sa tante Beppa; l'une et l'autre dansent et chantent sur la place publique toutes sortes de
jolies choses syncopées à trois temps. Bianca doit
épouser un toréador nommé Fabio. Malheureusement pour les fiancés, Beppa s'avise de lire dans la
main de Fabio et de lui prédire, avec une grande fortune, la main d'une grande princesse. Ceci suffit à
tourner la tête de Fabio, qui peut être brave et adroit
en face d'un taureau, mais qui paraît d'une rare bê-
tise dans la vie privée.

Fabio se laisse persuader par une petite Andalouse
fort éveillée, la signora Carmen, qu'elle est la princesse rêvée, et que son oncle, le contrebandier Ramirès, est l'ex-empereur du Maroc.

Ceci se complique d'une singulière découverte; Fabio est le fils naturel d'une grande dame, qui est
morte en l'instituant l'héritier d'une grosse fortune.
Ramirès, qui a connu la dame, se croit le père de Fabio, et, pour la même raison, la même conviction
s'implante dans la tête d'un gentilhomme ruiné
nommé Rocador. Ces deux roquentins se disputent
la paternité de Fabio, jusqu'au moment où ils la ré-
pudient de concert, le croyant ruiné.

En définitive, Fabio renonce à Carmen et revient
à Bianca qu'il épouse.

L'art de tirer parti de pareilles bouffonneries consiste à les grouper autour d'un petit intérêt, dont se
contente aisément le public. C'est ce léger fil tissé
d'un peu de sentiment ou de grâce qui manque ici

pour guider l'attention depuis le commencement jusqu'au dénouement de ces trois actes. Ce n'est pas qu'ils ennuient par eux-mêmes, mais ils laissent trop souvent à l'auditeur le temps de penser à autre chose ; il faudrait couper et resserrer.

La partition de M. Emile Jonas est fort jolie dans son ensemble ; le compositeur écrit habilement et élégamment pour les voix et n'épouse qu'avec discrétion les allures cocasses du livret.

Je puis citer au courant de la plume une ouverture en pot-pourri, terminée par une strette pleine d'entrain, la chanson espagnole à deux voix et le quintette final du premier acte, vrai morceau bouffe, ingénieux, spirituel et d'un grand effet.

Au second acte, à travers quelques réminiscences, dont une valse très connue et un souvenir évident de *la Flûte enchantée,* je distingue le trio « enfant chéri » d'un ton mélodique et d'une facture plus relevée que ne le comporte le ton général de l'ouvrage, et aussi le finale du boléro, d'un bon développement et d'une jolie couleur.

Le dernier acte est le moins réussi des trois, comme pièce et comme musique ; on a cependant applaudi avec raison le joli chœur : « Je suis un jeune militaire. »

On peut dire que madame Desclauzas, qui chante, danse et mime le rôle de Beppa, la diseuse de bonne aventure, a soutenu le poids de la pièce tout entière sans autre aide que M. Jolly, aussi comique et aussi fin que possible dans un rôle de ganache dépourvu d'originalité. La scène de l'éventail, une des meilleures de la pièce, a été redemandée malgré sa longueur, et répétée par la charmante artiste au milieu des bravos mérités.

Le reste de l'interprétation, médiocre ou même passable, manque évidemment d'action sur le public.

Mademoiselle Landau dispose d'une jolie voix qu'elle oblige à des vibrations exagérées et nuisibles à la justesse du son. Mademoiselle Mily Meyer déride le public lorsqu'elle paraît, mais cette première impression s'éteint au bout de cinq minutes.

M. Alexandre, un baryton ténorisant, qui avait réussi à la reprise de *l'Œil crevé*, n'était pas en voix ce soir et n'a pas toujours chanté juste. M. Chalmin (Bocador) possède une assez agréable voix de basse chantante; comme acteur, il serait peut-être comique dans une tragédie.

N'insistons pas; en définitive le gros public ne sera peut-être pas aussi difficile à amuser que celui de la première représentation.

La pièce est richement montée; les costumes espagnols, style Directoire, très nombreux et très variés, rappellent le fameux tableau de Fortuny *le Mariage à la sacristie;* il y a peut-être là pour *la Bonne aventure* les éléments d'un avenir meilleur que ne semblerait le lui prédire la soirée d'aujourd'hui.

CMXC[1]

Bouffes-Parisiens.   11 novembre 1882.

GILLETTE DE NARBONNE

Opéra-comique en trois actes, paroles de MM. Henri Chivot et Alfred Duru, musique de M. Edmond Audran.

Le livret de MM. Chivot et Duru est tiré d'un conte

---

1. Une erreur s'étant produite dans le numérotage des articles de ce volume, nous reprenons, à partir de maintenant, le numérotage régulier.

de Boccace, qui a plusieurs fois tenté les auteurs dramatiques, et d'abord le premier d'entre eux, Shakespeare : *All's well that end well* (Tout est bien qui finit bien) est la mise en œuvre au sérieux du fabliau dont MM. Chivot et Duru on tiré *Gillette de Narbonne.* Sous ce dernier titre, MM. Fontan, Desnoyers et Ader firent représenter au théâtre des Nouveautés de la Bourse, en 1829, un vaudeville moyen-âge auquel ils donnèrent un sous-titre : *ou le mari malgré lui,* qui explique le sujet.

La Provençale Gillette, fille d'un médecin renommé possède de précieuses recettes composées par son défunt père ; elle promet, au moyen d'un breuvage connu d'elle seule, de guérir le bon roi René, atteint d'une maladie de langueur, et le roi lui promet, en récompense, de lui octroyer, s'il guérit, le don qu'elle lui demandera.

. Gillette aime le comte Roger de Lignolle, et s'en croit aimée ; elle prie le roi de lui donner le comte Roger pour époux ; le roi ne se peut dédire et ordonne le mariage. Mais le comte Roger, qui avait conté fleurette à une fille de rien, n'avait jamais conçu la pensée d'en faire sa femme. N'osant cependant résister au roi, il conduit Gillette à l'autel. Seulement, au sortir de l'église, il lui signifie sa volonté de n'être jamais son époux que de nom, et il part pour l'armée d'Italie, laissant à la pauvre enfant une lettre dans laquelle il lui déclare qu'il ne la reconnaîtra pour sa femme que le jour où elle lui présentera, avec l'anneau de diamant qu'il porte au doigt et qui ne le quitte jamais, un enfant né de leur amour.

Le second acte transporte la scène en Italie. Les Français viennent d'entrer à Naples ; l'un d'eux se fait remarquer par sa turbulence et sa fatuité ; c'est le chevalier Loys, en qui le comte Roger reconnaît avec étonnement les traits de Gillette : c'est en effet Gillette elle-même, qui se fait passer pour son propre frère, et qui se lie d'amitié avec son prétendu beau-frère c'est-à-dire son mari. Le comte a entrepris de séduire une jeune Napolitaine nommée Rosita, mariée secrètement au bonhomme Griffardin, précepteur du prince, Olivier, fils du roi René. Le chevalier Loys offre à Roger son assistance ; le plan de Gillette est bien simple ; elle assigne à Roger un rendez-vous au nom de Rosita ; mais c'est elle qui s'y trouve, et qui se fait donner la bague de diamant.

A remarquer que le conte de Boccace nous ramène ici aux deux dernières opérettes de Lecocq : *le Jour et la Nuit* et *le Cœur et la Main*. C'est une série. Il y a lieu d'espérer qu'elle n'ira pas plus loin. *Tertia solvet*, dit le proverbe latin.

Au troisième acte, la condition mise par Roger à la reconnaissance de son mariage est accomplie ; et lorsque le comte de Lignolle, qui avait été fait prisonnier de guerre, rentre dans son château après une absence d'une année, il y est salué par les cloches qui sonnent à toute volée pour le baptême d'un enfant, et cet enfant, c'est son fils.

Après des transports de jalousie et de fureur bien vite dissipés par la vue de la bague, le comte tombe aux genoux de Gillette, qu'il aime plus que jamais, et à qui il pardonne de l'avoir fait son mari malgré lui.

La donnée un peu scabreuse d'un pareil conte étant d'autant plus facilement acceptée qu'elle a subi l'épreuve d'un long usage, il faut reconnaître que MM. Chivot et Duru l'ont traitée avec une habile réserve, en se tenant beaucoup plus près de la comédie musicale que de l'opérette.

Leur livret est agréablement coupé, et il intéresse jusqu'au bout. Il convient de leur faire une part très large dans un succès, que la musique de M. Edmond

Audran n'aurait peut-être pas suffi, à soutenir jusqu'au bout.

Je m'explique tout de suite de peur de méprise. La partition de *Gillette de Narbonne*, écrite avec cette facilité de main et cette présence d'esprit musicale que j'ai déjà signalées dans *la Mascotte*, contient plus d'une page ingénieuse ou charmante, mais la distribution en est faite d'une manière très inégale, comme on le va voir par une rapide analyse.

Le premier acte me fournit une abondante récolte de souvenirs. En premier lieu, après un bout d'ouverture commun et médiocre, une romance d'un dessin élégant « D'abord, quel beau commencement » dont le ténorino de M. Lamy dessine dans les tons clairs les finesses un peu cherchées, et ensuite le duo entre Gillette et le comte Roger : « Rappelez-vous nos promenades. » Ce duetto, venant au début de l'ouvrage comme dans *la Mascotte*, dans une situation analogue, et chanté par les mêmes artistes, mettait l'originalité du musicien à une périlleuse épreuve, dont il s'est tiré à son honneur. Rien dans les confidences amoureuses du comte et de Gillette ne rappelle les *bè bè* ni les *glouglous* de *la Mascotte* ; un court et expressif *cantabile*: « N'est-ce pas l'amour » exposé par le baryton et repris ensuite avec Gillette dans un unisson soutenu seulement par les *pizzicati* du quatuor, réalise ici l'impression douce et pénétrante cherchée par le compositeur.

Une ronde provençale, avec l'inévitable accompagnement de tambourin et de galoubet, et scandée sur le refrain par les ah ! ah ! ah ! des chœurs, ne manque pas de couleur locale. Il s'en dégage une saveur agreste qui prépare bien le contraste avec l'accent presque dramatique du *finale* ; le comte repousse sa femme qui lui rappelle vainement ses serments, tandis que le violoncelle les répète en rappelant le thème mélancolique du duo d'amour. Tout cela est bien coupé, bien compris, rapide, vraiment scénique.

Au second acte se place la plus jolie chose qu'ait écrite jusqu'à ce jour M. Edmond Audran : c'est un trio dans lequel le prince Olivier et le comte Roger se disputent le cœur de Rosita, qu'ils ne savent pas mariée. Ce délicieux morceau, plein de verve délicate et d'intentions fines, m'a rappelé le célèbre quatuor de *Marta*, ce que je signale non comme réminiscence mais comme analogie d'impression ; le public l'a bissé d'enthousiasme.

Je retrouve encore une jolie phrase dans le dernier duetto du second acte : « Vous résistez à ma prière. » Et puis, c'est tout. Le finale guerrier des Français marchant à la bataille, assez bien écrit d'ailleurs, est d'une sonorité brutale et par conséquent banale.

Ceci dit, je constate la désertion du compositeur au troisième acte ; peut-être a-t-il voulu se montrer courtois envers ses collaborateurs en leur laissant la parole à eux seuls ; mais je ne puis tenir grand compte d'une assez gentille ariette à rythme de polka chantée par Gillette : « On m'avait dans une cage » ni du retour prévu de la phrase d'amour du premier acte, scellant la réconciliation de Gillette et du comte Roger. Heureusement, le troisième acte est fort amusant, même sans musique, et a plutôt fixé que compromis le sort de la soirée.

Somme toute, *Gillette de Narbonne* a été très applaudie et fournira certainement une longue carrière. Une pièce adroitement coupée et toujours amusante, une partition très réussie aux bons endroits, une mise en scène brillante, sont des éléments de succès corroborés par une interprétation vraiment excellente.

Il s'agissait pour madame Montbazon de conserver et même d'accroître la situation que mademoiselle Montbazon s'était faite par la création de la *Mascotte*.

Celle-ci a continué de porter bonheur à celle-là. La voix de la chanteuse n'a pas beaucoup de force ni beaucoup de rondeur, mais elle s'en sert avec dextérité et surtout avec charme ; et ses progrès comme comédienne ont paru très sensibles. Le public l'a très chaudement applaudie sous ses magnifiques costumes, qu'elle porte avec beaucoup d'aisance.

M. Morlet, le baryton des Bouffes-Parisiens, n'a pas non plus un grand volume de voix, mais c'est un chanteur de beaucoup de mérite, qui n'abuse pas de ses jolies notes de ténor. Je lui conseillerais seulement de vibrer un peu moins longuement sur la fin de ses phrases. Ce procédé, que tout le monde n'exécuterait pas comme lui, risque, en se répétant, d'user l'effet et d'engendrer la monotonie.

Le ténorino de M. Lamy a été très apprécié ce soir et a fait bisser par l'artiste certains couplets que le public n'aurait peut-être pas redemandés au compositeur.

Mademoiselle Gélabert est fort agréable et fort gaie sous les traits de la Rosita.

M. Maugé, très comique dans le rôle de Griffardin, M. Riga et mademoiselle Rivero ne doivent point être oubliés.

CMXCI

OPÉRA-COMIQUE. 13 novembre 1882.

LA NUIT DE SAINT-JEAN

Opéra-comique en un acte, paroles de MM. Delacour
et Lau de Lusignan, musique de M. Paul Lacome.

BATTEZ PHILIDOR

Opéra-comique en un acte, paroles de M. Abraham Dreyfus,
musique de M. Amédée Dutacq.

L'Opéra-Comique a ouvert ses portes ce soir à deux
jeunes compositeurs, nouveaux venus dans la maison,
MM. Paul Lacome et Amédée Dutacq, mais non
à deux débutants, M. Paul Lacome ayant déjà fait représenter deux ou trois ouvrages aux Folies-Dramatiques.

J'ai le regret de constater que ni l'une et l'autre de
ces tentatives n'a réussi, quoique inégalement malheureuses. Il est singulier que deux jeunes compositeurs, étrangers l'un à l'autre, et qui ne s'étaient
certainement pas concertés, semblent cependant s'être
donné le mot pour laisser au seuil de l'Opéra-Comique,
la verve, la gaieté, l'esprit, qui sont les qualités essentielles de la comédie musicale. Peut-être bien est-il
arrivé à l'un et à l'autre la mésaventure des jeunes
gens timides, qui, à leur première entrée dans un
salon, exagèrent la raideur et la froideur, de peur
qu'on ne les accuse de manquer de tenue.

Je puis garantir à M. Lacome, en particulier, que

27.

s'il avait introduit dans *la Nuit de Saint-Jean* une des mélodies aimables et faciles, qui firent la fortune de *Jeanne, Jeannette et Jeanneton* aux Folies-Dramatiques, le public de l'Opéra-Comique ne s'en serait nullement scandalisé.

En français, on doit dire, d'après l'usage : *la Nuit de la Saint-Jean*, mais ici l'incorrection s'abrite sous une double excuse : la pièce se passe en Suisse, et elle est tirée d'une nouvelle de MM. Erckmann-Chatrian. C'est, en effet, aux *Fiancés du Grinderwald* que MM. Delacour et Lau de Lusignan ont emprunté leur livret.

Il paraît que la coutume du pays suisse est que le fiancé porte à sa fiancée un bouquet dans la nuit de la Saint-Jean. Le jeune montagnard Frantz voudrait bien se conformer à l'usage en offrant des fleurs à Charlotte Fœrster qu'il aime, mais le père Fœrster, un homme à longues moustaches, qui fume dans une pipe en porcelaine peinte, ne veut accorder sa fille à Frantz que le jour où celui-ci obtiendra une place parmi les gardes-chasse du Grinderwald. D'ailleurs, le juge de paix du canton, M. Zacharias Seiler, paraît épris de la jeune Charlotte, et dame ! c'est un riche parti, quoique le bonhomme approche de la soixantaine. Il choisit précisément la Saint-Jean pour venir dîner chez les Fœrster, et naturellement il apporte un bouquet pour Charlotte. Puis le juge s'installe dans la chambre d'honneur, remettant au lendemain sa demande en mariage. Mais au moment où il va se mettre au lit, un homme s'introduit dans la chambre : c'est Frantz qui n'a pu se résigner à passer la nuit de la Saint-Jean sans parler à sa fiancée. Zacharias Seiler, désolé de cette découverte, car il aime sincèrement Charlotte, comprend que, ne voulant pas faire le malheur de ces deux enfants, il doit s'occuper lui-même de leur bonheur. Il promet à Frantz une place de garde-chasse, et c'est pour Frantz qu'il demande à M. Fœrster la main de sa fille. Charlotte est un peu étonnée, en recevant au front le baiser paternel du juge, de sentir une larme rouler jusque sur sa joue.

M. Lacome s'est visiblement préoccupé des côtés pittoresques de ce sujet peu compliqué. Il a pensé à la Suisse, aux sérénités alpestres, à l'écho prolongé du cor dans les vallées. Tel est du moins le sentiment qui se dégage d'un prélude instrumental poétiquement orchestré, comme aussi de la courte chanson des gardes entendue en chœur dans le lointain. Mais je cherche vainement dans les autres morceaux de la partition, l'ombre d'une idée mélodique, distinctement appliquée aux pensées des personnages en présence.

Par exemple, le *duetto* entre Frantz et Charlotte, c'est-à-dire entre un jeune chasseur de chamois et une petite fermière, place dans la bouche de celle-ci uue phrase dont l'incroyable longueur, qui rappelle les interminables développements de Richard Wagner, exigerait pour être conduite sans accroc jusqu'au bout, la voix d'une cantatrice allemande ou d'un soprano à vapeur. Ce même duetto se termine par une strette de grand opéra couverte par toutes les sonorités de l'orchestre.

Le motif d'un petit quatuor est assez ingénieux, mais il reste confiné dans l'orchestre, et les voix l'accompagnent durement.

L'exécution de *la Nuit de Saint-Jean* est médiocre. Madame Thuillier-Leloir ne chante pas toujours juste et abuse du trille, qu'elle bat irrégulièrement.

La Nuit de Saint-Jean a cependant eu son moment de succès et de succès très mérité, ce sont les couplets du bonhomme Seiler « J'ai rêvé » lorsqu'il refoule les derniers battements d'un cœur qui venait de renaître.

Ces couplets, ou plutôt cette scène, ont été pour M.
Grivot l'occasion d'un véritable triomphe. Il les a dits
avec une émotion simple et vraie, et même avec une
voix musicalement attendrie, qui ont produit un indi-
cible effet. Notez que le rôle et la situation sont iden-
tiquement ceux du principal personnage dans une
jolie pièce de la Comédie-Française, *l'Eté de la Saint-
Martin*, de MM. Meilhac et Halévy. M. Grivot y vaut
M. Thiron ; c'est le plus bel éloge que je lui puisse
décerner.

Le]poème de MM. Delacour et Lau de Lusignan
est un mélodrame compliqué si l'on en compare l'affa-
bulation à celle de *Battez Philidor*. Voici la chose en
quatre mots : un jeune violon du Théâtre-Italien,
nommé Richard, est épris de mademoiselle Doris, fille
de M. Boudignot, propriétaire du café de la Régence ;
mais M. Boudignot, qui professe le plus profond
dédain pour la musique et n'estime que le jeu d'échecs
répond au jeune présomptueux. « Jouez avec Philidor, si vous le battez, vous aurez ma fille. » Richard, qui n'a jamais touché un pion, compte sa mésaventure à Philidor lui-même, et le célèbre joueur lui
promet de se laisser battre. Malheureusement, pendant
la partie, Doris, croyant bien faire, se place à côté de
Philidor et lui chante un air de sa partition *d'Erne-
linde*; le compositeur, ravi, donne des distractions au
joueur d'échecs, si bien que Philidor, ne sachant plus
ce qu'il fait, gagne la partie par habitude. Richard
s'arrache les cheveux, mais Philidor détermine le
consentement de M. Boudignot, en le menaçant
d'abandonner le café de la Régence pour le café Pro-
cope.

Ce livret, agréablement écrit, présente peu de situations musicales ; et je ne m'étonne pas qu'il n'ait rien
dit à l'imagination de M. Dutacq. Ce jeune compositeur, second prix de Rome, est le fils de notre ancien

confrère, Armand Dutacq, le fondateur du *Siècle* et l'ami de Balzac, qui a laissé de durables souvenirs à ceux qui l'ont connu. Ce qui manque à la partitionnette de M. Amédée Dutacq, ce n'est ni le talent, ni le savoir, c'est l'intérêt. J'aime mieux l'attendre à une autre épreuve que de le discuter inutilement aujourd'hui.

M. Barré compose avec esprit et bonhomie la physionomie de Philidor ; M. Nicot, enroué, avait fait réclamer l'indulgence, mais il n'en avait pas besoin pour mimer d'une manière amusante le rôle insignifiant de Richard.

CMXCII

AMBIGU. 18 novembre 1882.

LES MÈRES ENNEMIES

Drame en trois parties et dix tableaux,
par M. Catulle Mendès.

Les mères ennemies s'appellent sur le programme Élisabeth Boleska, polonaise et catholique, épouse dévouée du comte polonais André Boleski, et Sonya ou Sofia Ivanovitsch, russe et schismatique, seconde femme du même André Boleski, devenu général au service de l'impératrice Catherine II. En réalité, ces deux mères ennemies sont les deux nationalités slaves, la Pologne et la Russie, luttant jusqu'à la mort et dévorant leurs propres enfants. Cette signification symbolique du drame de M. Catulle Mendès lui imprime parfois un caractère de grandeur peu commun, en même temps qu'il l'écarte souvent des réalités tangibles dont le théâtre ne saurait s'affranchir sans péril pour la clarté et l'intérêt des peintures qu'il expose.

La première partie, ou bien, à proprement parler, le prologue des *Mères ennemies*, se compose de deux tableaux qui se passent au château de Boleski, en Lithuanie, sous le règne de Stanislas Poniatowski, à la veille du premier partage de la Pologne, entre 1768 et 1772.

Une cérémonie commémorative d'une bataille nationale se célèbre dans la chapelle du château de Mikalina, manoir des Boleski ; la noblesse de la province, présidée par son staroste, les députés du clergé, des bourgeois et des paysans, des juifs même représentés par leur rabbin, sont venus saluer Elisabeth Boleska. Il ne manque à cette solennité que le châtelain de Mikalina, le comte André Boleski, dont l'absence prolongée désole sa femme et inquiète le patriotisme soupçonneux des Polonais. On sait qu'André Boleski est allé à Varsovie, à la cour du roi que protège l'impératrice Catherine, et de là à Saint-Pétersbourg. Elisabeth Boleska, la mort dans l'âme, répond de la loyauté de son mari sur la tête de leur jeune fils, Etienne Boleski.

Tout à coup, André Boleski arrive, n'ayant annoncé son retour qu'à son seul intendant, le serf Rodztko. Ame faible plutôt que dépravée, André s'est laissé séduire par une princesse russe, aventurière d'origine, qui a été servante d'auberge comme Catherine première, la blonde Sonya Ivanowna. Il vient annoncer à Elisabeth qu'il a abjuré le catholicisme, qu'il s'est fait sujet russe et qu'il veut divorcer. A ce triple parjure, à cette triple trahison envers Dieu, la patrie et la

famille, la noble Elisabeth n'oppose que la foi des serments. Elle refuse de souscrire au divorce : « La loi
le permet » dit le comte, — « Ma foi me le défend ! »,
répond Elisabeth.

Cependant, André Boleski, rentré dans le manoir
paternel, se sent pénétré par la puissance irrésistible
des souvenirs ; il hésite au moment de rompre avec
un passé d'honneur et de gloire. Un enfant achève de
le faire rentrer en lui-même ; c'est le petit Etienne,
qui se jette au cou de son père. André Boleski, attendri, demeure fidèle à son premier foyer.

Malheureusement, Rodztko, l'intendant, qui joue
dans la pièce un rôle de traître que j'apprécierai plus
loin, et qui veut le divorce de son maître, a prévenu
la Russe Sony a par un message. Elle arrive au second
tableau dans l'antique manoir, et sa vue réveille dans
le cœur et les sens d'André Boleski une passion mal
assoupie. Elisabeth Boleska, entrant à l'improviste,
surprend André et Sonya dans les bras l'un de l'autre.
De plus, le comte la menace d'emmener leur fils en
Russie. Elisabeth, indignée et lassée, renonce à la
lutte. Elle consent au divorce, qui lui laisse, avec la
garde de son fils Etienne, la possession et les droits
seigneuriaux de la châtellenie de Mikalina. Mais au
moment où les deux amants vont partir, elle les arrête du geste : « Que tout le monde entre ! » ordon-
ne-t-elle. La salle du manoir féodal s'emplit de nobles, de bourgeois et de serfs.

« — Vous voyez bien cet homme ? » s'écrie-t-elle.
« Hier, il était votre seigneur, il ne l'est plus ; il était
« catholique, il s'est fait hérétique ; il était Polonais,
« il s'est fait Russe ; il était mon époux, il ne l'est
plus ! » Et elle demande au staroste, chef de la noblesse : « — Quel est le châtiment des transfuges ? »
— « On leur arrache leur sabre et leurs insignes de
chevalerie. » — « Faites ! » commande la châtelaine.

Le staroste désarme André Boleski et lui arrache la décoration de l'Aigle blanc. — « Juif! » reprend Elisabeth Boleska, s'adressant au rabbin « dans votre religion, quelle est la punition des apostats? » — « On ramasse de la cendre et on leur en macule le front. » « — Faites! Et vous paysans, quand un de vos pareils a commis un tel crime, quel châtiment lui infligez-vous? » — « Les enfants du village étendent la main vers lui, et lui crient : Malheur sur toi. »

« — Il n'y a pas ici d'autre enfant que le mien, » dit la comtesse, « mais celui-là suffira! » Le malheureux comte Boleski ne peut supporter l'idée d'un pareil anathème, et se jette suppliant aux genoux de son petit Etienne, au moment où l'enfant, sous la dictée de l'implacable Elisabeth, va prononcer la malédiction contre son père.

Cette situation terrible, émouvante et neuve, est d'un irrésistible effet. Quelles que soient mes réserves sur ce qui va suivre, je me plais à dire qu'une pareille scène, aussi largement conçue que hardiment exécutée, atteste la présence chez M. Catulle Mendès de hautes facultés littéraires qui permettent de tout espérer de lui.

La première partie des *Mères ennemies* annonçait une forte étude d'histoire et de caractères, qui n'avait besoin que de continuer comme elle avait commencé pour devenir une œuvre de premier ordre. C'était évidemment trop attendre pour une seule soirée.

Au lieu de poursuivre la tragédie à la fois nationale et domestique, dont il avait si puissamment édifié le portique, M. Catulle Mendès a découpé les funestes annales de la famille Boleski en tableaux rapides, qui rentrent dans le système ordinaire du drame à spectacle, sans posséder les qualités d'enchaînement et de clarté nécessaires à ce genre de pièces.

Je me résume. André Boleski, après avoir quitté sa première femme et son fils Etienne, a épousé Sonya Ivanowna, dont il a également un fils, nommé Yvan. Les deux frères combattent dans des rangs opposés, et, pour comble d'infortune, ils aiment la même femme, la jeune Hélyonne, fille du staroste polonais. Le Russe Yvan tue son frère le Polonais Etienne, et lui-même tombe sous une balle polonaise. La race des Boleski est finie, et les deux mères ennemies sont ensevelies avec le comte Boleski dans une même catastrophe, l'écroulement d'une maison de glace dans les eaux d'un lac.

A travers ce kaléïdoscope, je signale encore deux scènes d'une grande beauté. L'une, au sixième tableau, nous montre les Polonais vaincus mais refusant de se rendre, tombant l'un après l'autre sous la fusillade russe, au pied du crucifix porté par un moine ; le moine est frappé à son tour, le rabbin ramasse le crucifix et le montre aux survivants en s'écriant : « Je relève l'étendard de la Pologne ! » mot sublime, qu'il ait été dit sur un champ de bataille polonais, ou qu'il appartienne à M. Catulle Mendès.

L'autre scène, digne encore de tous éloges, c'est la lutte déchirante entre les deux mères lorsque Sonya propose à Elisabeth de sauver le fils de celle-ci, prisonnier des Russes, à la condition qu'Etienne cédera à son frère Yvan sa fiancée polonaise. Elisabeth refuse avec une énergie enflammée, de sacrifier la vierge innocente, même pour sauver son unique enfant.

Le drame de M. Catulle Mendès a eu, dit-on, bien des coupures à subir pour se ployer à la durée d'une soirée ordinaire ; je crains que ces coupures n'aient porté çà et là sur des parties vitales, en laissant subsister des épisodes dont la nécessité n'était pas démontrée, en un mot, qu'on n'ait sacrifié des développements intellectuels à des tableaux purement visuels.

On a retranché quelques-uns de ceux-ci à la suite de la répétition générale; mais cependant la pièce demeure longue encore, et je signale comme absolument nécessaire la suppression d'un rôle épisodique, celui d'une certaine princesse Nadine qui ne fait que passer, juste pour débiter un monologue qui rappelle de beaucoup trop près *La tempête sous un crâne*, de M. Abraham Dreyfus, que connaissent tous les salons de Paris.

La part de la discussion ainsi faite en toute sincérité, c'est un plaisir pour moi de constater le succès éclatant d'une œuvre incomplète, mais de haute valeur, intéressante, élevée, pathétiqne, servie par un style magistral auquel on ne saurait reprocher que son excessive sévérité de facture et l'abus de détails trop amoureusement caressés.

Le personnage d'Elisabeth Boleska, cette noble matrone, taillé sur le patron des figures cornéliennes, a trouvé dans madame Agar une interprète absolument supérieure. La résignation, la tendresse, la douleur, l'enthousiasme, elle a tout exprimé avec un art de composition grandiose, qui impose silence aux critiques de détail.

C'était une rude tâche pour mademoiselle Antonine que de soutenir l'assaut d'une partenaire telle que madame Agar, en ayant contre soi la répulsion que soulève le personnage de Sonya Ivanowna. Mademoiselle Antonine a triomphé de tous ces obstacles à force d'intelligence, de grâce et de talent.

Le rôle non moins difficile du comte Boleski, si faible, si lâche et cependant aimant toujours ceux qu'il a cruellement abandonnés, est bien compris par M. Damala. L'artiste dit et joue juste, malgré l'obstacle que lui suscitent une voix peu timbrée et une prononciation qui a besoin d'être rectifiée par le travail. M. Damala a été surtout remarquable dans la scène de l'avant-dernier tableau, lorsqu'il sépare ses deux fils armés l'un contre l'autre.

M. Paul Deshayes sauve, par de grandes qualités de diction, le rôle du juif polonais Rodztko, devenu une énigme par suite des derniers retranchements qu'a subis la pièce. Dans la pensée de l'auteur, Rodztko n'est pas un vulgaire traître de mélodrame; c'est une sorte de Spartacus, qui a rêvé d'affranchir ses frères les serfs polonais, et qui emploie tous les moyens même atroces, pour arriver à son but.

. Mademoiselle Charlotte Raynard est fort gentille dans le rôle du petit oiseleur Tzoril, que je compte parmi les ornements charmants et inutiles qu'un artiste tel que M. Catulle Mendès n'a pas le courage de sacrifier.

La mise en scène des *Mères ennemies* est extrêmement belle; les costumes surtout se distinguent par leur élégance comme par leur richesse; le meilleur décor à mon gré, réunissant le pittoresque à la science architecturale, est celui du premier acte, qui représente la cour d'honneur et la chapelle du manoir des Boleski, moitié palais, moitié forteresse.

Le sixième tableau, celui de l'agonie de la petite phalange polonaise, et le dixième, où l'on voit les personnages principaux périr ensemble dans la maison de glace, démolie par une explosion, sont assurément intéressants et curieux; mais on se rappelle encore de trop près leurs similaires, tels que la maison du passeur dans *les Exilés*, le poste du télégraphe et le champ de bataille dans *Michel Strogoff*.

CMXCIII

Deuxième représentation et cinquantenaire de la première de

LE ROI S'AMUSE

Drame en cinq actes et en vers, par Victor Hugo.

I

C'est un événement un peu plus que rare, et l'on peut dire unique dans les fastes littéraires, que la seconde représentation d'une pièce de théâtre donnée à cinquante ans de distance de la première, en présence de l'auteur lui-même « entré vivant dans la postérité ». La mort du grand Corneille devança de deux ans le cinquantième anniversaire de l'apparition du *Cid*. Quant à Shakespeare et à Molière, leur vie entière tient dans cet espace d'un demi-siècle, qui ne compte que pour une étape dans la gigantesque carrière de Victor Hugo. Un si étonnant spectacle, un si touchant anniversaire, explique la curiosité passionnée du public dans la soirée qui vient de s'écouler.

La libre Angleterre a créé une place gouvernementale de poète-lauréat, dont le titulaire est doté, outre la couronne officielle de laurier, d'une grosse pension. La nation française comprend autrement la gloire littéraire ; elle ne couronne ses poètes ni de lauriers ni de guinées ; il lui arrive même d'attendre qu'ils soient morts pour s'assurer qu'ils méritaient de vivre. Seul Victor Hugo, par la nature impérieuse de son génie, par son impassible courage qui semble

défier les incrédulités, les coups du sort et le poids des
années, domine enfin la contradiction, subjugue les
dissidences, et voit les fronts les plus fiers courbés
devant son trône littéraire. Le poëte-lauréat de la
France, longtemps et obstinément débattu, aujour-
d'hui librement acclamé, c'est lui.

Faut-il donc, à l'issue de la fête littéraire que vient
de lui donner la Comédie-Française, discuter *le Roi
s'amuse* comme une pièce nouvelle, et faire entendre
la voix parfois discordante de la critique, alors qu'on
est le plus porté, comme je le suis moi-même par bientôt
quarante ans d'une amitié qui m'honore, à ne faire
entendre que des paroles de respect et d'admiration ?
Je ne l'aurais pas voulu, mais rapporteur impartial, il
me faudra, bien malgré moi, expliquer, par la discussion de la marche générale et des scènes principales
du *Roi s'amuse*, les impressions ressenties par une élite
venue pour acclamer le nom de Victor Hugo.

II

Il est d'abord un point sur lequel je veux insister,
au moment où la pièce s'efforce de conquérir la même
popularité que ses aînées, *Hernani*, *Marion Delorme*
et *Ruy-Blas*.

J'aurais voulu ne chercher, dans *le Roi s'amuse*, que
le génie dramatique et l'étincelante fantaisie de Victor
Hugo, mais une parole du maître, quoique déjà ancienne, m'oblige à présenter mes réserves sur la valeur historique de son drame.

M. le comte d'Argout avait-il tort lorsqu'il expri-
mait à Victor Hugo lui-même le regret que François Iᵉʳ fût si maltraité dans sa pièce ? Victor Hugo ré-
pliqua qu'avant l'intérêt de la royauté « il y avait l'intérêt de l'histoire. »

Aujourd'hui que l'intérêt de la royauté ne saurait

faire obstacle à la représentation ni au succès d'un drame, on peut examiner plus librement que jamais si Victor Hugo, en écrivant *le Roi s'amuse*, a servi « l'intérêt de l'histoire », et même s'il s'en est sérieusement préoccupé.

Il est presque puéril de rappeler au lecteur que le sujet de *le Roi s'amuse*, est une fable, au sens le plus exact du mot, puisque François Ier n'a séduit ni violé la fille du fou Triboulet, ne fût-ce que par cette raison péremptoire que l'ancien fou de Louis XII, espèce d'avorton à face de magot, à qui l'on donnait un gouverneur pour prendre soin de sa pauvre personne comme de celle d'un enfant idiot, n'eut jamais de femme ni de fille.

Voilà pour le fond. Passons aux épisodes.

Jean de Poitiers, comte de Saint-Vallier, impliqué dans le procès du connétable de Bourbon en 1522, fut gracié par le Roi ; à cette époque, il existait une reine de France, Claude, fille de Louis XII, dont le nom n'est prononcé que par hasard dans la pièce, et qui ne paraît précisément pas au Louvre, lorsque le roi son époux y donne des fêtes. A côté de Claude de France, trônait, il est vrai, une reine de la main gauche, mais ce n'était pas Diane de Poitiers, épouse depuis dix ans de Louis de Brezé, comte de Maulevrier, grand-sénéchal de Normandie : c'était la comtesse de Châteaubriant.

Rien, d'ailleurs, n'est moins avéré que la légende d'après laquelle François Ier n'aurait accordé la grâce du père qu'en échange du déshonneur de sa fille. Le fait est que Diane de Poitiers paraît avoir vécu fort paisiblement avec son mari le grand-sénéchal jusqu'à la mort de celui-ci, survenue en 1531, et de qui elle porta le deuil toute sa vie. C'est seulement en 1538, après sept ans de veuvage, qu'elle devint la maîtresse du dauphin, depuis le roi Henri II.

Je ne chicanerai pas Victor Hugo sur sa topographie
de l'ancien Paris, à laquelle je ne comprends rien ;
ni sur son cul-de-sac Bussy, dont les maisons communiquent, à un kilomètre de distance à vol d'oiseau,
avec le quai, bien qu'il n'existât pas de quais à Paris
sous le règne de François Ier.

La couleur locale est encore moins observée dans
ces vers que le roi débite à madame de Cossé :

> N'est-ce pas une honte, alors que tout Paris
> Et les plus grands seigneurs et les plus beaux esprits
> Fixent sur vous des yeux pleins d'amoureuse envie·
>
> . . . .
> . . . .
>
> Vous allez, méprisant duc, empereur, roi, prince,
> Briller, astre bourgeois, dans un ciel de province !

S'il existait un « tout Paris » en 1522, ce ne fut certainement pas pour le roi François Ier, qui habita très
rarement sa capitale : « Jamais, » écrivait Marin Gius-
tinian à la Seigneurie de Venise, « jamais, du temps
« de mon ambassade, la cour ne s'arrêta dans le même
« endroit pendant quinze jours de suite ; elle se trans-
« porta d'abord en Lorraine, en Poitou, en Belgique,
« en Normandie, en Picardie, en Champagne et Bourgogne », sans compter la Provence, le Languedoc,
l'Auvergne, le Lyonnais, le Bourbonnais, et la Touraine. Tous les ambassadeurs se plaignaient de ces
déplacements onéreux. C'était la politique des Valois
de séjourner dans toutes les parties de la France l'une
après l'autre ; le roi François, qui détestait les villes,
n'aimait, pour son compte personnel, que les grands
bois et les vastes horizons. Ce fut donc, avant tout,
un roi provincial, et surtout campagnard ; un Parisien,
jamais.

Mais, dira-t-on, qu'importent des erreurs dans le
fond du tableau, si le portrait est exact et si le poète
a saisi la ressemblance morale de ce roi qui s'amuse

en négligeant l'honneur et les intérêts de sa couronne ?

Voilà le point capital, et c'est précisément dans le personnage du roi que Victor Hugo s'est montré inexact autant qu'injuste. Insistant, avec une exagération évidente sur l'humeur galante du monarque, il ne laisse pas deviner un seul instant en lui, le vainqueur de Marignan, l'adversaire de Charles-Quint, l'homme héroïque, même dans ses fautes, que ses contemporains et l'Europe entière ne connurent que sous le nom du grand roi François ; ou, s'il en parle, c'est seulement au dernier acte pour le faire insulter et fouler aux pieds par un bouffon. Voici cependant comment le dépeignait un ambassadeur vénitien, au moment de son avénement au trône : « C'est un fort « beau roi, d'une stature vaillante, se connaissant aux « choses d'Etat, patient à entendre tout le monde, se « plaisant à répondre en personne, et excellent au con-scil. » A trente-trois ans de distance, un autre ambassadeur nous donne un portrait plus marqué, mais où les traits du premier se retrouvent au naturel : « Le « Roi est âgé maintenant de cinquante-quatre ans; son « aspect est tout à fait royal, en sorte que n'ayant ja-« mais vu sa figure ni son portrait, à le regarder seule-« ment, un étranger dirait : C'est le Roi ! Tous ses « mouvements sont si nobles et si majestueux, que « nul prince ne saurait l'égaler. Son tempérament est « robuste, malgré la fatigue excessive qu'il a toujours « endurée et qu'il endure encore dans tant d'expédi-« tions et de voyages. Il y a bien peu d'hommes qui eus-« sent supporté de pareilles adversités... Pour ce qui « est des grandes affaires d'Etat, de la paix, ou de « la guerre, Sa Majesté, docile en tout le reste, veut « que les autres obéissent à sa volonté. A l'écouter, « on reconnaît qu'il n'est chose, ni étude, ni art, sur « lesquels il ne puisse raisonner pertinemment... Ses « connaissances ne se bornent pas simplement à l'art

« de la guerre, mais il est très expérimenté dans la
« chasse, dans la peinture, dans la littérature, dans
les langues... »

François Ier, que Victor Hugo nous montre se plai-
gnant, comme un écolier paresseux, que sa sœur Marguerite veuille l'entourer de savants, est ce même roi
qui, protégeant les poètes, et poète lui-même, lisait
Thucydide, Diodore de Sicile, Appien, Justin et Pé-
trarque, qui fut l'ami du Titien, de Léonard de Vinci,
d'André del Sarto, de Benvenuto Cellini, qui bâtit
Fontainebleau et créa le Collège de France.

Ceci suffit à prouver que l'histoire n'a rien à voir
avec le Roi s'amuse, et qu'il n'y a pas trop à s'indigner,
quand un misérable bouffon insulte au cadavre de
celui qu'il croit être le roi de France. Ce bouffon et ce
roi sont imaginaires l'un et l'autre.

Je lis dans l'intéressant travail de mon collaborateur Jehan Valter que le manuscrit original du Roi
s'amuse se terminait par un dessin à la plume de Victor Hugo, représentant un bouffon assis par terre,
les jambes croisées, avec cette légende au dessous :
« Le dernier bouffon songeant au dernier roi ! » Il y avait
certainement de la prophétie dans cette légende ; les
rois ne sont plus, et les bouffons abondent. Mais à
quoi songent-ils ? A rien.

Ceci dit, ne nous occupons plus que du drame inventé par Victor Hugo, de l'accueil qu'il a reçu ce soir
et de la part qui revient à chacun de ses interprètes
dans les émotions très diverses de cette soirée si longtemps attendue.

III

Le premier acte est écouté avec un étonnement
qui explique la froideur générale. Cette fête du Louvre met en scène, sous les noms illustres et sonores
de Montmorency, de Cossé, de Piennes, de Gordes,

de Brion, de Pardillan, j'en passe et des meilleurs, un certain nombre de fantoches qui rappellent les courtisans des monarques de féeries. L'attention s'éveille à l'entrée du comte de Saint-Vallier ; mais l'extrême loquacité de ce vieillard donne le temps de la réflexion. Que vient-il faire ?

> . . . . · Je me suis mis en tête
> De venir vous troubler ainsi dans chaque fête.

Et l'on se demande pourquoi le comte de Saint-Vallier a attendu pour troubler la fête qu'elle fût à peu près finie, puisque le jour paraît. Puis l'on se dit que ce vieillard a tort de réclamer sa fille qu'on ne lui a pas prise, puisqu'elle l'avait quitté depuis longtemps pour suivre son mari, et qu'un beau-père sensé laisse à son gendre le soin et la responsabilité de ces sortes de réclamations. Mais ce qu'on admire surtout, c'est la longanimité du roi François Ier qui supporte sans broncher ce torrent d'injures déclamatoires, comme aussi l'immobilité de MM. de Cossé, de Piennes, de La Tour-Landry, de Montchenu, de Montmorency, de Gordes, de Vic et de Brion, qui ne bougent pas plus que de simples automates. On se croirait au Musée Tussaud. Cependant les beaux vers si connus qui terminent la tirade

> Vous êtes roi, moi père, et l'âge vaut le trône

rompent enfin la glace et quelques applaudissements accompagnent la première chute du rideau.

Au second acte, on voit apparaître une source d'intérêt ; le bouffon redevenu bourgeois, montre de la sensibilité dans ses confidences à sa fille Blanche, qui répond si mal aux bontés paternelles mais il perd subitement les sympathies naissantes, lorsqu'au lieu de veiller sur sa fille, il s'offre de lui-même pour participer à l'enlèvement de madame de Cossé. Certes, Triboulet montre peu de sagacité en se laissant couvrir la figure d'un masque et d'un bandeau ; mais ce qui est moins concevable encore, c'est qu'il donne dans le panneau d'un enlèvement de madame de Cossé. Pourquoi enlèverait-on madame de Cossé ? Elle était tout à l'heure au Louvre, et n'attend qu'un mot du roi pour n'en plus sortir. Triboulet sait cela mieux que personne. Sa crédulité n'est donc qu'un expédient inacceptable, ce que j'oserais appeler une ficelle, s'il ne s'agissait pas d'un poète que l'on vante de n'avoir rien de commun avec les procédés de M. d'Ennery.

Le troisième acte ne réchauffe pas la température de la salle. Il renferme cependant des situations profondément dramatiques, mais l'effet en est coupé par leur caractère absolument odieux, qui dépasse la mesure de ce que le public, je ne veux pas dire le vulgaire, en parlant d'une réunion d'élite comme celle de ce soir, peut supporter en fait d'invraisemblances et de disconvenances théâtrales.

François Ier se comporte avec Blanche comme le ferait le dernier des goujats avec une femme perdue ; personne ne reconnaît dans ce grossier soudard le prince spirituel et galant, le roi chevalier qui ne jurait jamais que par sa foi de gentilhomme. Ici la note est forcée, et l'intérêt s'évanouit. Il renaîtrait peut-être en faveur du bouffon réclamant sa fille, si l'infamie des courtisans qui se placent en travers de la porte ne dépassait toute mesure. Nos automates, qui dormaient tout à l'heure lorsqu'il s'agissait de défendre l'honneur de leur roi, se réveillent maintenant pour assurer l'accomplissement d'un viol. Les nobles français du xvie siècle n'étaient donc que de vils coquins comme leur Roi? On ne le croira pas. La scène, fût-elle vraisemblable, n'en serait pas moins hideuse.

Les deux derniers actes pouvaient sauver le résultat de la soirée par un effet de terreur, mais cette dernière ressource a été compromise par l'interminable déclamation de Triboulet penché sur le sac où, au lieu du gigantesque François Ier, il finit par découvrir le corps délicat de sa pauvre fille assassinée. Toute émotion disparaît à suivre ces admirables mais surabondantes périodes.

Le drame s'est achevé sous une impression de désillusion lugubre ; et la foule qui s'écoulait, non sans avoir salué comme il convenait la personne du poète, ne m'a pas paru disposée à casser l'arrêt porté contre *le Roi s'amuse*, par le public du 22 novembre 1832.

On avait d'avance beaucoup parlé de la mise en scène du drame, trop parlé peut-être, car elle ne répond pas, selon moi, aux espérances que faisaient concevoir le goût artistique et l'expérience consommée de M. Emile Perrin. Les costumes sont fort bien, sans rien offrir de particulièrement remarquable, sauf ceux de Saltabadil et de Maguelonne. Des quatre décors un seul est bien peint et bien planté, c'est la maison de Triboulet au prétendu cul-de-sac Bussy. Les deux salles du Louvre manquent de grandeur et de noblesse architecturales. Quant au décor du vieux Paris, qui sert pour les deux derniers actes, il est déparé par d'affreux raccords, mal rejoints, qui rendent l'aspect du fond presque incompréhensible.

La musique de M. Léo Delibes est charmante, et son caractère archaïque éloigne toute velléité de comparaison avec les mélodies similaires de *Rigoletto*.

IV

La partie difficile et même pénible de ma tâche, c'est de juger l'interprétation du *Roi s'amuse* en toute sincérité, sans affliger des artistes éminents et justement appréciés.

Prenons le taureau par les cornes : parlons tout de suite de M. Got.

Victor Hugo résista longtemps à l'idée de laisser
jouer le rôle de Triboulet par un artiste choisi hors de
l'emploi tragique. Il pressentait ce qui devait arriver.

M. Got a naturellement rencontré des effets très
poignants dans les cordes de sensibilité contenue, par
exemple au second acte, lorsqu'il rappelle le souvenir de la femme dont l'amour eut pitié de sa misère
et de sa difformité. Il a montré dans les diverses
parties de ce rôle écrasant les ressources étendues
d'un homme consommé dans son art ; tout ce qu'on
peut faire avec un grand talent, M. Got nous l'a donné
ce soir ; mais ce qu'il ne pouvait faire, car on ne force
pas la nature, c'est d'avoir la voix tragique ; et la voix
n'est pas moins pour le tragédien que pour le chanteur
« l'instrument nécessaire », comme dit M. le prési-
sident du Conseil. Du reste, les admirables efforts de
M. Got lui ont valu une ovation personnelle à laquelle
je m'associe.

M. Maubant débite correctement la tirade de Saint-
Vallier avec le peu de voix qui lui reste.

Le rôle de François Ier ne convient pas à M. Mounet-Sully, superbe d'allure sous des costumes médiocrement choisis.

Par exemple, M. Febvre s'est taillé un succès de
transformation pittoresque sous le costume de Saltabadil ; on n'est pas plus complètement ni plus naturellement bandit ; il me semble même que M. Febvre
détaille les vers plus nettement que la prose. Il a été
justement applaudi.

La grâce un peu grêle et tout le charme de geste et
de voix que possède mademoiselle Bartet semblent
créés tout exprès pour le personnage de Blanche ; elle
l'a joué d'une manière exquise, et il ne lui manque
peut-être que de donner un peu plus de force à ses
derniers accents avant de se livrer à la mort, pour
être la perfection même du rôle.

Maguelonne a été pour madame Jeanne Samary ce que Saltabadil a été pour M. Frédéric Febvre, un succès dont l'éclat a paru d'autant plus vif que les fonds ambiants étaient plus sombres.

CMXCIV

PORTE-SAINT-MARTIN.   25 novembre 1882.

VOYAGE A TRAVERS L'IMPOSSIBLE

Pièce fantastique en trois parties et vingt-cinq tableaux,
par MM. Adolphe d'Ennery et Jules Verne.

Après le Tour du Monde, les Enfants du capitaine Grant et Michel Strogoff, ces grasses et fécondes gerbes cueillies dans l'œuvre de M. Jules Verne, il n'y restait plus qu'à glaner. L'ingénieux créateur du capitaine Hatteras, aidé par l'expérience de son fidèle collaborateur M. d'Ennery, a réuni dans un cadre unique un certain nombre d'épisodes empruntés à des ouvrages différents : le Voyage au centre de la terre (1864), De la terre à la lune, trajet direct en 97 heures (1867), Vingt mille lieues sous les mers (1876), et le Docteur Ox (1874). Pénétrer au centre de notre globe, plonger au fond des océans, s'envoler hors du monde solaire vers les espaces infinis, tel est le triple programme du Voyage à travers l'impossible. Le titre est, plus séduisant qu'exact. Considéré au point de vue philosophique, ce qui est impossible en soi n'existe pas. Restent des choses actuellement impraticables faute de moyens d'exécution; ce n'est que l'impossible relatif, synonyme de très difficile : par exemple s'enfoncer jusqu'au feu central qui occupe ou n'occupe pas le noyau de la terre, ou bien plonger jusqu'aux sous-sols de l'Océan. Le premier de ces problèmes excède pour le moment les forces de l'industrie humaine; le second est en partie résolu. Le troisième, qui consisterait à se soustraire aux lois de la pesanteur pour s'évader de l'atmosphère, répond seul à l'idée qu'on se fait de l'impossible; et l'on verra tout à l'heure que toutes les franchises de l'imagination ne suffisent pas pour en donner une idée scéniquement saisissable.

Voici le point de départ adopté par MM. Adolphe d'Ennery et Jules Verne pour expliquer et justifier leur périlleux itinéraire.

Le capitaine Hatteras, après avoir attaché son nom à la découverte du pôle Nord, n'a pu jouir de l'impérissable gloire qu'il s'était acquise; il est mort fou, laissant un fils, Georges Hatteras, à qui l'on a caché le secret de sa naissance. Précaution bien légitime, mais bien inutile aussi; car Georges, vivant dans un château isolé, près d'Alborg, en Danemark, avec sa grand'mère madame de Traventhal, et sa fiancée la noble Eva, n'a pu, malgré les soins de ces pieuses femmes, échapper à la fatalité héréditaire. Son esprit est hanté par des visions extraordinaires; aller au-delà, toujours au-delà, telle est l'ambition de ce digne fils d'Hatteras, dévoré par la nostalgie de l'impossible.

L'aïeule, désespérée, fait appel à un médecin célèbre, le docteur Ox; fâcheuse inspiration de la part de cette vénérable dame, car le docteur Ox, savant d'un ordre supérieur, sorte de docteur Faust, qui s'est rendu maître d'une partie des secrets de la nature, est amoureux d'Eva, et veut la séparer de Georges.

Son plan machiavélique est de surexciter le cerveau malade de Georges, et de conduire le pauvre garçon jusqu'à la folie furieuse, jusqu'à la mort. Il commence par lui révéler le nom de son père, puis il lui fait boire une liqueur qui lui permettra de traverser impunément la terre, la mer et l'air. Georges se laisse entraîner, malgré les supplications d'un humble artiste, maître Volsius, organiste de la cathédrale d'Alborg, qui tient dans cette étrange féerie l'emploi du Bon Ange. Eva, désespérée, suivra son bien-aimé, à travers tous les périls; de plus, deux personnages comiques, un vieux maître de danse le bonhomme Tartelet et un aventurier danois qui répond au nom d'Axel Waldemar, se joignent à la caravane.

On aperçoit maintenant la division de la pièce en trois parties : la terre, la mer, les espaces sidéraux. Elle amène une succession de tableaux où l'art du décorateur, du machiniste et du maître de ballet tient une plus large place que celui de l'auteur dramatique. A signaler, à l'avant-dernier tableau du premier acte, l'apparition d'une bande de créatures intra-terrestres, rejetons dégénérés de l'espèce humaine, qui, sous leurs peaux livides et leurs cheveux gris de cendres, ressemblent à des larves lémuriennes ou à des limaces. Cette vision presque indistincte, sous le crépuscule des lieux profonds, produit un effet saisissant.

Au second acte, le docteur Ox, n'ayant pu vaincre, par la persuasion, la résistance d'Eva, imagine de faire émerger du fond de l'Océan l'antique Atlantide, avec ses peuples et ses monuments; les Atlantes élisent Georges Hatteras pour leur roi et lui donnent en mariage la superbe princesse Séléna, la dernière fille de la race d'Atlas. L'ambition et l'orgueil égarent complètement l'âme de Georges, qui oublie l'amour et le dévoûment d'Eva. Mais celle-ci tient bon, protégée qu'elle est par Volsius, transformé en capitaine Nemo, commandant du navire sous-marin *le Nautilus*; le prestige disparaît, et l'Atlantide replonge sous les flots.

Au troisième acte, les personnages, lancés dans les airs par un canon monstrueux, ont atterri, hors de la sphère solaire, dans un astre nouvellement découvert et baptisé Altor. Je regrette que les auteurs n'aient pas trouvé, pour leurs personnages, un autre moyen de transport que le canon de gros calibre. Outre qu'il n'est pas neuf, il a l'inconvénient de supprimer pour le spectateur le voyage aérien. Un ballon, qui franchirait le panorama des régions planétaires, remplirait beaucoup mieux le but. Mais revenons à Altor. Le docteur Ox, écrasé par le dédain et la haine d'Eva, demande grâce à son tour; sa science hautaine s'humilie aux pieds d'une femme. Il ramène ses victimes au château de Traventhal, et il rend la raison à Georges Hatteras, qui tombe aux pieds d'Eva, pendant que le clavier sonore de l'orgue évoque la vision d'une grande cathédrale, d'où partent des hymnes de foi et d'amour.

La donnée du *Voyage à travers l'impossible* ne manque, comme on le voit, ni d'intérêt ni même de grandeur. L'écueil d'une pareille conception, c'est le mélange du drame réel, du roman scientifique et du conte purement fantastique, sans que le public puisse discerner la juste liaison de ces divers éléments. Le docteur Ox est une vieille connaissance pour les lecteurs assidus des romans de M. Jules Verne; c'est un alchimiste profond, qui a goûté tous les fruits de l'arbre de la science, et qui, ne croyant plus qu'au génie de l'homme, méconnaît la puissance de Dieu.

Mais qu'est-ce que ce personnage de l'organiste Volsius, identifié tour à tour avec le docteur Lidenbrok, l'explorateur du centre de la terre, avec le capitaine Nemo, l'inventeur du navire sous-marin *le Nautilus*, avec un jeune Français nommé Ardan et enfin avec un habitant de la planète Altor? Comment s'y prend-il pour suivre dans leurs pérégrinations, les voyageurs à travers l'impossible, sans posséder aucun des secrets du docteur Ox? Faut-il le considérer comme un savant d'un ordre supérieur à celui de son antagoniste, comme un envoyé de Dieu sur la terre, ou comme un saint qui, par la puissance de sa foi, transporte les montagnes?

Telle est l'énigme dont les auteurs n'ont pas cru devoir livrer le mot au public.

Le second acte du *Voyage à travers l'impossible*, débarrassé de quelques tableaux qui se passaient au fond de la mer, et qui rappelaient de trop près les tentatives similaires de la *Biche au bois* et des *Mille et une Nuits*, n'en reste pas moins un peu vide, car l'épisode de l'Atlantide fait l'effet d'un hors d'œuvre dans le plan général de la pièce.

Restent un premier acte intéressant et bien enchaîné, et un troisième acte, qui, avec de beaux tableaux, renferme un des plus jolis ballets qui se soient vus depuis longtemps dans une féerie. Le divertissement dansé sur la grande place d'Altor par de jeunes mariées, des bouquetières, des oiselières, des pêcheuses et des canotières revêtues de costumes éblouissants est dessiné avec autant de grâce que d'ingéniosité.

Le ballet du premier acte, d'une chorégraphie moins savante, présente des costumes peut-être plus brillants encore, ce qui allait de soi, du reste, puisqu'il est éclairé par la fournaise du feu central qui cristallise tout ce qu'il touche.

La pièce, d'autant plus difficile à rendre pour les artistes, que le manque d'action les oblige à de grands efforts pour colorer de nuances différentes une situa-

tion toujours la même, est très bien jouée par
une excellente tête de troupe, MM. Taillade, Dailly,
Joumard, Volny, Alexandre et mademoiselle Malvau.

M. Taillade apporte toute la fougue de son tempérament dramatique dans le personnage du docteur
Ox, amalgame bizarre qui confond en une seule figure
les deux types de Faust et de Méphisto. M. Dailly et
M. Alexandre, deux comiques désopilants, ont été la
joie de la soirée. M. Joumard s'acquitte avec conscience de son rôle d'ange gardien ; c'est sans doute
pour cacher ses ailes qu'il porte d'un bout à l'autre
de la pièce d'immenses redingotes à la propriétaire
ou des robes de chambre à queue qui allongent encore sa remarquable stature.

M. Volny possède des dons naturels et quelques
qualités acquises ; il est beau garçon, bien découplé,
sa voix est bonne, son geste sobre ; seulement Georges Hatteras paraît avoir recueilli dans l'héritage pa-
ernel la frigidité du pôle Nord ; pour parler sans mé-
taphore, M. Volny est d'une froideur désespérante ;
il crie quelquefois, il ne s'émeut jamais.

L'Odéon a prêté à la Porte-Saint-Martin, pour le
rôle d'Eva, une de ses pensionnaires mademoiselle
Malvau, qui promet une actrice de drame.

Les ballets, composés par M. Gredelue, ont pour
interprètes principales, l'étoile de la Porte-Saint-Martin mademoiselle Céline Rozier, et les deux premières
danseuses mesdames Gaugain et Stellino, à la suite
desquelles il faut citer une jeune débutante, mademoiselle Doré, qui montre de la grâce et du savoir.

Les décors, peints par MM. Rubé, Chaperon, Robecchi, Poisson, sont tous plus beaux les uns que les
autres ; et l'ensemble du *Voyage à travers l'impossible*,
sans offrir autant d'intérêt dramatique que *le Tour du
Monde* ou que *Michel Strogoff*, constitue un spectacle

d'une richesse fabuleuse, qui défraiera longtemps la
curiosité du public.

———

CMXCV

AMHRA

Drame en cinq actes en vers, de M. Grangeneuve.

Amhra serait, paraît-il, l'antique nom de la race
gauloise, transformé en cri de guerre. Amrah ! Gaule !
France ! signifient en avant pour la patrie ! Donc, le
drame en cinq actes en vers de M. Grangeneuve est
un drame gaulois, dont l'action se passe en Suisse,
un peu au-dessus du Petit mont Saint-Bernard, cent
et quelques années avant l'ère chrétienne.

Les tribus guerrières des Alpes gauloises, commandées chacune par un *brenn* ou chef militaire, reconnaissent la direction supérieure d'un barde, dont
la fille nommée Camma est l'épouse d'un brenn
nommé Celtil.

De ce mariage sont nés deux enfants, la belle Gyptis et le jeune guerrier Eman.

Le barde conçoit le projet d'unir sa petite-fille
Gyptis avec le brenn Luern, chef d'une tribu voisine.
Ce mariage politique s'accomplit au premier acte et
par pure soumission de la part de Gyptis, qui aime
en secret un vaillant guerrier nommé Tarven. Mais
Tarven n'est pas brenn, et la fille d'un barde ne peut

épouser qu'un brenn. Tarven désespéré part pour
conquérir une couronne. Quand il y aura réussi, il
reparaîtra devant Gyptis et lui dira :

> « Regarde !
> Entre le faible époux que t'imposa le barde !
> Et Tarven le puissant, Gyptis, choisis ton roi !
> Décide encor lequel est plus digne de toi ! »
> .... Si tu ne veux pas qu'alors je te délivre,
> Je croirai que Luern possède ton amour,
> Et c'est moi qui mourrai !

Telle est l'exposition contenue dans le premier acte.
Au deuxième, Luern donne en pleine forêt une fête
et un festin, en l'honneur de son mariage, à la famille du barde et aux deux tribus désormais alliées.
Déjà l'ivresse s'est emparée de la plupart des guerriers, lorsque Tarven revient sur ses pas pour les
avertir qu'il a rencontré des troupes romaines enga-
gées dans un défilé qui aboutit aux plaines occupées
par la tribu de Celtil. Cette communication déplaît
fort à Luern, dont le caractère s'expliquera plus tard,
mais non pas à son avantage. Pour tromper l'ardeur
de ses soldats, il accuse Tarven d'avoir voulu, par
un mensonge, l'éloigner de Gyptis la première nuit
de ses noces ; il ordonne qu'on l'attache à un arbre
et qu'on l'abandonne dans cette forêt peuplée de
loups. Heureusement, le jeune Eman, frère de Gyptis,
est précisément au guet pour chasser la bête fauve.
Il découvre Tarven garrotté, et le délivre.

Le troisième acte nous montre le luxueux intérieur
du brenn Luern. Ce brenn, qui n'a plus du Gaulois
que le nom, séduit par la civilisation, entasse dans sa
demeure les merveilles de l'art oriental, grec et romain pour en faire un cadre digne de sa Gyptis. Revenant de la fête publique pour goûter enfin les joies
promises à son mariage, il ne rencontre chez Gyptis
qu'un accueil glacé. La petite-fille du barde hait tout

ce qui rappelle le nom romain. C'est alors que Luern se fait connaître ; ce n'est pas précisément un traître, c'est un philosophe qui a perdu confiance dans l'avenir de sa patrie :

> Ignorance commune à notre orgueil gaulois !
> Dans la vaine fierté de leurs anciens exploits,
> Nos peuples ont vieilli sans sortir de l'enfance ;
> Impuissants aujourd'hui, même pour leur défense,
> Comptent-ils à leur aide appeler les héros
> Dont par toute la terre ils ont semé les os ?
> Les morts sont morts, et morte est notre antique gloire !
> Pendant que du passé nous vantons la mémoire,
> Et perdons le présent à nous ressouvenir,
> A nos dépens, sur nous, se bâtit l'avenir.
> Du grand nom d'Annibal que servit l'héritage ?
> Il a fait trembler Rome, elle a détruit Carthage.
> Sur le Tibre jadis un brenn a fait la loi,
> Aujourd'hui sur le Rhône un proconsul est roi.
> Rome partout s'étend, partout triomphe. En somme
> Le passé fut à nous, l'avenir est à Rome.

La tirade est fortement construite, nourrie d'observation vraie et de sous-entendus ; mais elle indigne Gyptis :

« — Ah ! tu n'es pas Gaulois ! pourquoi m'as-tu faite ta femme ? » s'écrie-t-elle.

Luern répond franchement :

> J'ai pu vous désirer, je ne vous aime pas.

Mais il a rêvé de faire disparaître le fédéralisme gaulois, et de réunir toutes les tribus en un corps unique sous un seul chef, qui serait lui, Luern ; voilà pourquoi il a désiré l'alliance avec le barde et avec la puissante tribu de Celtil. La controverse s'échauffe entre les deux époux ; le nom de Tarven est prononcé et allume la rage de Luern, qui finit par poignarder Gyptis. La scène est longue, mais puissante et bien menée ; grâce aux mouvements contraires qui en renouvellent plusieurs fois l'aspect, elle tourne sans

cessé autour de la situation de Camillé et d'Horace
en évitant de la reproduire servilement. Cette remarquable situation remplit presque tout le troisième
acte, et le troisième acte est à vrai dire tout le corps
du drame de M. Grangeneuve.

Je n'ai pas parlé jusqu'ici de la jeune esclave Eva,
la suivante de Gyptis, savante dans l'art de cueillir
les fleurs, de les assembler en bouquets ou de les
distiller en poisons. Gyptis a reconnu en elle une rivale, car l'humble esclave ose aimer Tarven; mais
elle aime aussi « sa bonne maîtresse », et on devine
qu'elle la sauvera.

Le quatrième et le cinquième actes, qui se passent
devant un superbe dolmen, aux abords d'un crom-
lech ou enceinte de pierres sacrées, sont remplis par
les aventures guerrières des Gaulois, repoussés d'a-
bord par les Romains et finalement victorieux. Luern
a disparu dans le combat, et a été remplacé comme
brenn par Tarven. Mais il revient tout exprès pour
se faire tuer comme un chien par son rival heureux,
et Gyptis, qui n'est pas morte, épousera Tarven. La
petite Eva s'empoisonne avec ses propres philtres,
ne voulant pas survivre à cette union qui détruit jusqu'à sa dernière espérance. Elle meurt sous les yeux
de Tarven, qui n'y comprend rien, en s'écriant :

> Il m'a vue ! — Adieu, Tarven, j'emporte
> Ce regard, le premier, le dernier !

Le drame, disons mieux, la tragédie de M. Grangeneuve a été écoutée avec une attention soutenue,
avec une patiente bienveillance, due à la grandeur et
au mérite de l'effort. Ce serait faire un singulier éloge
d'une tragédie gauloise de la trouver amusante, et
cet éloge, *Amhra* ne le mérite pas. Il est à regretter
seulement que, pour soutenir cinq actes et deux mille
vers, M. Grangeneuve n'ait pas imaginé et noué une

action dramatique qui n'apparaît dans son œuvre que pour s'évanouir aussitôt. Je devine que, dans sa pensée, le véritable sujet c'est *Amhra!* symbole de la revanche. Mais il ne suffit pas d'un sentiment patriotique flottant à l'état vague sur des idées confuses pour faire ni un bon drame ni de bonne politique. Je n'insiste pas sur ce sujet délicat, c'est assez de l'avoir indiqué.

On a salué au passage par des bravos frénétiques quelques vers sonores et enflammés; j'ai cité plus haut les meilleurs, ceux qui appartiennent non pas au domaine de l'ode, mais au domaine de la tragédie véritable, et qui n'ont pas été applaudis; c'est la tirade de Luern, au troisième acte; elle donne l'idée de ce que pourrait faire M. Grangeneuve, plutôt que de ce qu'il a fait dans *Amhra*. L'auteur des gracieux *Triolets à Nini* oublie trop souvent, en écrivant pour le théâtre, que si l'esprit et le cœur du spectateur doivent être satisfaits d'abord, ses oreilles ont aussi droit à quelques ménagements. Qu'on les afflige de noms désharmonieux, tels que Luern, Tarven, brenn, sans cesse répétés, c'est déjà beaucoup, et ce n'est pas une raison pour se livrer à des hémistiches tels que celui-ci :

> Ma fille, qu'a Tarven ?

Les vers que voici sont encore plus étonnants :

> Mens, car il ne faut pas qu'à cela Tarven croie,
> . . . .
> Ma fille, Eira t'entend ; Esus t'entend, mon fils.

C'est du pur canaque.

Il me semble apercevoir que M. Grangeneuve écrit au courant de la plume, méprisant les soins excessifs que s'impose l'école parnassienne, Mais l'excès en tout est un défaut; et la négligence ici dépasse toutes les bornes. M. Grangeneuve répète à satiété des formules toutes faites et de peu d'élégance; par exemple :

> Venez, loups ! Tarven aime; il est lâche aussi, lui.
> Tu n'es que le brin d'herbe, il est le chêne, lui.

La monotonie du procédé n'en corrige pas la platitude. Ailleurs, ce sont d'impénétrables énigmes :

> Qui sait qu'en son pays repose
> De son rêve amoureux le bien-aimé trésor,
> En aime son pays, barde, bien plus encor.

La barbarie habituelle de ce style a beaucoup nui au succès d'*Amhra*, car elle a fait naître et elle a entretenu dans le public une certaine disposition railleuse qui saisissait pour se manifester le plus mince prétexte.

C'est ainsi qu'un spectateur a coupé l'effet de la scène de jalousie entre Gyptis et la petite Eva, qui vient de lui avouer son amour pour Tarven, en s'écriant : *l'amhra, l'amhra pas !*

Je jugerai donc les interprètes sans tenir compte des accidents de la soirée, en évoquant de préférence les souvenirs de la répétition générale, qui avait marché sans encombre.

Madame Tessandier compose d'une façon noble et pathétique la figure de la gauloise Gyptis, qui n'occupe guère que deux actes sur cinq ; elle a rendu en véritable tragédienne la grande scène à la fin de laquelle elle tombe sous le poignard du brenn Luern.

A côté d'elle, mademoiselle Hadamard prête tout le charme d'une diction exquise au personnage de la petite esclave Eva, qui, à peine dessiné par l'auteur, devient, grâce à elle, la seule figure touchante et gracieuse de cette lugubre épopée.

Madame Marie Laure, qui joue en travesti le jeune guerrier Eman, frère cadet de Gyptis, compose avec une énergie extrême ce type de chasseur gaulois, presque aussi féroce que les loups qu'il étrangle dans une lutte corps à corps.

M. Chelles montre dans le sombre et complexe personnage de Luern un talent de composition qui n'a pas été récompensé ce soir comme il le méritait. Il a suffi, pour rendre le public froid jusqu'à l'injustice, d'un accident nerveux qui a tout à coup serré la gorge de l'acteur et lui a fait articuler d'une façon singulière, il est vrai, ces mots si simples : « Je ne vous aime pas » qu'il a prononcés « Je ne vous aime *pa* » très bref, comme s'il venait des bords de la Garonne.

C'est M. Paul Mounet qui tient le rôle de Tarven. Ce frère de M. Mounet-Sully est un grand et robuste jeune homme qui interprète avec sincérité et une rudesse étonnante cette sauvage poésie où les loups hurlent plus souvent que les cygnes ne chantent. M. Paul Mounet plaît au public, et il est à désirer qu'un travail acharné développe chez lui les qualités solides qu'il faut lui reconnaître.

M. Cosset, qui arrive de l'Ambigu, devrait mettre plus de majesté sénile dans le rôle du barde : il montre trop de vivacité pour tant de cheveux blancs. Ajoutons qu'il a détaillé avec intelligence un apologue significatif sur les puissants aurochs qui se laissent dévorer par les loups cruels, et déclamé avec élan les strophes guerrières d'*Amhra*, auxquelles il ne manque littérairement qu'un peu de lyrisme et de style.

Je dois une mention à M. Brémond, un véritable tragédien, très remarquable dans le rôle secondaire de Celtil.

Les cinq actes d'*Amhra* sont encadrés dans quatre décors fort beaux et très étudiés ; la grande forêt de chênes et le paysage aux pierres druidiques méritent d'être vus pour eux-mêmes. L'Odéon, en montant l'œuvre inégale mais puissante d'un jeune poète, fatisait son devoir littéraire, et il a voulu le faire largement.

Signalons l'erreur involontairement commise par M. Chelles, en annonçant *Amhra* comme le premier ouvrage dramatique de M. Grangeneuve : l'auteur d'*Amhra* a déjà fait représenter l'année dernière, à la Comédie-Française, une comédie en un acte en vers, intitulée *le Dindon de la farce*. Voilà ce qui s'appelle passer sans transition du plaisant au sévère.

CMXCVI

VARIÉTÉS.   4 décembre 1882.

LES VARIÉTÉS DE PARIS

Revue en trois actes dont un entr'acte et huit tableaux, par MM. Ernest Blum et Raoul Toché.

Voici venir la trêve des confiseurs; la Revue de l'année est le cadeau que le théâtre des Variétés offre annuellement à sa clientèle. C'est un article d'étrennes; on ne le demande ni bien solide, ni bien durable. Qu'il soit élégant et léger, dextrement troussé par ce tour de main qui met l'article-Paris hors de pair, qu'on y trouve je ne sais quoi de chiffonné et d'imprévu, un trait malin, une plaisanterie faite de cette actualité que la mode nous apporte le matin et que le caprice efface le soir, de la bonhomie, de la gaieté et des couplets sans prétention, voilà le menu d'une Revue qui veut plaire. MM. Ernest Blum et

Raoul Toché sont passés maîtres en ce genre, et l'on ne pouvait commander *les Variétés de Paris* à de meilleurs faiseurs.

Je ne saurais raconter cette suite de scènes qui se succèdent sans autre lien que la fantaisie et le hasard. Un mot, cependant, de l'ingénieux petit prologue débité par M. Christian tout seul entre le rideau baissé et le trou béant du souffleur; Christian annonce au public, d'un air désolé, qu'on ne pourra pas jouer la *Revue*; elle était toute prête; mais on a eu l'imprudence de laisser la Grande Tragédienne assister aux répétitions; elle a trouvé la revue jolie, l'a achetée et l'a emportée à New-York. Rassurez-vous, bon public, la grande tragédienne se ravise; elle ne veut pas tout vous prendre; elle ne garde que les meilleures scènes et vous renvoie le reste. La précaution n'est-elle pas heureuse, et comment se fâcher, même si, par aventure, on ne vous avait laissé que le dessous du panier?

Le reste défile un peu à la diable. Je ne me souviendrai que des morceaux les mieux réussis, en tête desquels je place avec l'assentiment du public, la scène de *l'abbé Constantin*. M. Cooper personnifie, avec infiniment de sentiment et de mesure, le héros du délicieux roman de M. Ludovic Halévy; le rondeau qu'il chante, sur un air de *la Créole*, musique du regretté Jacques Offenbach, est un petit bijou, paroles et musique; M. Cooper le dit en perfection et on a eu bien raison de le lui faire répéter.

Le rondeau du Moulin-Rouge, expatrié des Champs-Elysées, est finement et spirituellement tourné, dans le goût des meilleures chansons de Gustave Nadaud.

La scène du jeune directeur, sur un air connu de café-concert « M'a dit maman ! » a obtenu un succès de fou rire, surtout le dernier couplet :

> Et fais souvent jouer ton beau-père,
> M'a dit maman !

La partie de la revue consacrée aux théâtres n'offre rien de bien saillant, en dehors de plusieurs imitations assez réussies : celles des artistes de la Comédie-Française par M. Tervil, de M. Dumaine par M. Dubar, et de mademoiselle Sarah Bernhardt par mademoiselle Réjane.

Parmi les épisodes les mieux trouvés, je choisis celui-ci : Christian et Léonce veulent essayer de lire *Parsifal*. — « Procédons à l'exécution ! » dit Christian. Sur ce mot d'exécution, entre un garde de Paris qui lui remet un papier. — « La grâce ? » s'écrie Christian, « déjà ! »

Les noms des auteurs ont été accueillis avec assez d'applaudissements pour qu'ils fassent la part large à celui de leurs collaborateurs qui ne s'est pas nommé.

MM. Christian, Léonce, Baron, sont pleins de verve, comme toujours ; j'ai dit le succès de M. Cooper, qui, malheureusement, ne paraît qu'une fois. M. Lassouche a été le plus mal servi, il ne paraît que dans une scène de lutte à mains plates, moins gaie que le reste.

Du côté des dames, après mademoiselle Réjane, qui a été très goûtée dans son triple rôle du Moulin-Rouge, du jeune directeur et de la Grande Tragédienne, je ne trouve à citer que mademoiselle Beaumaine, très gentille en billet de cent francs et en sibylle.

CMXCVII

LES CARBONARI

Drame en cinq actes et sept tableaux, par M. Charles Nô.

Il y a une légende sur l'honorable débutant qui vient d'illustrer ce nom rarissime, je n'ose dire bizarre — Nô — aux apparences chinoises. On m'assurait de toutes parts que cet ennemi des « privilégiés » était un gros bourgeois enrichi dans le commerce de la draperie ; mais je lis sur la carte de visite qu'il a bien voulu déposer chez moi : « Charles Nô, *ancien conseiller de préfecture.* » Voilà de l'authentique. M. Nô est bien un mandarin.

On raconte aussi qu'il avait pris pour thème de sa pièce primitive les *carbonari* français ; puis, ayant voyagé et longtemps séjourné en Italie, il n'aurait pu résister au désir de mettre en action ses impressions de voyage ; d'où une seconde version des *Carbonari,* écrite en italien, présentée à un théâtre d'Italie et reçue, mais que le cabinet du Quirinal aurait fait interdire par sa censure. M. Nô aurait alors courageusement traduit sa pièce de l'italien en français, si j'ose m'exprimer ainsi. De là *les Carbonari* qui viennent d'être exposés publiquement ce soir à la risée publique, de huit heures à minuit, place du Châtelet.

Ce n'est pas que la pièce de M. Charles Nô soit beaucoup plus bête que bien d'autres ; au contraire, M. Charles Nô est un malin qui s'est choisi d'excellents collaborateurs, sans les consulter, bien entendu : Scribe et Victorien Sardou. Rien que cela.

Quand vous saurez que Stella ou Valentine, fille du comte de Saint-Bris ou du général Visconti, commandant des forces pontificales, aime le carbonaro Mario Spada, que le dit Raoul refuse la main de Valentine qui lui est offerte par le général ; que Valentine, qui a surpris le secret des *carbonari* réunis dans les Catacombes, le dévoile à son père le duc d'Albe, je veux dire le général Visconti ; que Mario Spada (M. Sardou l'appelait Carloo), saute par la fenêtre pour aller rejoindre ses frères d'armes ; qu'enfin les *carbonari*, traqués, se réfugient dans un vieux cloître appelé le Colysée, et s'y font tuer un à un, que Valentine Visconti, frappée par les soldats de son père, vient expirer sur le corps de Raoul, et vous reconnaîtrez que si *les Huguenots* et *Patrie* n'existaient pas, la pièce de M. Nô se réduirait à peu de chose.

En signalant ces ressemblances un peu trop évidentes, je ne fais que recueillir ici les impressions du public. Pour moi, autant l'apparence ou seulement l'illusion d'une parole nouvelle, même bégayée, éveille mon intérêt et ma sympathie, autant les redites me causent de fatigue et d'ennui.

Constatons-le une fois encore : lorsqu'un amateur parvient à forcer, surtout avec une clef d'or, la porte d'un théâtre, c'est toujours pour y faire représenter un décalquage ou un démarquage de quelque pièce en renom. N'est-ce pas un symptôme significatif de la stérilité littéraire du temps présent?

Ce qui appartient en propre à M. Charles Nô, c'est d'avoir mis sous les yeux du public le dedans et le dehors d'un conclave, le jour de l'élection d'un pape. Le Souverain Pontife lui-même a son rôle; on le fait seulement apparaître à un balcon pour répandre sa bénédiction sur le peuple et arrêter la guerre civile par une parole de paix. Ceci n'appelle donc qu'une protestation de principe contre le précédent créé en faveur d'exhibitions qui ne seront peut-être pas toujours inoffensives.

Il ne me paraît pas non plus que M. Nô ait eu l'intention d'offenser les cardinaux; c'est involontairement qu'il les a rendus ridicules et surtout ennuyeux.

L'ennui, voilà l'ennemi mortel des *Carbonari*. A peine rouvre-t-on les yeux de temps à autre, lorsque cet insupportable bavard de Mario Spada, qui veut affranchir les peuples malgré eux, leur propose de marcher à la liberté par l'assassinat et le pillage.

A la fin du dernier acte, comme il fallait partir, on s'est réveillé et on a sifflé le nom de l'auteur.

Il y a deux décors à effets dans *les Carbonari*, la double vue du Forum et des Catacombes superposés, et la perspective finale du Colysée.

Un mot que j'ai entendu en sortant, dit à très haute voix par un monsieur qui ne semblait pas y mettre de malice : « J'ai hâte de rentrer chez moi ; je vais raconter cette pièce-là à ma belle-mère. »

CMXCVIII

Opéra-Comique. 8 décembre 1882.

Reprise de JOSEPH

Drame biblique en trois actes, paroles d'Alexandre Duval, musique de Méhul.

Le chef-d'œuvre de Méhul, dont les représenta-

tions avaient été interrompues par la clôture annuelle
de l'Opéra-Comique, a été accueilli ce soir avec la
même faveur qu'à la fin de la saison dernière. Que
le poème d'Alexandre Duval soit un véritable opéra
ou seulement un *oratorio*, il faut convenir que l'auteur d'*Edouard en Ecosse* accomplit un véritable tour
de force en faisant réussir une pièce sans amour et
dans laquelle il n'y a pas d'autre rôle de femme qu'un
travesti. Elle est un peu naïve, cette pièce, mais non
dépourvue d'art ; l'exposition en est ingénieuse, attachante, et les éléments d'émotion préparés dans le
premier acte en communiquent aux deux suivants,
comme une source d'intérêt qui s'écoulerait goutte à
goutte.

Il est possible, d'ailleurs, et légitime que la pièce
d'Alexandre Duval profite au delà de son propre
mérite des beautés musicales accumulées dans la
partition de Méhul. *Joseph*, de l'aveu général, est une
des œuvres maîtresses de l'école française. Elle satisfait aux exigences du goût le plus sévère, par la
grandeur, la simplicité, la vérité de son expression
esthétique. Mais ces hautes qualités, Méhul ne les a
réalisées qu'en mettant au service de son idéal et de
sa science profonde une profusion d'idées musicales,
auxquelles *Joseph* doit son éternelle jeunesse. « La
mélodie » a écrit M. Gevaert, « est spécialement la
« création du génie; c'est elle qui traverse les siècles ;
« le reste est surtout le résultat du talent et de la
science. »

Après trois quarts de siècle, une popularité universelle reste acquise aux principaux morceaux de
Joseph, à ceux qui se peuvent isoler, tandis que certaines phrases emprisonnées dans des morceaux
d'ensemble se contentent du sort que leur ont fait,
en les accueillant dans leurs propres œuvres, quelques compositeurs apparemment avides des reliques

du maître. Ecoutez, par exemple, la phrase en *mi* majeur du dernier duo « Viens, seul appui de ma vieillesse » et cherchez un peu ; votre mémoire la retrouvera bientôt toute puissante dans plus d'un opéra moderne et même contemporain.

Le rôle principal, celui de Joseph, présente des difficultés particulières ; il fut écrit pour Elleviou, dont la voix naturelle était une basse chantante, que ce remarquable artiste poussa, à force de travail, jusqu'aux régions moyennes de la voix de ténor. Il suit de là que certains morceaux, et notamment le bel air « Vainement Pharaon » semblent écrits pour un baryton, quoiqu'il finisse par aborder le *sol* et le *la* au-dessus des lignes. M. Talazac s'est bravement et franchement tiré d'affaire, grâce au développement chaque jour plus sensible de son *medium*, qui lui permet de dire l'air tel qu'il est écrit, en en faisant sonner chaque note. Il faut le louer aussi de sa diction large dans le récitatif du début, morceau classique d'après lequel on mesure aisément le degré d'éducation artistique d'un chanteur. M. Talazac s'y est fait applaudir chaleureusement ; comme aussi dans la romance « A peine au sortir de l'enfance », qu'il soupire avec une délicatesse égale à celle du délicieux accompagnement où Méhul l'a enchâssée ; et enfin dans la phrase d'une sonorité si noble, au dernier *finale* : « Je dois céder à la clémence. »

Le succès de M. Talazac, dans *Joseph*, est d'autant plus méritoire qu'il chantait hier encore le *Roméo* de Gounod, d'un caractère et d'un style si différents.

Madame Bilbaut-Vauchelet est absolument bien dans le personnage de Benjamin, qu'elle rend avec une exquise douceur.

Le rôle de Jacob est tenu par M. Cobalet, dont la belle voix de basse ne me paraît pas encore bien as-

surée ; il est aussi difficile de conduire et de discipli-
ner ces grandes voix que de manier un cheval de
sang ; c'est une affaire de volonté, de temps et de patience. M. Cobalet a surtout réussi dans le duo du
troisième acte dont j'ai déjà parlé.

Savez-vous quelle est la difficulté de monter un
opéra tel que *Joseph*, malgré son apparente simplicité ? Il me paraît qu'elle se trouve moins dans le
choix d'un Joseph, d'un Jacob et d'un Benjamin que
dans la réunion de dix chanteurs expérimentés pour
donner de la valeur aux rôles des dix frères de Joseph
et de Benjamin. L'Opéra-Comique possède toujours
un premier ténor, une première basse et une chanteuse légère ; mais qu'il dispose, en dehors de sa tête
de troupe, de dix jeunes chanteurs ayant leur indivi-
dualité propre, tels que MM. Carroul, Chenevière,
Vernouillet, Mouliérat, Piccaluga, Bouhy jeune,
Luckx, Schitt et Teste, c'est une abondance de richesses qui frise la prodigalité. Le fait est que ce
chœur des dix frères, ayant M. Cobalet pour *leader*
et pour grand coryphée, tient une large place dans
l'excellente exécution de *Joseph*.

On a fait bisser, comme l'année passée, le délicieux chœur des jeunes filles « Aux accords de notre
harmonie » avec *soli* chantés par mesdemoiselles
Molé, Jacob et Duriez.

M. Daubé conduit d'une main ferme cette partition
savante et colorée, qui charme le public autant
qu'elle intéresse les connaisseurs.

CMXCIX

MENUS-PLAISIRS.   9 décembre 1882.

LE CRIME

Drame en cinq actes, par MM. Albin Valabrègue et Bertol-Graivil.

Le Crime aux Menus-Plaisirs! quelle singulière antithèse nous donne là le hasard des titres et des noms! Et quel crime plus odieux, plus farouche, que ce crime Trois Etoiles sous lequel la censure a cru déguiser l'assassinat de Chatou!

En disposant leur lugubre *scénario*, MM. Albin Valabrègue et Bertol-Graivil se sont efforcés de donner le mot d'une énigme que n'ont pu pénétrer les efforts combinés de la police de sûreté, de la magistrature et du jury. D'après nos jeunes auteurs, Georges Grandval, le beau pharmacien, est tombé sous la vengeance de sa maîtresse Henriette Véran, qu'il avait quittée à la veille d'épouser une jeune fille, Jeanne Verdier. C'est Henriette qui arme le bras de son mari, le pharmacien Véran, contre son ancien associé, Georges Grandval; c'est elle qui dissipe les dernières irrésolutions du malheureux qu'elle domine, et qui tient la victime enchaînée pendant que le meurtrier l'assomme à coups redoublés.

Cette conception de crime est logique, sans pouvoir être tenue pour la vérité vraie que la justice n'a pas connue, mais qu'elle connaîtra peut-être un jour, puisque les trois complices ont échappé au glaive de la loi. Malheureusement, en faisant d'Henriette Véran

la plus atroce des coquines, les auteurs se créaient à
eux-mêmes un grand obstacle à vaincre. Comment
intéresser à un drame dont la principale figure n'inspire que l'horreur et le dégoût ?

Ils y sont parvenus, cependant, en étudiant avec
un talent d'observation fort remarquable les caractères
des autres personnages, de manière à leur donner le
relief et la puissance de la vie. Je regrette seulement
qu'ils aient poussé le réalisme jusqu'à placer dans la
bouche du mari, au dernier acte, des injures grossiè-
res qui révoltent le public à contre-sens, et affaiblissent l'intérêt.

Chose curieuse et digne d'être notée pour les lettrés. Les trois premiers actes, occupés par la peinture
de la plus modeste vie bourgeoise, rappellent d'une
manière frappante le chef-d'œuvre de Gustave Flaubert. Et, cependant, ils sont empruntés aux renseignements fournis par un procès de cour d'assises. Henriette Véran, la pharmacienne adultère et assassine,
n'est-elle pas une madame Bovary poussée au noir ?
Ce qui accentue la ressemblance, c'est l'introduction
dans la pièce du futur beau-père de Georges Grandval, le pharmacien Verdier, grand phraseur et grand
diseur de riens, très directement décalqué sur le
portrait prudhommesque du célèbre Homais de
Flaubert.

L'interprétation du *Crime* est remarquable. M. Villeray, acteur d'expérience et de mérite, joue supérieurement le drame, et devient véritablement ef-
frayant dans l'expression de ses fureurs jalouses.
M. Angelo donne de l'élégance et du charme au personnage de la victime, le beau Georges Grandval.
Enfin M. Esquier compose avec un véritable talent le
rôle du frère complice malgré lui du crime, un pauvre
ouvrier qui se débat vainement contre l'ascendant de
son aîné.

Il est à regretter qu'on n'ait pu trouver pour le rôle de la femme, une interprète qui rendît vraisemblables les passions légitimes et autres qu'Henriette Véran inspire à tant de pharmaciens.

M. Féroumont est amusant sous les traits du bonhomme Verdier.

Somme toute, le drame et les acteurs ont été très applaudis.

———————

M

VAUDEVILLE.   11 décembre 1882.

FÉDORA

Drame en quatre actes, par Victorien Sardou.

Fédora est un véritable drame qui s'ouvre et s'achève entre deux morts.

Nous sommes à Saint-Pétersbourg, dans l'appartement du capitaine Wladimir Garishkine, fils du grand-maître de la police. Le capitaine, jeune encore, a mené la vie à grandes guides dans toutes les capitales; aujourd'hui, revenu à la cour, appelé aux plus hautes destinées, il va régulariser sa vie et réparer les brèches de sa fortune, en épousant une jeune et riche veuve, la princesse Fédora Romazoff. C'est ce que se racontent, au lever du rideau, le valet de chambre du capitaine et le joaillier juif Tchileff, qui vient livrer une commande de diamants. Le capitaine n'est pas rentré quoiqu'il soit déjà tard. La princesse survient, et s'étonne de cette absence; l'étonnement se change bientôt en inquiétude. La crainte grandit facilement dans ce milieu terrorisé par les affreux exploits du nihilisme. Tout à coup un officier de police, nommé Gretch, apparaît; il accompagne Wladimir, mais dans quel état! Affreusement blessé, et mourant. On entrevoit la chambre du moribond, et la silhouette des chirurgiens qui vont et viennent à la lueur rougeâtre des lampes, au milieu des serviteurs désolés. Tableau saisissant auquel une mise en scène habile donne le cachet de la plus sinistre vérité.

Cependant, la princesse surmonte sa douleur. Elle veut tout savoir. Hélas! la police ne sait rien. Wladimir a été trouvé mourant dans une maison déserte d'un faubourg isolé. On interroge les gens, et l'on apprend que le capitaine avait reçu dans la journée une lettre apportée par une femme, qu'il avait dit : « J'irai! » et qu'il avait jeté la lettre dans un tiroir de son bureau. La princesse ouvre le tiroir, y cherche fiévreusement, et n'y trouve rien. La lettre a disparu. Volée, sans doute. Mais par qui? Evidemment par l'auteur même du guet-apens. Qui est venu dans la maison? Deux personnes seulement : le joaillier Tchileff, mais cet honnête commerçant n'a pas approché du bureau et n'est pas demeuré seul un instant; puis un gentilhomme qu'on se souvient d'avoir aperçu deux ou trois fois chez Wladimir Garishkine, le comte Loris Ipanoff. Tout démontre que c'est bien le comte Ipanoff qui, s'étant assis au bureau, sous le prétexte d'écrire un mot au capitaine absent, a ouvert le tiroir et s'est emparé de la lettre. Donc le comte Loris Ipanoff est l'assassin de Wladimir Garishkine, et comme Wladimir est le fils du grand-maître de la police, le crime est certainement nihiliste. Sur les ordres impérieux de la princesse Fédora, la police se précipite au palais Ipanoff pour y saisir le coupable. Wladimir Garishkine vient de rendre le dernier soupir devant ses serviteurs agenouillés. Le rideau tombe.

Il est difficile de peindre l'effet foudroyant de ce premier acte, ou plutôt de ce prologue, tout en action, dans lequel les personnages ne disent que le petit nombre de paroles nécessaires, et qui, par la vérité des détails, la simplicité en apparence ingénue des moyens, mais en réalité par l'intensité concentrée des épisodes, donne la sensation de la vie réelle. L'effet de fascination est complet sur les simples spectateurs comme sur le critique venu pour juger; et l'auteur a si bien pris ses mesures, qu'il m'a fallu connaître la pièce jusqu'à la fin du troisième acte pour discerner enfin le point faible de ce merveilleux trompe-l'œil.

Le second acte nous transporte à Paris, chez la comtesse Olga Soukareff, une très grande dame, très jeune, très jolie, très coquette, très dépravée à la fois et très naïve, qui mêle dans ses plaisirs le dilettantisme et le nihilisme, la poudre de riz et la nitroglycérine. Le comte Loris Ipanoff, exilé, est un des hôtes assidus de ce salon; il y a rencontré la princesse Fédora. Celle-ci s'est donné pour mission de découvrir et de faire punir l'assassin de son fiancé; sous le couvert d'une fausse disgrâce, elle dirige les recherches de la police russe envoyée à Paris pour observer secrètement les nihilistes. Le comte Loris Ipanoff est, entre tous, l'objet d'une surveillance particulière. Et, cependant, la princesse, à qui Loris Ipanoff rend des soins qui trahissent un secret sentiment d'amour, n'éprouve aucune répulsion pour lui, au contraire; il lui semble plutôt qu'elle l'aime; elle voudrait croire à son innocence.

L'aveu inopiné de l'amour d'Ipanoff pour la princesse vient dissiper les illusions de celle-ci. Fédora se laisse entraîner, plus sincèrement qu'elle ne le croit elle-même, aux discours enivrants du comte. Mais

lorsque, se disant graciée par le czar, elle propose à
Ipanoff de retourner avec elle en Russie, celui-ci lui
avoue sans détour que cela ne se peut pas, car il est
accusé d'un crime. « — Lequel ? » — « La mort d'un
homme. » — « Et cet homme ? » — « C'était Wladimir Garishkine. » — « Mais ce n'est pas vrai, n'est-
ce pas ? » — Si, c'est vrai !

Ainsi la princesse se trouve en face du meurtrier,
de l'homme dont elle avait juré la perte ; elle l'appelle
assassin, infâme, mais au fond elle sent qu'elle l'aime,
et elle ne sait plus lequel l'emportera de sa vengeance
ou de son amour. Dominant son émotion, elle supplie Ipanoff de lui raconter la cause et les détails du
meurtre. Ipanoff lui objecte que ce n'est ni le temps
ni le lieu puisqu'ils se trouvent dans une maison
tierce, et qu'une pareille confession ne peut se faire
en trois mots. « — Eh bien ! » dit Fédora, « je retourne chez moi, et je vous attends ! »

A l'acte suivant, le troisième, Fédora, rentrée dans
son hôtel du Cours-la-Reine, dont la façade s'ouvre
sur le quai le plus désert de Paris, a donné ses ins-
tructions au chef de police Grètch et à ses agents. Le
comte Loris entrera par la petite porte du jardin qu'il
trouvera ouverte ; lorsque l'entretien sera terminé et
que la princesse saura tout ce qu'elle veut savoir, elle
fera sortir Ipanoff par le grand vestibule. Les agents
apostés sur le quai, s'empareront de lui, le bâillon-
neront, le garrotteront solidement, et l'enlèveront
dans un yacht amarré au quai, qui les descendra jusqu'au Havre où ils livreront le comte Loris à une frégate russe. « — A cette heure de nuit, » dit philoso-
phiquement l'agent Gretch, « ce n'est pas la police de
Paris qui nous dérangera. »

Du reste, si le comte résiste, on le tuera ; c'est
l'ordre venu de Saint-Pétersbourg, car le grand-maî
tre de la police veut en finir avec l'assassin de son fils

De son côté, la princèsse lui expédie les noms de deux nouveaux complices présumés du nihiliste Ipanoff, un Russe nommé Platon Sokoleff qui est venu apporter à Loris une lettre de son frère, et ce frère lui-même.

Loris Ipanoff arrive enfin ; il vient de recevoir une terrible nouvelle ; la lettre de son frère lui mande qu'il a été condamné par contumace et que ses biens sont confisqués. C'est l'exil, l'exil éternel! Et il ne reverra jamais son frère qu'il aime tant! ni sa vieille mère infirme, dont il ne fermera pas les yeux! — « Ah! si je savais qui m'a dénoncé! » s'écrie-t-il, « et qui me « poursuit jusqu'en France, en attachant une nuée « d'espions sur mes pas! Car enfin, un seul indice « pouvait faire tomber les soupçons sur moi, la dis- « parition de la lettre enfermée dans le tiroir de Wla- « dimir Garishkine et que j'y avais prise. Cet indice, « qui l'a saisi? Qui a lancé la police contre moi avec « une telle soudaineté que je n'ai dû qu'à un hasard de « n'être pas arrêté sous les yeux de ma mère et d'avoir « le temps de fuir! Ah! si je connaissais la créature maudite, l'auteur de tous mes maux, je la tuerais! »

Fédora tremble et pâlit sous cette menace; mais qu'importe puisque, encore une heure, elle aura vengé Wladimir! Il faut donc qu'Ipanoff en arrive au récit de la scène du meurtre. Fédora prononce le mot de nihiliste. « Nihiliste? moi? » s'écrie Loris Ipanoff « jamais! » — « Mais n'as-tu pas tué Wladimir Ga- rishkine, par vengeance? » — « Sans doute, mais par « vengeance légitime et dans un duel légal; il avait « séduit ma femme, je les ai surpris dans la maison « isolée qui abritait leurs amours adultères; il a tiré « sur moi et m'a blessé; j'ai riposté et il est tombé mort! » — « Ta femme! » s'écrie Fédora, « Wladi- mir était l'amant de ta femme? prouve-le-moi! » — « Rien de plus facile. » Et Loris met sous les yeux de Fédora les lettres dans lesquelles Wladimir assurait la comtesse Ipanoff de son amour éternel, en faisant bon marché de la princesse Fédora qu'il allait épouser uniquement pour obéir à son père et pour refaire sa fortune.

Cette lecture achevée au milieu d'une angoisse déchirante, Loris continue son terrible récit, et lorsqu'il raconte comment le feu de son revolver abattit Wladimir : « Ah! oui, tue-le! tue-le! » s'écrie Fédora, comme si elle assistait réellement à cette scène de carnage.

Cependant, le comte Loris, brisé d'émotions, veut se retirer, sa présence prolongée pouvant compromettre la princesse. Mais Fédora ne veut plus qu'il parte. Car les agents russes sont en embuscade à la porte de l'hôtel, et guettent impatiemment leur proie. Elle ne peut pas cependant lui révéler le piège qui l'attend; elle se laisse aller dans ses bras; Loris ne partira pas avant le jour.

Quel sera le dénouement de cette palpitante aventure? Aussi dramatique qu'en avait été le début. Il semble que le comte Loris et la princesse Fédora n'aient plus qu'à légitimer les suites de cette nuit d'ivresse.

Mais non. La haine aveugle dont la princesse Fédora poursuivait le meurtrier de Wladimir a engendré des conséquences fatales, irrémissibles et mortelles. Le grand-maître Garishkine a été renversé par une révolution de palais, et l'Empereur a signé la grâce du comte Loris; mais avant sa chute, Garishkine a eu le temps d'assouvir sa haine sauvage; il a fait arrêter le frère de Loris Ipanoff comme nihiliste, et l'a fait noyer dans son cachot. En apprenant la mort de son premier né, la mère des deux frères Ipanoff est morte de douleur.

Ces terribles nouvelles parviennent toutes ensem-

ble à Loris, lui annonçant qu'on sait par qui son frère
a été dénoncé avec Platon Sokoleff, également mis à
mort comme nihiliste ; la dénonciatrice est une femme
et Loris jure de la tuer. Le désespoir, les larmes, les
supplications de Fédora font enfin comprendre à Loris
que la coupable est devant lui. La haine et la fureur
éclatent brusquement dans cette âme désespérée ; il
demande compte à la princesse de tant de maux ac-
cumulés sur sa tête ; il la traite d'espionne et d'infâme ; il veut la tuer, l'étrangler de sa propre main ;
la malheureuse victime de la haine et de l'amour lui
épargne un crime et s'empoisonne.

D'après cette analyse que je m'efforce de construire
aussi fidèle que possible, au courant de la plume, on
peut se faire une idée de l'effet produit par ces quatre
actes d'émotion et de terreur. On a frémi, on a surtout pleuré, et le nom de Victorien Sardou a été prononcé au milieu d'une acclamation qui saluait l'un des
plus grands, sinon le plus grand triomphe de sa carrière dramatique.

Je veux aborder franchement une question préven-
tivement soulevée dans la presse au sujet de *Fédora*.
On a dit que la donnée en était identique à celle du
Drame de la rue de la Paix, de M. Adolphe Belot. Le
mot identique manque d'exactitude. Il existe entre le
beau drame d'Adolphe Belot et *Fédora* un point de
contact évident : c'est la découverte par une femme,
dans l'homme qu'elle aime, de l'assassin dont elle
poursuivait le châtiment; situation profondément
émouvante, qui appartient en propre à M. Belot. Mais
elle formait le dénouement de son drame, et c'est là
précisément que commence la pièce de Victorien Sardou. Tandis que le héros de Belot n'était coupable
que d'un homicide involontaire, celui de Sardou a
vengé à la fois son honneur conjugal et l'amour trahi
de la femme qui maintenant se donne à lui ; ce déve-

loppement absolument nouveau constitue à lui seul une pièce toute nouvelle aussi, et qui comptera parmi les plus puissantes créations de ce maître du théâtre.

Ce débat vidé par un partage équitable, reste la critique de détail. J'ai entendu suggérer, par exemple, que si la princesse, lorsqu'elle apprend que ni Loris ni son frère et ses amis ne sont des nihilistes, avait envoyé un télégramme rectificatif, elle eût annulé l'effet meurtrier de sa lettre au grand-maître. L'objection est plus spécieuse que fondée ; le comte Garishkine, véritable tigre affamé de sang et de supplices, se serait-il arrêté à ce caprice d'une femme essayant de sauver la famille de celui qu'il sait être le meurtrier de son fils ?

J'en note une autre plus minutieuse, mais d'une portée plus pratique à mon sens. Lorsqu'on finit par apprendre que la lettre soustraite dans le tiroir de Wladimir contenait l'indication d'un rendez-vous donné non pas par l'assassin présumé, mais par sa femme la comtesse Wanda Ipanoff, on se demande comment Wladimir Garishkine ou bien ne l'a pas déchirée, ou bien ne l'a pas gardée sur lui, ou bien n'a pas pris la clef de son bureau. L'imprudence était bien grande, puisque la princesse Fédora, qui vient familièrement dans l'appartement de Wladimir, pouvait y découvrir la lettre accusatrice avec l'instinct de jalousie inné chez les femmes. Or si le tiroir eût été fermé à clef, plus d'indice contre Loris Ipanoff, plus de persécution et plus de pièce. Mais il faut arriver jusqu'à la fin du troisième acte pour faire cette réflexion et apercevoir la petite bête.

Ne discutons pas avec notre plaisir, si c'est un plaisir que de voir souffrir des créatures humaines pendant trois grandes heures et de souffrir avec elles, comme si l'on vivait de leurs vies. La pièce de Victorien Sardou est construite par larges plans, et

30

écrite d'une langue forte, expressive, poignante, qui dédaigne les ornements inutiles pour toucher droit au cœur.

On avait prédit que la pièce, écrite pour deux protagonistes, serait un *duo*... à une seule voix. La prédiction ne s'est pas réalisée. Le rôle de Loris Ipanoff égale en importance et en intérêt celui de la princesse ; et le bonheur, Victorien Sardou les a tous, veut qu'il ait rencontré pour son héros un interprète capable de partager les couronnes de la soirée avec son héroïne.

Mais parlons tout de suite de madame Sarah Bernhardt-Damala, dont la réapparition sur une scène française excitait la curiosité générale. Le public s'est réservé d'abord ; on eût dit qu'il craignait de se livrer, et d'acheter chat en poche. Mais la grande scène du second acte, que *le Figaro* reproduit aujourd'hui même, a rompu la glace, et le succès de madame Sarah Bernhardt est allé dès lors grandissant d'acte en acte. Une des causes de la première froideur ne doit pas être cherchée ailleurs que dans un débit saccadé, précipité, et souvent trop bas, qui ne laisse arriver aux oreilles qu'une faible partie des phrases. On attribue ce défaut à une anxiété nerveuse dont la tragédienne, revenue de si loin, ne pouvait se défendre ; nous saurons plus tard à quoi nous en tenir et si nous pouvons concevoir l'espérance d'entendre encore la voix d'or d'autrefois.

Mais madame Sarah Bernhardt s'est bientôt emparée des yeux et de l'âme des spectateurs avec une véhémence qui ne leur laissait plus leur libre arbitre.

A la regarder seulement, madame Sarah Bernhardt possède les qualités exceptionnelles d'une artiste hors ligne, plus proche peut-être de madame Dorval que de Rachel, mais à coup sûr douée de cette spontanéité dans l'inspiration qui plonge l'émotion comme

un poignard dans les fibres et dans les nerfs. Elle a
le mouvement, le geste, l'art suprême d'écouter, de
donner une expression au silence et de s'absorber
dans l'action comme si c'était sa vie réelle qu'elle
jouât naturellement devant un invisible public, qui
n'existe pas pour elle. Il m'est impossible de rappeler ici toutes les situations qu'elle a fait applaudir,
tous les mots qu'elle a détachés comme des plaintes
de l'âme; car, chose singulière, cette étonnante artiste, qui brouille si singulièrement certaines phrases, sait faire passer un monde d'idées et de passion
dans un mot.

M. Pierre Berton lui a tenu tête avec une vaillance
irrésistible et bientôt victorieuse. Amoureux, délicat,
charmant dans les premières scènes, bientôt énergique, et dramatique au plus haut degré dans le récit
du meurtre, il a fait pleurer à chaudes larmes dans
les transports de son désespoir, lorsque Loris apprend la mort de sa mère et de son frère. La douleur
a rarement rencontré un interprète plus éloquent et
plus pénétré. Voilà M. Pierre Berton placé par l'enthousiasme de ce soir au premier rang des artistes
contemporains. Il y a longtemps que je l'y avais mis,
pour ma part.

Les autres rôles sont peu de chose. Citons cependant M. Vois, un attaché d'ambassade sérieux et distingué; M. Colombey, amusant sous les traits du
joaillier Tchileff, surtout M. A. Michel, tout à fait
excellent de tenue et d'accent dans le personnage du
policier Gretch. Mademoiselle Julia de Cléry, spirituelle et élégante en comtesse Olga Soûkareff, et
mademoiselle Depoix, charmante sous le costume
du petit page Dmitri, complètent un ensemble irréprochable.

MI

CHATEAU-D'EAU.   14 décembre 1882.

KLÉBER

Drame en cinq actes et huit tableaux, par MM. Gaston Marot et Edouard Philippe.

Le drame à spectacle de MM. Gaston Marot et Edouard Philippe découpe en tableaux, pour l'usage des masses, les principaux épisodes de la vie de Kléber. D'abord élève de l'école militaire de Munich, sous-lieutenant au service de l'Autriche, puis inspecteur des bâtiments à Belfort, enfin engagé volontaire et bientôt général dans l'armée française, Kléber tomba en Egypte, sous le couteau d'un musulman fanatique, à l'heure où son ancien général en chef, le Premier Consul, gagnait la bataille de Marengo.

Pour relier ces épisodes entre eux, les auteurs ont imaginé une fable assez intéressante; des amours du sous-lieutenant Kléber avec une baronne allemande est née une petite fille que Kléber perd et retrouve d'une façon dramatique.

Le troisième tableau, dans lequel on voit une Alsacienne, la mère Schoulmann, saisie par les Autrichiens à qui elle a refusé de donner des indications, collée au mur et fusillée, a produit une profonde impression.

MM. Gaston Marot et Edouard Philippe ont évité, pendant la plus grande partie de leur drame, de confondre, suivant un procédé trop répandu, le patriotisme avec le républicanisme et la république avec la terreur. Leur Kléber n'est pas l'homme des jacobins. Après avoir osé nous montrer le général vendéen Bonchamp, blessé à mort, demandant et obtenant la grâce des prisonniers bleus, ils mettent ensuite Kléber aux prises avec Carrier ; le général fait démolir la guillotine et chasse les sicaires de l'armée révolutionnaire, indignes de porter l'uniforme : « Vous déshonorez les couleurs nationales » s'écrie-t-il, « le rouge du sang versé vous suffit! » Cette courageuse protestation a été accueillie avec une réserve voisine de la fraîcheur par les deux cents paires de battoirs des galeries supérieures. On a cependant laissé parler sans opposition un général Bonaparte, fort laid, mais qui explique assez raisonnablement à Kléber le plan et le but de l'expédition d'Egypte.

Malheureusement, ce beau parti d'impartialité et de courage n'a pas tenu jusqu'au bout, car, au dernier tableau, une tirade d'injures contre le vainqueur d'Aboukir et des Pyramides est venue racheter les concessions faites jusque-là par MM. Gaston Marot et Edouard Philippe au modérantisme et à la vérité historique.

Somme toute. *Kléber* a réussi ; la mise en scène, sans beaucoup de luxe, les combats surtout, en sont intelligemment réglés. C'est bien supérieur, comme intérêt, comme style et comme sentiment français, à l'inoubliable platitude qui a nom *Madame Thérèse*.

M. Gravier reproduit avec une certaine fidélité la physionomie de l'héroïque Kléber ; à côté de lui citons MM. Péricaud, Dalmy, Livry, Reykers ; mesdames Aline Guyon, Laurenty et Arly.

———

MII

ATHÉNÉE-COMIQUE. 20 décembre 1882.

LE RÉVEIL DE VÉNUS

**Comédie-bouffe en trois actes, par MM. Paul Burani,
Maurice Ordonneau et Cermoize.**

Il n'est pas malaisé de deviner que la Vénus de
l'Athénée-Comique devait être madame Macé-Montrouge. Ceci remonte à vingt années en arrière. Madame Bombardier, ce nom fait pressentir la nature
volcanique de la dame, se laissa séduire par un jeune
peintre, qui, tout romantique qu'il fût, se laissait appeler Romulus. De l'admiration de Romulus pour
Séraphine Bombardier naquit une superbe étude
d'après nature, *le Réveil de Vénus*. Séraphine a pris
des rides et de l'embonpoint; Romulus, retiré de la
lutte, est redevenu M. Durand, mais il conserve
sous les volets d'un triptyque le précieux souvenir de
ses jeunes années. Il le croit du moins, car il ignore
qu'un rapin infidèle, nommé Napoli, lui a dérobé sa
Vénus pour en faire faire une copie, que le marchand
de tableaux Bréchard veut vendre au poids de l'or,
en le faisant passer pour l'original; car, depuis sa
retraite, Romulus est devenu célèbre.

Le *Réveil de Vénus* devient l'objet d'enchères insensées de la part de madame Bombardier, qui veut
retirer de la circulation un portrait trop vivant; de
sa fille, madame Chapoulot, qui veut en faire cadeau
à son mari et de M. Chapoulot, qui veut l'offrir à sa
femme.

Tout à coup Chapoulot croit discerner une ressemblance entre les traits de la Vénus et ceux de sa femme Juliette ; de là, des quiproquos de jalousie, trop compliqués pour que j'en décrive ici les méandres.

A la fin, tout le monde se précipite chez Romulus ; les malentendus s'expliquent ; Chapoulot reconnaît l'innocence de sa femme, et Romulus Durand épousera le modèle de son meilleur tableau ; personne n'aura plus à rougir.

Il ne serait pas impossible de rendre cet imbroglio plus vif et plus amusant en resserrant les deux premiers actes, alourdis par d'inutiles allées et venues ; le troisième a paru plus intéressant, grâce à la figure presque touchante du vieux peintre Romulus, demeuré fidèle au culte de sa jeunesse.

La pièce de MM. Burani, Ordonneau et Cermoize, ce dernier est un débutant, est très gaîment jouée par M. et madame Macé-Montrouge, par un jeune comique au jeu très franc, M. Roucoux, par mademoiselle Liona Cellié, élégante et distinguée dans le rôle un peu effacé de Juliette, comme aussi par MM. Allart et Duhamel.

MIII

PALAIS-ROYAL.   21 décembre 1882.

Reprise de MONSIEUR GARAT

Comédie en deux actes, par M. Victorien Sardou.

La comédie de M. Victorien Sardou, dont mon

spirituel collaborateur le Vieux Parisien racontait hier matin l'histoire, fut créée par Virginie Déjazet, sur le théâtre qui portait son nom, le 30 avril 1860. Vingt années ce n'est guère par le temps de reprises qui court, et cependant je ne jurerais pas qu'elle n'ait un peu vieilli. La donnée en est assez mince ; Garat s'introduit sans être invité chez une dame Duhamel, qui est l'amie d'un ami du directeur Barras, il y fait la conquête de toutes les femmes, sauve la vie d'un émigré le comte d'Angennes, et fait rendre à Julie d'Angennes, son ancienne élève, l'hôtel patrimonial qui venait d'être acquis à vil prix par un traitant nommé Camusot. Pur sujet de vaudeville vieux jeu ; mais il fallait donner à Virginie Déjazet le prétexte de passer en revue tout le chansonnier des grâces un peu fanées du XVIIIe siècle, et ce fut un triomphe.

Le *Monsieur Garat* du Palais-Royal et d'aujourd'hui, c'est madame Céline Chaumont, qui en possède les traditions pour l'avoir vu jouer toute petite ; mais, loin de les suivre servilement, elle les modifie en se les appropriant. On a changé par ci, par là, quelques airs, supprimé par exemple la fameuse Gasconne, remplacée par des variations sur *Il pleut, bergère*, et ajouté une gavotte. Malgré les efforts consciencieux de MM. Calvin, Pellerin, Milher, Numès, Galipaux, et les toilettes extraordinairement chatoyantes des dames, il n'y a guère qu'un rôle dans la pièce, celui de Garat ; c'est dire que madame Céline Chaumont est là pour tout réparer ; on a très justement applaudi sa chanson du corps-de-garde au premier acte, et surtout au second acte les délicieux couplets de la mansarde, qui révèlent en Victorien Sardou un chansonnier digne du Caveau.

La pièce se termine maintenant par un couplet au public ingénieusement tourné ; c'est au nom de sa célèbre devancière que madame Céline Chaumont invoque l'indulgence du public sur l'air d'*Yelva* :

> Tous les bravos seront pour sa mémoire
> Et j'aurai l'air de les prendre pour moi.

Il y en a pour toutes les deux, et aussi pour l'auteur et pour le théâtre, qui a très richement monté *Monsieur Garat*. Cette folle époque du Directoire prête à toutes les fantaisies, et l'on s'en est donné cette fois à cœur de joie.

M I V

Odéon (Second Théatre-Français).　21 décembre 1882.

LE MARIAGE DE RACINE

Comédie en un acte en vers, par MM. Guillaume Livet et Gustave Vautrey.

Il y a aujourd'hui, 21 décembre 1882, deux cent quarante-trois ans que Jean Racine naquit à la Ferté-Milon. Les deux Théâtre-Français, en célébrant cet anniversaire, remplissent un pieux devoir; l'auteur des *Plaideurs*, d'*Andromaque*, d'*Iphigénie en Aulide*, de *Phèdre*, de *Bérénice*, d'*Esther* et d'*Athalie*, n'a pas la seule gloire de maintenir au théâtre les chefs-d'œuvre d'un genre disparu; il représente, toujours vivante et toujours jeune, la substance même de la langue française, si pure et tellement fixée qu'après deux siècles révolus, nous la comprenons tout natu-

rellement, sans y remarquer l'ombre d'une tournure
vieillie ou d'un archaïsme.

L'un et l'autre Théâtre-Français représentaient ce
soir *Phèdre*, suivie des *Plaideurs*. L'Odéon y a joint
une petite comédie intitulée le *Mariage de Racine*,
qui vaut qu'on s'y arrête.

Tout le monde sait que la *Phèdre* de Racine, représentée au mois de janvier 1677 en même temps que
celle de Pradon, ne fut pas appréciée des contemporains ; des gens de goût, parmi lesquels on a le regret
de compter le duc de Nevers et madame Deshoulié-
res, dirigeaient la cabale sous laquelle Racine succomba. Il jura — serment de poète ! — de renoncer
pour toujours au théâtre. Il rompit la liaison qui l'at-
tachait depuis longtemps à mademoiselle de Champ-
meslé (la Chammelé, disaient les contemporains), et
il songea même à se faire chartreux. Heureusement
pour lui et pour la postérité, cette crise eut un dénouement salutaire en le faisant entrer dans la vie
de famille pour laquelle il était fait ; il épousa mademoiselle Catherine de Romanet, fille d'un trésorier
général de la municipalité d'Amiens. Jal nous a conservé l'acte de mariage de Racine, brûlé par la Commune en 1871 avec tant d'autres documents précieux.
Ce fut le 1er juin 1677 que messire Jean-Baptiste
Racine, conseiller du Roi, trésorier de France en
la généralité de Moulins, demeurant sur la paroisse
Saint-Landry, épousa, en l'église Saint-Séverin, dame
Catherine de Romanet, de cette dernière paroisse ;
les témoins du marié étaient Nicolas Vitard, seigneur
de Passy, et Nicolas Boileau, sieur des Préaux ; ceux
de la mariée, Claude de Romanet, son frère, et Louis
Mazier, secrétaire du Roi, greffier en chef des re-
quêtes de l'hôtel, son cousin.

Catherine de Romanet était, comme on le voit,
orpheline ; MM. Guillaume Livet et Gustave Vautrey.

en supposant que l'aimable fille demeurée seule au
monde, ait eu la pensée de se retirer au couvent,
dans le temps même que Racine, dégoûté de la vie
littéraire, songeait à se faire chartreux, ont eu l'idée
de rapprocher ces deux isolements, et d'en faire jaillir un amour d'autant plus vif que Catherine de Romanet chérissait Racine sans le connaître.

La rencontre a lieu dans une hôtellerie de Creil,
au moment où mademoiselle de Romanet attend des
chevaux pour continuer sa route vers Paris, où elle
va rejoindre son cousin M. Le Musier, tandis que
Racine se dirige vers Amiens. Racine est jeune encore, surtout par le cœur ; la conversation s'engage
tout de suite hors des routes banales.

> — Un homme ne doit-il pas prendre votre main,
> Pour que vous soyez deux à faire le chemin ?
> Le chemin semble long quand on est seul.
>   — Personne
> N'a su toucher mon cœur ; c'est pourquoi j'abandonne
> L'espoir de rencontrer jamais le confident
> Aimé dont vous parliez. Quelquefois cependant...
> Mais mon rêve est trop haut pour que j'y puisse atteindre.
> — A votre âge, faut-il que vous disiez adieu
> Aux plaisirs du monde ?
>   — Oui, car il me reste Dieu.
> Qu'importe ?
>   — J'ai parlé tout à l'heure comme elle...

La jeune fille ne tarde pas à confesser son goût
pour la poésie, et pour Racine entre tous les poètes.
Mais, dit Racine, qui ne s'est pas nommé.

> ....Vous connaissez à peine
> Corneille, Despréaux, Molière, et votre esprit
> Aurait pu retenir ce que Racine écrit ?..

— « C'est bien simple ! » répond Catherine.

> .... Une fois le hasard me fit lire
> Quelques pages d'une œuvre où la vertu respire,

Iphigénie ; et j'ai senti mes pleurs couler,
Comme si c'était moi qu'on devait immoler...
Mon cœur a tressailli, touché par le génie,
J'aimais comme Hermione, Andromaque, Junie ;
Quel rêve ! Il me semblait enfin que leurs amants
Imaginaient pour moi tous ces événements !
Oui, selon ce qu'ils font, ou j'espère, ou je doute ;
Quand ils parlent d'amour, c'est moi qui les écoute.
Racine est le charmeur étonnant : il traduit
Le rêve inconscient que la femme poursuit ;
Car nos désirs cachés prennent son ryhtme tendre.
Oiseaux, fuyant toujours dés qu'on les veut surprendre,
Ils chantent dans ses vers, et ne s'envolent plus.
Ses vers sont ainsi faits qu'après les avoir lus,
Bien des femmes boiront aux sources immortelles.
Mais peut-être en regrets se consumeront-elles,
Car le poète aura rendu l'amour si beau
Qu'elles courront après l'amour, jusqu'au tombeau !

L'éloge est délicat et bien senti ; on respire dans ces jolis vers comme un souffle de la tendresse et même de la mollesse raciniennes ; ils ont enchanté le public et assuré au début de MM. Guillaume Livet et Gustave Vautrey un succès vraiment littéraire.

Inutile de dire que le sage Boileau intervient pour présenter son ami Racine à la poétique inconnue, et conclure un mariage qui fera leur bonheur à tous deux.

Après une intéressante représentation de *Phèdre*, où l'on avait applaudi mesdames Defresne, Hadamard, Crosnier, MM. Paul Mounet et Cornaglia, la petite comédie de MM. Guillaume Livet et Vautrey qui restera certainement au répertoire de l'Odéon, trouvait le public tout préparé à la comprendre et à l'applaudir. Elle est d'ailleurs excellemment interprétée, d'abord par mademoiselle Hadamard, dont la diction délicate et nuancée semble faite pour reproduire la mélodie racinienne, et par MM. Brémond, Rebel, Kéraval, et mademoiselle Pinson.

MV

Reprise de LA BELLE GABRIELLE

Drame en cinq actes et dix tableaux, par M. **Auguste Maquet.**

La belle soirée ! le beau drame et les beaux souvenirs ! Henri IV et Crillon, Sully et la belle Gabrielle, les discordes civiles éteintes, les consciences pacifiées, les finances rétablies, l'agriculture florissante, la France victorieuse et prospère, telle est la vision du passé qui nous apparaît derrière la fiction dramatique de M. Auguste Maquet.

Représentée pour la première fois sur la scène de la Porte-Saint-Martin le 23 janvier 1857, avec un immense succès, *la Belle Gabrielle* consacra la légitime renommée d'Auguste Maquet « seul », et montra dans toute leur supériorité les facultés personnelles de ce grand inventeur, trop longtemps absorbé par la plus illustre et la plus dévorante des collaborations. M. Auguste Maquet, chez qui les dons brillants de l'imagination s'unissent à l'esprit le plus sérieux et le plus cultivé, est peut-être, parmi les écrivains contemporains celui qui connaît le mieux et juge de plus haut notre glorieuse histoire, ainsi qu'en témoigne une fois de plus son beau livre récemment publié, *Paris sous Louis XIV*. M. Auguste Maquet estime que la France d'autrefois fut une grande nation, que l'ancienne monarchie fut un gouvernement national, et que l'étude du passé est la plus attachante et la plus fortifiante qu'on puisse proposer à un public français. Des dra-

mes comme *la Belle Gabrielle,* en popularisant nos
annales, sans les fausser ni les défigurer, défieront
longtemps l'obscurantisme systématique de nos modernes pédagogues, dont l'évangile est le manuel de
M. Paul Bert.

On sait comment finirent les amours de Henri IV
avec Gabrielle d'Estrées, marquise de Liancourt et
duchesse de Beaufort. La belle Gabrielle mourut subitement, à vingt-sept ans, en 1599, au moment où
un mariage solennel allait la faire asseoir sur le trône
de France et légitimer ses deux fils César et Alexandre de Vendôme. Cette foudroyante catastrophe fit
naître des soupçons dans l'imagination du peuple ;
la critique moderne incline cependant à croire avec
M. Jules Loiseleur, que Gabrielle d'Estrées mourut
tout simplement de maladie, quelque chose comme
d'une attaque d'éclanpsie ou convulsions nerveuses
des femmes en couches.

Mais la légende, accueillie et systématisée par de
graves historiens, tels que Sismondi, veut que Gabrielle ait été empoisonnée par le financier Zamet,
dans l'intérêt et pour le compte dès Médicis, qui voulaient assurer le trône à la princesse Marie. M. Auguste Maquet était dans son droit de dramaturge en
acceptant cette version. Mais il l'a singulièrement
compliquée au profit de la fiction qui forme le nœud
de son drame.

La Gabrielle de M. Auguste Maquet est aimée
d'un jeune gentilhomme nommé Espérance, fils naturel du brave Crillon ; elle renonce volontairement
au trône de France pour épouser ce brave et loyal
soldat ; mais, surpris à un rendez-vous qui a été dénoncé au roi par Henriette d'Entragues, la rivale de
Gabrielle, Espérance, en s'enfuyant à travers les cours
du château de Fontainebleau pour ne pas compromettre la duchesse, est tué d'un coup de pistolet par son

ami le garde du corps Pontis, qui ne l'a pas reconnu.
Gabrielle, désespérée, accepte le repas que lui a offert Zamet et dans lequel elle sait qu'elle doit être
empoisonnée. Le crime de Zamet ne sera donc que le
suicide de Gabrielle.

L'heure avancée à laquelle finit ce soir la *Belle Gabrielle* m'interdit toute discussion et ne me laisse
même que très peu de place pour parler des interprètes du drame. Il est à regretter que neuf entr'actes
interminables aient lassé l'attention d'un public bienveillant, mais qui a dû se retirer entre minuit et une
heure du matin sans avoir pu assister à l'agonie d'Espérance et au désespoir de Pontis.

La pièce est très convenablement montée; l'entrée
de Henri IV à Paris, d'après le célèbre tableau de
Gérard, a produit une impression saisissante, dont il
serait curieux de rechercher les causes. On aurait dit
que tout le monde attendait l'apparition souveraine
et casquée, qui doit relever la patrie en la couronnant.

Un mot d'ensemble sur l'interprétation nouvelle.
On se plaignait généralement de ne pas entendre la
voix des acteurs, excepté celles de M. Dumaine, de
M. Duflos et de mademoiselle Angelo. Cela s'explique
de bien des manières; les allées et venues de neuf
entr'actes, qu'on devrait réduire de moitié par des
changements à vue; une agaçante symphonie de portes criardes et de petits bancs remués, l'insupportable bavardage des ouvreuses, qui se croient obligées
de mener chaque arrivant à son fauteuil et d'agré-
menter cette conduite par un brin de conversation.

Mais de fait, M. Romain n'a pas beaucoup de voix,
M. Talien n'en a guère et M. Clément Just n'en a
pas du tout. Le plus profond silence serait nécessaire
pour les bien écouter et comprendre. Eh bien! lorsque M. Romain, par exemple, entame l'un des deux

ou trois récits indispensables à l'intelligence du drame, le chef d'orchestre lève son bâton et fait jaillir des violons une mélopée criarde, invariablement placée sur la chanterelle; de sorte qu'un récit qui pourrait être intéressant, prend les allures d'une plate barcarolle ou d'une fade romance, dont on n'entend pas un traître mot.

Qu'on n'oublie donc pas dans les théâtres de drame que le rôle de l'orchestre se borne à marquer les entrées et les sorties ou à boucher les trous de l'action; dès que l'acteur parle, l'orchestre doit se taire.

Cela dit, et j'y reviendrai si l'on m'en fournit encore l'occasion, je constate le grand succès de M. Dumaine dans le rôle de Pontis où se mêlent le rire et les larmes. M. Romain est élégant et intelligent, mais il manque de cette flamme que possédaient à un si haut degré d'intensité Fechter et Berton père, les créateurs du rôle d'Espérance.

M. Talien comprend bien le caractère énergique et tendre du vieux soldat Crillon; M. Clément Just a dit avec noblesse et conviction la belle scène si hautement pensée, dans laquelle Henri IV annonce et explique son abjuration.

C'était une rude épreuve pour mademoiselle Angelo après avoir quitté le théâtre pendant cinq ou six ans, d'y reparaître dans le rôle long et difficile de Gabrielle d'Estrées; elle s'en est tirée sans défaillance et parfois même avec bonheur; encore que son genre de beauté, d'allure quelque peu sévère, s'éloigne de la douceur qui caractérisait Gabrielle, elle n'en a pas moins bien dit la scène de tendresse de la prison, une des plus charmantes et des plus poétiques qu'ait écrites Auguste Maquet.

Madame Largillière accentue énergiquement l'abominable rôle d'Henriette d'Entragues; quant à mademoiselle Marcelle Jullien, son air aimable et sym-

pathique n'a pas permis de la prendre tout à fait au
sérieux sous les traits de l'artificieuse Léonora Ga-
ligaï.

Avis à MM. les comédiens de la Gaîté : le nom de
Gabrielle d'Estrées se prononce d'Etrées; on ne dit
pas plus *Essetrées* que *Bicestre, traistre, prestre* ou
fenestre.

———

M VI

RENAISSANCE.   26 décembre 1882.

NINETTA

Opéra-comique en trois actes, de MM. Alfred Hennequin
et Alexandre Bisson, musique de M. Raoul Pugno.

Au frontispice de l'élégante partition de *Ninetta*,
que les éditeurs MM. Heugel avaient cru distribuer
le lendemain de la première représentation, et qui,
par suite du retard de celle-ci, est arrivée la veille,
l'opéra-comique de MM. Hennequin et Bisson porte
comme second titre : *Princesse d'un jour* ; et voilà la
pièce entrevue, sinon complètement expliquée.

Sachez que l'action se passe au seizième siècle, avec
les costumes de *Faust*, au premier acte, sur le terri-
toire du margraviat de Zæhringen, à la frontière du
grand électorat de Brandebourg ; le deuxième et le
troisième acte, au palais de ce grand-électeur, à Berlin
même ou dans sa banlieue ? je ne sais, mais certainement ce n'est pas au moulin de Sans-Souci.

Le grand-électeur Ulrich est en guerre avec la princesse palatine Béatrix, fiancée à Rodolphe, margrave de Zæhringen. La princesse se trouve en danger d'être enlevée par le baron de Zifleboch, premier mi-nistre du grand-électeur Ulrich ; elle y échappe grâce au dévoûment de la bouquetière Ninetta, qui change de vêtements avec sa souveraine. Cette substitution de palatine amène le quiproquo que vous apercevez d'ici.

Le grand-électeur Ulrich, abusant de la captivité de la bouquetière, lui fait signer un traité de paix aux termes duquel le Brandebourg s'annexera la meilleure part des territoires de Zæhringen. Rien n'est plus gai. Jusqu'ici, nous sommes, à quelques variantes près, dans le thème de *la Reine d'un jour*, un vieil opéra-comique de Scribe et Saint-Georges. Mais, par l'in-tervention d'un poète satirique nommé Karl, qu'on prend pour le margrave de Zæhringen et qui devient amoureux de la fausse princesse, nous rentrons dans le répertoire de la Comédie-Française, avec *le Jeu de l'Amour et du Hasard*. Lisette-Ninetta et Pasquin-Karl finissent par se reconnaître pour ce qu'ils sont, une bouquetière et un chansonnier ; ils s'aiment et ils s'épousent, enchantés qu'on les débarrasse d'une éphémère grandeur.

Succinctement analysé, et par cela même condensé, le *libretto* de *Ninetta* ne paraît pas plus déraisonnable qu'un autre. D'où vient qu'il a glacé d'ennui le public le mieux disposé du monde ? C'est que les auteurs, qui ont fait en d'autres occasions leurs preuves d'habiles gens, avaient oublié ce soir d'éclairer leur lanterne. Rien n'est exposé, enchaîné, ni déduit ; les scènes se succèdent sans se suivre. On dirait d'un vieux *scénario* de Scribe dont on aurait mal recousu les feuillets épars.

MM. Hennequin et Bisson avaient cependant ima-

giné un brelan de personnages réellement bouffons ;
le grand-électeur idiot qui laisse traiter les affaires
politiques par sa grande sœur, laquelle pleure comme
un bébé quand on la gronde, et le premier ministre
qui tient tête à son souverain, l'envoie promener
et se fait faire des excuses. Ces trois fantoches ont
rarement déridé le public. Mais que voulez-vous ! il
en est des opérettes comme des omelettes soufflées ;
quand elles sont manquées, va te promener ! tout
est perdu : le beurre, le sucre, les œufs, le lait et la
vanille, la naïveté de M. Daubray, la finesse de M.
Jolly et la fantaisie, de madame Desclauzas.

M. Raoul Pugno aurait-il pu réchauffer ce malen-
contreux entremets des sons de sa musique ? Peut-
être ; car je le tiens pour un compositeur de grand
mérite, plein d'abondance et de sève, et maniant
l'orchestre avec la sûreté d'un maître. Mais, en
prenant le poème de MM. Hennequin et Bisson au
sérieux, il lui a rendu le plus mauvais service : un
service funèbre. M. Raoul Pugno aurait travaillé sur
un poème de Berlioz ou de Wagner qu'il ne se serait
pas mis en frais de plus d'apprêts et de solennité. Dans
une partition de vingt-quatre morceaux, réduits à une
vingtaine par les coupures de la dernière heure, je
n'en trouve à citer que deux qui, à défaut de la gaîté
dont M. Pugno se montre totalement dépourvu, se
prêtent du moins à l'illusion d'un sourire ; par exemple, les couplets de la niaise, chantés par mademoiselle Granier au premier acte, et son duo bouffe avec
madame Desclauzas, à l'avant-dernière scène, qu'on
a bissé d'acclamation.

Ce n'est pas que l'oreille inquiète du critique ne
discerne çà et là de très jolies choses, à travers ce
buisson épineux de musique tourmentée ; ainsi la
romance de Karl au second acte « Toi qui, fraîche
comme l'aurore, » ne serait pas déplacée dans un

opéra romantique. Mais l'abus des modulations rapides, qui déconcertent l'attention, ne produit que des tonalités aussi incertaines que la voix des interprètes, déroutée par un travail si nouveau pour eux.

Mademoiselle Jeanne Granier met toute la grâce possible dans le rôle de Ninetta, et le public saisissait avec une courtoise délicatesse la moindre occasion de l'applaudir. Mais la spirituelle créatrice de *la Petite Mariée*, du *Petit Duc* et de *la Petite Mademoiselle*, n'est pas une chanteuse d'opéra-seria. Que voulez-vous qu'elle fasse contre sa romance *Adieu, songe*, dont chaque mesure module, au point de passer du *sol* naturel au *fa* naturel, de *ré* en *ut*, etc. Autant vaudrait lui faire chanter *Parsifal*.

M. Daubray, malgré tout, est impayable sous les traits du singulier ancêtre que MM. Hennequin et Bisson ont donné au grand Frédéric. Madame Desclauzas et M. Jolly, la sœur et le premier ministre de cet électeur de carton, ont fait des prodiges de vaillance ; il faut entendre madame Desclauzas déclamer avec la voix blanche d'une chanteuse des rues :

> Dans une longue nuit sans sommeil
> Je rêve aux lois de la nature.

Mademoiselle Mily-Meyer a peu de chose à dire ; ce n'est pas le cas d'un jeune débutant, M. Giraut, dont l'inexpérience et la gaucherie gâtent le rôle sympathique de Karl, l'amoureux de Ninetta.

Les décors sont fort bien peints, ce qui s'explique par les noms de MM. Lavastre, Carpezat, Rubé, Chapron et Cornil. La mise en scène, assez imparfaitement réglée, n'en est pas moins très luxueuse.

FIN

TABLE DES MATIÈRES

Imprimerie générale de Châtillon-sur-Seine. — PICHAT ET PÉPIN.

www.ingramcontent.com/pod-product-compliance
Lightning Source LLC
Chambersburg PA
CBHW051340220526
45469CB00001B/46